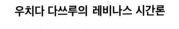

우치다 다쓰루의 레비나스 시간론

우치다 다쓰루의
레비나스 시간론

주체와 타자 사이에서 흐르는 시간에 관하여

우치다 다쓰루 지음
박동섭 옮김

갈라파고스

한국어판 서문

한국의 독자 여러분, 우치다 다쓰루입니다. 이 책 『우치다 다쓰루의 레비나스 시간론』을 구입해주셔서 고맙습니다. 아직 '구입할지 말지' 망설이고 계신 분들께도 책을 집어 드신 것에 대해 감사의 말씀을 드립니다. 애써 손에 드셨으니 이참에 서문만이라도 읽어주십시오.

서문을 읽는 것만으로도 이 책이 과연 '나와 인연이 있을 것 같은 책'인지 아니면 '전혀 인연이 없는 책'인지 직감적으로 식별할 수 있습니다. '인연이 있다'는 것은 '저자가 말하는 바에 공감할 수 있다'거나 '저자가 말하고 싶은 것을 술술 이해할 수 있다'거나 '원래 이 주제에 흥미가 있었다'는 것과는 다릅니다. 레비나스 철학에서는 대부분 그 반대입니다.

이 책을 가지고 말해볼까요. '레비나스가 누구냐'고 말하는 사람이, 그럼에도 이 책을 집어 들어 여기까지 읽었다면 그게 바로 인연이라는 겁니다. 그런 식으로 우리는 생각지도 못한 책을 만나곤 하지요.

제 인생을 크게 바꾼 책도 모두 그렇습니다. 서점을 어슬렁어슬렁 거닐다가 문득 책과 '눈이 맞을' 때가 있습니다. 어떤 조건이 갖춰져야 '눈이 맞는' 건지는 저도 모릅니다. 그런데 저자와 편집자 그리고 (이 책의 경우) 번역자가 '한 사람이라도 더 읽었으면 좋겠다'는 뜻에서 정성 들여 만든 책에는 독특한 '물질감'이 있습니다. 책 표지 디자인이라든지, 종이의 질감이라든지, 제본 상태라든지, 본문의 행간과 여백이라든지 그런 물질적인 부분에도 미묘한 '힘'이 골고루 미치고 있는 거죠.

그 '힘'은 서점을 어슬렁어슬렁 거닐기만 해도 감지할 수 있습니다. 만약 이 글을 읽고 있는 분들 가운데 '우치다 다쓰루'도 '레비나스'도 '박동섭'도 모두 처음 듣는 이름이라는 사람이 있다면, 그 사람을 끌어당긴 것은 이 책이 발하고 있는 그런 '힘'이라고 생각합니다.

제가 프랑스 출신 철학자 에마뉘엘 레비나스의 책을 처음 만난 것은 1980년입니다. 지금으로부터 40여 년 전의 일이지요. 그때 저는 대학원에서 프랑스 문학 연구에 관한 석사논문을 준비하고 있었습니다. 논문 주제는 프랑스 문예비평가 모리스 블랑쇼의 문학이론에 관한 것이었고요.

연구를 위해 블랑쇼 관련 문헌을 닥치는 대로 프랑스 서점에 주문했습니다. 당시는 아마존도 이메일도 없던 시절이라, 카탈로그를 펼치고서는 서점에 편지를 쓰고 몇 개월 뒤에 책이 도착하는 목가적인 연구 환경이었습니다. 그렇게 주문한 책 가운데 레비나스의 책이 있었습니다. 레비나스는 블랑쇼와 학생 시절부터 교우가 있어서, 이 사람 책에 어쩌면 블랑쇼를 이해하는 데 도움이 되는 힌트가 있을지 모른다고 생각했던 거죠.

레비나스의 책이 몇 권 도착했습니다. 그중에서 저는 『곤란한 자유』라는 300쪽가량 되는 책을 골랐습니다. 부제는 '유대교에 관한 시론試論'이었습니다.

책을 읽기 시작했는데, 단 한 줄도 이해할 수 없었습니다. 열 쪽 정도 읽고 고개를 들었을 때 '한 마디도 이해할 수 없다'는 사실에 아연실색하고 말았습니다. 그때까지 꽤 난해한 철학서를 많이 읽어봤지만 이만큼이나 완전히 '한 마디도 이해할 수 없는 책'은 본 적이 없었기 때문입니다.

여느 때 같으면 거기서 책을 덮어버렸을 테지만, 저는 덮을 수가 없었습니다. 어떤 '힘'으로 저자에게 끌렸기 때문입니다. 그건 마치 길을 걷고 있는데, 저쪽에서 걸어오던 처음 보는 외국인이 내 손을 꽉 잡고 굉장한 기운으로 말을 거는 느낌과 비슷했습니다. 그 사람이 하는 말은 내가 모르는 외국어라서 무슨 뜻인지 전혀 알 수 없습니다. 그런데 이 사람은 길을 걷는 사람들 중 다른 누구도 아닌 나를 향해 곧바로 걸어왔습니다. 그러곤 내 손을 꼭 붙잡은 채 말을 건넵니다. 그 순간 내가 할 수 있는 일이라곤 '이 사람이 말하는 바를 이해할 수 있게 되는 것'뿐입니다. 그렇다면 그 사람이 구사하는 '외국어'를 먼저 습득해야 한다고 생각하겠지요.

물론 레비나스는 프랑스어로 글을 썼습니다. 문법적인 파격이 있는 것도 아니고 그냥 제대로 된 프랑스어입니다. 저는 그때까지 10년간 프랑스어를 꽤 집중적으로 공부해왔으니 사전만 있으면 대개는 이해할 수 있었습니다. 레비나스는 다양한 철학 용어도 사용합니다. 어떤 용어든 '철학사전'을 찾으면 의미를 파악할 수 있었습니다. 그래서 알 수 없을 리가 없습니다. 그런데도 전혀 알 수 없었습니다.

이때 제 앞에는 두 가지 선택지가 있었습니다. 하나는 '이 사람은 나하고는 인연이 없는 사람'이라 여기며 살짝 책을 덮고 두 번 다시 집어 들지 않는 것입니다. 또 하나는 '이 사람이 나에게 무얼 말하고 싶은지 알 수 있는 사람이 되자'고 결의하는 것입니다.

저는 후자를 선택했습니다. 레비나스가 무얼 말하고 있는진 모르지만, 그가 나를 향해 말을 걸고 있다는 것만큼은 깊이 확신했기 때문입니다. 메시지의 '콘텐츠'는 이해할 수 없어도 그 '수신처'가 나라는 데에는 확신을 가질 수 있습니다. 지금 들려드리는 이런 사연이 특별히 희한한 이야기는 아닙니다. 제가 경험한 일은 우리 일상에서 얼마든지 일어나고 있거든요.

애초에 엄마가 아기에게 말을 걸 때 아기는 엄마의 메시지에 담긴 '콘텐츠' 따위는 이해할 수 없습니다. 아직 모어를 습득하지 않았으므로 이해할 리가 없습니다. 그런데 그 메시지의 '수신처'가 자기라는 사실은 압니다. 상대의 시선이 나를 향하고 있고, 그 목소리의 파동이 피부에 직접 부드럽게 닿아서 '이 사람이 나에게 말을 걸고 있다'는 건 아는 거죠.

물론 '나'라는 개념도, '말을 건다'는 개념도 아직 아기의 어휘 꾸러미에는 존재하지 않습니다. '이 사람이 나에게 말을 걸고 있다'는 확신을 기반으로 할 때 비로소 '이 사람'이라는 개념도, '나'라는 개념도, '말을 걸고 있다'는 개념도 육화되는 거지요. 그런 순서로 우리는 모어를 습득해나갑니다.

다시 말해 우리는, 무슨 말인지는 몰라도 그 '수신처'가 바로 나라는 것만큼은 확신할 수 있는 메시지를 기반으로 성장해나갑니다. 그리고 이런 경험은 모어를 습득할 때만 겪는 것이 아니라 우리 삶에서 실은 몇 번씩 반복되는 것이 아닐까 생각합니다. 일단 제게는 그 일이 두 번 일어났고요.

처음에는 레비나스가 무얼 말하고 있는 건지 전혀 몰랐습니다. 그럼에도 그가 나를 향해 말을 걸고 있다는 것은 알았습니다. 그렇다면 그 메시지를 이해할 수 있는 사람이 되도록 '자기형성'을 하는 수밖에 없겠지요. 이후 40여 년간 저는 레비나스를 계속 읽었습니다. 레비나스 저작도 몇 권 번역하고 논문도 썼습니다. 이 책 『우치다 다쓰루의 레비나스 시간론』은 제가 40여 년간 계속 글로 써온 레비나스론 가운데 최신 버전입니다.

그런데 제가 이만큼 시간을 들여, 레비나스가 '말하려는 바'에서 확신할 수 있는 부분은 '인간이란 자신이 수신처임은 확신할 수 있어도 그 내용은 이해할 수 없는 메시지를 이해할 수 있는 존재가 되기 위해, 자기형성을 해나가는 생명체'라는 아이디어뿐이었습니다. 즉 40여 년 전 레비나스와 만난 순간에 저는 레비나스로부터 배워야 하는 것을 이미 배웠던 겁니다. 그렇기 때문에 저는 '이 사람이 하는 말의 수신처는 다른 누구도 아닌 나'라고 확신할 수 있었던 것 같습니다.

서문이 너무 길어져 이쯤에서 마무리하고자 합니다.

이 책은 레비나스가 전쟁 후 파리의 '철학학원'에서 네 차례에 걸쳐 펼친 시간론 강연을, 거의 글자 하나하나의 뜻을 충실히 새기면서 정독한 것입니다. 확실히 아주 난해합니다. 그렇지만 내용이 난해한 점을 너무 마음에 두지 않으셨으면 합니다. 만약 이 책을 읽다가 '내가 레비나스 사상을 아는 사람이 될 필요가 있는지 잘 모르겠다'는 생각이 드신다면, 그것만으로도 제가 이 책을 쓴 보람이 있을 겁니다.

언제나처럼 척척 일해주시는 박동섭 선생님의 노고에 진심으로 감사드립니다. 정말로 고맙습니다. 한국에서 레비나스를 읽는 사람이 한 명이라도 늘어나기를 진심으로 바라고 있습니다.

우치다 다쓰루

들어가며

《복음과 세계福音と世界》라는 개신교 계열 월간지에 '레비나스의 종말론'이라는 제목으로 글을 처음 기고한 것은 2014년 10월의 일이었다.

애당초 기고 의뢰를 받긴 받았지만, 막상 마감일이 닥쳐도 쓸거리가 생각나지 않았다. 어쩔 수 없이 '레비나스의 시간론'에 관해, 이 사상이 얼마나 난해한지에 관해 썼다. 그런데 주어진 지면이 부족해서 글을 쓰는 도중에 이야기가 끝나버리고 말았다.

원고를 읽은 고바야시 편집장이 '이렇게 어중간하게 이야기가 끝나버려서는 아무래도 찝찝하니 이어지는 이야기를 써주면 좋겠다'고 요청했다. 이에 나는 쭈뼛쭈뼛 물어보았다. "레비나스의 시간론을 설명하려면 『시간과 타자』를 거의 글자 하나하나의 뜻을 충실히 새기면서 해석할 필요가 있는데, 그래도 괜찮겠습니까?"

그러자 편집장이 말했다. "성서 연구에서는 월간지 한 회 분량으로 한 줄 해석하고 끝나는 것이 보통입니다. 매월 지면을 네 쪽씩 확보해둘 테니 쓰고 싶은 만큼 써보세요."

그 말에 힘입어 햇수로 6년에 걸쳐 글을 연재하게 됐다. 설마 이렇게까지 길어지리라곤 생각도 못 했다. 『시간과 타자』는 레비나스 저작

가운데 가장 얇은 책이다. 원서도 80쪽밖에 되지 않는다. 그것을 6년이라는 시간 동안 글자 하나하나의 뜻을 충실히 새기면서 독해했다.

그런데 레비나스 철학은 그런 식으로 읽어서 이해할 수 있는 것이 아니다. 모르는 곳은 아무리 읽어도 알 수 없다. 그럼에도 '경전을 베껴 쓰듯' 다달이 조금씩 읽다 보면 레비나스의 말이 조금씩 몸에 익는 일이 일어난다. '아는 것'과 '익숙해지는 것'은 다르다. 아는 것은 예지적인 사태다. 반면에 '익숙해지는 것'은 신체적인 경험이다. 시간이 무엇인지에 대해 어떤 말로써 설명한다는 건 무척 어려운 일이다. 그럼에도 오랜 시간 똑같은 질문 주위를 빙빙 돌다 보면 '무언가'에 손가락 끝이 닿는 느낌이 든다.

지금부터 독자는 내 지난 6년 동안의 행보를 첫걸음부터 더듬어보게 될 것이다. 길을 걸을 때 독자를 홀로 내버려두지 않도록 가능한 한 천천히 걸어갈 생각이다. 그래서 '이 한 권으로 레비나스를 알 수 있다' 같은 식의 즉각적인 독서 효과를 바라는 독자에게는 이런 글쓰기를 별로(전혀) 권해드리지 못함을 미리 말씀드리고자 한다.

먼저, 앞서 말한 '어중간하게 이야기가 끝나버린' 원고를 읽어주시기를 바란다.

에마뉘엘 레비나스(1906~1995)의 시간론을 주제로 한 강연인 '시간과 타자'는 장 앙드레 발이 주관하는 철학학원Collège philosophique에서 1946년부터 1947년에 걸쳐 네 차례 이뤄졌다. 전시 포로수용소에 오랫동안 구류되어 있다가 전쟁이 끝나고서야 프랑스로 돌아온 레비나스는 리투아니아에 남겨진 그의 가족 거의 모두가 강제수용소에서 죽었다는 사실을 알게 됐다. 다행히 파리에 머물던 아내와 딸은 레비나스의 절친한 친구 모리스 블랑쇼의 도움으로 게슈타포의 눈을 피해 살아남을 수 있었다.

'시간과 타자' 강연이 있던 그해 레비나스는, 철학학원과 마찬가지로 파리 카르티에라탱에 위치한 동방이스라엘사범학교École Normale Israélite Orientale에 부임했다. 청년을 대상으로 한 교육을 통해, 홀로코스트로 해체 위기에 놓인 프랑스 유대인 공동체를 영적으로 재생하는 것이 그에게 맡겨진 과제였다. 레비나스가 철학학원 강연 주제로 선택한 '시간론'이란 깊은 고통의 시간을 살아낸 유대인에겐 곧 **희망의 시간론**이었을 것이다. 그 점 말고는 레비나스가 이 시점에 굳이 시간론을 논할 까닭이 없었다.

나의 가설은 레비나스가 『시간과 타자』를 가지고 그 시점에 꼭 사람들에게 전해야 할 시간론을 말했다는 것이다. 단, 나에게 주어진 지면이 많지 않은 까닭에 나의 '시간론'에 대한 논의는 도중에 서둘러 마무리할 수밖에 없을 것이다. 그래서 『시간과 타자』 첫 도입부 중에서 가장 난해한 구절만이라도 해석해보고자 한다. 이 점 독자 여러분에게 양해를 구한다.

『시간과 타자』는 다음과 같은 구절로 시작한다.

이 강연의 목적은 시간이란 고립한 단독의 주체와 관련된 일이 아니라 주체와 타자의 관계 그 자체라는 것을 증명하는 데 있다.[1]

이 구절이 난해한 것은 '고립isolé'과 '관계relation'라는 '공간적 표상'을 이용해 시간을 말하고 있기 때문이다. 우리는 '고립'이라는 말을 들으면 다른 무엇으로부터 공간적으로 분리된 상태를, '관계'라는 말을 들으면 '항'과 '항'을 잇는 선분 같은 것을 떠올린다. 이처럼 고립과 관계는 공간적으로 표상되는 이차원적인 '도상圖像' 곧 그림이며, 그것이 그림인 한 무시간적이다. 이 구절이 문득 난해하게 느껴지는 건 공간적으로 표상할 수 없는 시간을 공간적 표상을 빌려 말하고 있기 때문이다.

우리는 이 첫 줄부터 '게임의 규칙'을 바꾸지 않으면 안 된다는 가르침을 얻는다. 우리 자신의 인습적인 시간과 공간 개념을 견지한 채로는 여기서 더 읽어나갈 수가 없다.

일단 '시간'이라는 말을 우리가 평소 사용하는 의미로 받아들이려고 해선 안 된다. 또 '시간'이라는 말을 우리가 평소 사용하는 의미로 사용하는 것을 자제해야 한다. 레비나스의 '시간'과 우리가 일상적으로 말하는 '시간'은 그 의미가 일부만 겹칠 뿐 엄연히 차이가 존재한다. 레비나스의 '시간'에는 우리가 흔히 쓰는 '시간'이란 말로 결코 담아낼 수 없는 의미가 포함돼 있다. 그 의미가 무엇인지는 아직 말할 수 없다. '의미를 일의적으로 확정하지 않고 공중에 매단 채 읽어나가는 것.' 이 또한 레비나스가 독자에게 요구하는, 어찌 보면 우리가 따르기에 무척 곤란한 독해 방법이다.

책 도입부 명제의 전반부에 해당하는 '시간은 고립한 단독의 주체와 관련된 일이 아니다'라는 의미 정도는 우리도 알 수 있다.

지구상 모든 인류가 다 죽고 마지막으로 한 명만 살아남았다고 하

자. 이때 그 사람에게 시간은 흐르고 있을까? 나는 '흐르지 않는다'고 생각한다. 시계가 시각을 새기는 일은 있을 수 있다. 그러나 여기서 시곗바늘의 이동은 아무런 의미도 없다. 아무도 그 사람을 방문하지 않으며 아무도 그 사람을 기다리지 않는다. 그 사람이 무얼 말하든 무얼 적든 그걸 듣는 사람도, 읽는 사람도 없다. 설사 그 사람이 우주가 어떻게 성립했는지에 관해 놀랄 만한 진리를 통찰했다 하더라도 그 진리를 들어줄 상대는 어디에도 없다. 그 사람에게는 받는 것도 증여하는 것도 없다. 그 사람은 살아 있으면서 죽어 있다. 그런 사람에게 시간은 없는 것이나 마찬가지다.

이해하기 어려운 부분은 '시간은 주체와 타자의 관계relation du sujet avec autrui 그 자체'라는 후반부다. '관계'라는 말을 주체와 타자가 이항으로 분리된 하나의 '선' 같은 것으로, 즉 공간적으로 표상할 경우 이 명제에서 가장 풍요로운 부분을 잃어버리게 되기 때문이다. 시간은 공간적으로 표상할 수 없다.

그럼 어떻게 하면 좋을까?

논리학적으로 보면 억지스럽지만, 궁여지책으로 이 부분을 '주체와 타자의 관계는 시간 속에서밖에 성립하지 않는다' 혹은 '주체와 타자의 관계는 시간 속에서밖에 의미를 갖지 않는다'라는 명제로 바꾸어 읽어보는 방법이 있다. 무리한 독법이긴 하나, 그래도 조금은 알 수 있다. **시간이란 주체와 타자 사이에서 익어가는 어떤 것임을 말이다.**

타자가 나를 향해 무언가 말을 건다. 처음에 말이 발화된 시점에서는 무얼 말하려는 건지 아직 모른다. 조금 더 이야기가 진행되고 나서야 '대략 이런 이야기를 하려는 거구나' 하고 예측이 선다. 혹은 이야기 도중 화제가 바뀌는 바람에, 아까는 잘 들리지 않아 의미 불명의 상태로 남아 있던 말의 의미를 문득 알게 되어 시간을 과거로 돌려서 그 의미의 공백을 메우게 될 때도 있다. '무얼 말하려는 건지'는 상대방 이야기를 다 듣기 전까지는 아직 해결되지 않은 상태로 둘 수밖에 없다. 그런 의미에서 볼 때 주체와 타자 사이의 커뮤니케이션은 시간 속에서밖에 성립하지 않는다. 이쯤 해두면 '주체와 타자의 관계는 시간적이다'라는 명제에 관해서는 조금이나마 실마리가 잡힐 것이다. 물론 어디까지나 '조금'이긴 하지만 말이다.

그럼에도 '주체와 타자의 관계는 시간적이다'라는 명제와 '시간은 주체와 타자의 관계다'라는 명제 사이에는 큰 괴리가 있다. 레비나스의 문장은 다음과 같이 계속된다.

내가 시간이라는 개념을 통해서 말하고자 하는 것은 우리가 사회로부터 빌려온 개념을 이용해 시간을 어떻게 쪼개고 다듬는지, 사회가 우리에게 어떤 방식으로 시간 표상을 가능케 하는지가 아니다. 시간에 대한 우리의 관념이 아니라 시간 그 자체가 문제다.[2]

레비나스는 '우리가 시간을 어떻게 포착하느냐가 문제인 것이 아니라 시간 그 자체가 문제'라고 말한다. 우리가 '시간에 대한 어떤 관념을 형성'할 수 있는 것은 그 관념 자체가 이미 **시간의 효과**이기 때문이다.

물론 어떤 종류의 관념은 문장의 형태를 띠고 시간의 흐름에 따라 포착될 뿐만 아니라 도상적圖像的 직관으로서 무시간적으로 단숨에 주어지는 일도 있다. 그럼에도 우리가 그 직감에 관한 상을 다른 사람에게 전한다든지 자기 자신에게 설명하기 위해서는 '저것은 **이것이다**' 하는 식의 말로 바꾸는 과정을 생략할 수 없다. 그리고 '저것은 이것이다'라는 문형을 구사하는 한 그것은 이미 시간 안에서 일어나는 사태다.

'시간 그 자체가 문제다'라는 명제는 우리가 인간의 이성으로는 정의할 수도 이해할 수도 없는 것을 문제로 삼고 있음을 말해준다. 왜 그러한 것을 문제로 삼는가. 이는 레비나스의 목표가 직접적으로는 **하이데거가 해결한 것으로 되어 있는 문제를 다시 한번 미결 상태로 돌리는** 데 있었기 때문이다.

이야기는 갑자기 논쟁적인 지평으로 이동한다. 하이데거에 대한 이같은 이의신청이 어떤 철학사적 의미를 갖는지 잘 모르는 독자일지라도 여기서 발걸음을 멈추지 않았으면 한다. 나는 이 논고 과정에서 '알다시피' 같은 말을 가급적 사용하지 않고 이야기를 진행하고 싶다. '하이데거가 해결한 것으로 되어 있는 문제는 무엇인가'라는 물음은 잠시 그대로 밀어놓고 앞으로 나아가고자 한다.

하이데거에게서 타자는 공동존재Miteinandersein라는, 즉 일자一者와 타자가 상호적으로 존재하는 본질적인 상황에서 나타난다. mit(~와 함께)라는 전치사가 여기서는 관계를 나타내고 있다. 즉 그것은 뭔가를 둘러싼, 어떤 공통항을 둘러싼, 더 엄밀하게 하이데거식으로 말해보자면 진리를 둘러싸고 서로 나란히 이웃 관계에 있는côte à côte 연결이라는 의미

다. 그것은 얼굴과 얼굴이 서로 마주 보는face à face 관계는 아니다.[3]

하이데거에게 주체와 타자의 관계는 **진리에 의해** 기초 지워져 있다. 이는 곧 주체와 타자가 '누군가가 이미 구축을 끝낸 커뮤니케이션 플랫폼' 위에 있다는 의미다. 그런데 레비나스는 이러한 주체와 타자의 양상을 부정한다.

여기서 나는 하이데거에 대한 이 같은 비판이 과연 옳은가 하는 판단도 일단 옆에 밀어놓고 이야기를 진행하려 한다. 근본적인 명제의 옳고 그름에 관한 판단을 계속해서 옆에 밀어놓은 채 앞으로 나아가는 것을 찝찝하다고 여길 독자도 있을 것이다. 충분히 그럴 수 있다. 이해한다. 그러나 레비나스를 읽으려면 아무래도 그 '찝찝함'을 견딜 필요가 있다. 레비나스를 읽을 때 '엉거주춤한 자세'와 '미결'과 '찝찝함'은 기본이다. 이 점을 먼저 받아들여주길 바란다. 레비나스의 철학은 기왓장을 한 장씩 쌓아 올려 완성하는 대가람大伽藍처럼 생각해서는 안 된다. 레비나스의 철학 읽기는 '이 사람이 뭘 말하려고 하는지 모르겠다'라는 고통을 계속 감수하던 중 마침내 손끝에 뭔가 닿아서 이를 통해 독자 자신의 시점이 근원적으로 흔들리는 실존적인 경험을 동반한다.

우리는 타자와의 근원적인 관계를 기술해야 할 '전치사'는 'mit'(~와 함께)가 아님을 제시하고 싶다.[4]

레비나스는 주체와 타자를 함께 기초 지워주는 '기반'을 전제로 하

는 것을 거부한다. 우리는 고독하다. 타자와 주체 사이에 '공통의 조국'
은 없다. 타자란 주체의 이해도 공감도 닿지 않는 절대적 타자abosolument
autre다.

레비나스는 확실히 이후 여러 저작에도 그렇게 썼다. 이 문장에 기
시감을 느끼는 독자도 있을 것이다. 하지만 이 말의 의미를 철학 용어
사전에서 찾아봐도 별 소득은 없을 거라고 본다. 여기서 레비나스가
'공통의 조국'이 없다고 말한 것은 문자 **그대로의 의미이기** 때문이다.
레비나스는 2차 세계대전 당시 가족이 게슈타포에 쫓기고 있었고 종전
후 겨우 살아남은 유대인으로서 이 말을 입에 담았다. 그 역사적 '함의
connotation'를 간과해서는 안 된다.

'절대적 타자'라는 말 자체를 입에 담는 것은 어려운 일이 아니다.
하지만 우리는 그러한 것을 과연 '알고 있다'고 말할 수 있을까. 왜냐하
면 나는 타자들과 다양한 '기반'을 공유하고 있기 때문이다. 우리는 많
은 사람과 조국을 공유하고, 언어를 공유하고, 정치 이데올로기와 미의
식을 공유하고 있다. 심지어 스쳐 지나가는 모르는 사람과도 우리는 사
소한 계기로 어느 정도 이해와 공감의 물꼬를 틀 수 있다. 사실상 **'절대
적 타자'와** 같은 것을 우리는 **경험적 실체로서는 모른다.** 그러나 레비나
스는 타자란 본질적으로 '절대적 타자'라고 말한다.

그런데 이 단언은 사변적으로 이끌려서 나온 것이 아니다. 홀로코
스트의 경험이 그렇게 말하도록 한 것이다. 600만 명의 유럽 유대인은
자신들과 조국을 공유하고, 언어를 공유하고, 이데올로기를 공유하고,
종종 이해와 공감으로 연결된 사람들에게 버림받고 죽임을 당했다.

정치적 공갈에 쉽게 굴복하고 데마고기에 휘둘리고 이웃의 학살을 묵과한 사람들과 함께 생활해야 할 때, '공동존재적'인 '기반'은 이렇다 할 도움이 되지 않는다. 그 사실을 역사는 우리에게 가르쳐주었다. 이웃들은 사소한 이유로 그다지 심리적 저항도 없이 '우리를 배제'하는 데 손을 빌려주곤 한다. 인간이란 그런 존재다.

이를 숙지한 상태에서 그럼에도 주체에게 기회를 주길 바란다면 '어떠한 이해도 공감도 넘어선 타자'와 대화할 수 있는 단단한 그리고 곤란한 관계를 구축할 수밖에 없다. 그것이 역사가 레비나스에게 요구한 시급한 철학적 과제였다.

이 고독의 존재론적 근원까지 소급함으로써 우리는 이 고독이 어떻게 극복될 수 있는지, 바로 그것을 보고 싶어 한다. 이 극복이 무엇이 아닌지는 금방 말할 수 있다. 그것은 인식은 아닐 것이다. 인식을 통해 대상은 우리가 바라든 바라지 않든 상관없이 주체에 의해 병합되어 이항성二項性을 소실하기 때문이다. 그것은 탈자脫自°도 아니다. 왜냐하면 탈자에 의해 주체는 대상 안에 매몰되어버리고 통일성 안에서 자신을 발견하기 때문이다. 이러한 관계는 타자의 소멸로밖에 귀착되지 않는다.[5]

레비나스가 이 시점에 구상했던 철학적 아이디어를 만약 그림으로 표상한다면, 어떠한 공통의 기반도 없고 공통의 참조 체계도 없는 채로

○ 여기서 말하는 탈자는 '자신을 벗어나기', '자신을 초월하기'라는 의미를 갖는다.

절대적인 미결 상태에 있던 두 사람이 각각 상대방을 흡수하는 일도, 흡수당하는 일도 없이 상대를 찾아서 아등바등하고 있는 모습일 것이다. 물론 이런 식의 그림으로 표상하는 것이 옳다고는 말할 수 없다. 그래도 그러한 그림을 단서로 하면 레비나스의 사상을 조금이나마 알 수 있다고 생각한다. 이 절대적인 미결과 동떨어짐은 **시간 안에서** 비로소 하나의 희망으로 바뀌기 때문이다.

여기서 종교적 보조선을 하나 그어보고자 한다. 그것은 곧 '메시아'라는 보조선이다. 메시아는 부재다. 이는 '빈자리를 두는' 형태로밖에 유대인들 현실에 등장하지 않는다. 파스카는 하느님이 유대인들을 이집트 땅에서, 노예 상태에서 구출한 역사적 사건을 축하하는 의례인데, 이때 가족 식탁에는 빈자리가 하나 마련된다. 그 자리는 메시아를 예고하는 예언자 엘리야를 위한 자리다. 과거 한 번도 엘리야가 도래한 적이 없었던 사실로부터 귀납적으로 추리하면, 이 자리가 기다리는 사람을 맞이하는 일은 있을 수 없다. 그렇지만 유대인들은 이 빈자리를 수천 년에 걸쳐 계속 지켜왔다. 파스카 의례에 관해 로베르 아롱은 다음과 같이 마음에 파고드는 말을 남겼다.

식사가 끝날 때까지 메시아의 전조가 오지 않는 것을 잘 알고 있다. 그러나 중요한 것은 그가 오는지 안 오는지가 아니다. 그의 도래는 몇 날 몇 시라는 방식으로 나타낼 수 없다. 중요한 것은 그가 반드시 언젠가 온다는, 그리고 그날에 와도 이상하지 않다는 전제로 사람들이 살고 있다는 것이다.[6]

엘리야를 위한 빈자리는 그 자리가 언제 예언자에 의해 채워질지 예견할 수 없음에도, 아니 오히려 예견할 수 없으므로 활발하게 기능하고 있다. '자리를 비워두는 일'은 공간적으로는 '무'다. 그렇지만 그것은 시간 속에서는 과거의 기억을 활성화하고 미래를 향한 희망을 부활하는 생성의 장이 된다. **시간은, 거기에 존재해야 함에도 존재하지 않는 것을 부각시킴으로써 희망의 싹이 되는 경우가 있다.** 공간적으로는 구원도 지원도 이해도 없는 장일지언정 사람은 시간 속에 몸을 둠으로써 희망과 자부심을 느끼고 살아갈 수 있다. 신앙이란 이처럼 '도래해야 할 것à venir'에 대한 전면적인 신뢰를 의미한다. 레비나스는 그것을 그 개인의 영적 확신을 통해 알고 있었다. 그런데 이를 철학적 사유의 주제로 삼고 갈고닦아 비유대인을 포함한 보편적 인류의 '앎'에 등록하는 일이 필요했다. 이런 연유로 레비나스는 '시간론'으로부터 전후의 사색을 시작하게 된 것이다.

공간적으로는 절망적일 만큼 동떨어져 있고 미결로밖에 보이지 않는 것일지라도 시간의 관점에서는 '풍요로운' 것을 포착할 수 있다. 그 메커니즘을 레비나스는 그 개인의 영적 감수성도, 자신이 속한 민족의 운명도 참조하지 않은 채 가치중립적인 언어로 진술하려고 했다. 그 우회가 강제하는 말이 빚어내는 굴곡이야말로 이 시기 레비나스의 말을 거의 의미 불명의 것으로 만들었다고 나는 생각한다.

80쪽 분량의 책에서 이제 겨우 처음 두 쪽밖에 해설을 못 했다. 그럼에도 레비나스의 시간론이 관조적 사변이 아니라 자르면 피가 나올 것 같은 실존적 경험으로부터 스며 나온다는 사실을 전할 수 있다고 하면, 일단 나로서는 충분하다.

차례

일러두기

— 본문의 주는 모두 옮긴이가 붙인 것이다. 원주는 미주로 처리했다.

— 인용문의 볼드체는 원문에서 강조한 내용이며, 고딕체는 이 책의 저자가 강조한 내용이다.

— 본문의 성서 인용문은 (재)대한성서공회의 표준새번역 성경을 기준으로 하되, 맥락에 따라
   개역개정판 성경을 참고하여 일부 수정했다.

Emmanuel Levinas

**예비적
고찰**

1. 살아남은 자

지난번《복음과 세계》'종말론 특집'에 「레비나스의 시간론」이라는 글을 기고했다. 에마뉘엘 레비나스의 시간론에 관해서는 이전부터 언젠가 정리된 글을 쓰고 싶었으나 막연한 구상만 있을 뿐이었다. 그 구상을 실현하려면 『시간과 타자』라는 레비나스의 시간론 강연을 정독할 필요가 있었다. 왜 그런 생각을 하게 되었는지 이에 관해 좀 써보고자 한다.

레비나스는 전쟁이 끝나고 얼마 뒤 철학자 장 앙드레 발의 철학학원에서 개최된 이 강연을 통해 본인의 시간론에 관한 아이디어를 이야기했다. 이것이 레비나스 시간론의 출발이었다. 전쟁 전의 레비나스라면 철학학원 강연에서 후설의 현상학과 하이데거의 존재론에 관해 몇 가지 고찰을 한 적은 있어도 시간론을 주제로 사유한 적은 없었다. 레비나스가 시간을 우선적인 철학 주제로 정한 것은 전쟁이 끝나고 나서다. 나는 이 점이 그의 개인사와 관련 있다고 생각한다.

포로수용소에서 돌아온 후, 레비나스는 많은 친족을 강제수용소에서 잃었음을 알게 되었다. 그리고 '자신이 살아남은 의미'가 무엇인지를 생각하는 의무를 지게 되었다. 홀로코스트에서 살아남은 의미(라기보다는 무의미)에 관해 레비나스가 남긴 인상 깊은 말이 있다. 어느 강연에서 장켈레비치를 인용하며 레비나스는 다음과 같이 얘기했다.

장켈레비치 씨가 말한 것처럼 우리는 여기에 살아남았다는 것 이외에 서로 공통점이 없습니다. 우리에게 유일한 공통의 것, 그리고 가장 본질적인 것, 그것은 다들 아실 거라 생각합니다만 아직 살아 있다는 겁니다. 우연히도 우리는 여기에 있습니다. 우리는 모두 혼자 여기에 있습니다. 왜일까요? 그 이유는 알 수 없습니다. 아마도 게슈타포가 부주의한 덕분에 (…) 어떤 일이 일어난 걸까요. 우리는 지금도 모릅니다. 여하튼 우리는 살아 돌아왔습니다. (…) 우리 삶의 나날에는 우리가 두려워해야 할 비극이 있습니다. 그것이 우리에게 영원히 각인되어 있고 다른 사람들과 우리를 확실히 다른 존재로 만들었습니다.[1]

'살아남은 자'와 '살아남을 수 없었던 자' 사이에는 실은 **결정적인 경계선이 존재하지 않는다.** 그것이 홀로코스트에서 살아남은 사람들이 직면하게 된 비극이다. 나는 죽었을지도 모른다. 죽어도 이상하지 않았다. 오히려 죽은 자를 대신해서 나야말로 죽어야 했을지도 모른다……. 그러한 '존재하는 것의 불확실함' 속에 우리는 남겨졌다.

살아남은 자가 죽은 자보다 덕을 쌓았기 때문이라든지 신앙심이 두터웠기 때문이라든지 혹은 혁명적 경계심이 강했기 때문이라든지 등의 이유를 대면서, 살아남은 것을 합리화하려 하는 사람이 있을지 모르겠다. 아마도 있었을 것이다. 하지만 그러한 합리화가 무효하다는 것은 누구보다도 본인이 잘 알 것이다. "게슈타포가 부주의한 덕분에"라는 레비나스의 말은 홀로코스트에서 죽은 자와 살아남은 자 사이에는 그 운명의 극적인 차이를 설명할 수 있을 만큼의 근거가 실은 존재하지 않는다는 실감을 확실히 전하고 있다.

살아남은 자가 살아남은 것은 게슈타포가 애써 그/그녀를 살려줘서 그렇게 된 것도 아니다. 거기에는 누구의 의도도 개입하지 않았다. 자신들이 살아남아 여기에 있는 데에는 확실한 이유가 없다. **자신이 지금 여기에 있는 것에는 어떠한 필연성도 없다.** 그 사실을 살아남은 사람들은 (적어도 전쟁이 끝나고 나서 당분간은) 아침에 일어나 거울 속 자신의 얼굴을 볼 때마다 떠올리게 되었다. 그것은 살아 있으면서 죽음에 의해 깊게 침식된 상태다. 예외적으로 이성적인 인물이라고 하면 '나는 여기 살아 있을 필연성이 없다, 나는 강제수용소에서 굶어 죽거나 맞아 죽어도 좋았을 것이다'라고 인정하면서도 평온한 일상을 보낼 수 있을지 모른다. 하지만 그것은 아주 예외적인 사람에게만 가능한 일이다. 보통 사람은 그런 정신적 고통을 오래 견딜 수가 없다.

레비나스는 철학자였다. 그가 철학자라는 것은 역사의 비바람 속에서 다양한 것을 잃고, 인간의 무지와 사악함에 깊게 상처받으면서 그럼에도 '인간적 예지'라고 부를 만한 것을 찾아내고 이를 후세에 전하는 일을 개인적 사명으로 받아들이는 삶을 살았다는 것을 의미한다.

레비나스는 그런 '철학자'였다. 그래서 보통 사람 같으면 가질 수 없는 인내력과 극한적인 사태에도 초연할 수 있는 마음가짐을 동포들에게서 기대하긴 어렵다는 걸 알고 있었다. 그가 상대로 한 것은 그냥 보통의 인간이다. 무너지기 쉬운 감수성과 의지할 데 없는 지성밖에 갖추지 않은 불완전한 인간들 말이다.

그들이 '살아남은 것의 의미'를 이해해주지 않으면 안 된다. 어딘가에서 산 자와 죽은 자 사이에 경계선을 긋지 않으면 안 된다. 살아남은 자에게는 살아남은 자밖에 이행할 수 없는 책무가 있다. 그런 '이야기'를 말할 수 없으면 프랑스 유대인 공동체는 머지않아 해체될 것이다. 레비나스는 이러한 특수한 역사적 조건에서 전후의 철학을 전개해야 했다. 그의 시간론은 그러한 역사적 긴급성에 기초해 읽어야 한다.

《복음과 세계》로부터 일정 기간 여러 지면을 할당받은 것을 계기로 이제 『시간과 타자』를 글자 하나하나의 뜻을 충실히 새기면서 읽는 작업을 시작하고자 한다. 아마도 그것은 하나의 주제를 직선적으로 생각하는 논고라기보다는 이 저작을 포함하는 보다 큰 철학적 문맥을 조금 멀리서 조망하는 '보고서' 같은 것이 되리라 생각한다. 시간을 논하는 데에는 또 나름의 시간이 걸리고 나름의 우회가 필요하다. 독자 여러분이 이 점을 이해해주었으면 한다.

2. 후설의 현상학

　처음에 《복음과 세계》에는 단발성 이야기를 기고할 생각이었기 때문에 『시간과 타자』의 총 분량 80쪽 가운데 첫 두 쪽만을 가져와, 거기에 나와 있는 한 구절을 해석하고자 했다. 그때 해석하려 한 것은 다음의 문장이다.

　이 강연의 목적은 시간이란 고립한 단독의 주체와 관련된 일이 아니라 주체와 타자의 관계 그 자체라는 것을 증명하는 데 있다.

　앞서 언급했듯 이 한 문장이 난해한 까닭은 시간을 말할 때 '고립'과 '관계'라는 공간적인 표상을 사용했기 때문이다. 공간적 표상에 의존하는 한, 우리는 시간을 제대로 말할 수 없다.
　"'시간'을 그림으로 표상해보세요"라는 질문을 받으면 시계 안을 움직이는 바늘의 운동을 떠올리는 사람이 있을 것이다. 아니면 해시계와 모래시계를 떠올리는 사람이 있을지도 모른다. 그러한 것들은 모두 시간의 경과를 아날로그적인 양의 변화로서 가시화하는 장치다. 일단 시계라고 하면 긴바늘이 180도 움직였을 때 30분이 지난 것을 알 수 있다. 그런데 긴바늘이 12를 가리키고 있을 때 시계를 보고 있는 '주체'와 6을 가리키고 있을 때 시계를 보고 있는 '주체'는 **이미 다른 사람**이다. 동일 인물이라 하더라도 30분만큼은 나이를 먹었다. 그 30분 동안에 의식을 잃을 수도 있고 죽는 일도 있다. 즉 30분이라는 시간의 경과를 한눈에 내려다보고 관조할 수 있는 주체는 권리상 존재하지 않는다. '그럼에도 불구하고'라고 해야 할까. '그래서야말로'라고 해야 할까. 재능 있는 많은 이들은 그 불가능성을 숙지한 상태에서 '공간적 표상을 매개로 하여 시간을 말하는' 어려운 일에 도전해왔다.

몇 년 전 친구인 화가 야마모토 고지山本浩二의 권유로 그의 친구인 또 다른 화가의 개인전을 보러 간 적이 있다. 이에소 쓰요시磯江毅라는 그 화가는 놀랄 만큼 정밀한 정물화를 그리는 사람이었다. 접시에 놓인 포도를 그린 그림을 본 후 나는 초면인 그 화가를 향해 '당신 그림에서는 시체 썩는 냄새가 난다'는 꽤 실례가 되는 감상을 말했다. 그런데 그 감상이 오히려 화가의 심금을 울렸는지, 그는 나를 지그시 쳐다보며 "어떻게 그리 잘 아셨는지요"라고 화답해주었다. 그러곤 조용한 목소리로 연유를 말해주기 시작했다.

포도를 그린 그림에 관해 그는 이렇게 설명했다. 오랜 시간 그림을 그리다 보면 당연하게도 포도는 변색하고 부패한다. 그러면 그 포도를 제거하고 색깔과 모양이 비슷한 다른 포도를 구해 와 접착제로 붙인다. 매일 몇 알씩 그렇게 해서 썩은 포도를 제거하고 새로운 포도로 교체한다. 그렇게 한 달쯤 지나 그림이 완성되었을 때 테이블 위에 있는 것은 처음 그리기 시작했을 때의 포도와는 전혀 다른 포도다. 화폭에 그려진

34

것은 부패하고 폐기된 포도들의 이른바 유영遺影인 것이다. 그래서 만약 어떤 예술가가 '그림에서 시체 썩는 냄새가 난다'는 소감을 듣는다면 그 말을 '칭찬'으로 받아들여도 좋다는 게 그의 의견이었다.

'아, 그렇구나' 하고 나는 생각했다. 재능 있는 화가들이 가진 최종적인 야심은 공간적으로는 결코 표상할 수 없는 시간을 (그럼에도) 이차원 공간에 담아내는 것이구나, 하고 말이다. 아마 야심 찬 철학자도 마찬가지일 것이라고 본다.

레비나스는 철학사적으로 후설 현상학의 직계에 해당한다. 1928년 레비나스는 프라이부르크에 있는 에드문트 후설(1859~1938)을 찾아가게 된다. 당시 후설은 마르틴 하이데거(1889~1976)에게 철학과 정교수 지위를 물려주고 은퇴한 상태였다. 레비나스는 후설의 집을 찾아가 그의 지도를 받고, 1930년의 박사논문 「후설 현상학의 직감이론」으로 프랑스인 독자에게 처음으로 후설의 철학을 소개했다. 그것이 레비나스가 철학도로서 처음 한 일이었다.

시간론이라는 우리 관심사를 염두에 두고 말하자면, 후설의 초월론적 현상학이라는 아이디어도 보기에 따라서는 **시간을 공간적으로 표상하려는 시도**였다고 할 수 있다. 후설의 그런 시도에 대해서는 조금 우회하면서 이야기를 풀어나가고 싶다.

후설은 명증明證을 이렇게 정의했다.

명증이란, 존재하는 것 및 존재하는 것의 양태를 그 존재의 완전한 확실성 아래서, 그리하여 어떠한 의심을 배제하는 존재의 확실성 아래서

'그것 자신'이라는 양상에서 있는 그대로 파악하는 것이다.[2]

물론 보통의 인간이 그러한 명증한 체험을 하는 일은 없다. 우리 눈앞에선 분명 세계가 생생하게 출현하고 있는 듯 여겨질 수 있지만, 그 감각으로 다가오는 경험에 '그것이 왜 그렇게 당연한지 증명해보시오'라고 사람들에게 요구하는 것은 무리가 있다. 우리가 맥락 있는 꿈을 꾸고 있는 것일지도 모르고 환각을 보고 있는 것일지도 모를 일이기 때문이다. 우리는 실제로 눈앞에 있는 것이라도 그것이 '보고 싶지 않은 것'이라면 '못 본 것'으로 넘길 수가 있다. 그래서 우리의 경험 자체는 세계를 기술할 때 엄밀한 학적 기초가 되지 못한다.

그러면 철학이 그 기초로 삼을 수 있는 '당연하게 느끼는 것을 증명하는 일'과 그 확실한 판단의 지반인 '우리는 생각한다'는 어떻게 구성될 수 있는 걸까. 후설은 이를 '판단중지'(에포케)라는 개념으로 이야기했다.

나는 지금 생생하게 세계를 경험하고 있다고 생각하고 있다. 그런데 그와 동시에 이것은 망상일지도 모르고 꿈일지도 모른다고 생각하면서 내가 겪은 경험의 확실성을 의심할 수도 있다. 세계는 나에게 확실히 경험적으로는 리얼하지만, 철학적으로 반성하는 자로서 나는 이 **소박한 믿음을 유보할 수 있다.**

철학적 자아인 주시하는 자아는 직관으로 다가오는 것에 대해 태도 결정을 유보한다. (…) 해당 판단, 이론, 가치, 목적 등도 완전히 그대로

유지되고 있다. 단 그러한 타당성은 변형되어 단순한 현상으로서 머물러 있다.[3]

후설의 '판단중지'(에포케)란 이 '보류'를 의미한다.

따라서 눈앞에 펼쳐지는 객관적 세계에 대한 모든 태도 결정을, 따라서 제일 먼저 세계의 존재에 대한 태도 결정을 일체 유효한 것으로 인정하지 않는 것, 혹은 거듭 말하고 있듯이 객관적 세계에 관해서 현상학적 판단중지(에포케)를 수행하는 것, 혹은 객관적 세계를 괄호 안에 넣는 것, 이러한 일은 우리를 무無 앞에 세우는 것은 아니다. 오히려 그렇게 함으로써 우리는, 좀 더 명확하게 말하자면 성찰하는 자로서의 나는 순수한 모든 사념 체험과 그 사념이 목표로 하는 순수한 모든 사념 대상을 포함한 나의 순수한 삶을, 즉 **현상학적 의미에서의 현상 전체를 소유**하게 된다.[4]

레비나스가 후설의 현상학으로부터 끌어낸 가장 생산적인 아이디어는 여기에 집약되어 있다고 생각한다. 우리는 대상의 존재에 대한 신뢰를 억제함으로써 현상 전체를 더 근원적으로, 더 리얼하게 소유할 수 있다. 자신이 경험하고 있는 것의 사실성을 쉽게 믿지 않는 사람은 자신이 경험하고 있는 것의 객관성을 무반성적으로 믿는 사람보다 현상 전체를 낚아채는 일에서는 한 걸음 앞서 있고 한 걸음 깊게 들어가 있다. 레비나스는 현상학의 이 기초적 아이디어를 깊게 납득했을 것이다.

경건한 한 명의 유대교도로서 그는 이런 생각에 오랫동안 익숙했기 때문이다.

인간은 바이어스bias가 작동하는 주관적이고 단편적인 상을 통해서만 세계를 경험할 수밖에 없다. 하지만 그렇게 자신의 무능·무력을 자각한 자에게는 **신의 목소리를 들을 기회**가 찾아온다. 그래서 레비나스는 후설의 문장을 읽었을 때 '그런 이야기라면 이미 알고 있다'고 생각했을 것이다. 레비나스는 후설의 『논리학 연구』와 만난 일에 관해 다음과 같은 인상 깊은 말을 남겼다.

> 내가 거기서 받은 인상은 지금까지 본 적도 없는 사변적인 구축물을 접했다기보다는 오히려 새로운 사고의 가능성을, 즉 연역과도 귀납과도 변증법과도 다른 형태로 하나의 관념에서 다른 관념으로 이행할 새로운 가능성을 접했다는 것이다.[5]

레비나스는 후설에게서 '새로운 사고의 가능성'을 발견한 것이지 '새로운 철학'을 발견한 것은 아니었다. 레비나스가 발견한 것은, 이렇게 말해도 괜찮다면 '기지既知의 진리에 도달하는 미지未知의 방법'이었다. 그래서 스무 살을 막 넘긴 젊은 철학도는 후설 문하에 뭔가를 배우러 갔다기보다는, 그가 유아기부터 호흡해온 유대교의 종교적 전통을 통해 이미 알고 있던 것을 더 엄밀한 철학 언어로 기술할 수 있는지 없는지 확인하러 간 것이다. 레비나스 자신은 그렇게 썼다.

내가 후설을 만나러 간 것은 철학자란 '철학의 영원한 초심자'이고, 나아가 나 자신의 불확실함을 기술하는 과정에서 나 자신의 기반을 정한다고 하는 그의 정의에 강하게 공감했기 때문이다.[6]

레비나스는 후설의 현상학적 환원의 아이디어를 읽었을 때 '그거라면 알고 있다'고 생각했다. 아마도 레비나스는 이를 '아브라함'과 '욥' 이야기로부터 배웠을 것이다.

3. 현상학과 성서

후설 현상학의 골자는 우리는 세계를 명증한 방식으로 관조할 수 없지만, 그 '할 수 없음'이란 엄밀히 말해 '현상학적 의미에서의 현상 전체를 소유할 수 있음'을 의미한다는 반전 안에 있다. 즉, 가질 수 있는 것을 일단 버림으로써 더욱 큰 것을 회복한다는 것이 현상학의 정신이다.

보편적인 자기성찰을 통해 세계를 다시 획득하기 위해서는, 우리는 먼저 첫 번째로 판단중지를 통해 세계를 버려야 한다.[7]

잃음으로서 다시 획득한다. 우리는 완전한 방식으로 세계를 관조할 수 없지만, 자신의 세계가 어떻게 불완전한지를 상당 수준까지는 적절히 기술할 수 있다. 만약 '내가 간과한 것, 내가 경험하지 못한 것'을 총망라하는 목록을 만들 수 있다고 하면 우리는 역설적인 방식으로 세계를 다시 획득할 수 있다. 후설은 그런 아슬아슬한 곡예 같은 논리를 세웠다. '타아他我' 개념을 통해 후설이 목표로 한 건 바로 그것이다.

'타아'란 나와 똑같은 자격을 가지고 나와는 '다른 주관'으로서, 동일한 객관적 세계를 경험하고 있는 자를 의미한다. 예를 들면 내가 한 채의 집을 앞에 두고 있을 때 나는 그 집의 앞면밖에 볼 수 없다. 집의 옆면과 뒷면은 지금 당장은 '비주제적'인 것에 머물러 있다(내가 '주제'로 삼을 수 없는 대상이다). 그러나 집의 '앞면'을 보고 있는 나는 이 집에 '옆면'과 '뒷면'이 있다는 사실에 관해 **근원적인** 확신을 품고 있다. 이 집에는 옆면도 뒷면도 있다는 사실을 '비주제적'<u>으로나마</u> 확신하고 있지 않으면 나는 나의 지각이 직접 감지하고 있는 것을 집의 '앞면'이라 말할 수 없기 때문이다.

> 사물이 실제로 보이는 표면은 언제나 필연적으로 사물의 뒷면을 간접적으로 보여주고 그 뒷면을 다소간 규정하는 내용을 예시豫示한다.[8]

내가 '나는 집 한 채의 앞면을 보고 있다'고 말할 수 있는 것은 내가 옆으로 돌아 들어가면 집의 옆면을 볼 수 있고, 조금 더 돌아 들어가면 집의 뒷면을 볼 수 있고, 사다리를 걸치면 지붕이 보이고, 밑으로 들어가면 마루 밑이 보인다고 확신하고 있기 때문이다. 그러한 '상상 속의 나'들이 지금 여기서 '집 앞면을 보고 있는 나'의 개별적 경험의 진정성을 담보해준다. 이런 나를 대신해서 동일 대상의 무수한 '상'을 동시에 바라보고 있는 '상상 속의 나'들을 후설은 '타아'라는 말로 개념화했다.

> 나는 (…) 타아를 포함하고 있는 세계를 경험한다. 그러나 그 세계는 (…) 나만의 세계와는 다른 상호주관적 세계, 즉 모든 사람에 대해 현존하고 있어서 그 안에 있는 대상을 통해 모든 사람이 그것을 접할 수

예비적 고찰

있는 세계다.[9]

공간적 대상의 인식을 성립시키기 위해서는 '내가 보고 있지 않은 것을 누군가 보고 있다'는 확신이 필요하다. 이 '누군가'의 협동으로 비로소 우리의 인식은 성립한다. 이 '누군가'는 내가 경험하지 않은 것을 나를 대신해 경험하고 있는 **나의 변용태**다. 그러한 의미에서 타아는 '과거의 나'와 유사하다.

과거의 내가 과거의 어떤 시점에서 어떻게 세계를 생생하게 그리고 직접적으로 경험하고 있었는지, 현재의 나는 부정확하게 떠올릴 수밖에 없다(때에 따라서는 전혀 떠올릴 수 없다). 더불어 우리의 과거 기억은 새로운 일이 일어날 때마다 계속해서 고쳐 쓰기를 한다. 지금 나의 인격과 사회적 가치와 정합하는 기억만을 나는 선택적으로 회상하고, 현재의 나와 맞지 않는 경험에 관해서는 무의식중에 기억을 바꾸며 때로는 소거하기도 한다. 그래서 '과거의 나'가 '현재의 나'에게 근원적 · 직접적으로 현전하는 일은 **절대로** 없다. 그러나 그럼에도 '과거의 나'가 그때 무엇을 생각하고 무엇을 느끼고 있었는지를 '현재의 나'는 대략 알고 있기 마련이다.

'과거의 나'가 그때 그 시점에서 무엇을 생각하고 무엇을 느끼고 있었는지 부정확하게나마 알고 있지 않으면 '현재의 나'라는 것 또한 존재할 수 없다. '현재의 나'의 근원성 · 직접성은 '현재의 나'가 **과거에 한 번도 경험한 적이 없는 일을 지금 여기서 경험하고 있다**고 확신함으로써 비로소 주어지는 것이기 때문이다. '과거의 나'의 뇌리에 한 번도 찾아온 적이 없는 사념과 '과거'의 내가 한 번도 맛본 적 없는 감각을 지금 내가 경험하고 있다는 것의 불가의성不可疑性만이 '나는 사유한다, 그러므로 나는 존재한다'를 기초 짓는다.

만약 '현재의 나'의 사념도 그렇고 감정의 모든 것에 관해서 기시감이 든다고 하면 어떤 일이 일어날까? 그때 나는 자신이 정말로 지금 여기에 살아 있다고 확신할 수 있을까? '현재의 나'의 현실감을 담보하고 있는 것은 '과거의 나'의 비현실감이다. '과거의 나'가 '현재의 나'와 소원하고 '과거의 나'를 '현재의 나'가 직접적으로는 추체험할 수 없다는 자기동일성의 불확실함, '현재의 나'와 '과거의 나' 사이에 있는 이 메우기 힘든 소격감疎隔感만이 '현재의 나'에게 생생한 '지금 여기'의 감각을 가져다준다.

우리에게 '지금 여기에 나는 존재한다'라는 자기동일성의 근원에 확신을 부여해주는 것은 '과거의 나는 생각한 적이 없고 느낀 적이 없는 것'을 지금의 나는 생각하고 느끼고 있다는 '자기동일성의 결여'다. 지금 여기에 있는 나의 존재를 확신하는 데 기초가 되는 것은 어제의 내가 경험한 '생생한 직접성'을 오늘의 나는 경험할 수 없다는 단절의 절대성이다. '어제의 나와 오늘의 나는 똑같은 인간이 아니다'라는 자기동일성의 흔들림만이 '어제의 나와 오늘의 나는 똑같은 인간이다'라는 사실을 확신시켜준다. 나는 나 이외의 인간에 관해서는 결코 그러한 자기동일성의 흔들림을 느끼는 일이 없기 때문이다.

그래서 아마도 우리는 죽음 직전에, '지금 여기의 나'라는 자기동일성의 기반 자체가 결정적으로 상실되는 바로 그때 '지금 여기에 나는 존재한다'라는 흔들림 없는 확신을 얻을 수 있을 것이다.

지금 여기 나의 주관성을 구성하는 것은 지금이 아닌 때, 여기가 아닌 곳에서 '내가 아닌 나'가 경험한 모든 것과의 **차이**의 감각이다. '지금 여기에 있는 내가 아닌 나'가 경험한 것이 지금의 나에게 직접적으로 주어진 바가 아니라는 사실 그 자체가 지금 여기에 있는 나의 확실성을 담보하고 있다.

이것이 **주관성이란 그때그때 이미 상호주관성**이라는 후설의 명제가 의미하는 바다. '나는 지금 여기에 존재하고 있다'는 확신은 '나는 지금 여기가 아닌 장소에 존재하고 있지 않다'는 비편재성에 의해 기초 지워진다. '집의 비유'를 역으로 말하자면, 내가 '집의 앞면을 보고 있다'고 확신할 수 있는 것은 내가 집의 옆면도 뒷면도 마루 밑도 지붕도 '보고 있지 않다'고 확신할 수 있기 때문이다. **현상학적 주관성은 세계에 대한 '상'을 거의 간과한다.** 그 무력함과 불가능함의 통절한 자각에 힘입어 지금 내가 경험하고 있는 세계를 전체성을 다시 획득하기 위한 일단의 발판으로서 확보할 수 있다.

'나로 인해 간과된 것'(내가 간과한 것)을 망라함으로써 세계를 탈환하는 것이 바로 '타아'라는 아이디어에 후설이 위탁한 기능이다. 나는 '그때' '거기'에 있지 않았고 '그 일'을 하지 않았다. 그렇게 확신할 수 있는 자야말로 '학적으로 엄밀한 주체'가 될 수 있다.

여담이긴 한데 현상학에서 말하는 '타아'라는 아이디어는 세계대전 중 유럽에 흐르고 있던 어떤 문제의식의 광맥 하나가 모습을 드러낸 것으로 볼 수 있다. 지금 이렇게 '타아'를 설명하다 보니, 그것이 큐비즘의 아이디어와 통한다는 데 생각이 미친다.

세계대전 기간에 피카소와 브라크가 실천해 보여준 큐비즘이라는 화법은 동일한 대상을 복수의 시점視點으로 한눈에 조망하고 싶은, 실현 불가능한 욕망에 따라 작동된 것이었다. 만약 집 한 채를 앞면에서, 뒷면에서, 지붕에서, 마루 밑에서 동시에 다 볼 수 있다면 과연 무엇이 보이겠는가. 그런 있을 수 없는 그림을 이차원적으로 표상한 것이 큐비즘 회화라고 말할 수 있지 않을까.

복수의 화자가 계속 교대로 각각의 시점에서 보이는 동일한 세계의 다른 상을 병렬해 기술한다는 면에서, 장 폴 사르트르가 『자유의 길』을 통해 시도한 문학적 실천이라든지 복수의 카메라아이 각각이 동일한 세계의 다른 상을 비추어내고 있다는 에이젠슈타인의 〈전함 포템킨〉 몽타주 이론에도 큐비즘과 통하는 구석이 있다. 100년쯤 지나 멀리서 되돌아보면 세계대전 기간의 지식인들을 사로잡고 있던 동시대의 고유한 욕망이 뚜렷이 드러날지도 모른다.

여담은 그만하고 이야기를 이어나가자면, 레비나스는 후설의 '데카르트적 성찰'을 읽은 뒤 '나는 이 이야기를 이미 알고 있다'고 직관했다. 그것은 유대교라는 종교적 전통 안에 깊이 뿌리내린 생각이었기 때문이다. 그리하여 스무 살을 막 넘긴 젊은이는 저 나이 든 철학자에게 자신이 '동의함'을 알리기 위해 프라이부르크까지 찾아간 것이다.

레비나스는 자신이 후설의 눈에는 "꽤 아이 같고 불경한 젊은이로 보였을" 것이라고 회고했다. 후설과의 만남을 레비나스는 다음과 같이 떠올렸다.

그렇지만 열린 지평의 방법론에 관해서만큼은 더는 의외성은 없었습니다. (…) 그에게 질문을 던져도 그것이 대화로 발전하는 일은 거의 없었습니다. 내 질문에 대해서는 마치 강연을 하듯 머뭇거림 없는 답변만이 돌아왔습니다. 그리고 그때마다 그는 이전에 언급한 바 있는 이야기를 했습니다.[10]

레비나스는 후설과 대면했을 때의 환멸을 숨기지 않는다. 아마도 청년 레비나스는 리투아니아에서 보낸 소년 시절부터 익숙한 유대교의 가르침 중에 후설의 '상호주관성'이라는 아이디어 즉 '세계의 포기를 통한 세계의 재구축'이라는 아이디어와 깊게 통하는 부분이 있다고 느꼈을 것이다. 그리고 그는 **성서의 가르침 속에 이미 후설 현상학의 아이디어가 원초적인 형태로 쓰여 있을 것이라는 가설**을 갖고 후설을 찾아갔다. 아마도 대화 도중 레비나스는 몇 차례 자신의 가설을 말하고 후설의 반응을 살폈을 것이다. 그러나 후설은 신통한 반응을 보이지 않았다.

'마치 그 장면을 보고 온 것처럼 말하지 말라'고 야단맞을 것 같지만, 레비나스가 느낀 후설에 대한 '공감'과 실제로 대면했을 때 느낀 '환멸'의 격차를 메우기 위해서는 레비나스가 가지고 간 가설에 대해 후설이 충분한 관심을 보이지 않았을 가능성을 고려해볼 필요가 있다고 생각한다. 여하튼 레비나스는 그 일 말고는 후설에게 볼일이 없었기 때문이다.

4. 신앙과 시간

레비나스는 후설에게 '당신이 주창한 현상학의 기본 아이디어 중 몇 가지를 나는 이미 성서에서 읽었다고 생각한다'라는 사실을 말하러 갔다. 그러나 후설은 레비나스의 가설을 상대해주지 않았다. 이 경험을 통해 레비나스는 철학과 신앙 사이에 다리를 놓으려는 시도가 반드시 철학자를 기쁘게 하는 건 아니라는 교훈을 얻었다.

따라서 레비나스는 그 이후 당분간은 후설 현상학과 하이데거 존재론의 조술자祖述者라는 포지션에 머물면서 철학과 성서의 관계에 관해 논하는 것을 자제했다. 그러나 전후 레비나스는 이를 더 이상 자제하지 않는다. 현상학과 존재론이 틀렸다고 생각해서 그런 것은 물론 아니다. 단 그러한 철학 사상은 레비나스의 동포들이 학살당하는 것을 막는 데 거의 아무런 도움이 되지 않았음을 유념할 필요가 있다.

사정이 그렇다면 홀로코스트 이후의 세계를 사는 철학자가 계속 후설 현상학과 하이데거 존재론의 조술자에 머물 수는 없는 노릇이다. 레비나스는 그때 후설을 만나러 가기 전, 철학 초심자의 포지션으로부터 다시 한번 길을 거슬러 올라가기로 했다. '그때 나는 거기에 없었다'라는 경험의 결여를 단서 삼아 세계를 재획득하는 사유 경로로 말이다.

레비나스는 현상학을 만나기 전 이미 「욥기」를 통해 그걸 배웠다.

신을 공경하는 사람으로 알려진 욥은 하느님의 처분으로 가산과 가족을 잃고 업병業病에 걸린다. 그 부조리한 경험이 욥의 신앙을 흔들어 놓았다. 그는 '왜'냐고 묻는다.

어디, 알아듣게 말씀 좀 해보세요. 제가 귀 기울여 듣겠습니다. 제 잘못이 무엇인지 말씀해주세요.[11]

신은 대답하지 않는다. 욥은 점점 더 화가 치밀어 오른다.

주께서 손수 만드신 이 몸은 학대하고 멸시하시면서도, 악인이 세운 계획은 잘만 되게 하시니 그것이 주님께 무슨 유익이라도 됩니까?[12]

그리고 욥은 급기야 신과 '동격'의 입장으로 논쟁을 시작하려 한다.

내가 이 모든 것을 내 눈으로 똑똑히 보고, 내 귀로 다 들어서 안다. 너희가 아는 것만큼은 나도 알고 있으니, 내가 너희보다 못할 것이 없다. 그러나 나는 전능하신 분께 말씀드리고 싶고, 하느님께 내 마음을 다 털어놓고 싶다.[13]

아, 그분이 계신 곳을 알 수만 있다면, 그분의 보좌까지 내가 이를 수만 있다면, 그분 앞에서 내 사정을 아뢰련만, 내가 정당함을 입이 닳도록

변론하련만.[14]

끝없이 계속되는 신에 대한 욥의 도발과 그것을 나무라는 친구(데만 사람 엘리바스)와의 대화 이후 38절에 이르러서 드디어 하느님이 나타나 욥에게 이렇게 말한다.

그때에 주께서 욥에게, 폭풍이 몰아치는 가운데서 대답하셨다. "네가 누구이기에, 무지하고 헛된 말로 내 지혜를 의심하느냐? (…) 묻는 말에 대답해보아라. 내가 땅의 기초를 놓을 때에, 네가 거기에 있기라도 하였느냐? 네가 그처럼 많이 알면, 내 물음에 대답해보아라."[15]

"바닷속 깊은 곳에 있는 물의 근원에까지 들어가 보았느냐? 그 밑바닥 깊은 곳을 거닐어본 일이 있느냐? 죽은 자가 들어가는 문을 들여다본 일이 있느냐? 그 죽음의 그늘이 드리운 문을 본 일이 있느냐? 세상이 얼마나 큰지 짐작이나 할 수 있겠느냐? 이 모든 것을 알고 있다면, 어디 네 말 한번 들어보자."[16]

이처럼 신은 인간이 결코 알 수 없는 무수한 사례를 열거한다. 네 장에 걸쳐 계속되는 이 열거는 인간이 알 수 없는 것은 무한하다는 사실을 전한다. 욥은 이 말씀 앞에 고개를 숙이고 이렇게 말한다.

잘 알지도 못하면서, 감히 주님의 뜻을 흐려놓으려 한 자가 바로 저입

니다. 깨닫지도 못하면서, 함부로 말을 하였습니다.[17]

　욥이 자신의 '앎'의 유한성을 솔직히 인정하자 신은 욥을 용서하고, 다시 욥은 그 부귀와 건강과 장수를 누릴 수 있는 몸으로 돌아간다.
　자, 그러면 이 성서 이야기에서 우리가 주목해야 할 것은 욥이 하느님을 저주했을 때 그 자리에 같이 있으면서 욥의 교만을 나무라고 **신을 위해 변론한** 세 명의 친구들, 곧 데만 사람 엘리바스, 빌닷, 소발 또한 당시 신의 분노를 샀다는 점이다. 하느님은 데만 사람 엘리바스에게 이렇게 고한다.

　내가 너와 네 두 친구에게 분노한 것은, 너희가 나를 두고 말을 할 때에, 내 종 욥처럼 옳게 말하지 못하였기 때문이다.[18]

　신은 세 사람에게 욥이 있는 곳에 가서 중재를 하도록 지시한다. 신에 의한 이 판결의 조리는 우리가 삼켜 넘기기 어렵다. 왜 신을 저주하는 욥을 나무라고 주의 자애와 공정을 반복해서 말한 사람들이 욥보다도 더 강한 벌을 받게 되는가.
　엘리바스는 처음에 미친 듯이 날뛰는 욥에게 이렇게 타이른다.

　잘 생각해보아라. 죄 없는 사람이 망한 일이 있더냐? 정직한 사람이 멸망한 일이 있더냐? 내가 본 대로는, 악을 갈아 재난을 뿌리는 자는 그대로 거두더라.[19]

엘리바스는 신이 욥에게 내린 벌에는 '합리성이 있다'고 주장하며 신의 공정을 변론한다. 그리고 이후 신이 욥을 어떻게 대할 것인지까지 예측해 보였다.

하느님께 징계를 받는 사람은, 그래도 복된 사람이다. 그러니 전능하신 분의 훈계를 거절하지 마라. 하느님은 찌르기도 하시지만 싸매어주기도 하시며, 상하게도 하시지만 손수 낫게도 해주신다.[20]

엘리바스는 이 말 때문에 신에게 벌을 받는다. 설령 신을 변호하는 말이라 해도 '나는 알고 있다'라는 식으로 하느님에 관해 말하는 것은 용서받지 못한다.

욥은 자신의 몸에 일어난 일의 조리가 보이지 않았다. 그래서 '가르쳐달라'고 신에게 도발했다. 엘리바스와 그 친구들은 거꾸로 욥의 몸에 일어난 일에는 조리가 있다고 생각했다. 이것은 신의 교화적 선의에 의한 '징벌'이다. 그래서 욥이 자신의 죄를 안다고 하면 언젠가 신은 반드시 욥을 구원하고, 그 재산을 돌려주고, 안전한 천막을 제공해주고, 나아가 자손의 번영을 누릴 수 있도록 해줄 것이다. 엘리바스는 신을 변호하려고 서두른 나머지 신의 행동은 인간의 눈으로 봐도 합리적이고 **그래서 예견 가능하다**는 생각까지 하고 말았다. 그런데 그 방자함 때문에 엘리바스는 신의 분노를 샀다.

그런데 「욥기」에는 이 네 사람 외에 또 한 사람, 엘리후라는 청년이 등장한다. 그는 욥과도, 세 명의 친구와도 입장을 달리한다. 그리고 그

들의 논의에 분노를 표출한다. 이 청년은 영적 흥분에 이끌려 '지혜 있
는 사람'들을 향해 이런 말을 내뱉었다.

내 속에는 말이 가득하니 내 영이 나를 압박함이니라. 보라 내 배를.[21]

엘리후는 인간 중에서 유일하게 '머리'가 아니라 '배'로, 그리고 '지
혜'가 아니라 '영'으로 말하는 사람이다.

내 마음의 정직함이 곧 내 말이며 내 입술이 아는 바가 진실을 말하느
니라.[22]

엘리후는 욥에게 이렇게 말한다.

내가 그대에게 대답하리라. 이 말에 그대가 의롭지 못하니 하느님은 사
람보다 크심이니라. 하느님께서 사람의 말에 대답하지 않으신다 하여
어찌 하느님과 논쟁하겠느냐. 하느님은 한 번 말씀하시고 다시 말씀하
시되, 사람은 관심이 없도다.[23]

그러므로 하느님은 그를 경외는 하지만 스스로를 지혜롭다 생각하는
모든 자를 무시하시느니라.[24]

도식적인 분류로 말해보자면 인간들은 여기서 욥, 엘리바스, 엘리

후라는 세 범주로 나뉜다.

인간의 이성을 갖고서는 이해할 수 없는 신의 조치를 자신이 세운 조리에 기초해서 틀린 것으로 생각하는 자(욥). 신의 행동은 인간 이성으로 이해 가능하며 예견 가능하다(그래서 믿는다)고 말하는 자(엘리바스). 그리고 인간 이성으로는 이해할 수 없는 것을 '나는 믿는다'며 실존을 걸고 맹세하는 자(엘리후).

하느님은 엘리후에 관해서는 아무런 책망도 하지 않고, 욥은 엄하게 질책한 다음 용서하고, 엘리바스와 그 친구들에게는 벌을 내렸다. 여기에 '지성'과 '영성'의 우선순위에 관한 유대교적 가르침이 침전되어 있다고 나는 생각한다.

이 세 명은 **인간의 무지한 양태를** 각각 인격적으로 표상하고 있다.

세 사람의 화법 가운데 엘리후의 화법이 가장 혼란스럽다. 하지만 신은 엘리후의 이 혼란을 칭찬했다. '신의 섭리는 인간 지성이 닿지 못하는 경지에 있다. 욥의 몸에 닥친 불행은 신적 논리에 기초한 것일 터인데, **지금 당장 나는 그것이 어떤 논리인지 모른다**'라는 것이 엘리후의 입장이다.

엘리후와 엘리바스 그리고 욥의 차이는 엘리후만이 **신앙과 시간의 관계에 관해 언급한** 점에 있다. 엘리후는 욥에게 '기다리는 것'의 중요함을 반복해서 설파했기 때문이다.

하물며 말하기를 하느님은 뵈올 수 없고 일의 판단하심은 그 앞에 있으니 나는 그를 기다릴 뿐이라 말하는 그대일까 보냐.[25]

"기다려"라는 말을 엘리후는 그 후 다시 한번 반복한다.

잠시 기다려라. 내가 그대에게 보이리니 이는 내가 하느님을 위하여 아직도 할 말이 있음이라.[26]

엘리후가 욥이나 엘리바스와 다른 것은 엘리후만이 '지금 여기'에는 보일 수 없지만 '시간 속에서'/언젠가는 보이게 될 것에 몸을 맡겼다는 점에서다.

인간은 신의 섭리가 어떠한 논리에 의해 구성되는지를 지금 여기서는 말할 수 없다. 욥의 수난에 어떠한 '합리적 근거'가 있는지를 인간의 지성으로는 말할 수 없다. 그런데 당신이 신앙을 계속 갖고 있으면 그것은 언젠가는 당신에게 열어 보여질 것이다. 그렇게 시간이 익을 때까지 "이것을 듣고 가만히 서서 하느님의 오묘한 일을 깨달으라"[27]고 엘리후는 말한다.

엘리바스와 욥은 표면상 첨예하게 대립하고 있는 듯하지만 '지금 여기'에서 섭리의 구조를 열어 보이는 것이 가능하다/열어 보여야 한다는 데 뜻을 같이하고 있다. 이 두 사람은 신이 섭리는 '무시간 모델'로 표상되어야 한다고 믿고 있는 점에서 의견 일치를 보인다.

그런데 엘리후는 다르다. 그에게 신의 섭리는 절반은 열어 보여지고 나머지 절반은 은폐되어 있다. 언뜻 무작위적으로 일어나고 있는 것처럼 보이는 모든 일의 배후에 신적 질서가 존재한다는 것을 엘리후는 확신하고 있긴 하지만, 그것이 무엇인지를 지금 여기서는 말할 수 없다. 그것은 신앙인의 실존적 기투投企를 통해서 시간 속에서 열어 보여져야 하는 것이기 때문이다.

엘리후의 무지는 이처럼 시간을 향해 열려 있다.

5. 유책성 (1)

레비나스는 욥에 관해 다음과 같이 썼다.

자신의 내력을 아무리 따져봐도 자신에게 단 한 점의 그릇됨(잘못)도 기억이 나지 않았던 욥이 결국 발견할 수 없었던 것, 그것은 **유책성**responsabilité이다. "내가 세계를 창조했을 때 너는 어디에 있었느냐?" '영원한 것'은 욥에게 그렇게 묻는다. '물론 너는 한 개의 자아다. 확실히 너는 한 개의 시원이고 또 한 개의 자유다. 그런데 자유라고 해서 네가 절대적 시원인 것은 아니다. 너는 많은 사물, 많은 사람보다 많이 뒤처져 **등장했다**Tu viens après bien des choses et bien des personnes. 너는 그냥 자유이기만 한 것이 아니다. 너는 너의 자유를 넘어선 곳에서 다른 것들과 연결되어 있기 때문이다. 너는 모든 것에 대해 유책이다. 그래서 너의 자유는 동시에 타자에 대한 너의 우애다.'[28]

신이 욥을 질책한 부분은 '유책성responsablité'의 결여다. '유책성'이란 개념이 이 논고에서는 여기 처음 등장한다. '유책성'은 레비나스 철학에서 가장 중요한 개념 가운데 하나다. 그래서 번역어가 아직 정해져 있지 않다. '응답 가능성'이라는 번역어를 선택하는 사람도 있고 그냥 '책임'으로 번역하는 사람도 있다. 일단 나는 '유책성'이라는 잠정적인 번역어를 선택했다.

하나로 통일되어 정의되지 않은 개념을 이용해 이야기를 진행하는 것에 대해 괘념치 않길 바란다. 그 이야기는 앞에서도 했다. 나는 별로 괘념치 않는다. 우리가 모국어를 습득할 때 어떤 과정을 거치는지 한번 떠올려보자. 모국어를 처음 배울 때 우리는 정의가 확정되지 않은 말을 사용한다. 그러다가 점차 그 말의 사용법을 알게 된다. 철학서를 읽는 경우도 이와 다르지 않다. 독자 여러분은 일단 '욥이 발견하지 못했던 것은 유책성이다'라는 이 문장에 밑줄을 그어주기만 하면 된다.

욥과 엘리바스는 무시간 모델로 신의 논리를 이해하려 했고 반면에 엘리후만이 시간 안에서 신과 마주했다. 그래서 욥과 엘리바스에겐 없고 엘리후에게만 있었던 것은 시간이다.

한편 레비나스는 욥이 자각하지 못했던 것은 유책성이라고 썼다. 그리고 레비나스에 따르면 유책성이란 '많은 사물, 많은 사람보다 뒤처져 등장했다'는 의미다. 세계의 창조에 뒤처져서 이 세계에 등장한 것, 레비나스는 그것을 유책성이라고 부른다. 이것은 매우 중요한 지적이다. '유책성'이란 '뒤처짐'에 대한 자각을 의미한다.

유책성이란 시간적 현상이다.

'유책성'이라고 번역한 프랑스어 'responsablité'란 'répondre 할 수 있는 능력·가능성'을 의미한다. répondre는 뒤에 나오는 전치사가 무엇이냐에 따라서 두 가지 다른 의미를 지닌다. répondre à는 '~를 향해

서 대답하다'라는 의미이고, répondre de는 '~에 관해서 책임을 갖는
다'라는 의미다. 일본어에는 '대답하다'와 '책임을 지다'를 함께 함의하
는 동사가 존재하지 않는다. 그래서 répondre라는 말을 적절한 일본어
한 단어로 바꿀 수가 없다. 일본어 가운데에는 이에 상응하는 개념이 존
재하지 않기 때문이다.

레비나스가 말하고 있는 바는 '대답하다'와 '책임을 갖는다'가 똑같
은 동사로 표현되는 세계의 일이며, 우리는 그 세계의 거주인이 아니라
는 것이다. 그래서 우리가 모국어를 습득했을 때와 똑같이 '어떤 말이
무엇을 의미하는지 잘 모른 채 그 말을 사용하다 보면 어느샌가 그 말
의 의미를 알게 되는' 시간이 걸리는 과정을 거칠 필요가 있다. 아마도
그것이 이 단어에 대한 옳은 이해 방식일 터다.

레비나스가 욥을 언급한 앞 문장은 『탈무드에 관한 네 번의 강독
Quatre lectures talmudiques』으로부터 인용한 것이다. 이것은 탈무드의 「산헤
드린」편 1절을 주해하는 문장 안에 나온다. 인용 직전에 레비나스는 다
음과 같이 썼다.

나는 내가 저지르지 않은 죄과에 관해서 유책일 수 있다. 나의 것이 아
닌 참화慘禍를 받아들일 수 있다. (…) 인간적 세계가 가능하기 위해서
는, 정의와 산헤드린의 판결이 가능하기 위해서는 모든 순간에 타자에
관해서 유책을 받아들인 누군가가 거기에 있을 필요가 있다.[29]

"나는 내가 저지르지 않은 죄과에 관해서 유책일 수 있다je peux être

responsable pour ce que je n'ai pas commis." 이것이 레비나스가 '유책성'이라는 말을 사용하는 독특한 방식이다. 그것은 우리가 일본어로 사용하고 있는 '책임'이라는 말과는 완전히 용법이 다르다. 우리는 그러한 개념이 체화된 세계에 지금부터 발을 들여놓을 것이다. 이해를 서두를 필요는 없다. 아니, 서둘러도 이해할 수 없다.

세계대전 기간의 레비나스는 '유책성'을 전면 주제로 내세우고 논한 적이 없다. 유책성이라는 아이디어를 레비나스가 들고 나오게 된 것은 세계대전이 끝난 이후다. 그러한 사실은 역사적 조건이 이 개념의 등장에 관여했음을 의미한다.

유대인들의 신은 600만 명의 유대인이 죽임을 당했을 때 천상에서 개입하지 않았다. 전쟁이 끝나고 강제수용소에서 무엇이 일어났는지, 그 사실이 밝혀짐에 따라 '신은 존재하지 않는다'는 절망적인 결론을 많은 유대인이 선택했다. 유럽 유대인 공동체는 그로 인해 해체 위기에 내몰렸다. 그때 레비나스는 종교를 버리려는 유혹에 굴복할 참이던 동포를 향해 이렇게 말을 걸었다.

홀로코스트는 확실히 '죄 없는 사람의 수난'이었다. 그 사실로부터 어떤 사람들은 이 세계가 '신 없는 세계'라는 결론을 도출할 것이다. 그런데 그 사람들은 도대체 '신'이라는 것을 지금까지 어떠한 존재로 그리고 있었던 걸까.

신이라는 것을 조금 단순하게 생각해서 착한 일을 한 사람에게는 보상을 주고 나쁜 짓을 저지른 사람에게는 벌을 주거나 혹은 용서하며, 그

선한 본성 때문에 인간들을 영원한 어린아이로 다루는 존재라고 간주하는 사람들에게 무신론은 당연한 선택이다.[30]

죄 없는 사람이 수난을 받았다는 사실에 기초해서 '신은 없다'고 결론짓는 사람들은 다름 아닌 그 말로 인해 뜻밖에도 자신의 '종교적 유아성'을 드러내게 된다. 왜냐하면 그러한 추론을 하는 사람들은 '신'을 인간이 가진 지성으로도 쉽게 그 사유 경로를 알 수 있는 아주 단순한 '권선징악'의 기능이라고 간주하기 때문이다.

당신들은 지금에 와서 자신의 하늘 위에 아무것도 존재하지 않는다고 선언하고 있다. 그렇다면 묻겠다. 당신들은 지금까지 어떤 수상한 악마와 태생을 알 수 없는 마술사를 자신의 머리 위에 살게 했단 말인가? 그러한 공허한 하늘 밑에서 어떻게 당신들은 의미 있는 선한 세계를, 그럼에도 찾으려고 하는 것일까?[31]

피조물인 것과 어린아이인 것은 다르다. 의인이란 죄 없이도 수난을 당하는 사람을 의미한다. 그가 천상으로부터의 지원도, 지상으로부터의 지원도 없이 단지 혼자 수난을 겪는다고 하면 그것은 신이 없기 때문도 아니고 신으로부터 버림을 받았기 때문도 아니다. 그건 그가 '자신의 양어깨 위에 신으로부터 위임받은 모든 책임을 느끼기 때문'이다. 레비나스는 그렇게 설파했다.

질서 없는 세계, 즉 선이 승리할 수 없는 세계에서 희생자의 위치에 있는 것, 그것이 바로 수난이다. 그러한 상황만이 구원을 위해 현현하기를 단념하고 모든 책임을 한 몸에 떠맡는 인간의 완전한 성숙을 바라는 신을 우리에게 열어 보여준다.[32]

홀로코스트는 인간이 인간에게 저지른 죄다. 만약 그 해결을 '인간의 손으로 어떻게 할 수 없으니까'라는 이유로 신에게 요구한다면 그것은 어린아이의 행동이다.

신에게도 그 이름에 어울리는 위덕威德이 갖추어져 있다고 하면 인간이 인간에 대해서 저지른 죄에 관해서는 '그 책임을 져야 하는 것은 신이 아니라 인간이다'라고 말할 수 있는 인간을 신은 창조했을 것이다. 신이 이 지상에서 달성하려고 하는 일을 신의 지원 없이 혼자 힘으로 해낼 수 있는 인간을 창조한 것, 그것이야말로 창조의 영광이 아니고 무엇이겠는가. 이것이 유대교 특유의 '신의 부재를 근거로 하는 변신론辯神論'이다.

옛날 어떤 로마인이 고대의 전설적인 율법학자인 랍비 아키바에게 이렇게 물은 적이 있다. "왜 당신네 신은 가난한 자들의 신이면서 가난한 자를 살피지 않는가?" 그러자 랍비 아키바는 이렇게 대답했다. "우리가 지옥의 고통을 벗어날 수 있도록 하기 위해서다." 이 일화를 인용한 뒤에 레비나스는 다음과 같이 썼다.

인간의 의무와 책임을 신은 대신 맡을 수 없다는, 이른바 '신이 행사할 수

예비적 고찰 61

없는 능력'에 관해 이만큼 적확하게 표현한 말은 달리 없다. 인간에 대한 인간의 개인적 책임은 신조차 어떻게 할 수가 없다.[33]

신앙은 어린아이가 맡을 수 없다. '성숙한 인간'만이 감당할 수 있다. 의식을 가진 인간, 자유로운 인간, 자신의 자유로운 결단에 기초해서 신으로부터 위탁받은 인간의 책임을 다하고자 일어서는 인간, 그러한 자만이 진정한 의미에서 신앙인이다.

신앙을 가진 사람이 신앙을 위해서 뭔가를 결단하는 것은 신이 자신에게 어떠한 일을 부탁하고 있는지 '알았기' 때문이 아니다. 대부분의 경우 인간은 신이 자신에게 무엇을 지시하고 있는지 '알지 못한' 채로 결단을 내린다. 아니, 결단을 내려야 한다. 그것이 '신의 지원 없이'라는 말의 의미다. 신이 무엇을 지시하고 있는지 모르는 채 스스로의 자유로 자신의 책임 아래 그 지시의 의미를 해석하고 행동할 수 있는 자, 그것이 영적인 의미에서의 '성인成人'이다.

아브라함이 여행길에 오르는 일화가 그 의미를 잘 전해준다. 신은 어느 시점에서 아브라함(이 시점에서는 아직 '아브라함'으로 개명하지 않았다)에게 임해서 이렇게 말했다.

당신은 당신의 태어난 고향, 당신의 아버지의 집을 나와서 내가 지시하는 땅으로 가거라.[34]

아브라함은 신의 지시에 따라서 고향을 버리고 아버지 집을 나왔다. 왜 그런 일이 가능했는가. 신의 말을 인간인 아브라함이 이해할 수 있었기 때문이 아니다. 신의 말은 많은 경우 천둥과 번개와 타오르는 불꽃 같은 비언어적인 표상의 형태로 족장과 예언자들에게 열어 보여진다. 그래서 그들은 그것이 무엇을 의미하는지 모른다. 그런데 그것이 메시지라는 것은 이해할 수 있었다. 왜냐하면 거기에는 **수신처**가 있었기 때문이다.

메시지의 내용을 이해하는 것과 자신이 메시지의 수신인임을 아는 것은 서로 차원이 다른 일이다. 너무 난해해서 이해할 수 없는 메시지일지언정 그 메시지가 자기 앞으로 온 것인지 아닌지는 안다. 눈앞을 캄캄하게 하고 귀를 먹게 하고 살갗을 때리는 것이 다름 아닌 나를 향해서 임박해 온다는 것은 안다.

아브라함에게 신의 목소리가 임할 때까지 아브라함은 '태어난 고향'과 '아버지의 집' 내부에 있었다. 그것은 이미 기호적으로 분절된 세계, 기지既知로 채워진 세계다. 아브라함은 그러한 시스템 내부에서 통용되는 기호를 주고받는 것이 커뮤니케이션이라고 믿고 살아왔다. 그리고 어느 날 그 앞에 타자가 출현함으로써, 이전에는 한 번도 들은 적이 없는 비분절의 형태를 띤 메시지가 그에게 도래한다. 그때 아브라함은 그 메시지를 '태어난 고향과 아버지의 집을 떠나라'는 뜻으로 해독한 것이 아니다. 해독할 수 있을 리가 없다. **타자로부터의 메시지는 해독 불가능하기 때문이다.** 아브라함이 이 시점에서 안 것은 일단 두 가지다. 하나는 '이것은 나를 수신인으로 하는 메시지'라는 사실이며, 또 하나는 '내가 나의 기호체계 안에 머무르는 한, 그것이 무엇을 의미하는

지 알 수 없다'는 것이다. '나를 수신인으로 하는 메시지'라는 것에 대한 확신은 있지만, 그 메시지가 무엇을 의미하는지를 모를 때 우리가 할 수 있는 일은 하나밖에 없다. 그것은 곧 **바깥으로 나가는** 일이다.

6. 유책성 (2)

바깥으로 나가는 것. 그 행위는 메시지를 더욱 선명하게 수신할 수 있는 장소를 찾아서 이동하는 일이다. 그 행위는 잡음이 섞인 통신을 수신한 사람이 좀 더 선명한 소리를 듣기 위해, 적절한 주파수를 찾아 다이얼을 돌리거나 안테나 방향을 바꾸는 일과 다르지 않다.

'이해하는 것'과 '실천하는 것'은 별개다. 자기가 무엇을 하는지를 이해하지 못한 채로 적절한 행동을 실천하는 일은 있을 수 있다. 그런 사태에 관해 레비나스는 율법을 주제로 해서 이렇게 썼다.

율법을 이해하는 것과 실천하는 것은 별개의 일이다. 그리고 늘 **실천이 이해에 선행해야 한다**. 인간은 신의 가르침을 이해하지 못한 채로 신의 가르침을 실천할 수 있다. 그 '목숨을 건 도약'을 거쳐서 사람은 일신교 신앙에 도달한다.

토라(율법)를 이스라엘 백성이 '자유의지'에 기초해 수용했는지 여부와 관련해 레비나스는 율법 학자들의 몇 가지 논의를 소개했다.

어떤 탈무드 학자는 '율법의 선물을 받아들이지 않는다고 하면 모든 이스라엘 사람을 죽이겠다'고 하느님이 위협했기 때문에 이스라엘 백성은 어쩔 수 없이 율법을 수용했다는 해석을 채택했다. 그 학자는 율법이 인간 측의 자유의지로 선택되거나 버려질 수 있는 것이 아니라고 생각했던 것이다.

율법이라는 가르침이 인간을 위한 선택의 귀결로서 도래하는 일은 있을 수 없다. 인간에게 자유로운 선택을 수행할 능력을 부여할 것인가에 관하여 인간이 자유롭게 선택하는 일은 있을 수 없다. **인간은 사후적으로 율법을 선택했다. 처음에 있었던 것은 폭력이다.** 옳고 그름의 검증을 거친 후에 채택되는 동의와는 다른 동의다.[35]

옳고 그름의 검증을 거친 뒤에 채택되는 동의와는 다른 동의, 그것이 우상숭배로부터 일신교로의 도약을 가능하게 한다. 이 율법 학자는 그렇게 주장했다.

조리는 폭력으로 기초 지워진다. 혹은 조리는 자유인지 폭력인지 양자택일로 환원할 수 없는 종류의 동의에 기초 지워진다. 그때 폭력은 양자택일을 기피하는 것을 허용하지 않는다. '계시'란 자유와 비자유에 선행하는 이 동의에의 호소가 아니면 무엇이란 말인가?[36]

계시에 대한 인간의 반응은 '동의'라기보다는 오히려 '응답'에 가깝다. 인간은 신의 메시지에 대해서 "예, 알겠습니다"라고 대답할 수 없다. 모르기 때문이다. 인간이 할 수 있는 일은 "예, 저는 여기에 있습니다Me voici"라고 말하는 것뿐이다. 인간이 할 수 있는 일은 **여기에 당신**

이 보내준 메시지를 받은 자가 있다며 자기 존재를 밝히는 것뿐이다. 그리고 율법을 받아들이는 영적인 일이란 다름 아닌 그것이다. 이해도 공감도 할 수 없는 타자의 부름에 대해 인간은 '응답할 수 있다/응답하지 않으면 안 된다'로 대응해야 하는 상황을 레비나스는 '유책성'이라는 말로 담아내려고 했다.

7. 유대적인 앎

부름과 응답에 관해 「출애굽기」에는 인상 깊은 구절이 있다.

주는 모세 앞에 '떨기나무 가운데로부터 나오는 불꽃'이라는 비언어적 형상을 경유해서 내림했다.

잘 보니 떨기나무가 불에 타지 않았다. 그래서 모세는 '왜 떨기나무가 타지 않는가. 저쪽으로 가서 이 큰 광경을 보기로 하자'고 생각했다.

주는 그가 오는 것을 보시고 떨기나무 가운데서 그를 불렀다. 하느님이 "모세야 모세야"라고 부르자 그는 "예, 여기에 있습니다" 하고 대답했다.[37]

모세의 눈에 그의 세계에서는 일어날 수 없는 것이 보였다. 그래서 '저쪽으로 가서 이 큰 광경을 보기로 하자'고 생각했다. 그때 모세는 우상숭배의 세계로부터 일신교 세계로의 도약을 수행한다.

주는 그의 이름을 불렀다. "모세야 모세야" 하고. 이 수신처만이 있고 내용은 없는 메시지가 '외부로부터 도래하는 것'의 시원적 양태다.

우리는 먼저 자신이 수신인이라는 것을 직감하고 나서 그 메시지

내용을 이해하기 위해 오랫동안 인내심을 필요로 하는 행위를 시작한다. 그것은 종종 생애를 걸어도 이해할 수 없는 내용이다. 그런데 그 일을 우리는 고생이라고 생각하지 않고 또 고된 일이라고도 생각하지 않을 것이다. 왜냐하면 그것은 '내 앞으로 온 메시지'이기 때문이다.

「창세기」에 나오는 아브라함의 한 걸음과 「출애굽기」에 나오는 모세의 한 걸음은 본질적으로 똑같은 것이다. 그들 둘 다 자신이 이해할 수 없음에도 불구하고 '자신 앞으로 왔다는 것'에 관해서는 흔들리지 않는 확신을 가질 수 있는 메시지를 청취했다. 이 행동이 일신교 신앙의 본질을 구성한다.

그것이 일신교 신앙의 본질이라고 하면 우상숭배가 무엇을 의미하는지도 자연스럽게 알 수 있다. 우상숭배란 '먼저 이해'하는 것을 다른 모든 일보다 우선시하는 앎의 양상을 의미한다. 이해할 수 없는 메시지에 관해서는 설령 그것이 '자신 앞으로 온' 것일지라도 수신을 거부하는 사람을 가리켜 '우상숭배자'라고 부른다.

레비나스는 그리스 신화의 오디세우스를 '우상숭배자'의 전형으로 그려냈다. 오디세우스는 아브라함/모세의 대극에 있다. 이 말은 그에게는 **타자가 없다**는 것을 의미한다.

오디세우스는 상상을 초월하는 여러 모험 후에 마지막으로 고향인 이타카섬으로 돌아간다. 확실히 그는 경탄할 만한 다양한 경험을 했지만, 그 대항해는 귀향을 위한 우회에 지나지 않았다. 오디세우스는 다양한 세계를 편력하고 다양한 문물을 받아들이고 곱씹고 소화해서 그것을 자양분으로 삼아 한층 오디세우스답게 되어 귀환했다. 그런데 오디세우스의 모험은 결국 그를 '바깥'으로 데리고 나가지는 않았다. 오디세이란 '폭력적인 것'이고 그 본질적인 존재 양태는 '고독'이다. 레비나스는 그렇게 썼다.

> **폭력적인 것은 자신의 바깥에 나갈 수 없다. 그것은 붙잡고 소유한다. 소유한다는 것은 독립적인 실존을 부정하는 것이다. 갖는다는 것은 존재를 거절하는 것이다. 그러므로 폭력은 주권이고 고독이다. (…) 그때 모든 세계 체험은 동시에 자기체험이고 자기향유다. 체험이 나를 형태 짓고 나를 부양한다. (…) 현실이 우리의 행위에 저항한다고 해도 그 저항 자체가 저항의 **경험**에 환원되고 만다. 그런 식으로 현실은 인식에 의해 이미 점유되어 있어서 우리는 우리 자신 외에는 그 누구도 없는 곳에 남겨진다.[38]

이 폭력성을 레비나스는 '서구적 앎의 본질'이라고 간주했다.

> 스스로 모든 것을 경험해야 한다. (…) 세계 안에 말려드는 것 없이 경험하지 않으면 안 된다. 아는 것, 그것은 경험하는 것 없이 경험하는 것이다. 우리는 행하기 전에 알려고 한다.[39]

행하기 전에 알려고 하는 것. 말려드는 것 없이 인식하는 것. 빛 속에 빠짐없이 비추어 드러난 대상을 관조하는 것. 거리를 두고 한눈에 내려다보는 것. 그것이 서구적 앎의 본태적인 몸짓이다. 레비나스는 그렇게 썼다.

아무리 이방적이라고 할지라도 그리고 아무리 신기한 것이라고 할지라
도 **시각적으로 현출함으로써** 그것은 권력에 붙들리고 자아에 복속한다.
사유가 가늠하고 상상력이 비추어내고 본능이 추측하는 모든 세계는
어느 곳이든 하나의 세계에 지나지 않는다. (…) 진리는 어떻게 의표를
찌르든, 얼마나 기교한 것이든 우리 자아의 주권성과 '세계'의 지평을
우리 손안에 남겨준다.[40]

『전체성과 무한』 결론부에서 레비나스는 '한눈에 내려다보는 것'에
대한 집착을 비판하고 있다.

모든 인간적 태도는 필경 '빛 속에 두는 것'을 최고의 상태로 생각
하는 것이 하이데거의 테제인데 그것은 이 '한눈에 내려다보는 것le
panoramique'의 우월성 위에 존재하고 있다.[41]

왜 서구적 앎은 '보는 것'에 이만큼이나 우월성을 찾는가?

그것은 시각이란 본질적으로 외재성과 내재성의 합치adéquation를 의미
하기 때문이다. 시각에서 **외재성이란 관조하는 혼 안에 흡수된다.**[42]

시각에서 타자의 본질을 이루는 타자성·외재성은 해제된다. 밝음

안에 놓이고 사고의 대상이 되고 기호 체계 안에 등록된 타자는 이미 '외부로부터 도래한 것'이 아니다. 관조하는 앎 앞에는 외부도, 타자도 없다.

그러나 이 '한눈에 내려다보는 것'의 절대적인 우위로 인해 서구적 앎은 절대적인 고독을 숙명으로 짊어지게 된다는 것이 레비나스의 생각이다. 기지로 가득한 세계, 모든 것이 빛 속에서 열어 보여지고 본질이 폭로된 세계에 사는 사람을 우리는 '전능인'이라고 불러야 할까, '저주받은 사람'이라고 불러야 할까? 둘 중 하나일 것이다.

'타자의 동일자로의 환원réduction de l'Autre au Même', 그것이 서구적 앎의 기본적인 자세다. 과연 레비나스를 따라 총칭해 '서구적 앎'이라는 이름을 붙이는 것이 적절한지 아닌지, 솔직하게 말해 나는 다소 주저함이 있다. 그래도 잠시 동안은 잠자코 레비나스를 따라 가보겠다.

서구적 앎은 전능인 동시에 무능이다. 그것은 모든 것을 밝음 속에 드러내면서 무간지옥의 어둠으로부터 위협을 받고 있다. 모든 것을 기지에 환원하면서, 그러한 구조 자체를 통째로 무화해버리는 미지가 절박하게 다가옴을 느끼고는 있다. 서구적 앎은 그러한 양의적인 앎이다.

물론 서구 세계에서도 그 양의성과 위태로움을 자각하는 사람들은 많이 있었다. 그들은 각각의 방식으로 '타자의 타자성을 훼손하지 않은 채 이 세계 안에 현현시키는' 어려운 일에 매달려왔다. 레비나스는 그렇게 달성된 한 사례를 그의 젊은 날부터 사상적인 도반이었던 모리스 블랑쇼의 작업 안에서 찾았다. 블랑쇼의 『문학의 공간』에 나타나는 비평적인 기도企圖를 설명하는 문맥에서 레비나스는 이렇게 썼다.

예술의 본질은 기존의 정형화된 언어 관습을 벗어나 자신에 관해 말하는 일이다. 이 작업은 기존의 어휘 꾸러미로는 포착하기 어려운 일이므로 언어화하기 쉽지 않다. 더불어 예술 활동은 작품을 통해 어둠 속에 묻혀 있는 근원적인 것을 가시화하는 일이기도 하다. (…) 문학은 우리를 어떠한 사유도 접안接岸할 수 없는 물가에 유기한다. 문학은 사유 불가능한 곳에 당도한다. (…) 쓰는 것은 존재의 진리에는 당도하지 않는다. 이렇게 말해도 괜찮다면 쓰는 것은 존재의 오류l'erreur de l'être에, 방황의 장으로서의 존재에, 살 수 없는 곳에 당도하는 일이다.[43]

레비나스의 저서임에도 이 텍스트는 '블랑쇼적'인 에크리튀르°로 가득 채워져 있다. 이 책을 읽으면 레비나스와 블랑쇼가 거의 똑같은 어휘와 수사를 이른바 '퍼블릭 도메인'으로서 공유하고 있다는 것을 잘 알 수 있다. 지금 인용한 글의 키워드는 '오류erreur'와 '방황errance'인데,

○ 롤랑 바르트는 인간의 언어활동을 랑그langue, 스틸style, 에크리튀르écriture라는 세 가지 층으로 나누어 고찰한 바 있다. 첫 번째 층인 랑그는 국어 혹은 모국어를 가리키며, 두 번째 층인 스틸은 언어를 활용할 때 나타나는 개인적인 취향 혹은 편견을 가리킨다. 세 번째 층인 에크리튀르는 사회적으로 규정된 언어 사용 방식을 가리킨다. 어떤 사회적 입장에 있는 사람은 거기에 걸맞은 언어 사용 방식을 취하지 않으면 안 되는데, 이것이 발성이나 어휘, 음량은 물론, 표정, 옷차림, 몸짓, 나아가 세계관 등에까지 영향을 미친다. 만약 어느 중학생이 '노는 아이의 에크리튀르'를 선택할 경우, 그 학생은 어휘와 발성뿐만이 아니라 삶의 방식도 모두 한 묶음으로 '노는 아이'가 될 것을 강제당한다. '노는 아이'인데도 마르크스주의자라든지, '노는 아이'인데도 레비나스를 애독하는 일은 일어나지 않는다. 일단 어느 에크리튀르를 선택한 뒤엔 더 이상 자유는 없기 때문이다.

레비나스는 그의 독특한 어원론에 기초해서 이 두 가지 모두 '방황하다/방랑하다err'라는 동사로부터 파생한 유의어로서 다루고 있다. '거주하다' 혹은 '서식하다'라는 후기 하이데거의 용어에 애써 '방황하다'가 대치되고, 하이데거의 '존재의 진리'에는 '존재의 오류'가 대치된다.

그런데 그런 철학사적 참조를 빼놓고서라도, 레비나스가 보기에 진정으로 추구해야 할 가치가 있는 지성의 모험은 서구적 틀에서는 '비-진리', '오류', '방황'으로 분류되었음을 그가 말하려 했다는 것을 알 수 있다. 우리가 지금까지 전개해온 문맥으로 돌아와서 말해보자면 그것은 '바깥으로 나가는 일'이다. 외부로부터 도래하는 것의 외부성 · 타자성 · 이방성을 훼손하지 않으면서 외부를 받아들이고, 타자를 만나고, 이국을 방황하는 곡예는 어떻게 해서 가능한지를 묻는 것이다.

지나치게 도식적인 이야기이긴 한데, 서구적 앎에 레비나스가 대치시키는 것은 그에게 '종족의 앎'인 탈무드적인 앎이라고 볼 수 있다. 즉 '알기 전에 행하기', '인식하기 전에 말려들기'가 바로 탈무드적인 앎인 것이다. '토라의 증여'라는 사태의 '비유 없는 성격'에 관해 레비나스는 이렇게 썼다.

우리는 '토라의 증여'라는 사태의 '비유 없는 성격'에 관해 말하려고 한다. 그것은 토라가 무엇인지를 알기 전에 그것을 수용하는 것이다. 이는 논리학으로는 받아들이기 힘든 일이고, 맹신 혹은 아무런 생각 없는 유아적인 신뢰로 받아들여질지도 모른다. (…) 그러나 영감에 이끌려서 이루어지는 모든 행위는 토라의 증여라는 유일한 시원의 상황으로부터 파생되는 것이 아닐까. 이 상황의 조명 아래에서야말로 영감이라는 말의 의미 그 자체가 밝혀지지 않을까. 더 엄밀히 말하자면, 우리의 통념과는 다른 수용과 인지 사이의 순서 역전이야말로 앎의 초월을 지시하고 있는 것이 아닐까. 우리는 그렇게 물어야 한다.[44]

'시간론'에 앞선 우리의 예비적 고찰은 일단 여기까지다. 꽤 많은 쪽수를 할애했지만, 레비나스 시간론을 분석하는 데 직접적으로 도움이 되는지 안 되는지는 잘 모르겠다. 단 마지막 인용으로부터 우리는 레비나스가 '인지하고 나서(즉, 빛 속에서 한눈에 내려다본 다음에) 수용한다'는 서구적인 앎에 '수용하고 나서 인지에 이른다'는 유대적인 앎을 대치시키는 한편, 이 '역전' 안에서 '앎의 초월'과 아마도 시간의 생성 계기를 찾으려 했을 것임을 추측할 수 있다.

Emmanuel Levinas

**1강
읽기**

Le Temps et l'Autre

8. 레비나스를 해석하는 규칙

이번 강의부터 『시간과 타자』를 글자 하나하나의 뜻을 충실히 새기며 정독하는 긴 여정을, 그리하여 많은 독자에게 인내를 요구하는 작업을 시작해볼 참이다. 시작하기 전에 나 자신의 해석 규칙에 관해 써두기로 하겠다. 레비나스는 이전에 탈무드 해석에 관해 다음과 같이 썼다.

탈무드의 상징은 그 완전한 충일감과 그 후의 역사가 보탠 모든 것을 통해서 의미를 이룬다. 주해는 늘 구체적인 것을 통한 상징을 풍성하게 그리고 윤택하게 만드는 일을 허용해왔다. (…) 탈무드는 그 학술學術을 만들어낸 위대한 스승들에 의하면 실제 삶을 통해서만 이해할 수밖에 없다. (…) 따라서 이러한 기호—성구, 사물, 인간들, 상황, 의례—는 완전기호signe parfait로서 기능하고 있다. 시간이 지나고 세상이 바뀌고 그러한 기호에 담긴 풍부한 정서적 질감texture에 어떠한 변화가 생겼든지 간에 그러한 기호는 늘 똑같은 의미를 열어 보여주거나 혹은 똑같은 의미의 새로운 상相을 열어 보여주는 특권을 계속 유지한다. 완전기호, 대체 불가능한 기호, 그것은 그 의미에서(순수하게 해석학적인 의미에서) 성스러운 기호, 성스러운 문자, 성스러운 에크리튀르다.[1]

레비나스가 탈무드 해석에 앞서 선언하여 밝힌 이 입장을 나도 따르고자 한다. 나의 스승인 레비나스의 텍스트는 '완전기호'다. 그것은 결코 단일한 '정답'에 귀착하지 않는다는 것을 의미한다. 나 자신이 수행하는 경우라도 해석을 할 때마다 텍스트는 '똑같은 의미의 새로운 상相'을 열어 보여준다. 물론 그것은 '독자의 수만큼 해석이 있다'(그래서 모든 해석은 똑같은 권리를 갖는다)는 밑 빠진 독에 물 붓기 이야기가 아니다. 독자들이 그때마다 자신의 '실제 삶', '실제 인생'에 근거해 텍스트를 읽고 거기서부터 간청하듯 매달리듯이 자신의 고유한 계시를 끄집어내려고 할 때 비로소 텍스트는 **다양하고도 동일한**, 독특한 방식으로 나타난다.

텍스트의 '일반해'°를 원하는 사람이 있다. 그 마음을 모르는 바는 아니다. 하지만 그런 사람들은 일단 '일반해'를 손에 넣고 나면 그것을 동일한 도구로 삼아 돌려쓰기밖에 하지 않는다. 그러나 우리가 성스러운 텍스트에 대해서 취해야 할 태도는 그 텍스트가 의미할 수 있는 바를 덜어내거나 축소하는 것이 아니라 '구체적 삶을 통해서 상징을 부유화富裕化하는 것enrichissement du symbole par le concret'이다. **우리는 텍스트를 더욱 풍요롭게 만들기 위해 해석을 하는 것이지 텍스트의 의미를 일의적으로 확정해서 결론을 내기 위해 해석을 하는 것이 아니다.**

해석에서 가장 중요한 것은 옳고 그름이 아니다. 또한 해석은 일의적인 것, 이론의 여지가 없이 결정적인 것을 추구하는 일이 아니다. 해석이란 풍요로운 것, 생성적인 것이다. 어떤 해석이 이루어진 뒤에 덧

○ 많은 사람이 읽고 이해할 수 있는 수준에서의 이해.

붙여 다른 해석이 계속해서 생성될 경우, 먼젓번 해석은 '풍요로운 해석'이었다고 볼 수 있다. 반론도 괜찮고 빠진 것을 채워 보태는 것도 괜찮고 변주도 괜찮고 경우에 따라서는 모방이라도 괜찮다. 어떤 해석이 이루어짐으로써 이를 계기로 생성된 해석이 많으면 많을수록 앞선 해석은 풍요로운 해석이 된다는 얘기다.

탈무드는 오랫동안 구전으로 전해지던 가르침을 유다 하나시가 문서화한 것이다. 이때 많은 랍비는 그 행위를 힐책했다. 그것이 랍비들의 대화라는 경위를 이탈하여 사문화되는 것을 두려워했기 때문이다.

랍비들의 생각으로는 문서는 그대로는 그 무엇도 의미할 수 없다. 해석자들이 거기에 '본래의 대화적이고 논쟁적인 생명la vie dialoguée et polémique'을 불어넣지 않으면 텍스트는 차갑고 그 어떤 움직임도 없는 돌처럼 묵묵부답이다. 해석자가 발품을 팔아서 (실존을 걸고) 자신의 해석을 말할 때야 비로소 다양한 (그러나 '자의적이지 않은') 의미가 하나하나의 성구로부터 일어나 속삭이기 시작한다.

> 따라서 이러한 문자는 대립을 추구하고 읽는 이 안에 자유와 발명의 재능과 대담함liberté, invention et audace을 기대한다.[2]

레비나스의 이 말을 버팀목으로 삼아 나는 지금부터 『시간과 타자』를 정독해보고자 한다. 따라서 내 해석의 옳고 그름의 기준은 수행적이다. 내가 쓴 글을 읽고 '레비나스를 원문으로 읽고 싶어졌다'는 사람이 나온다면 혹은 '자신의 말로 레비나스를 논하고 싶다'고 생각하는 사람이 나온다면 그것만으로 이 일은 충분히 그 목적을 달성했다고 본다.

정독할 책으로 『시간과 타자』를 고른 것은 이 책이 레비나스가 시간이라는 주제를 정면으로 다룬 첫 저작이기 때문이긴 한데, 또 하나의 이유는 이 책에서 '낙오한 사람이 많기' 때문이다.

『시간과 타자』는 얇은 책이다. 프랑스어 원서로 80쪽밖에 되지 않는다. 레비나스라는 사람이 쓴 것을 읽어보려는 마음을 먹고 서점에 갔을 때 '가장 얇은 책'(종종 가장 싼 책이기도 하다)을 먼저 집어 드는 건 초심자로서는 합리적인 선택이다. 게다가 이 책은 강연록이다. 어떤 철학자라도 대담과 강연에서는 책을 쓸 때보다는 알기 쉽게 말하는 법이다. 한데 그렇게 『시간과 타자』 번역서를 집어 든 일본인 독자 가운데 이 책을 끝까지 다 읽은 사람은 아마 1퍼센트 정도밖에 안 될 것이다.

이제 내가 할 일은 이전에 낙오한 독자들, 그리고 레비나스를 지금부터 읽으려고는 하는데 어디서부터 손을 대야 할지 모르는 초심자들을 염두에 두고 쓰는 것이다.

시작하기 전에 내가 정독할 때 세운 몇 가지 규칙을 밝히고자 한다.

첫 번째 규칙

앞에도 썼던 이야긴데 '알다시피' 같은 말을 사용하지 않는다. '알다시피'라는 문구 다음에 '자신이 모르는 이야기'가 등장하면 사람들은 '나는 이 텍스트의 독자로 상정되어 있지 않다'고 느낀다. 자신이 독자로 상정되어 있지 않은 문장을 계속 읽는 것은 당사자에게는 큰 고통이다. 이 독해에서는 레비나스의 키워드 몇 가지에 관해 그 의미를 일의적으로 결정하지 않은 채 '엉거주춤'과 '미결'을 견디는 독서를 독자에게 요구하고 있다. '엉거주춤'의 고통을 맛보고 있는 상태에서 '독자로 상정되지 않은' 고통까지 떠안게 되면 독자는 참을성의 한계를 넘어서고 만다. 나는 독자에게 그런 경험을 맛보게 하고 싶지 않다.

두 번째 규칙

'모르는 것'은 그대로 '모른다'고 쓴다. 물론 '안' 것에 관해서는 나의 해석을 말한다. '안 것 같은 느낌이 들긴 하는데 아직 잘 모르겠는 것'에 관해서는 "잠시 기다려주세요" 하며 독자에게 부탁한다. 물론 마지막까지 기다려주었지만 결국 잘 알지 못하게 된 것도 있을 텐데 그것은 넓은 마음으로 이해해주기 바란다.

세 번째 규칙

한참 진행하고 나서 "앞에 쓴 것은 틀렸습니다" 하며 앞서 서술한 이야기를 철회하는 경우도 있다. '틀린 이야기'를 읽은 분에게는 죄송한 일인데, 우리는 지금 어디로 나갈지 모르는 미로의 입구에 서 있다. 도중에 막다른 곳에 부딪혀 '이 길은 없었다'고 말하고는 되돌아가는 일도 있을 것이다(그런 일이 없기를 바라겠지만). 나는 지금 레비나스가 『시간과 타자』에서 도대체 무얼 말하려고 한 건지에 관해 위에서 내려다보듯 명쾌한 전망을 갖고 있지 않다. 애당초 저자인 레비나스가 '빛 속에서 한눈에 전체를 내려다보는' 앎의 양상을 근원적으로 비판하기 위해 쓴 문장에 관해서 '빛 속에서 한눈에 전체를 내려다보는' 것과 같은 해석을 무반성적으로 수행할 수는 없는 노릇이다.

서문에서 전체의 구성과 결론을 예고하지 못하는 논문은 학술지에서는 심사자가 가차 없이 게재 불가 평가를 내리는 학계 사정을 나도 잘 알고 있다. 그런데 '쓰다 보니 내가 무엇을 쓰고 싶은지 알게 되는' 글쓰기를 통해서만 접근할 수밖에 없는 주제가 이 세상에는 존재한다.

9. '실존'의 고독

'고독solitude'에 관한 이야기부터 시작해보기로 하자. 첫 장에서 레비나스는 "이 강연의 목적은 시간이란 고립한 단독의 주체와 관련된 일이 아니라 주체와 타자의 관계 그 자체라는 것을 증명하는 데 있다"며 이야기의 방향성을 예시予示했다.

'시간'에 관한 레비나스의 생각을 알기 위해 먼저 '고독하다', '고립되어 있다'라는 게 무얼 의미하는지부터 이야기를 시작해보자.

고독하다는 것의 견디기 어려움은 어떠한 조건에 의해 구성되는가?[3]

고독이란 무엇인가. 고독을 형성하는 조건이란 무엇인가. 앞에서 아브라함/모세와 오디세우스를 대비시켰을 때, 레비나스는 '폭력은 주권이고, 고독이다'라고 썼다. 고독은 무엇보다도 먼저 '폭력적인 것'의 속성이다.

우리의 일상적인 이해로는 고독이란 타자와 분리된 것이다. 혼자서 방에 갇혀서 누구와도 만나지 않고 누구와도 말을 섞지 않는 사람을 우리는 '고독'하다고 간주한다. 그런데 고독의 양태는 그것뿐만이 아니다. 사교적으로 행동하고 많은 사람을 만나고 말을 나누고 서로 껴안고 웃고 있지만, '고독'한 사람을 나는 많이 알고 있다. 아니 현대의 고독은 그런 경우가 지배적인 양태일 것이다. 고독은 우리 일상 그 자체다. 우리는 타자에 둘러싸이고 사물에 둘러싸이고 그럼에도 고독하다.

시각을 통해서, 촉각을 통해서, 공감을 통해서, 협동을 통해서 우리는 타자와 함께 있다. 이러한 모든 관계는 '타동사적'이다. 내가 대상에 닿는다. 내가 '타자'를 본다. 그런데 나는 '타자'가 아니다. 나는 완전한 고독이다. 그러므로 나 자신 안에 있는 것, 내가 실존하고 있다는 사실, 내가 '실존하는 것'이 절대적으로 자동사적인 경위―지향성 없는 무언가, 관계를 갖지 않는 무언가―를 형성하고 있다.[4]

이 텍스트에서 레비나스는 '존재하다être'와 '실존하다exister'를 분리해 사용하고 있다. 번역어를 바꾼다고 해서 의미를 알 수 있는 건 아니지만 거기에 따르도록 하겠다. 일단 잠정적인 정의를 내린다고 하면 '실존하는 것'은 '존재하는 것'의 특수한 하나의 양태다. 그것은 타자와 관계를 갖지 않는, 본질적으로 고독한 존재의 방식이다. 다시 말해 '실존하는 것'은 자기 안에 존재하는 것, 절대적으로 자동사적인 경위를 형성하는 것이다.

나는 존재하는 한에서 모나드다. 내게 출입구도 창도 없는 것은 '실존함'에 의해서다.[5]

'모나드'(단자)란 라이프니츠의 용어로, 세계를 구성하는 최소단위를 의미한다. "모나드에는 출입구도 창문도 없다"는 말은 라이프니츠의 『형이상학 서설』에 나오는 문장이다. 라이프니츠는 '혼에 출입구와 창문이 있다는 식으로 생각하는 것은 우리가 가진 나쁜 습관'이라고 단정한다. 인간의 정신에는 외부와 교섭할 '회로'란 존재하지 않는다는 것이다.

우리는 정신 안에 이러한 형상을 모두 갖고 있고 어떠한 때에도 갖고 있다. 왜냐하면 정신은 늘 자신의 미래의 사상을 모두 표출하고 있고, 언젠가 밝혀지게 될 거라고 생각하는 일체의 것을 어수선하긴 하지만 이미 생각하고 있기 때문이다.[6]

정신에는 외부가 없고 미래도 없다. 모든 것은 '어수선하기는 하지만' 기지旣知다. **인간에게는 타자가 없다.** 이것은 플라톤의 '상기설想起說' 이래 서양철학의 근원적인 확신이다. 그런데 이런 사고방식은 일본인에게는 익숙지 않은 것이라서 왜 그런 일을 '근원적으로 확신'할 수 있다는 것인지 솔직히 말해 나는 잘 모르겠다. 그러나 레비나스는 '그런 사고'가 지배적인 지적 풍토 안에서 철학을 했다.

플라톤에 의하면 인간의 혼은 영원히 죽지 않아서 몇 번이나 다시 태어나다 보니 천상계의 일도 지상계의 일도 모두 다 알아버렸다. 그래서 지상계에서 그리고 이전에 천상계에서 이데아로서 알고 있던 것을 나누어 갖는(분유分有) 사물을 만나면 그 이데아적 원형을 생각해낼 수 있다.

예를 들면 우리가 뭔가를 보고 그것을 '아름답다'고 생각하는 것은 단지 색과 형태 때문에 그런 것이 아니라 우리가 이전에 '미의 이데아'를 알고 있었기 때문이다. 지상계에서 아름다운 것은 '미에 맡겨져 있다'. '사물을 아름답게 하는 것'은 '미의 임재臨在'이고 '미의 공유'다. "모든 아름다운 것은 미에 의해 아름답다"는 것이다.[7]

우리가 '지금 여기서 생각하고 있는 것'은 모든 의미에서 '과거에 생각한 것'이다. 우리는 **모든 것을 잠재적으로는 알고 있다.** 어떠한 개념도 외부 세계로부터 도래하는 것은 아니다. 모든 개념은 '내적체험에 유래한다'.

이와 같은 생각이 플라톤의 '이데아'부터 라이프니츠의 '모나드'에 이르는 서양철학의 기본이다. 인간에게는 외부로 통하는 문도 창도 없다. 과거는 모두 잠재적으로는 지금 여기에 있고, 미래도 또한 선구적인 방식으로 지금 여기에 있다. 모든 시간은 지금 여기에 응집되어 있다. **시간은 흐르고 있지 않다.** 레비나스는 그것을 '고독'이라고 칭했다.

내가 고독한 것은 내 안에 있는 어떤 사념과 감정이 때마침 너무 개성적이어서 타자에 전달 불가능하기 때문이 아니다. '실존한다'는 것 그 자체가 본래 고독하기 때문이다.

'실존함'이 전달 불가능한 까닭은 그것이 내 안에서 가장 사적인 나의 존재 안에 뿌리를 내리고 있기 때문이다. 그래서 내가 아무리 지식을 확장해도, 자기표현 수단을 확장해도 그것은 아주 내적인 관계라고 할

수 있는 '실존함'과 나의 관계에는 아무런 영향도 미치지 못한다.[8]

우리가 무엇을 본다. 본 순간에 그 대상은 그 근원적인 타자성과 미지성을 빼앗기고, 이른바 순치되고 '가축화'되어 나의 앎의 저장소에 등록된다. 모든 대상을 향해서 우리는 이 '탈-타자화'의 폭력을 행사한다. 그렇게 해서 타자성을 뿌리째 제거한 상태가 아니고서는 우리는 뭔가를 보거나 이해하거나 유별할 수 없다.

고독은 로빈슨 크루소 같은 사실로서의 고독으로 나타나는 것도 아니고 의식한 내용의 전달 불가능성으로서 나타나는 것도 아니다. 그것은 '실존자'와 '실존함'이라는 그 영위 사이의 풀어낼 수 없는 연결로서 나타난다.[9]

'실존자'는 '실존하기'에 고독하다. 어디를 봐도 무얼 들어도 어디에 닿아도 동일한 것이 끝없이 회귀한다. 그것이 고독의 구조다.

디오니소스로부터 닿는 것 모두를 황금으로 바꾸는 능력을 부여받는 미다스 왕은 그 전능한 힘을 통해 절대적인 고독에 빠진다. 그에게 닿기만 하면 음식은 눈 깜짝할 사이에 황금으로 바뀌고, 물은 마실 수 없는 황금 얼음으로 바뀌고, 가장 사랑하는 딸은 경직된 황금상이 되고 만다. '실존함'의 고독이란 모든 것이 '동일성'으로 환원된다는 점에서 미다스 왕의 고독과 통한다. 나에게 가치 있는 것, 의미 있는 것만으로 채워진 세계에서 확실히 나는 절대적으로 고독할 것이다. 과연 이 고독에서 벗어날 방법은 있는가.

　　고독이 극복되는 상황을 생각하는 것, 그것은 '실존자'와 그 '실존함'
　　사이의 연결(관계)를 음미해보는 것éprouver이다.[10]

　　방금 '음미'한다고 번역한 프랑스어 'éprouver'의 뉘앙스는 좀 복잡
하다. 이 말은 '경험하다', '시도하다', '검증하다'라는 의미를 갖는데,
'Dieu l'a éprouvé' 즉 '신은 그를 시험했다', 'La maladie a éprouvé cet
homme' 즉 '병이 그를 몹시 괴롭히다' 같은 예문에서 볼 수 있듯 '격한
고통을 가하고 그것이 얼마큼 확실한 것인가를 시험하다'와 같은 꽤 거
친 행위를 함의하고 있다. 레비나스는 여기서 '실존자'와 '실존함'의 관
계(그것은 지금 시점에서는 자명하고 견고한 것으로 간주되어 있다)를 신이
인간을 시험하듯이, 병고가 환자를 괴롭히듯이 거칠게 다루어 그것이
얼마큼 견고한가를 확인하려 하는 것이라고 선언하고 있다. 그것은 '실
존자'와 '실존함' 사이에서 단락 같은 것을 찾아내 이 두 개를 분리할
수 있지 않을까 하는 막연한 전망을 말하고 있음을 의미한다.
　　'실존자'는 '실존함'으로 고독하다. 그렇다고 하면 고독을 극복하는
일은 이 두 가지를 분리하는 것을 의미한다. 그런데 어떻게 가능할까?
　　'실존자exsitant'는 명사고 '실존하다exsiter'는 동사다. 이 두 가지는 문
법적인 상태status가 다르다. 이 경위 차이 안에서 레비나스는 '음미'의
단서를 찾는다.

그것은 '실존자'가 '실존함'과 관계를 맺는contracter 것의 존재론적 상황을 향해 진행하는 것이다. 나는 이 상황을 위상전환hypostase이라고 부른다. 그것을 경유해서 실존자는 실존함과 관계를 맺는다.[11]

'위상전환'이란 언어학 용어로 동사가 명사로 전환한다는 것을 의미한다. 프랑스어 동사 'mager'(먹다)가 똑같은 철자의 남성명사인 'manger'(음식)로 전용되는 경우가 여기에 해당한다. 그것뿐만이 아니다. 이 단어에는 종교학 용어로서의 용례도 있다. 그것은 신이 다른(하위의hypo) 신격으로 인격화하는 것이다. 그것은 '곤겐権現'이나 '곤게権化' 같은 일본어에 감각적으로는 가깝다. '실존하다'라는 추상적인 동사가 '실존자'라는 '실체'로 하위 화신化身하는 것이다. 본지수적설本地垂迹説에서 부처가 수적되는 것°, 이것도 '위상전환'의 하나의 예다. 똑같은 '위상전환'의 사례는 세계 모든 종교에 있다. 레비나스는 언어학의 용법과 종교학의 용법 양자의 의미를 여기에 담고 있다.

또 하나 '관계를 맺다'라고 번역한 'contracter'라는 동사에도 주의를 기울여보자. 이것은 의학 용어로는 '병에 걸리다'를 의미한다. '관계를 맺다', '계약을 맺다'라는 주체적으로 뭔가 자기 이익을 증대하기 위해서 행위하는 것처럼 들리지만 'contrcter la typhoïde'(티푸스에 걸리다)라는 용례를 보면 프랑스어 어감으로는 반드시 그렇지만은 않음을 알

° '본지'란 정체正體와 같은 의미로, 본원인 부처를 가리키는 말이다. '수적'이란 그 부처가 임시 모습으로 이 세상에 나타났다는 것이다. 즉 '본지수적'이란 '부처가 일본인들을 구원하기 위해 신의 모습으로 변신해 이 땅에 나타났다'는 내용을 가리킨다. 예부터 일본 땅에 존재하던 신들은 사실상 '부처의 임시 모습'이었던 셈이다.

수 있다.

'위상전환'에 관해서는 앞으로 시간을 두고 그 의미를 천천히 생각해보려 하니, 레비나스가 이 말을 어떤 철학적 함의를 품고 사용했는지에 관해서 성급한 설명을 요구하진 않았으면 한다. 일단 첫 번째 절은 다음과 같은 물음으로 끝난다.

'실존자'와 '실존함' 사이의 이 관계는 풀어내는 것이 불가능한 것일까? 우리는 위상전환의 그 현장까지 거슬러 올라갈 수 없는 것일까?[12]

위상전환의 '현장'까지 거슬러 올라가 거기서 '실존함'과 '실존자'의 연결을 음미하는 것. 즉, 이 두 가지를 풀어낼 수 있는지 없는지를 시도하는 것. 레비나스는 여기서 그렇게 자신의 의도를 밝혔다.

10. '실존자' 없는 '실존' (1)

계속되는 절은 다음과 같은 문장으로 시작된다.

다시 한번 하이데거로 돌아가자. 여러분은 존재Sein와 '존재자Seiendes'에 관한 그의 구별을 알고 있을 것이라 생각한다(나는 이미 그 구별을 사용했다). 프랑스어에서는 보통 이 독일어에 대해 '존재Seiendes'와 '존재자étant'라는 번역어를 사용하는데, 나는 설명의 편의를 고려해서 여기에 '실존한다exister'와 '실존자existant'라는 번역어를 사용하고자 한다. 하이데거는 주체 및 객체―이것저것 '존재하는 것', '실존자'―와 '존재하는' 행위 그 자체를 준별한다. 전자는 명사 혹은 명사화된 분사이고 후자는 동사로 나타난다.[13]

아마도 『시간과 타자』의 독자 가운데 많은 분이 이쯤에서 책을 읽어나갈 의욕을 잃지 않았을까 싶다. 난데없이 하이데거의 존재와 존재자 구별을 "알고 있을 것이라 생각한다"는 말을 듣게 된 셈이니 말이다. 『존재와 시간』을 읽지 않은 사람에게 이 말은 현관문 앞에서 '당신은 이 파티에 초대받지 않았다'라는 말을 듣는 것이나 다름없다. 아마도 그 말을 듣고 발길을 돌려 터벅터벅 집에 돌아간 사람이 많았을 것이라 생각한다.

그러나 그렇게 심각하게 받아들일 필요는 없었다. 의미를 잘 모르는 개념을 맞닥뜨렸을 때 일의적인 정의를 유보한 채 앞으로 나아가는 다소 무모한 행위를 스스로에게 애써 허용하지 않으면 철학서를 읽을 수가 없다. 특히 레비나스는 읽을 수 없다. 그러니 존재와 존재자의 구별에 관해서는 최소한의 설명만 해두기로 한다.

존재자란 우리 인간을 포함해서 집이라든지 책상이라든지 하늘이라든지 새라든지 혹은 암석과 목초라든지 그 모든 존재하는 것을 의미하고 이에 비해서 '존재'란 그러한 존재자를 존재자로서 규정하는 것, 바꿔 말하면 각각의 존재자를 그 나름으로 존재하게 하는 것을 의미한다.[14]

존재는 '이것'이라든지 '저것'과 같은 개별적 실체가 아니다. 내가 '저것'이라 말하고 가리킬 수 있는 것은 '존재자'뿐이지 "자, 이것이 존재야!" 하고 무언가를 내밀 수는 없다. 하지만 그럼에도 우리는 존재가 무엇을 의미하는지를 숙지하고 있는 듯 그 말을 일상에서 아무렇지 않게 사용하고 있다. 우리는 '하늘이 푸르다'라든지 '나는 기뻐하고 있다' 같은 언명을 쉽게 입에 담는다. 그런데 새삼 '존재란 무엇인가?'라는 질문을 받으면 대답할 수 없다. 그것은 '하나의 수수께끼'인 채로 있다.

우리는 그때마다 이미 어떤 존재에 대한 이해 안에서 사는 셈인데, 그

것과 동시에 존재의 의미는 어둠 속에 묻혀 있다.[15]

그럼에도 우리는 몸을 쥐어짜듯 고통스러움을 느끼면서 '존재란 무엇인가'를 물을 수 있다. 대답을 얻을 수 있을지 아닐지는 별도로 하더라도 물을 수는 있다. '존재란 무엇인가'라고 물을 수 있는 '존재자'는 인간뿐이다(집과 책상은 그런 물음을 던지지 않는다). 그리고 '존재란 무엇인가'를 물을 수 있는 것은 막연하기는 하지만 '존재란 물을 수 있는 어떤 것이다'하고 확신을 품고 있기 때문이다.

'존재자'인 인간은 '어둠 속에 묻힌' 존재의 의미를 단숨에 게다가 전적으로 이해할 수 없다. 그런데 '존재란 무엇인가'와 같은 문제를 설정할 수는 있다. 문제를 설정할 수 있다는 것은 그 대답을 '비주제적' 그리고 '선구적'으로는 붙잡고 있다는 것이다.

존재가 자신을 비닉하고 은폐하고 있는 한 존재가 무엇인가 하는 것은 특정한 존재자에게 물음을 던지는 것을 통해서만 확인할 수밖에 없는 노릇이다.[16]

그러한 '확인할 수 있는' 존재자가 있다고 하면, "그 존재자는 물을 수 있고 게다가 막연하기는 하지만 존재를 이해하고 있는 존재자여야 한다. 그런데 존재에 관한 물음을 입 밖에 꺼낼 수 있는 것은 두말할 필요 없이 우리 인간뿐"이다.[17]

'존재에 관한 물음을 꺼낼 수 있는' 이 특이한 존재자를 하이데거는 현존재Dasein라고 이름 붙였다.

'Dasein'은 영어로 바꾸면 'be there'(거기에 있다)라는 의미다. 그런 일상어를 그대로 철학 용어로 사용하는 점에서 하이데거의 두드러진 철학적 개성을 엿볼 수 있다(그 태도는 그대로 레비나스에 계승되었다). 그 덕분에(?) 일본 철학자는 이 단어의 번역어를 무엇으로 할까 꽤 고심했다. Dasein은 '현존現存', '정유定有', '현존재現存在' 등 다양한 번역어로 소개되었다. 무엇보다 이 개념의 핵심은 '거기'라는 장소를 나타내는 부사가 포함되어 있다는 것이다. '거기'라는 지시는 그것이 상하좌우 혹은 동서남북에 의해 위치를 지정할 수 있음을 의미한다. 좌표에 의해 정립된(정리된) '권圈' 안에 있다는 의미이다. 그리고 좌표상의 위치가 확정되어 있다는 것은 거기에는 다른 존재자는 설 수 없다는 의미다. 그리고 다름 아닌 그 존재자가 '거기에 있는' 것은 어떤 의지에 의한 것이고, 혹은 숙명에 의해 '거기'가 있어야 할 장소로서 지정되었다는 의미다.

따라서 현존재는 '막연하기는 하지만 존재를 이해'하고 있다. 존재가 무엇을 의미하는지를 지금 여기서는 말하지 못하지만, 선구적으로는 이해하고 있다. 비닉되고 은폐된 근원적인 것을 비주제적이긴 하지만 선구적으로 막연하게 이해하고 있다. 그것이 현존재의 두드러진 점이다. 한계 앞에 서 있는 존재가 한계를 넘어서려고 자기초월의 운동을 하는 양태를 예컨대 하늘을 향해서 뻗어나가는 식물의 이미지를 떠올려 상상해보면 좋겠다. 그것이 향하는 것이 어떠한 경로를 거쳐서 언제 어디에 당도하는지는 말하지 못하지만 "대략 저쪽으로 가면 된다"고

하는 것만큼은 왜인지 알고 있다. 이 "모르고 있는 것에 관해서도 왠지 모르지만 알고 있다"는 과도기적·중간적 양태를 하이데거는 아마도 인간 지성의 본질이라고 간주했을 것이다.

현존재에서 존재는 부분적·단편적으로 모습을 드러낸다. 그것이 존재에 대한 물음이 '의지할 수 있는 곳'이다. 현존재의 분석을 통해 곧바로 존재 일반이 모습을 드러내는 일은 기대하기 어렵다. 그런데 그럼에도 "현존재가 존재 그 자체에 대한 방법론적 통로로써 선택된 한, 현존재의 실존론적 분석을 통해서 도달한 현존재의 존재 내지 그 의미는 거기서 존재자의 존재 일반 내지 그 의미와 서로 닿을 수 있을 것이다".[18]

이 정도의 설명으로 일단 '존재와 존재자의 구별'이라는 '발부리 아래의 돌'을 일단 옆으로 치울 수 있을 것으로 생각한다. 자, 그러면 레비나스의 텍스트로 돌아가자. 왜 하이데거가 명사와 동사와 같은 위상의 차이로부터 출발했는지 그 이유에 관해서 레비나스는 다음과 같이 설명한다.

『존재와 시간』의 모두에 제시된 이 준별로 철학의 역사에 항상 따라다니던 그 애매함이 일소될 것이다. 그때까지 사람들은 '실존함'에서 출발해 '실존함'을 전적으로 소유하고 있는 실존자인 '신'에 이르려고 했기 때문이다.[19]

『존재와 시간』에는 '신'이라는 단어는 나오지 않는다. 그것은 물론

이 저작이 무신론에 기초해 쓰였기 때문이 아니라 신과 인간의 관계에 관한 근원적 성찰이므로 애써 그 말을 회피했기 때문이다. 하이데거의 독창성은 신을 '실존함'을 전적으로 소유하고 있는 '실존자'가 아니라 '실존하는 동사'로 가정했다는 데 있었다. '실존함'을 부분적으로밖에 소유하고 있지 않은 자(인간)와 전적으로 소유하고 있는 자(신) 사이의 관계를 '부분 대 전체', '불완전 대 완전', '피조물 대 조물주' 같은 공간 적인 표상으로 환원하지 않는 것, 그 엄격한 자제가 '존재자'와 '존재' 라는 구별로 결실을 맺은 것이다.

레비나스는 하이데거의 이런 구별을 "『존재와 시간』에서 가장 심원 한 부분"[20]으로 인정한다. 그러나 하이데거의 '가장 심원한' 생각을 인 정하고 난 뒤 레비나스는 거기엔 '깊이가 부족하다'며 이를 부정한다.

11. '실존자' 없는 '실존' (2)

레비나스는 존재와 존재자의 구별에 무언가 부족한 것이 있다고 생각했다. 하이데거가 틀렸다고 말한 것은 아니지만 뭔가가 부족했다.

이미 언급했듯 레비나스는 1928년부터 이듬해에 걸쳐 프라이부르크에 있는 후설을 찾아갔다. 그리고 레비나스 자신의 말을 빌려 말하자면 "후설의 집에 가서 하이데거를 발견했다".[21]

프랑수아 푸아리에가 진행한 인터뷰에서 당신을 하이데거의 '제자'로 봐도 좋으냐는 물음에 레비나스는 이렇게 대답했다.

나는 그의 제자라고 생각하지 않고 그렇게 말할 권리가 있다고 생각하지 않습니다. 하지만 하이데거와의 만남은 내 인생의 일부였고 지금도 하이데거의 텍스트를 읽을 때마다 나를 사로잡는 놀라움을 부정할 수는 없습니다.[22]

젊은 레비나스는 하이데거 수업의 청강을 허락받고 1929년 다보스에서 있었던 에른스트 카시러와 하이데거의 역사적인 심포지엄에도 참석했다. 이 심포지엄에 참석한 철학자 가운데 몇몇은, 하이데거의 『존재와 시간』이 가진 의의에 관해 다른 참석자들에게 설명하고 있던 '하이데거의 열렬한 제자'인 유대인 청년의 모습을 기억하고 있다.

그는 경외심을 품은 채 우리에게 하이데거에 관해 말해주었고, 본인이 이미 익숙해 있던 하이데거 사상의 온갖 우여곡절을 밝혀주었다.[23]

하이데거에 대한 이 경외심은 이윽고 그 깊이를 잃어버리게 된다. 그럼에도 레비나스 전 생애에 걸쳐 하이데거에 대한 경외심이 고도를 잃어버리는 일은 없었다. 시간이 흘러도 레비나스는 하이데거를 플라톤, 칸트, 헤겔, 베르그송과 동급인 '역사상 최고의 철학자 가운데 한 사람'으로 칭했다.

어떤 식으로 철학사를 편성하든 하이데거라는 이름이 빠지는 일은 없겠죠.[24]

그러나 이윽고 레비나스는 하이데거에 대한 평가에 결정적인 유보를 하게 된다. 세계대전 기간에 하이데거가 독일의 미래를 히틀러와 국가사회주의에 맡겼기 때문이다.

하이데거는 1933년에 프라이브루크대학 학내의 나치스 당원 동료들로부터 열렬한 지지를 얻고 학장에 선출되어 같은 해 5월 나치스에 입당했다. 그리고 1945년까지 계속 당원으로 있었다. 그의 학장 취임식 전에는 나치스 당가가 연주되고 참석자들은 "하일 히틀러!"를 외치고 오른손을 치켜들었다. 그런데 그것은 일개 에피소드에 지나지 않았다. 문제는 '독일 대학의 자기주장'이라는 제목이 붙은 학장 취임 연설의 내용이다.

하이데거는 독일 대학에 요구되는 것은 그 본질을 파악하는 것이라고 말한다. 본질을 파악한다는 건 '근원적인 것'을 붙잡는 일이다. 그것이야말로 철학의 사명이긴 한데, 그에게 '근원적인 것'이란 독일의 대지와 아리아 인종의 혈통이 전부였다. 하이데거는 이렇게 말했다.

정신은 어디까지나 존재의 본질을 향해 근원을 지향하는 지적 결단이다. 그리고 민족의 정신적 세계란 문화의 상부구조가 아님은 물론, 유용한 지식과 가치를 축적하는 병기고도 아니며, 민족의 현존재를 가장 깊은 곳에서 고양하고 극도로 흔들어 움직이게 하는 힘, 민족의 대지와 피에 뿌리내린 여러 힘을 가장 깊은 곳에서 유지하는 힘이다.[25]

「독일 대학의 자기주장」이라는 연설에서 아로새겨진 키워드 몇몇은 『존재와 시간』에 등장하는 개념을 빌려온 것이다. 이를 우연의 일치로 여기는 사람은 없을 것이다. 이런 과격한 정치 연설과 철학 저작에서 동일한 인물의 사고가 남긴 '지문'을 검출하기란 결코 어려운 일이 아니다. 하이데거 자신은 돌격대를 이끌던 에른스트 룀이 숙청당한 일(1934년 '긴 칼의 밤' 사건)을 계기로 나치스와는 거리를 두게 되지만, 『하이데거와 나치즘』저자는 하이데거가 나치즘의 과격함을 기피했다기보다는 히틀러가 룀만큼 과격하지 않은 데 환멸을 느낀 것이라는 해석을 제시했다.

『존재와 시간』의 명석함과 새로움에 깊이 감동했던 만큼, 하이데거가 나치즘을 지지한 것은 레비나스에게 큰 충격이었다. 이 일로 레비나스는 "하이데거에 관해 생각할 때 **가장 어두운 부분**[26]을 떠올리게 됐다. 자크 로랑은 레비나스의 '하이데거 충격'을 다음과 같이 회상했다.

1933년이 레비나스에게 결정적이었음은 분명하다. (…) 그건 공포였다. 히틀러가 권좌에 올랐다는 사실은 유대인들에게는 자신들이 지나간 세기에 당했던, 기독교가 반유대주의라는 기치 아래 그들을 괴롭힌 역사를 떠올리게 했다. 그뿐만이 아니다. 반론의 여지를 갖지 못하도록 그들의 유대성을 각인시켰다. 나아가 하이데거의 배반이 있었다.[27]

만약 하이데거가 평범한 철학자였더라면 이야기는 그다지 복잡하지 않았을 것이다. 평범한 지성이 사악한 정치사상에 휘말리는 것은 자주 있는 일이다. 그러나 하이데거는 평범한 철학자가 아니었다. 그는 다름 아닌 당대 최고의 철학적 지성이었다. 그러한 지성이 나치즘에 친화적이었다는 것은 그 개인에 환원해서 설명할 수 있는 종류의 이야기가 아니다. 그토록 명석하고 엄밀하고 독창적인 철학자가 나치즘에 미래를 맡기게 됐다는 사실은 무겁게 다가온다. 이는 젊은 철학자 레비나스에게는 거의 절망적인 사건이었다. "그만큼 깊은 문화를 가진 독일"로부터, "라이프니츠와 칸트와 괴테와 헤겔의 독일"로부터 히틀러 체제가 출현한 것이다. 그것은 한 사람의 유럽인으로서는 절망적인 일이었다. 레비나스는 확실히 "내 생각에 아우슈비츠라는 죄는 초월론적인 관념론의 문명에 의해 저질러진 것 같습니다" 하고 단언했다.[28]

'시간과 타자' 강연과 거의 같은 시기에 집필된 『실존에서 실존자로』에는 이 시기 레비나스의 철학적 탐구를 작동시키고 있던 것이 무언지 확실히 드러난다.

> 확실히 우리의 성찰은 꽤 많은 정도—존재론과 인간이 '존재'라는 대상과 맺는 관계에 관해서—까지 마르틴 하이데거 철학의 영향을 받고 있긴 하지만, **이 철학의 권역으로부터 이탈하고 싶은 깊은 욕구**에 의해서도 작동되고 있다.[29]

하이데거의 정치적 '일탈'만을 가져와서 그 윤리적 책임을 묻는 것은 그다지 어려운 일은 아니다. 그런데 그것이 단순한 '일탈'이 아니라 하이데거의 철학에 내재하고 있다면, 그 철학에 맞서 그것을 비판하기 위해서는 **그 철학을 최고의 안부**鞍部°**에서 넘어서 생각해볼 필요**가 있다. 레비나스는 그런 길을 택했다. 그 첫걸음이 '시간과 타자' 강연이었다.

전쟁 중에 미국으로 망명한 장 앙드레 발은 전후 파리에 돌아와 "철학자와 작가와 예술가가 모일 수 있는 활기 넘치는 장소"[30]를 만들기 위해 카르티에 생제르맹데프레 교회 맞은편에 있던 방을 빌려서 철학학원을 열었다. 매주 한 번씩 두 시간에 걸친 철학학원 강연에 참석한 청중 가운데에는 미셸 뷔토르, 가브리엘 마르셀, 장 폴 사르트르, 알렉

○ 산의 능선이 말안장 모양으로 움푹 들어간 부분.

상드르 쿠아레, 프랑시스 장송, 블라디미르 장켈레비치, 자크 라캉 등이 있었다. 이들은 모두 '하이데거'라는 고유명사가 철학사적으로 또정치사적으로 무얼 의미하는지 숙지하고 있던 청중이었다. 그리하여 포로수용소에서 돌아온 지 얼마 안 된 유대인 철학자가 어느 날 강연자로 등장해 '하이데거'라는 이름을 강연 시작부터 입에 담는 순간, 이들 청중은 온몸이 경직되었을 것이다. 개중에는 혐오감과 신체적 고통을 느낀 사람도 있었을지 모른다. 그런 이들을 앞에 두고 레비나스는 하이데거의 탁월성을 철학사적 사실로서 먼저 인정한 다음, **하이데거 철학이 품고 있던 근본적인 하자는 무엇인가** 같은 곤란하고도 불가피한 물음에 발을 들여놓았다.

레비나스는 하이데거의 '존재자와 존재의 구별'이야말로 『존재와 시간』에서 가장 통찰력 있는 아이디어라고 인정한 뒤에 다음과 같이 말을 이었다.

> 그러나 하이데거에겐 구별distinction은 있지만 분리séparation는 없다. 실존한다는 것은 늘 실존자 안에 묶여 있다. 그리고 하이데거는 인간이라는 '실존자'는 '실존'이 늘 자신의 것Jemeinigkeit이라는 식으로 '실존자'와 '실존'의 관계를 그렸다. 이 말은 다름 아닌 '실존한다'는 것이 늘누군가에게 소유되고 있음을 의미한다.[31]

'실존자'라는 명사와 '실존하다'라는 동사는 확실히 구별되어 있다. 그러나 '실존하다'가 매번 어떤 '실존자' 안에 묶여 있는 한, 이 두 가지는 분리되어 있지 않다. 하이데거의 관점에서 본다면 '실존자' 없이 '실존하다'라는 동사만이 (『이상한 나라의 앨리스』에 등장하는 체셔 고양이의 웃음처럼) 공중에 붕 떠 있는 일은 있을 수 없다.

나는 하이데거가 '실존자 없는 실존'을 인정했다고 생각하지 않는다. 그런 일은 그에게도 부조리한 일로 생각되었음에 틀림없다.[32]

그러나 하이데거 자신은 그것을 자각하지 못하고 그 '부조리'에 관해서 실은 언급했다고 레비나스는 말한다. 하이데거의 개념인 '던져져 있다는 것Geworfenheit＝피투성'은 다름 아닌 '실존자 없이 실존하는 것'이 아닌가. 레비나스는 그렇게 물었다.

12. '실존자' 없는 '실존' (3)

'피투성被投性'이라는 개념이 하이데거의 『존재와 시간』에 등장하는 것은 5장에서 '기분'에 관한 분석을 할 때다.

우리는 기분 안에 있다. 환한 기분이 되거나 의기소침해서 기분이 안 좋거나 한다. 활동적으로 될 때도 있고 의욕을 잃고 움직일 수 없게 될 때도 있다. 우리는 자신의 의사로 자신의 기분을 조작할 수 없다. 그런 의미에서 우리는 기분 안에 던져져 있다. 그 소격감疎隔感을 하이데거는 '무無기분'이라고 부른다.

현존재는 다름 아닌 그러한 무기분 안에서 자기 자신에 넌덜머리가 나 있다. 존재가 무거운 짐이 되어서 드러난다. 왜 그런 것인지 사람들은 모른다. 인식이 열어 보여줄 여러 가능성이 닿는 범위는 기분의 근원적인 열어 보임開示과 비교하면 너무나도 협소하여 기분 안에서야말로 현존재는 실제로 자신의 존재에 당면하고 있다.[33]

이 대목은 앞으로 『시간과 타자』의 사유 경로를 풀어나가는 데 매우 중요한 구절이다. 레비나스의 '있다'(일리야il y a)를 둘러싼 논고는 다름 아닌 이 "자기 자신에 넌덜머리가 나" "존재가 무거운 짐이 되어서 드러난다"고 하는 하이데거의 '무기분'에 대한 기술을 단서로 하고 있기 때문이다.

우리는 기분에 의해 규정되어 있다. 그리고 그 기분을 단서로 삼아 사물과 타자를 바라보고 있다. 기분이 나쁠 때는 사물은 공허하고 타자는 소원하며 적대적으로 보인다. 기분이 고양되어 있을 때는 사물은 의미로 충만하고 타자는 가까운 친화의 대상으로 보인다. 당연한 말이긴 한데, 이 '기분 안에 던져져 있다'라는 너무나도 일상적인 사실을 통해서 우리는 자기 존재 구조의 심층을 엿보게 된다.

> 가장 무관심하고 가장 무방비한(순진한) 일상성에서 현존재의 존재는 적나라한 '현존재는 존재하고 있고, 존재해야 한다는 사실'로서 터져 나올 때가 있다. 순연純然한 '현존재는 존재하고 있다는 사실'이 드러나고 있긴 한데, 그것이 어디서부터 유래하고 어디로 귀속하는가는 불명인 채로다.[34]

이와 같은 정황을 하이데거는 '피투성被投性'이라고 불렀다. 그리고 레비나스는 이 '피투성'을 독특한 함의를 가진 프랑스어로 번역함으로써 그때까지 보이지 않았던 문제를 전면에 드러내려고 했다.

> 하이데거의 '피투성'이라는 개념은 보통 프랑스어로는 déréliction 혹은 délaissement으로 번역된다.[35]

독일어를 프랑스어로 번역함으로써 레비나스는 감추어져 있던 문제의 영적·역사적 차원을 열어 보여주려고 한다.

déréliction은 라틴어 derelictio의 파생어로 원뜻은 '방치되는 것'이다. 단, 신학적으로는 고유의 함의가 있다. 그것은 '신의 모든 구원으로부터 버려진 피조물의 참상'이다. délaissement도 뉘앙스는 그것에 가깝다. 그냥 '방치'와 '내버려두는 것'이 아니다. '방치됨으로 인해 고독한 것', '방치됨으로 파멸하는 것'을 의미한다. 하이데거의 '피투성'은 단지 '던지다werfen'의 과거분사형으로부터 만들어진 명사에 지나지 않는다. 거기에는 신도 고독도 파멸도 함의되어 있지 않다.

그러나 레비나스에게 피투성이란 단지 '던져져 있는 것'은 아니었다. 레비나스와 그 친족이 '던져진 것'은 수용소였기 때문이다. 1933년부터 1945년까지 절망의 시대에서 유럽 유대인들은 자신들의 현황을 다름 아닌 '신의 모든 구원으로부터 버려진 피조물의 참상'으로 기술하는 것 말고는 방법이 없었다.

하이데거에게 "실존한다는 것은 늘 실존자 안에 묶여 있다"고 레비나스는 썼다.[36] 레비나스는 여기서 'saisir'라는 동사를 사용하고 있다. saisir은 '잡다', '쥐다', '포착하다', '이용하다', '파악하다', '이해하다', '압수하다', '눌러 움직이지 않게 하다'로 번역이 가능하다. 이 동사를 선택함으로써 하이데거가 (비주제적이긴 하지만) '실존자'는 '실존하다'에 대해서 능동적인 입장을 취할 수 있다고 생각했던 것을 레비나스는 넌지시 지적하고 있다.

하이데거에게 '독일인'은 '민족의 대지와 피에 뿌리내린 힘들'을 근원적으로 지향하고 그것을 부활시키고 현현하기 위한 영웅적 노력과 불가분하게 연결되어 있다. 하이데거에게 독일 민족의 근원적 사명과 분리된 독일인은 존재하지 않는다. 하이데거의 개인과 민족 원리의 이 농밀한 관계에 관해 『하이데거와 나치즘』 저자는 다음과 같이 썼다.

> 하이데거는 '독일 민족의 운명'이라는 개인을 초월한 원리를 들고 나와서 운명에 따르는 자의 행동을 그 운명의 움직임을 통해 설명하고 기초 지으려고 한다. 개개인의 복종과 행동은 이 초월론적인 심판을 통해서 이루어지고 그것을 앞에 두었을 때는 어떠한 특권도 사라지고 어떤 역을 연기하려고 해도 그 공적은 단지 이 결정적인 심판의 위탁이라는 관점으로부터만 평가된다.[37]

그리고 그 근거로서 하이데거의 연설 중 다음의 말을 인용한다.

> 우리는 이러한 정신적 위탁을 알고 있는 것일까. 이 물음에 그렇다고 대답하든지 아니라고 대답하든지 우리는 다음 물음으로부터 벗어날 수 없다. 우리 이 대학의 교사와 학생은 독일 대학의 본질에 진정으로 보조를 맞추고 뿌리를 내리고 있는 것일까. 그리고 이 독일 대학의 본질은 우리의 현존재에 진정한 영향력을 가진 것일까. 우리가 이 본질을 근본에서 **희구할** 때만 옳다.[38]

하이데거는 계속해서 대학의 본질이란 그 '자치'에 있다고 말한다.

그러면 '자치'란 무엇을 의미하는가. "자치란 그러나 우리 자신에게 사명을 부과하고 그 실현의 방책을 스스로 정하고 **우리가 그렇게 되지 않으면 안 되는 것으로 스스로 되는 것이다.**"[39]

'우리가 그렇게 되지 않으면 안 되는 것으로 스스로 되기', 이것이 하이데거의 현존재와 존재의 관계를 단적으로 나타내고 있다. 현존재는 자신이 본질적·근원적으로 누구이고 무엇이 되어야 함을 선구적으로 이미 알고 있다. 그래서 자신이 위탁받은 그 사명을 발견하고 실현하는 것을 통해 **더 완전하게, 더 철저하게 자기 자신이 된다.** 하이데거의 '실존하다'는 늘 '실존자' 안에 포착되어 있다(묶여 있다)는 레비나스의 말은 이러한 수행적 프로세스를 가리킨다.

확실히 이것은 1933년의 독일인에게는 강한 환기력을 가진 말이었다고 생각한다. 그러나 똑같은 말이 유대인에게는 전혀 반대의 의미로 다가왔다. 유럽 유대인들은 강제수용소에 '던져지고' 거기서 체계적으로 죽임을 당함으로써 '그들이 그렇게 되지 않으면 안 되는 것' 즉 '존재하지 않는 것'이 되었기 때문이다.

하이데거가 '실존자' 없이 '실존한다'는 것을 인정했다고는 생각하지 않는다. '그런 일은 그에게는 부조리한 것으로 생각되었음이 틀림없다'고 레비나스는 썼다. 그런데 그 부조리를 다름 아닌 유대인은 강제당했다.

'실존자' 없이 '실존한다'는 것은 '실존자'에 의해 선구적으로 포착되는 일도 없고 '실존자'의 본질도 아니고 그렇다고 '실존자'가 희구한 것도 아니고 '실존자'가 거기에 뿌리를 내릴 수 없음에도 불구하고 다름 아닌 '실존자'가 지금 거기에 던져져 있는 '장'을 의미한다. 그래서 그것은 '무néant'가 아니다. 아니, '무'일 수가 없다.

'실존자' 없이 '실존한다'는 사태에 우리는 어떻게 접근하면 좋을까? 모든 것, 사물도 인간도 아무것도 없는 상태로의 회귀를 상상해보자. 우리는 거기서 순수한 '무'를 만날까?

아니, 이렇게 모든 것을 상상적으로 파괴한 후에 남는 것은 무엇인가 quelque chose가 아니다. '있다는 사실le fait qu'il y a'만이 남는다.[40]

레비나스의 키워드인 '있다'(일리야)가 이 강연에서 처음 나왔다. 초급 프랑스어를 배운 사람이라면 누구나 아는 기본 표현이다. 'Il y a ~'는 '~가 존재한다'라는 의미이다. 'il'은 영어의 'it'에 해당하는, 아무것도 지시하지 않는 비인칭 주어다. 영어에서도 'It rains'(비가 온다)와 'It's fine'(날씨가 좋다) 같은 비인칭 구문이 있는데, 그 형식적 주어인 it은 구체적으로는 아무것도 가리키지 않는다. 사정은 이와 똑같다. '있다'(일리야)는 '무엇인가'가 존재함을 지시하는 형식적인 틀이긴 한데, 그것 자체는 '아무것도' 아니다. '실존자' 없이 '실존한다'는 정황을 나타내는 데 이만큼 적절한 표현은 없다.

13. '실존자' 없는 '실존' (4)

'있다'(일리야)는 '실존자' 없이 '실존한다'는 것이다. 그런데 이런 말을 들어도 우리 뇌 속에는 구체적인 이미지가 아무것도 떠오르지 않는다. 그런데 이 명제를 하이데거가 '현존재'에 부여한 정의, 즉 '자신이 위탁받은 사명을 발견하고 실현하는 것을 통해서 더욱 완전하고 철저하게 자기 자신이 되는 것'과 조합해보면 느닷없이 생생한 모습을 드러내게 된다. 나치스의 사상에 의하면 유대인이라는 구체적인 실존자들이 역사적으로 위탁받은 사명은 **지상에서 소멸하는 것**이었기 때문이다. 완전하게 그리고 철저하게 자기 자신일 때 **'존재해서는 안 되는 자'로서 자기성취를 하는 존재자**, 그것이 나치스 통치 아래의 유대인이었다. 하이데거가 깊게 관여한 정치적 체제는 유대인을 그런 자로서 정의했다.

하이데거가 그 사실을 얼마큼 자각했는지 나는 모른다. 아마도 그에게는 자신이 유대인들의 사형선고에 동의하는 서명을 했다는 자각은 없었을 것이다. 그런데 나치스의 '유대인 문제의 최종적 해결'은 하이데거의 철학과 **원리적으로는 어긋나지 않는** 것이었다. 그 사실을 유대인들은 뼈저리게 알고 있었다.

112

하이데거는 자신이 과하게 애국적이었다고 여길 뿐 유대인들을 (혹은 정신병원의 환자들과 집시들을) 백만 단위로 살해하는 것에 동의한 기억은 없었을 것이다. 하이데거 존재론은 제노사이드를 직접적으로 뒷받침하는 것이 아니다. 그러나 거기에서 제노사이드를 저지하는 논리를 끌어낼 수는 없는 노릇이다.

수용소에 던져진 유대인들은 고유명을 말소당하고 팔에 새겨진 문신 번호로 불렸다. 신분을 속이고 도망 다닐 때는 "나는 유대인이 아니다"라며 반복해서 자기 정체성을 부정해야 했다. 은신처에 숨은 안네 프랑크처럼 (혹은 모리스 블랑쇼의 도움으로 가톨릭 수도원에 숨어 지냈던 레비나스의 아내와 자식들처럼) "우리는 여기에 없다"라고 맹세하지 않는 한 거기에 있을 수 없는, 모순되는 상황을 살아낼 수밖에 없었다. 유대인들은 확실히 '실존'했지만 그것은 '실존자'를 없애는, 즉 부정하는 형태를 통해서였다.

이런 상황을 뭐라 묘사해야 할까. '순수한 무'일까? 아니다, 무는 아니다. 그것은 '모든 것을 상상적으로 다 파괴하고 난 뒤에 남는 것'일 텐데, 형태가 있는 '무언가'는 아니다. 그것은 '무언가가 있는' 것이 아니라 '무언가'를 뺀, 단적으로 '있다'(일리야)는 사실이다.

모든 것의 부재는 일종의 현전으로서 회귀한다. 모든 것이 함몰한 장소처럼, 대기의 밀도처럼, 공허로 채워진 충실처럼 혹은 침묵의 중얼거림처럼 회귀한다. 모든 사물과 모든 존재자의 파괴 후에 비인칭적인 '실존함'의 힘의 장champ de forces이 존재한다.[41]

레비나스는 여기서 사용할 수 있는 모든 어휘를 구사해 '부재의 현전現前'이라는 상황을 묘사하려 했다. '모든 것이 함몰한 장소.' 대지진으로 거기에 있었던 모든 것이 틈으로 다 빨려 들어간 후 지면의 갈라진 틈이 닫히고 말았다. 확실히 이전에 뭔가가 거기에 있었긴 한데, 그것은 흔적도 없이 소멸했다. 그 소멸이라는 사실만이 잔향처럼 그 장소를 점하고 있다. 조금 전까지 누군가가 있었는데, 지금은 없다. 그러한 상황만이 이 시기의 유대인에 유일하게 허용된 존재하는 방식이었다.

비인칭적이며 '실존하는' 힘의 장이 존재한다. 주어도 아니고 명사도 아닌 것. 이미 아무것도 존재하지 않을 때 '실존한다'는 사실만이 자기 주장을 하고 있다. 그것은 이름도 갖지 않는다. 이 **'실존한다'는 것을 내 몸으로 받아들일 수 있는 인간도 사물도 존재하지 않는다.** 그것은 '비가 온다il pleut'와 '덥다il fait chaud'같이 비인칭적이다. 어떻게든 부인해 벗어나려고 해도 회귀하고야 마는 '실존한다'는 것. 순수한, '실존하는', 용서 없는 것이 거기에 있다.[42]

그런데 이것만 읽어서는 '있다'(일리야)에 관해서 해상도가 높은 개념상을 갖는 것은 무리다. 그러나 1946년 파리의 유대인들은 그것이 무엇을 의미하는지는 감각적으로 알지 않았을까 생각한다. 그것이야말로 그들에게 가까운 과거의 '피투성' 경험의 실상이었기 때문이다.

『시간과 타자』는 레비나스에게 전후의 사상적 활동의 시작점이다. 그리고 그 시점에서 레비나스가 시급히 해결해야 할 철학적 과제는 '하이데거 권역'과의 결별이고 그 일과 더불어 실천적 과제는 와해 위기에 직면한 프랑스 유대인 공동체의 영적인 재구축이었다. 이 역사적 문맥에서 레비나스가 그 시점에서 먼저 해야 할 말이 '이것이었다'라는 역사성을 무시해서는 안 된다. 레비나스는 일반론을 말하기 위해 연단에 선 것이 아니다. 그 장에 있던 청중을, 그들의 인생에 결정적인 상처를 남긴 최근의 트라우마 체험에 관해서 그 사건은 도대체 무엇이었는지, 그 상처로부터 자기치유는 어떻게 해서 가능한지를 절실히 알기 원했던 청중을 향해서 말했다. 그래서 레비나스의 이 말은 청중에게 실존적인 '떨림' 같은 것을 가져다주었을 것이다.

『시간과 타자』의 역사적 의의에 관해 필리프 네모가 이전에 이런 질문을 한 적이 있었다.

> 『시간과 타자』의 간행 시점은 전쟁과 '해방'이라는 그 격진의 사건 후였기 때문에 많은 지식인은 문제의 사회적 측면에 열중하고 있었을 텐데요. 그 시기 당신은 자신의 형이상학적인 계획에 쭉 충실하고 계셨는지요?[43]

인터뷰를 진행한 필리프 네모는 『시간과 타자』에 대해 당시 프랑스 사회가 직면하고 있던 긴급히 해결해야 할 문제로부터 눈을 돌린 '형이상학적 사변'이라는 인상을 품고 있었던 것 같다. 이 인터뷰는 1981년에 이뤄졌고 필리프 네모는 1949년생이니, 철학학원에서 레비나스가 시간론을 강연한 시기에 파리의 지식인이 어떤 '기분'이었을지 경험적으로는 모른다. 그 '무지'를 완곡하게 지적하듯 레비나스는 이렇게 말했다.

확실히 그렇게 생각하실 수도 있겠습니다. 그러나 그것이 장 폴 사르트르와 모리스 메를로퐁티가 철학의 지평을 지배하고 있던 시대였다는 것을 잊어서는 곤란합니다. 그것은 독일 현상학이 프랑스에 들어와서 하이데거의 이름이 알려지기 시작한 시절이기도 했습니다. 사람들은 결코 사회적 문제만을 논하고 있지 않았습니다. 모든 것에 대해서 사람들은 열려 있고 모든 것에 호기심을 갖고 있었습니다. 게다가 애당초 나는 순수철학이 '사회적 문제'를 건드리지 않고 순수할 수 있다고 생각하지 않습니다.[44]

인터뷰 진행자들이 당시의 실제적인actual 사회적 문제들과는 무관해 보이는 형이상학적 사변이라고 생각한 저작에 관해서 레비나스 자신은 이것은 하이데거 철학과 사회적 문제를 논한 **생생한 텍스트**라고 증언했다.

14. '실존자' 없는 '실존' (5)

레비나스가 20세기를 대표하는 철학자의 한 사람으로 후세에 이름을 남긴 것은 확실한데, 나는 그가 철학사에 남긴 가장 큰 공적 중 하나는 그 독특한 수사修辭 기술에 있다고 생각한다. 어떤 철학자는 레비나스의 문체를 '반복해서 밀려오는 파도와 같은 리듬'에 비유했다. 나도 그 생각에 동의한다. 레비나스의 문체는 밀려와서는 물러가는 파도와 같은 리듬을 새긴다. 똑같은 파형이 몇 번인가 계속된다. 그러다 문득 파도가 멈추고, 이윽고 멀리 해일이 일어나서 다른 모양의 큰 파도가 머리 위로 떨어져 나를 삼킨다. 숨이 끊어질 것 같아 필사적으로 떠올라 폐 한가득 숨을 들이쉬고 파도와 파도 사이에 유랑하면서 호흡을 가다듬고 있으면 익숙한 파도 형태가 돌아온다. 그것이 몇 번쯤 계속되면 다시 파도가 끊어지고……. 그런 일이 반복된다.

이것이 레비나스를 읽을 때 내가 느끼는 **신체적인 인상**이다. 한번은 파도에 휩쓸려서 숨을 못 쉬게 되는데, 그것을 반복하다 보면 숨을 멈추고 있을 수 있는 시간이 점점 늘어난다. 물에 빠졌을 때 해면으로 떠오르기 위한 버팀목이 되는 해저의 발 디딜 곳을 발바닥이 기억하게 된다. 그리고 급기야 파도에 몸을 맡기는 것이 그다지 고통스럽지 않게 된다.

　밀려와서는 물러가는 듯한 레비나스의 끝없이 율동적인 문체는 결코 문학적인 감흥에 이끌려 선택된 것이 아니다(시적 법열과 신비적 영감을 레비나스는 거의 병적으로 싫어했다). 그것은 우리에게 뭔가를 이해시키기 위한 것이 아니라 **우리에게 뭔가를 시키기** 위해 정밀하게 계산된 장치라고 생각한다. 중요한 것은 텍스트의 예지적 내용이 아니라 텍스트 그 자체가 독자를 조형하고 독자를 함양하는 그 역동적인 과정이다. 레비나스의 기상천외한 수사에 몸을 맡긴다는 것은 단적으로 말하자면 나 자신이 가진 기준과 틀에 기초한 텍스트 이해를 단념하는 것이다. 나 자신의 기지의 틀에 텍스트를 집어넣는 것을 단념하는 것이다. 우리는 그렇게 해서 미지의 개념에 다가가는 셈인데, 그것이 '미지'인 것은 우리가 이전에 한 번이라도 **그 개념의 결여를 결여로서 느낀 적이 없는 개념**이기 때문이다. 우리가 그것에 관해서 플라톤이 말하는 '이데아'를 분유分有하지 않은 개념이기 때문이다.

　'있다'(일리야)는 무엇인가. 명사라는 틀에 집어넣을 수 없는 상황을 기술하기 위해서 레비나스는 '불면'의 이야기를 시작한다. '이미 아무것도 존재하지 않을 때 실존한다는 사실만이 자기주장하고 있는' 듯한 상황, '실존한다는 것을 내 몸으로 받아들일 수 있는 인간도 사물도 존재하지 않는' 상황, 그것을 레비나스는 '있다'(일리야)라는 개념으로 풀었는데 이는 결코 형이상학적인 구축물이 아니다. 그것은 우리가 평소에 경험하고 있음에도 그것이 '실존한다'는 것과 관련된 경험임을 자각하지 못하는 것뿐이다.

불면은 우리가 거기에 속박된 각성으로부터 몸을 잡아 뜯는 어떠한 방법도 없는 의식에 의해 형성되어 있다. 어떠한 목적도 없는 각성. 우리가 거기에 못 박혀 있을 때 우리는 어디서부터 와서 어디로 가는지를 모른다.[45]

불면으로 괴로운 경험을 해본 사람이라고 하면 누구든지 알 것으로 생각하는데, 불면이란 '자는 방법을 잊어버린' 것이다. 우리는 평소에 너무나도 자연스럽게 잠이 들기 때문에 '잠이 든다'라는 동작을 능동적·주체적으로는 수행할 수 없다. 그래서 정확하게 말하자면 '자는 방법을 잊은' 것이 아니다. 애당초 우리는 '자는 방법'을 모른다. 그래서 우리는 불면일 때 절망적인 무능 속에 놓인다.

잠을 잘 수 없다. 잠을 자야 한다. 신체는 피곤한데, 머리는 다양한 사념으로 가득해 뜨겁다. 마음도 신체도 진정과 휴양이 필요하다. 그런데 아무래도 잠을 잘 수가 없다. 확실히 불면은 절망적인 불능의 상태인데, 그것은 **무언가 결여되어 있는 것이 아니다**. 잊어버린 '자는 기술'을 생각해내면 잘 수 있게 되는 것이 아니라는 말이다. 그렇다고 새롭게 '자는 기술'을 습득하면 잘 수 있게 되는 것도 아니다. 이때 잠 못 드는 우리를 힘들게 하는 것은 무언가의 결여가 아니라 **무언가의 과잉**이다. 잠 못 드는 내가 여기에 있다는 사실 그 자체가 나를 잠 못 들게 하는 것이다. **나를 힘들게 하는 것은 '내가 지금 여기에 있다'라는 원사실**이다. 확실히 '나는 잠 못 들고 있다'라고 생각하는 것은 현실 인식으로서 적절하다. 나는 옳게 상황을 파악하고 있다. 일어나서 자신의 불면에 관해 상세한 보고서를 쓸 수도 있다. 그런데 역설적으로 내가 상황을 적절히 파악하고 그것에 관해서 상세하게 기술할 수 있는 나의 능동성 그 자체가 바로 나의 수면을 방해하고 있다.

잠에 이르게 되는 어떠한 방법도 없다는 자각을 경유해서 비로소 우리는 '있다'(일리야)는 것이 무엇인지를 알게 된다. 무의식 속으로 도망가는 것도, 사유지 안에 있듯이 잠 속으로 숨는 것도 가능하지 않다. 각성.[46]

불면이 우리를 힘들게 하는 것은 우리가 의식과 신체를 갖고 있다는 사실 그 자체 때문이다. 휴식을 원하는 신체가 있고 수면을 원하는 의식이 있다. 그것이 '있기' 때문에 우리는 불면에 못 박혀 있다. **자신이 존재한다는 것 그 자체가 초래하는 불쾌. 그것이 불면의 본질이다.**

레비나스는 서양철학은 이 사실을 철학적 주체로서 고찰한 적이 없다고 말한다. 『시간과 타자』에는 쓰지 않았지만, 똑같은 경험(구토)을 분석한 『도주에 관해서』(1935)에서는 확실히 그렇게 썼다.

서구적 '앎'은 존재하는 것의 자명성을 한 번도 의심한 적이 없다. 존재에 뭔가가 결여되어 있다는 것을, 즉 존재로부터 결여감과 불충족감을 느끼는 경우는 있다. 그런데 **존재하는 것 그 자체를 불쾌하게 느낀적은 없다.**

사물은 **존재한다.** 사물의 본질과 특성이 불완전하다는 것은 있을 수 있다. 그러나 존재한다는 사실 그 자체는 완전성, 불완전성이라는 구분의 저편에 있다. 존재는 있다. (…) 자기동일성이란 존재자의 일개의 특성도 아니고 자기동일성을 형태 짓는 특성들의 상동성相同性에 의해 만들어지는 것도 아니다. 자기동일성이란 존재한다는 사실에 충족하고 있는 사태의 표현과 다름없다. 이 존재한다는 사실의 절대적이고 이미 결정된 성격에는 어느 누구도 의문을 제기할 수 없다. 그리고 **서양철학은 여기서 한 걸음도 앞으로 나아가지 않았다.**[47]

이 글을 쓴 것은 히틀러가 전권을 손에 넣은 지 2년 만이다. 그리고 '서양철학la philosophie occidentale'이라고 총칭했지만, 레비나스가 염두에 둔 것은 사실상 하이데거의 존재론이었다.

15. '실존자' 없는 '실존' (6)

결여를 메우기, 자기동일성을 달성하기, 자기완성을 이루기. 이런 식의 화법을 쓰는 한 하이데거 존재론의 권역에서 벗어날 수 없다. '하이데거적 권역'이란 단적으로 말해, 그곳에서 누구 하나 존재의 결여가 '악'이고 '고통'이고 '불쾌'이고 '병'이라는 것을 의심하지 않는 정신적 풍토를 의미한다. 레비나스는 바로 이런 권역에서 벗어나려 한 것이다.

아주 곤란한 미션이다. '존재하지 않는 것'은 '존재하지 않는 것'으로 명명되고 분류됨으로써 비로소 존재의 질서 안에 있을 곳이 제공되기 때문이다. 레비나스는 모든 것이 존재 안에 정리整序되어 있는 세계를, 그리고 **존재가 '과잉'인 세계**를 '하이데거적 권역'이라 불렀다.

'있다'(일리야)에 관한 분석을 '불면'으로부터 시작한 것은 아마도 레비나스 자신이 오랫동안 불면에 시달렸기 때문이 아니었을까 싶다. 『실존에서 실존자로』서문에서 레비나스는 불면에 관해 이렇게 썼다.

포로로 있는 동안 쓰기 시작해서 '해방' 직후에 간행되어 세상에 알려지게 된 '있다'(일리야)라는 개념은 불면 중에 반복해서 나타나는, 유년 시절부터 계속되는 그 기묘한 강박관념에서 비롯한 것이다. '기묘

함'이란 불면에서는 침묵이 울려 퍼지고 공허가 충만하기 때문이다.[48]

레비나스는 아마도 그 자신 유년 시절부터 불면으로 힘들어했을 것이다. 그리고 그 영리한 소년은 불면이라는 고통이 뭔가의 과잉이라고 직감했다. 이 '고통'은 '자는 능력'의 결여와 '잠에 관한 명석한 통찰'의 결여와 '이러해야 할 잠의 본질에 관한 선구적 앎'의 결여를 통해 초래되는 것이 아니다. 오히려 불면이라는 불쾌의 근원에 있는 것은 **자신이 존재하고 있다는 사실이 초래하는 불쾌**다. 우리는 우리 자신의 지성을 통해, 불면 상태에 있는 자신의 불쾌와 고통을 완전히 파악하고 있다 보니 잘 수 없는 것이다.

이 시기 레비나스는 본인의 철학적 탐구에 "나태와 피로와 고된 일의 현상학une phénoménologie de paresse, de la fatigue, de l'effort"이라는 독특한 이름을 붙였다.[49] 그리고 그 개인적 경험을 기점으로 전통적인 철학과는 다른 시각에서 존재를 고찰하려고 했다. 『도주에 관해서』에서 레비나스는 '자기 자신에게 못 박혀 자신 이외의 것이 될 수 없는 사실이 초래하는 근원적 불쾌'라는, 서구 형이상학이 전혀 흥미를 보이지 않았던 또 하나의 주제를 문제로 삼았다. 그건 바로 '치욕honte'이다.

치욕의 어떻게 할 수 없음, 그 절박하게 다가오는 감각은 우리에게 이미 소원하고 왜 그런 행위를 했는지 그 동기조차 이해할 수 없는 존재자와 나 자신을 동일화하지 않으면 안 되는 불능감 안에 존재한다.[50]

치욕도 불면과 마찬가지로 무언가가 결여되어 일어나는 것이 아니다. 오히려 무언가의 과잉으로 인해 일어난다.

치욕은 우리 존재의 유한성이 이유가 되어 생기는 것이 아니다. 잘못해서 죄를 저지를 수밖에 없는 우리의 약함으로부터 생기는 것이 아니다. 그것이 아니라 존재로부터 자기 자신과 손을 끊을 수 없는 무능으로부터 생기는 것이다.[51]

치욕을 겪을 때 우리는 '충분히 이해받지 못하고 있다'는 불충족감으로 힘들어하는 것이 아니다. '아직 충분히 자기 자신이 되지 못함'을 힘들어하는 것이 아니다. 그게 아니라, 자신의 있는 그대로가 열리어 나에게 보이기 때문에 힘들어하는 것이다. '몸 둘 곳이 없을 정도'로 알몸이라는 것을 힘들어하고 있다. 자기 자신으로부터 도망갈 수 없음에 힘들어하고 있다.

치욕에서 드러나는 것은 다름 아닌 자기 자신에게 못 박혀 있다는 사실, 자기 자신으로부터 몸을 숨기기 위해서 자기 자신으로부터 도망갈 수 없다는 근원적 불가능성, 자기 자신에 대한 자기의 가차 없는 현전이다.[52]

자기 자신에게 못 박혀 있다는 것의 불쾌한 실례로서 레비나스는 '구토'를 든다. 사르트르의 동명 소설이 간행되기 3년 전 일이다.

구토nausée는 외부에서 도래하는 불쾌가 아니다. 틀림없이 구토는 우리 안에 그 원인이 있으며 우리 안에서 치밀어 오른다. 구토는 무언가 있어야 할 것이 부족해서 생기는 것이 아니다. 내가 완전히 나답지 못하기 때문에 생기는 것이 아니다.

> 구토를 느낀 사람은 거기에 머무르는 것을 거부하고 거기서부터 도망 가려고 한다. 하지만 이 노력에는 희망이 없다. 어떻게 행동하든 어떻게 사고를 하든 모든 사고는 절망적이다. 이 절망, 못 박혀 있다는 이 사실이 구토가 안겨주는 고통의 모든 것을 구성하고 있다. 구토에서 사람은 자기 자신일 수 없는 채로 동시에 자기 자신에게 못 박혀 있다.[53]

> 구토에 비난할 점이 있다면 그것이 예의에 어긋나기 때문이 아니다. 비난받아야 할 것은 **거기에 있는 것**être là 그 자체다.[54]

'être là'는 하이데거의 '현존재Dasein'를 프랑스어로 옮긴 것이다. 레비나스는 여기서 경솔한 독자가 '비난받아야 할 것은 현존재 그 자체'라고 오독하게끔 썼다.

레비나스가 말하는 '도주'란 낭만주의에서 말하는 '탈출'과는 전혀 다른 것이다.

미지의 땅으로 탈출하려 한 모험가들이 목표로 한 것은 '보다 자신다운 것'이다. 여기서는 '자신답게 있는 것'이 불가능하다고 생각하기 때문에 사람은 거기로부터의 탈출을 바란다. 낭만주의적 혹은 존재론적 탈주fuite는 우리 존재의 유한성, 불충분성에 관한 혐오감에서 작동되는 것이지 '존재 그 자체에 대한 혐오감'에서 유래하는 것이 아니다. 그런데 도주évasion는 그렇지 않다. 애당초 '도주'에는 목적지가 없다.

도주란 자기 자신의 바깥으로 나가고 싶은 욕구를 의미한다. 바꿔 말하면 자기가 자기 자신이라는 가장 근원적이고 가장 가차 없는 속박을 끊고 싶은 욕구를 의미한다.[55]

16. '실존자' 없는 '실존' (7)

『도주에 관해서』 얘기를 좀 더 해보려고 하는데, 『시간과 타자』를 읽는 데 필요한 우회라고 생각해준다면 좋겠다. 이어서 레비나스는 '자살'을 가져온다.

자살은 아마도 자신의 존재에 대해 주체가 행사할 수 있는 마지막 능동적 행위일 것이다. 아무리 부조리한 상황에 던져져도 마지막의 마지막에는 우리는 자살을 통해 운명을 자기 결정할 수 있다. 그 권능은 누구도 빼앗을 수 없다. 그렇게 믿고 있다.

그러나 죽음을 통해 우리는 과연 **존재와 인연을 끊을 수** 있는 것일까? 오히려 자살에서야말로 존재는 죽음의 영역까지 깊게 침범해 죽음을 지배하는 데 이르는 것이 아닌가.

현실적인 이야기를 좀 해보자면 현대 일본인의 자살 이유는 유서 등을 통해 특정할 수 있는 한 1위가 건강 문제(병), 2위가 경제·생활 문제(빈곤), 3위가 가정불화, 4위가 직장 내 인간관계와 업무상 겪는 곤경이다.

우리는 '병에 따른 고통으로 자살했다'는 내용의 기사를 읽으면 '그런 일이 있을지도 모른다'고 생각한다. 그런데 과연 우리는 병이 얼마나 깊어야 자살하는 것도 '지당하다'고 판단하게 되는 걸까? 어느 정도 중증의 병에 걸리면 '자살하는 것이 합리적'이라고 간주하는 것일까?

'감기에 걸려 열이 나서 힘들었기 때문에 자살했다'는 사람은 보통 없다. 그런데 회복할 전망이 없는 난치병에 걸려도 죽음 직전까지 생생하게 활동적인 사람도 있다. 신체적인 고통과 쇠약 때문에 '자살하는 것이 합리적'이라고 말할 일반적인 기준은 없는 것이다. 병고를 견디기 힘든지 아닌지를 결정하는 것은 최종적으로는 개인이다. 만약 '이런 병에 걸린 건 나답지 못하다'고 판단하는 사람이 있다면 그 사람에게는 '그래야 할 자기 자신'과 현상의 괴리가 한도를 넘어선 것이 될 것이다. 그런데 레비나스라고 하면 그것은 매우 '존재론적인 행위'라고 말할 것이다.

하이데거에 의하면 현존재의 근본적인 경향은 "우리가 그렇게 되지 않으면 안 되는 것으로 스스로 되는 것"이다. 현존재는 자신이 본질적·근원적으로 무엇이며, 뭐가 되지 않으면 안 되는지를 **선험적으로 이미 알고 있다**. 그리고 평생에 걸쳐 더 완전하게 더 철저하게 자기 자신이 되려고 한다. 그것이 현존재의 당위다. 하이데거의 말을 그대로 인용해보기로 하자.

현존재는 자기 자신으로서 현존재가 아직 그것이 아닌 해당 존재가 **되지** 않으면 안 된다. 바꿔 말하면 그러한 존재로 **있지** 않으면 안 된다.[56]

현존재의 근원적인 취향성을 하이데거는 과실이 완숙해가는 프로세스에 비유한다.

> 예를 들면 덜 익은 과실은 성숙을 향해 나아간다. 이러한 성숙의 과정
> 에서 과실은 스스로가 아직 한 번도 되어본 적이 없는 존재로서 완전히
> 성숙한 과실에 이어 붙는 것은 단연코 아니다. 과실 자신이 성숙에 이
> 르는 것이고 게다가 그렇게 스스로 성숙에 이르는 것이 과실로서의 그
> 존재를 규정짓는다. (…) 계속 성숙하는 과실은 자기 자신의 타자인 미
> 숙에 대해서 관계없을 뿐만 아니라 그것은 계속 성숙하면서 미숙한 채
> 로 **있다**.[57]

현존재는 성숙하면서 미숙하다. 성숙을 목표로 하는 한 현존재는
본질적으로 미숙하여 결코 완숙에 다다를 수 없다. 현존재는 "현존재
가 존재하는 한 **그때마다 이미 자신의 미완료**"다.[58]

현존재의 본질은 성숙을 목표로 하는 미완료 안에 있다. 그렇다고
하면 **죽음은 존재의 끝이 아니라는 것**이 된다. 이러한 논리적 전개에서
하이데거의 천재성이 드러난다.

현존재는 성숙을 목표로 하는 미완료인 한 **이미 죽음을 품고 있고 죽
음을 넘어서고 있다**. 미완료야말로 현존재의 근본성질이다. 현존재가
죽을 때 현존재는 그 '경력을 완료'하는 셈이지만 현존재를 '완성'시키
지는 않는다.

현존재는 현존재가 존재하는 한 부단히 자신의 미완료인 셈인데, 그것

과 똑같이 현존재는 재빨리 늘 자신의 끝**이다**. (…) 죽음은 현존재가 존재하자마자 현존재가 받아들일 하나의 존재 방식이다. '인간은 태어나자마자 곧 충분히 죽을 나이에 이르고 있다.'[59]

현존재는 태어났을 때 이미 죽음을 품고 있다. 그래서 죽음으로써 존재하는 것을 멈추는 것도 아니고 완료하는 것도 아니다. 현존재는 죽음으로써 자신의 '미완료'라는 본질을 계속 산다. **죽는 것은 현존재가 받아들이는 하나의 존재 방식이다**eine Weise zu sein.

사람이 자살할 수 있는 것은 죽는 것도 또한 '하나의 존재 방식'이기 때문이다. '태어나자마자 곧바로 충분히 죽는 나이에 달하고 있다'라는 현존재의 근본성질로 인해 사람은 자살할 수 있다.

죽음은 그때마다 현존재가 받아들이지 않으면 안 되는 하나의 존재 가능성이다. 죽음과 함께 현존재 자신은 **자기 자신이 가장 고유하게 존재할 수 있는 것**으로 자신에게 임박해 온다.[60]

죽음은 하나의 존재 가능성Seinmöglichkeit이다. 죽음과 동시에 현존재는 자신이 '가장 고유하게 존재할 수 있는 상태eigensten Seinkönnen'가 된다는 하이데거의 언명이 옳다고 하면 자살에 대해서 다음과 같은 설명이 가능할 것이다. 즉, 사람은 '더욱 완전하게 더욱 철저하게 자기 자신이 되어야 한다'는 현존재의 실존적 숙명에 따라서, 바꿔 말하면 '자신의 미완료를 끝까지 살아야 해서' 자살할 수 있다. 그렇다고 하면 자살에 의해 사람은 존재로부터 벗어나는 것이 아니다. 오히려 모든 것을 존재에 양도하고 구석구석까지 존재로 채워지게 된다. 레비나스는 이렇게 썼다.

> 따라서 햄릿은 비극의 저 너머다. 혹은 비극의 비극이다. 햄릿은 '존재하지 않는 것'이 아마도 불가능하다고 이해했을 것이다. 그는 이미 그 부조리를 자살로도 지배할 수 없다. 존재로부터의 출구가 없는 존재의 용서 없음, 그것이 존재의 근원적인 부조리를 형성하고 있다. **존재는 병이다.** 존재가 유한하기 때문이 아니다. 존재에 한계가 없으므로 존재는 병이다. 하이데거에 의하면 고뇌란 무의 경험을 의미한다. 그런데 과연 그럴까? 만약 죽음이 무를 의미한다고 하면 고뇌란 죽는 것의 불가능성이 아닐까?[61]

"존재는 병이다l'être est le mal"라는 결정적인 한마디를 레비나스가 입에 담았을 때 아마도 철학학원 청중 사이에선 조용한 함성이 퍼져나갔을 것이다.

17. '실존자' 없는 '실존' (8)

서양철학은 "존재의 결여를 어떻게 충족할까?", "불완전한 존재자는 어떻게 자기를 완성할까?", "현존재는 어떻게 '자신이 아직 되어본 적이 없는 해당 존재'가 될까?" 같은 일련의 과제를 목표로 삼아왔다. 그것이 목표임을 의심하는 사람은 철학의 정통 계열에는 등장하지 않았다. 이 '존재론의 권역'으로부터 탈출은 아주 곤란한 여정이다. 어떤 닫혀 있는 영역으로부터 '도망쳐 나갈 때' 우리는 그것이라는 것을 모르고 '존재론의 어법'을 입에 담기 때문이다. 이런 곳에 있어서는 나는 나답게 살 수 없다. 여기에서 나가지 않으면 '진짜 나'가 될 수 없다. 우리는 거의 자동으로 그런 화법을 채택한다. 가출할 때도 전직할 때도 이혼할 때도 전쟁을 시작할 때조차도 우리는 '자신의 본질을 십분 발현할 기회를 찾는다'라는 화법을 채택한다. 그것이 존재론의 어법이다.

지금도 교육자들이 즐겨 입에 담는 '자기 자신 찾기'라는 섯도 그 좋은 예다. 이것은 '현존재는 부단히 자신의 미완료'라는 하이데거의 명제를 세속적으로 바꾼 말이다. 그 의미에서는 (그런 말을 들으면 놀랄 터인데) 현재 일본 사회도 또한 '존재론의 권역' 안에 있다.

존재론의 권역으로부터 탈출하기 위해 우리는 '더 자기답게, 더 자유롭게'라는 목표 설정을 자신에게 금하지 않으면 안 된다. 어떤 '미완료'를 다른 '미완료'로 바꿔치기하는 것만으로는 존재론의 어법은 단지 강화될 뿐이다.

이 함정으로부터 탈출하기 위해서는 일단 '그런 상투적인 문형으로 자신의 양상을 말하는 것에 **질려보는**' 데서 시작하는 수밖에 없다. '이러한 상투어로 자신의 상황을 말하는 것은 **틀렸다**'라는 문형을 채택해서는 안 된다. 우리는 사실의 진위를 논하고 있는 것이 아니기 때문이다. 사실의 진위를 논하는 한, 우리는 어떤 상투어를 다른 상투어로 치환할 수밖에 없다. 레비나스는 **진리의 함정**에 관해 이렇게 썼다.

> 진리는 아무리 의표를 찌르든지 기발한 방식으로 표현되든지 우리 자아의 주권성과 '세계'의 여러 지평을 우리 수중에 남겨준다. (…) 진리는 현세의 여러 형식을 내세에 가져가는 것뿐이다. 진리는 목숨에서 도망쳐서 목숨 안으로 도망간다.[62]

우리는 진리를 추구하는 것이 아니다. 그것이 아니라 진리의 만연에 질려 있다. 그러나 이 '질림'은 내가 자신이 그래야 할 모습과 현상과의 괴리를 고통스러워하는 것에서 발생하는 것이 아니다. "자신이 그래야 할 모습과 현상의 괴리로 힘들어한다"라는 문형으로만 자신의 '만족스럽지 못함'을 말할 수밖에 없는 자신의 무능에 대한 권태감에서 발생하는 것이다.

그래서 레비나스는 '나태와 피로와 고된 일의 현상학'이라는 독특한 어휘 꾸러미를 채택했다. 피로에 의해, 권태에 의해, 태만에 의해 실존의 긴장이 약해지는 경우가 있다. 각성과 명석한 통찰의 지배가 쇠퇴할 때가 있다. 그때 존재론의 전능에도 자그마한 '틈'이 생긴다. 레비나스는 거기에서 존재론을 공략할 예외적인 기회를 발견했다.

불면도 치욕도 구토도 자살의 유혹조차도 인간에게는 '자주 겪는' 일상적인 경험이다. 하지만 철학의 정통 계보에서 그런 것이 핵심적인 주제가 된 적은 없다. 그것들은 모두 '나에 의한 나 자신의 지배'가 쇠진하는 병적 징후이기 때문이다. 그러한 주체의 발판이 미덥지 못하게 되는 경험은 있어도 철학적으로 열리는 거점이 되는 일은 보통 일어나지 않는다. 그런데 레비나스는 주체의 전능성이 뭔가 문제를 보이는 바로 이 순간에 존재론의 권역에서의 탈출의 이치를 찾아내려고 했다.

우리는 이렇게 물어야 할 것이다. 각성이 의식을 규정하는 일은 정말일까? 의식은 오히려 각성으로부터 몸을 잡아떼는 것의 가능성이 아닐까. 의식의 본의는 수면의 가능성과 그것과 정반대에 있다고 볼 수 있는 각성을 동시에 품고 있는 것이 아닐까. '자아moi'라는 사실은 비인칭적인 각성이라는 상황으로부터 탈출하는 능력을 말하는 것이 아닐까 하고. 확실히 의식은 이미 각성에 관여하고 있다. 그러나 의식을 특히 특징짓는 것은 잠이 들기 위해서 '뒤로' 물러날 가능성을 계속해서 유지하는 것이다. 의식이란 잠을 잘 수 있는 능력을 의미한다. 존재의 만연으로부터 도망가는 것, 그것이 다름 아닌 의식의 역설이다.[63]

구석구석까지 빛이 비추어지는 세계, 모든 것이 기지이고 그 본질이 미리 폭로된 세계. 그것이 '존재론의 권역'이다. 그러나 그러한 권역에서밖에 인간은 살 수 없다는 것은 정말일까?

가장 잔혹한 고문은 휘황한 빛을 비추고 사람을 잠을 자지 못하도록 하는 것이다. 우리는 잠을 자지 않고는 계속 살 수 없다. 정기적으로 '각성으로부터 몸을 분리하지 않고'는 의식을 계속 유지할 수 없다. 그래서 레비나스가 '존재하는 것의 불쾌함'을 말할 때 먼저 불면을 가져온 것은 실로 주도면밀한 생각이었다.

우리는 '의식적으로 잠을 잘 수' 없다. '잠드는 옳은 방식' 같은 것을 우리는 모른다. 잠은 우리의 주체적 통제에 복종하지 않고 어디선가 찾아와서 우리의 각성을 정지시키고 우리를 다른 세계로 납치해 간다. 잠이 달콤한 것은 거기서는 각성 때와는 다른 논리가 지배하고, 다른 문법 구조로 언어가 말해지고, 똑같은 말이 다른 의미를 갖기 때문이다. 그것과 서로 등을 맞대는 것adossé이 곧 우리에게는 계속 살기 위한 필수 조건이다.

'악몽'을 생각해보면 충분히 이해할 수 있을 것이다. 우리는 종종 악몽을 꾼다. 그것이 너무나도 견디기 힘들 때 우리는 진땀을 흘리고 잠에서 깬다. 그러곤 '꿈이었구나' 하고 가슴을 쓸어내린다. 우리는 악몽에서 각성으로 도망칠 수 있다. 악몽에 시달리면서도 우리는 '이것은 꿈'이라는 것을 비주제적으로 알고 있다. 꿈이 각성과 서로 등을 맞대고 있다는 것을 알고 있다. 그것이 악몽의 '견디기 힘듦'을 견딜 수 있게 해준다. 역으로 각성 때의 현실이 아무리 고통스럽다 해도 일단 잠이 찾아오면 그때는 여기와는 다른 세계에서 혼과 육체에 일시적인 휴식이 찾아오는 것을 우리는 알고 있다.

'서로 등을 맞대고' 있다는 말은 이 두 가지 영역의 관계를 잘 표현하고 있다. 잠은 이른바 우리의 배후로부터 찾아온다. 피로가 극에 달했을 때 잠은 우리의 배후로부터 슬며시 다가와서 순식간에 우리를 블랙아웃으로 유도한다. 우리는 잠의 접근을 전방시야에서는 시인視認할 수 없다. 그것은 '뒤'에서 찾아온다. 각성도 그렇다. 한참 악몽을 꾸고 있어도 우리는 뭔가를 단서로 각성할 수 있다는 것을 어렴풋이 알고 있다. 단 그 각성으로의 전환은 잠으로의 전환과 똑같이 나의 의사로는 완전히 통제할 수 없다. "여기와는 다른 장소로 빠져나가고 싶다"는 저항하기 힘든 욕구가 어느 한계치를 넘어섰을 때 그 바람은 문득 허락이 이루어져서 우리는 이미 '여기와는 다른 세계'로 빠져나가는 자신을 발견한다. 그렇게 해서 잠자는 동안 혹은 각성하고 있는 동안 우리는 그때마다 이미 빠져나가고 있다. 그런데 이 '벽을 통과하는 것' 같은 행위를 우리는 자신의 의지로는 통제할 수 없다.

아마도 인간이 인간일 수 있는 것은 이 두 세계(똑같은 사람들이 등장하면서 세계 논리가 다른 세계)를 우리가 일상적으로 왔다 갔다 하기 때문일 것이다. 그 전환이 허용되기 때문에 인간은 살아갈 수 있다. 그 사활적 중요성을 알기 위해서는 수면을 금지당한 자신, 혹은 각성하는 것을 금지당한 자신을 상상해보면 알 수 있을 것이다. 죽음이란 이 '왔다 갔다 하는 능력'을 잃어버리는 것이다.

만약 우리가 죽음 직전에 견디기 힘든 악몽을 꾸었다고 하자. 어느 정도 사는 힘이 남아 있으면 우리는 그 악몽으로부터 각성해서 안도의 한숨을 쉬고 나서 평안한 죽음을 맞이할 수 있다. 그런데 악몽으로부터 각성할 만큼의 체력이 없었다고 하면 어떻게 될까. 우리는 영원히 계속되는 악몽 속에 유폐되게 된다. 뇌 속 시간 흐름의 더딤과 빠름은 철저하게 주관적이기 때문이다. 한단지몽邯鄲之夢 고사에서 목침에 누워 잠에 빠진 노생은 죽이 끓기까지의 그 짧은 시간 동안 자신이 죽을 때까지의 인생 전체를 세부적인 내용까지 포함하여 꿈을 꾼다. 그것은 객관적 시간으로서는 몇 분간이었을지 모르지만, 주관적으로는 한평생의 일이었다.

잠과 각성을 왔다 갔다 할 수 있는 것, 늘 한쪽에서 다른 한쪽으로의 '탈출' 경로가 보장되어 있는 것, 그것이 인간이 인간으로서 살 수 있는 기본적인 조건을 형성하고 있다. 이것은 철학적 사고라기보다는 경험적 실감이다. 하지만 이 경험적 실감에 기초해서 존재론을 정면 돌파하려고 생각한 철학자는 레비나스가 처음이다.

18. 위상전환 (1)

각성과 잠 사이를 왔다 갔다 할 수 있는 것이 인간성의 핵심을 이룬다는 주제의 이야기가 있다. 바로 에드거 앨런 포의 「발데마 씨 사례의 진상The Facts in the Case of M. Valdemar」이다. 어디선가 레비나스는 이 소설을 본인이 아는 한 가장 무서운 이야기라고 썼다. 그 이야기는 다음과 같다.

'나'는 최면술에 관해 오랫동안 연구해왔다. 그리고 임종을 앞둔 사람에게 최면술을 걸면 어떤 일이 일어나는지 알고 싶어졌다. 때마침 친구인 발데마 씨가 자신의 삶이 얼마 남지 않았다는 것을 알고 '나'의 연구에 협력하기로 했다. '나'는 발데마 씨의 임종 때 불려가 죽음 직전에 최면술을 걸었다. 발데마 씨는 곧 깊은 최면 상태에 들어가서 이윽고 숨을 거두었다.

그런데 죽었어야 할 발데마 씨의 목구멍으로부터 깊은 동굴에서 들려오는 듯한 속이 빈 목소리가 울린다. "나는 죽었다." 최면술이 죽음을 부분적으로 저지하고 만 것이다. 그것이 7개월간 계속되어 급기야 의사와 '나'는 발데마 씨의 최면 상태를 풀기로 한다. 시술을 시작하는 동시에 발데마 씨 몸에서 악취를 풍기는 엄청난 양의 뇌 점액이 흘러나오고, 꺼림칙한 목소리가 "빨리 잠들게 해줘, 아니면 빨리 눈을 뜨게 해줘"라고 간청한다. '나'는 진정을 시도하지만, 효과가 없어 어쩔 수 없이 각성시키기 위한 시술을 한다. 이윽고 "죽었다"라는 외침이 발데마 씨 목에서 흘러나왔다. 이와 동시에 발데마 씨의 신체는 단숨에 쪼그라들고 무너지고 부패해서 "한자리에 있던 사람들이 목격한 것은 속이 메스껍고 혐오스러운 부폐물의 액체에 가까운 혼이었다".[64]

'죽지 않았는데 죽었다' 혹은 '죽었음이 틀림없는데 죽지 못했다'라는 것은 언제나 포를 감싸던 공포의 형태였다(「어셔가의 몰락」이나 「너무 빠른 매장」에서도 마찬가지다). 외형적으로는 죽었는데 의식은 각성 상태로 있는 '죽음'이야말로 포에게는 상상하기 어려운 최악의 죽음이었다.

「발데마 씨 사례의 진상」 마지막 부분에서 발데마 씨도 생리학적으로는 확실히 죽었다. 그런데 그는 단말마에 이르러 자신의 현상을 "나는 죽어간다dying" 혹은 "나는 죽어 있다I am dead"라는 **현재형으로 말한**다. 그는 죽었지만 '존재의 권역'으로부터 빠져나가지 못하고 있다. 죽으면서 영겁까지 연장된 고통 속에 발데마 씨는 갇혀 있다.

레비나스는 아마도 이러한 포의 공포 이야기 속에서 '존재의 만연'에 관한 불쾌의 극한적 형태를 감지했을 것이다. 죽음조차도 '존재하는 방식'인 하이데거의 권역에서 사람은 **존재론적으로는 죽을 수 없다.** 현존재는 태어났을 때부터 이미 죽음을 품고 있으며 죽은 뒤에도 계속 '자기 자신의 미완료'라는 본질을 살지 않으면 안 된다.

레비나스의 존재론 비판은 그런 의미에서는 사변적이라기보다는 오히려 직감에 기초한 것이라고 말해도 좋을 것이다. 그것은 거의 생리적이고 피부에 와닿는 혐오감이다. 레비나스의 철학은 '존재의 만연'을 견디기 힘들게 느끼고 있는 그 자신의 신체 실감에 축을 두고 있다. 레비나스 철학의 사유 경로를 읽어내기 어려운 것은 그 때문이다. 철학자의 몸이 실제로 감지하고 있는 리얼한 '불쾌'를 언어화하려다 보니 우리는 그의 철학을 알기 어려운 것이다. 신체에서 일어나고 있는 사태는 너무 복잡해서 정형구, 곧 기성ready-made 언어로는 쉽게 길어낼 수 없다.

레비나스는 '존재의 만연'이라는 불쾌로부터 '도주'하기 위해서 존재와 진리의 지배가 일시적이긴 하지만 무효가 되는 순간을 찾았다. 그것을 '도주'의 발판으로 삼으려고 했다.

의식이란 '있다'(일리야)의 익명적인 각성의 단절rupture을 의미한다.[65]

의식은 균질적이지 않다. 실제로 우리는 각성과 수면 사이를 왔다 갔다 한다. 두 가지 경위 사이에는 단절이 있다. 그럼에도 우리는 그 단절을 넘어서도 계속 동일성을 갖고 있다. 왔다 갔다 할 수 있는 것, 그것이 의식의 특성이다.

우리 눈앞에 등장하는 세계는 그때마다 이미 기호적으로 분절이 끝난 세계다. 우리는 '기호화되기 이전의 미분절 세계'라는 것을 개념으로 가질 수 없다. 우리는 문득 정신을 차려보니 이미 분절을 끝낸 세계를 밟고 있다. 우리는 '단절'을 뚫고 나아갈 수 있다. 아마도 거기에 인간성의 핵심이 잠재하고 있다. '존재의 만연'으로부터 도주하려고 할 때 '일

리야'(있다)의 익명성, '순수히 실존한다고 하는 용서 없음'의 한결같음
에 균열이 생긴다. '현실 세계에 뼈대와 축과 구조를 부여하고 현실 세
계를 조직화하는' 종류의 균열이다. 그 균열로부터 **시간**이 태어나는 셈
인데 그 이로理路는 한마디로 설명할 수 있을 만큼 간단하지 않다.

의식이란 그때마다 이미 위상전환이다. '실존자'가 '실존함'과 관계하
고 있는 상황이 있기 때문에 의식은 있다.[66]

'의식'이란 위상전환을 의미한다. '실존함'과 '실존자' 사이에는 **위
상이 다르다는 것**이 의식을 있게 하는 것이다. 일리야(있다)의 익명성,
'실존하다'의 용서 없음은 세계를 다 덮고 있지 않다. 거기에는 다른 경
위로 빠지는 균열이 존재한다. 그것이 의식의 존립을 가능하게 한다.

당연한 말이지만 우리는 왜 위상전환이 일어나는지를 설명할 수 없다.
(…) 우리에게 가능한 것은 위상전환이 무엇을 의미하는지 그것에 관
해서 아는 것 뿐이다.[67]

위상전환은 무엇을 의미하는가? 레비나스는 자신이 세운 물음에
이렇게 답한다.

존재하는 무언가quelqud chose qui est의 출현이 익명적인 존재하는 것être
anonyme 안에 하나의 역전inversion과 같은 것을 만들어낸다. 이것은 '실

존하다 l'exister'를 그 속사属詞°로 갖고 있다. 주어가 속사의 주인인 것처럼 이 '존재하는 무언가'는 '실존함'의 주인이다.[68]

○ 프랑스어 문법에서 말하는 '속사 attribut'는 영문법에서 말하는 '보어'에 해당한다.
   '속사'는 형용사 아니면 명사다. 주로 주어＋동사＋속사의 형태를 취한다.

19. 위상전환 (2)

'존재하는 무언가는 실존함의 주인이다'라는 말을 들어도 무슨 말인지 모른다. 모를 때는 다음을 읽는다. 그런데 다음을 읽었다고 해서 알 수 있는 것이 아니다. 하지만 레비나스를 읽을 땐 그런 '알기 어려움'을 견디고 계속 읽는 것이 '알기 어려운 이야기'를 '알기 쉬운 이야기'로 짧게 자르는 것보다 오히려 생산적이다.

우리는 자기 자신의 '지적자산 목록'에 써넣을 아이템을 늘리기 위해서 레비나스를 읽는 것이 아니다. 오히려 자신이 지금 가진 지적자산이 **얼마나 쓸모없는가**를 알기 위해서 읽는다. 자신의 기지에 쉽게 환원할 수 없는 생각에 닿고 '모르겠다'고 탄식하는 것. 그것 자체가 철학의 수업이라는 각오를 하지 않으면 레비나스는 계속 읽을 수 없다.

한 번 더 말하겠는데, 레비나스를 읽는 것은 수행적 경험이다. 레비나스가 지금 다루고 있는 것은 **사람은 자기 자신의 지적자산 목록에 써넣을 수 없는 경험에 어떻게 대처할 수 있는가** 하는 바로 그 물음이기 때문이다. 레비나스는 교단 위에서 우리에게 무엇을 가르치고 있는 것이 아니다. 그 자신 스스로 회답하기 곤란한 물음과 마주하고 실제로 수사적인 곡예를 구사해서 고투하고 있으므로 그 경로를 나중에 찾아 쫓아가는 일은 어렵다. 레비나스는 우리에게 함께 걸을 것을 요구한다. 그 요청에 우리는 응하지 않으면 안 된다.

'실존함'은 '실존자'의 것이다. 그리고 다름 아닌 '실존함'에 대한 이 지배력으로 인해(우리는 이후에 곧 그 한계를 보게 될 터인데) '실존함'에 대한 이 질투 어린, 전면적인 지배로 인해 '실존자'는 단독이다.[69]

주목해야 할 말은 '단독seul'이다. 우리가 읽기 시작한 첫 구절은 다음과 같은 것이었다.

이 강연의 목적은 시간이란 고립한 단독의 주체un sujet isolé et seul와 관련된 일이 아니라 주체와 타자의 관계 그 자체라는 것을 증명하는 데 있다.[70]

시간이란 고립한 단독의 실존자와 관련된 것이 아니다. 레비나스는 그렇게 썼다. 그리고 네 쪽 뒤에 '실존자'는 '실존함'에 대한 지배력으로 인해 단독이라고 썼다.

고독인지 아닌지가 바로 시간의 있고 없음을 결정짓는다. '시간의 있고 없음'이라는 말은 익숙지 않은 표현이긴 한데, 일단 그렇게 말할 수밖에 없다. 시간이 흐르는 경우가 있고 시간이 흐르지 않는 경우가 있다. 그리고 단독의 주체로는 **시간이 흐르지 않는다.**

시간이 흐르지 않는다는 것은 어떤 의미일까? 「발데마 씨 사례의 진상」이 그 '진상'을 부분적으로 열어 보여주었다. 레비나스는 아마도 이 소설을 염두에 두고 다음과 같은 말을 썼을 것이다.

죽음 그것은 끝이 아니다. 그것은 끝이 나는 것이 끝없이 계속되는n'en pas finir de finir 것이다. 에드거 앨런 포의 이야기에 있는 것처럼 그때 공포는 서서히 접근해 오는데, 시선은 그것이 가까이 오는 것을 속수무책으로 쳐다볼 뿐이다.[71]

우리는 발데마 씨 몸에 무엇이 일어났는지 알고 있다. 확실히 그의 몸에는 '끝이 나는 것'이 '끝없이 계속되었다'. 그가 중얼거린 "나는 죽었다I am dead"라는 한마디가 '시간이 흐르지 않는다'는 것의 실상을 전해준다. 그리고 레비나스는 '시간이 흐르지 않는 것'을 하이데거 존재론의 본질이라고 간주했다.

'아킬레스와 거북이의 패러독스'는 '시간이 흐르지 않는다'라는 정황을 그림으로 표상한 것이다. 아킬레스와 거북이가 경주를 한다. 거북이는 준족인 아킬레스에 비해 불리함을 갖고 있어 조금 앞에서 출발한다. 아킬레스가 거북이의 출발 지점에 도착했을 때 거북이는 그 시간만큼 조금 앞으로 나아갔다. 아킬레스가 다음에 거북이가 있었던 지점에 도착했을 때 거북이는 조금 앞으로 나아갔다. 이것이 무한으로 계속된다. 그래서 결코 아킬레스는 거북이를 따라잡을 수 없다.

반론이 매우 곤란한 이 패러독스는 엘레아학파의 제논이 제창한 것이다. 제논의 스승인 파르메니데스를 시조로 하는 엘레아학파의 철학은 세계란 영원불멸 불생불멸이라서 운동과 변화는 모든 인간이 만들어 낸 환상이라는 과격한 주장을 한 것으로 알려져 있다. 엘레아적 풍토에서 아킬레스가 결코 거북이를 따라잡을 수 없는 것처럼 하이데거적 풍토에서는 **죽음은 존재를 따라잡을 수 없다.** 그것이 '시간이 흐르지 않는다'는 것의 의미다.

20. 위상전환 (3)

'시간이 흐르기 위해서는 타자가 없어서는 안 된다'라는 명제를 조금 더 실감을 동반한 이미지로 포착할 수 없을까? 레비나스가 말하는 '단독'이라는 의미는 단지 물리적으로 단독이라는 것이 아니라 **지금/여기/나로** 고정되어 있다 보니 여기와는 다른 시간, 여기와는 다른 장소, 나 이외의 타자로는 통할 수 없는 불능의 양태를 가리키고 있다. 견디기 힘든 악몽을 꾸고 있음에도 아무래도 거기서 깨어날 수 없는 사람, 혹은 반대로 견디기 힘든 현실을 살고 있지만 잠들 수 없는 사람이 느끼는 절망 상태를 레비나스는 '단독'이라고 부른다. 즉 레비나스는 지금/여기/나로 고정되어 있어서 '외부로 빠져나가는/타자를 만나는' 일이 불가능한 상태를 가리켜 '단독'이라고 부른다.

그것을 알아도 '시간이 흐르다'라는 경험을 공간적 표상으로 서술하는 것은 여전히 불가능하다. 시간의 흐름을 시각적·공간적으로 표상하려고 바라면 우리는 시간의 바깥에 서서 시간의 흐름을 관조하고 있는 **무시간적인 주체를** 상정하는 것밖에 방법이 없는데, **시간의 흐름을 한눈에 내려다보는 관조적 주체에게 시간은 흐르지 않는다.** '고립된 단독 주체'에게서 시간은 흐르지 않는다. 시간이 흐르기 위해서는 시간의 흐름을 **관조하는 것과는 다르게** 경험하는 방식을 찾아내야 한다.

이론적으로 말하는 것은 어렵지만 '시간이 흐르고 있다'라는 실감을 우리는 현실적으로는 생생하게 가질 때가 있다. 그것은 내 안에 누군가 '나 아닌 존재'가 말하기 시작할 때다. **내 안에서 타자가 말할 때 시간이 흐른다.**

나와는 다른 관점으로 세계를 바라보고, 나와는 다른 기준과 틀로 사물을 고찰하고, 나와는 다른 논리로 사유하고, 나와는 다른 어법으로 말하는 '나 아닌 존재'가 내 안에서 말하기 시작하는 일이 현실에는 확실히 있다. 그리고 그때 나는 더는 단독자가 아니다. 그 동반자와의 '끝없는 대화'가 시작되기 때문이다. 그 왕복운동을 통해서 시간은 흐른다.

레비나스는 블랑쇼와 함께 '동반자'라는 개념에 강한 애착을 보였다. 그것을 그냥 '숨김없이 이야기를 나눌 수 있는 친구'라든지 '똑같은 이상을 향해 걷는 동지'와 같은 '세계 내부적'인 것으로 생각해서는 안 된다. '동반자'란 실재하는 인간을 의미하는 것이 아니라 '내가 아닌 것'이 내 안에서 말하는 것을 내가 듣는 경험 그 자체이기 때문이다.

블랑쇼의 『무한한 대화』에는 매우 이해하기 어려운 구절이 있다. 나는 이십 대 때 그것을 읽고 전혀 의미를 알 수 없었다. 그러나 이것이 블랑쇼의 사상과 방법론의 근본에 닿아 있다는 것은 알 수 있었다. 블랑쇼는 이렇게 썼다.

왜 단 한 명의 화자로는 단지 하나의 말로는 그것을 지명할 수 없는 것일까? 그것을 지명하기 위해서는 적어도 두 명이 필요하다.

"그래. 우리는 두 명이 있어야 한다."

"그런데 왜 두 명인가? 왜 똑같은 하나를 말하기 위해서는 두 가지 말이 필요한 것일까Pourquoi deux paroles pour dire une chose?"

"그건, 똑같은 하나에 대해 말하는 인간은 늘 타자이기 때문이다C'est que celui qui la dit, c'est toujours l'autre."[72]

똑같은 하나에 대해 말하는 인간은 늘 타자다.

나에게 이것은 말이 생성하는, 사고가 형태를 취하는, 감정이 용솟음치는 경험을 가장 근원적인 방식으로 표현한 명제처럼 느껴진다. "내가 말하고 있을 때 내 안에서는 타자가 말하고 있다"고 자크 라캉은 어딘가에서 썼다.

확실히 우리가 사용하는 것은 '타자의 언어'다. 그것은 우리가 창조한 것이 아니다. 우리는 모어를 유아 때부터 반복해서 듣고 그것을 신체에 새기면서 성장했다. 우리는 타자의 언어 없이는 무엇 하나 사고하는 것도 그렇고 표현도 할 수 없다. 완전히 새로운 관념과 전대미문의 감각을 표현하는 때조차도 우리는 모국어의 문법과 음운의 바깥에 나갈 수 없다.

'다다Dada'라는 말이 임팩트가 있는 새로운 말일 수 있었던 까닭은 프랑스어에는 'Dada'라는 말이 존재하지 않는다는 것을 '모두가 알고 있었기' 때문이다. 우리가 '신어新語'를 만들어낼 수 있는 건, 아직 누구도 입에 담은 적이 없는 그 '신어'의 뉘앙스를 곧 이해할 수 있는 모국어 집단이 존재하고 있기 때문이다.

인류가 다 죽고 내가 지구에 남은 마지막 한 사람이 되었다고 하자. 그때 나와 의사소통을 하는 인간은 어디에도 없다. 나는 그 사실에 몹시 화를 내고 내 옆에 있는 쓰레기통을 힘껏 발로 차버렸다.

기묘한 이야기다. 쓰레기통을 차버리는 것은 '나는 매우 화가 나 있다'는 것을 **누군가에게 전하기 위한 몸짓**이다. 이 세상에는 나 한 명밖에 없어서 '나는 매우 화가 나 있다'는 것을 전 인류에 알리기 위해 굳이 기호를 우회할 필요는 없다. 마음에 떠올리는 것만으로도 충분하다. 그러나 나라면 아마도 쓰레기통을 찰 것이다. 그리하지 않으면 **자신이 화를 내고 있다는 것을 자신에게 알릴 수 없기** 때문이다. 우리는 타자를 향해서 '나는 이렇게 생각한다'고 알리지 않는 한 자신이 무엇을 생각하고 있는지 알 수 없다.

블랑쇼의 이 말에는 대화와 타자 그리고 아마도 시간에 관한 그의 생각이 응축된 형태로 표현되어 있다고 생각한다. 하나에 대해서 말하기 위해서는 두 사람이 필요하다. 나와 타자다. 그것 없이는 어떠한 사념도 감정도 존립할 수 없다.

레비나스로 돌아가자. "'실존자'는 '실존하다'를 지배하고 있다"는 명제 앞에서 우리는 멈춰 서 있었다. 그 조금 전에 레비나스는 "위상전환을 경유해서 '실존자'는 '실존하다'와 관계를 맺는다"라고 썼다. 어떤 '관계'인지 여기서 이윽고 조금 레비나스는 그것을 열어 보여주었다. '실존자'는 '실존하다'를 지배한다.

그런데 '지배한다'는 건 어떤 것일까? 레비나스의 설명은 이렇다.

좀 더 정확하게 말하면 '실존자'의 출현은 그것 자체 근원적으로 익명
적인 채로 머무는, '실존하는' 중에 일종의 지배와 일종의 자유를 설립
하는 것이다. 이 익명적인 '실존하다' 안에 '실존자'가 존재하기 위해
서는 거기에서 자기로부터의 이탈과 자기로의 회귀, 즉 자기동일의 작
동이 가능해야 한다. 그 자기동일화를 통해 '실존자'는 자기 자신에 대
해서 자신을 닫아버리고 만다.[73]

자기동일화란 자기로부터의 이탈과 회귀를 의미한다. 이것은 헤겔
의 정의다. 『정신현상학』에서 헤겔은 자기로부터의 이탈과 회귀를 통
해서 비로소 주체가 구축되고 진리가 현현한다고 썼다.

살아 있는 실체야말로 진정으로 주체적인, 바꿔 말하면 진정으로 현실
적인 존재인데 그렇게 말할 수 있는 것은 실체가 자기 자신을 확립해야
할 운동이기 때문이고 **자기 바깥으로 계속 나가며 자기가 있는 곳에 머무르
기 때문이다.** 실체가 주체라는 것은 거기에 순수하고 단순한 부정의 힘
이 작동해서 다름 아닌 그것 때문에 단일한 것이 분열하는 것이다. 대
립의 작동은 다시 한번 일어나서 분열한 각각이 상대와 관계없이 그냥
서로 마주 보고 서는 상태가 부정된다. 이러한 재건되는 통일, 바꿔 말
하면 **바깥에 나가면서 자신을 돌아보는 움직임**─최초에 있었던 직접의 통
일과는 다른, 두 번째 통일─이야말로 **진리**다. 진리는 스스로 생성하는
것이고, 자신의 종점을 사전에 목표로 설정해 시작 지점에서 이미 눈앞
에 갖고 중간의 전개 과정을 거쳐 종점에 달할 때 비로소 현실적인 것

이 되는 원환이다.[74]

헤겔은 '자기로부터의 이탈과 자기로의 회귀'라는 자기동일화의 작동을 주체의 창립, 진리의 현현으로서 말했다. 그런데 레비나스는 그렇지 않다. 레비나스는 그 자기동일화의 작동을 자기 자신에게 못 박히는 것, 주체의 절망적인 고독으로 보았기 때문이다.

21. 위상전환 (4)

자기동일적인 것이야말로 주체를 존립시키는 근본 조건이다. 이 점은 서양철학에서 단 한 번도 의심의 대상이 된 적이 없는 전제다. 그러나 레비나스는 애써 그것에 의문을 제기한다. 단, 그것을 '거짓'으로서 물리친 것은 아니다.

확실히 주체는 자기동일적이다. 그것은 완전히 옳다. 그런데 **문제는 진위의 차원에 있지 않다.** 레비나스는 주체가 자기동일적일 수밖에 없는 것, 타자가 없는 것, 시간이 흐르지 않는 것을 **견디기 어렵다**고 느꼈다. 우리가 생애를 걸고 몸과 마음을 다해서 고립하여 단독인 주체를 성취하려고 하는 것은 정말일까? 그렇게 물었다.

자기동일적이라는 것의 불쾌를 레비나스는 오디세우스라는 신화적 인물을 가져와서 말했다. 오디세우스는 "사태와 관계를 맺지 않는 권능을 유지하면서 사태와 관계를 맺기 위한 한 가지 방법"을 말해준다.[75] 그는 결코 사태 그 자체에 얽혀 들어가지 않는 이상적인 관조자다. 오디세우스는 트로이 전쟁 후 10년에 걸친 놀랄 만한 모험 여행을 거듭한다. 그런데 "그 모험의 모든 것은 단지 고향 섬에 돌아가기 위해 통과될 뿐이었다".[76] 눈 하나를 가진 거인과의 싸움도 마녀 키르케와의 사랑도 세이렌의 노래도 그 어떠한 모험도 오디세우스의 자기동일성을 흔들지 않았다. 오디세우스가 경험하는 모든 모험은 고향으로 향하는 여정을 신화적으로 장식한 것뿐이다. 그러한 관조적 주체의 양상을 레비나스는 "빛의 고독"이라고 형용한다.

> 우리의 우주를 채우는 빛이야말로 현상학적으로는 현상의 조건이고 의미의 조건이다. (…) 여기서는 외부로부터 도래하는 것은 빛에 비추어져 이해된다. 이해된다는 것은 우리로부터 유래한 것이다. (…) 빛을 매개로 해서 세계는 우리에게 주어지고 우리에게 포착된다. (…) 빛은 내부에 의한 외부의 포섭을 가능하게 한다. 그것이 코기토Cogito와 의미의 구조다. 사유는 늘 빛이고 빛의 예비적 징조다. 빛의 기적이 사유의 본질이다. 빛에 의해, 대상은 외부로부터 도래하는 것임에도 그것에 앞선 지평상에서 이미 우리에게 소유되어 있다. 대상은 이미 포착된 외부로부터 도래한다. 그것은 마치 우리로부터 유래한 것처럼 우리의 자유에 의해 명령된 것처럼 발생한다.[77]

대상 자체는 아직 알 수 없다 하더라도 그것이 발생하는 '지평'은 이미 선구석으로 포착돼 있다. '이미 포착된 외부un dehors déjà appréhendé' 즉 그때마다 내부화되어 있는 외부로부터만 대상은 발생한다.

이 주제에 관해서는 앞에서 후설 현상학의 '타아'에 관해서 썼을 때 다루었다. '타아'란 나와는 '다른 주관'으로서 '동일한 객관적 세계'를 경험하고 있다. 나는 타아와 상호주관적으로 세계를 구성하고 있다. 그래서 주관성은 그때그때 늘 상호주관성이다. 상호주관적으로 대상이 발생하는 문맥이 '지평'이다. 모든 대상은 우리가 인식할 때는 이미 지평 안에 있고 간접적, 비주관적으로는 이미 포착돼 있다. 어떠한 지평도 없이 맨몸으로, 무문맥적으로, 무배경적으로 출현하는 대상을 현상학은 상정하지 않고 있다.

오디세우스가 만난 괴물들은 아무리 특이하게 생겼다고 해도 '고향 섬으로 돌아가는 영웅의 여정을 삽화적으로 장식하는 괴물들'이라는 그들을 규정짓는 '지평'으로부터 나갈 수 없다. 그리고 그 지평 속에 머무는 한 괴물들은 오디세우스의 자기동일성을 조금도 흔들 수 없다. "사태와 관계를 맺지 않는 권능을 유지하면서 사태와 관계를 맺는" 이 오디세우스의 특권적 위치는 그 대가로서 주체가 고립하고 단독임을 요구한다.

'빛의 고독'이라는 사태를 무겁게 받아들인 사람은 문학자 중엔 있었다. 그렇지만 철학자로서는 예외적이었다. 어떠한 어둠도 없고 구석구석까지 빛에 의해 폭로되고 모든 것이 숙지된 빛의 세계를 서양철학은 고집해왔다. '대상을 밝음 속에 폭로한다'라는 진리 형식을 골랐을 때 서양철학은 그 대가로서 '고립과 단독'을 받아들였다. 다른 텍스트에서 레비나스는 다음과 같이 썼다.

서양철학이란 '다른 것'(외부적인 것)의 폭로를 의미한다. '다른 것'은 다름 아닌 '다른 것'으로 현현함으로써 그 타자성을 잃는다. 그래서 철학은 그 탄생 시점부터 '다른 것'으로서 '다른 것'에 대한 공포증에 억제하기 힘든 알레르기를 보여왔다. 서양철학은 존재의 철학이고 존재 이해가 그 철학의 마지막 말이고 그리고 인간의 근본적 구조가 된다. 그러므로 서양철학은 내재와 자율의 철학, 바꿔 말하면 무신론이 된다. 왜냐하면 철학자들의 신은 (아리스토텔레스부터 스콜라 철학자들의 신을 경유해서 라이프니츠에 이르기까지) 이성과 동일시하는 신이었기 때문이다. 그것은 이해된 신이다. 그러한 신은 의식의 자율을 흩트릴 수 없다. 따라서 의식은 모든 모험을 통해서 계속 자기동일적이고 모험 뒤엔 늘 우리 집으로 귀환한다. 그 모험의 여정이 단지 고향 섬으로 향하기 위한 통과점에 지나지 않았던 오디세우스처럼.[78]

앎은 세계를 비추어내고 세계를 소유한다. 그렇지만 그러한 세계에 정착해서 살게 된 주체에게는 자신의 비슷한 모습과 마주하고 자신이 발하는 말에 귀를 기울이고 자신이 의미를 부여한 사물의 의미를 재발견하는 것밖에 허락되지 않는다. 그렇다고 한다면 인간은 무엇을 경험했다고 말할 수 있는가?

'실존자'는 익명적인 '실존함'에 대해서 일종의 지배를 행사하고 따라서 '실존자'는 고립하고 단독이다. 자신을 자기동일적인 것으로서 유지하기 위해서 '실존자'는 자기 자신을 닫는다. '실존자'에게는 타자가 없다. 그래서 "'실존자'는 모나드이고 고독하다".[79]

'실존자'가 고립하고 단독인 것은 위상전환의 효과다. 거기서 무언가가 '역전'하고 '전환'하고 '단절'이 발생한다.

위상전환이라는 사태, 그것이 현재다. 현재는 자신부터 출발한다. 바꾸어 말하자면 현재는 자신으로부터의 이탈**이다**. '실존함'이라는 시작도 끝도 없는 무한의 망 속에서 발생한 열개裂開다. 현재는 찢어지고 그리고 다시 봉합된다. 현재는 시작한다. 그런데 현재가 시작 그 자체다. 현재는 과거를 갖지만, 회상이라는 형식에서다. 현재는 역사를 갖지만 그것 자신이 역사인 것은 아니다.[80]

레비나스는 여기서 애써 그림으로 그려낸 표상을 단서로서 내밀어 주었다. '시작도 끝도 없는 무한의 망에서 발생한 터진 곳déchirure'. 그것이 '현재'라고 레비나스는 말한다. 왜 '터진 곳'이 현재인가?

우리가 혼란스러운 건 프랑스어의 '현재présent'가 명사로서는 '과거passé'나 '미래futur'와 차별화되는 동시에 '현전하다'라는 의미의 형용사 '부재의absent' 같은 말과도 차별화된다는 사정 때문이다.

일본어 화자인 우리는 시간을 의미하는 '현재'가 공간적으로 '눈앞에 있는 것'과 동일한 말로 표현된다는 것을 사전적인 의미로서 이해할 수 있지만, 그 말이 프랑스어 화자의 뇌 속에서는 도대체 어떠한 의미상을 맺는지를 정확히는 추체험할 수 없다. 여기서부터 레비나스의 서술상 난해함은 어느 정도는 이 'présent'의 양의성에서 유래한다. 즉 프랑스어 화자의 뇌 속에서는 '**현재**'라는 시간 개념과 '**현전**'이라는 공간 개념은 **분리되어 있지 않다**. 그리고 레비나스는 여기서 시간을 현전에서 분리해 논하려고 하고 있는 셈인데, 그의 수중에는 공간적 함의와 시간적 함의를 함께 포함하는 그 하나의 단어밖에 없다.

22. 위상전환 (5)

'présent'은 어떻게 번역해야 할까? 일본어를 모어로 사용하는 사람은 '현재'라는 말을 '과거'나 '미래'라는 말과의 일반적인 관계 속에서 이해하고 '현전'이라는 말을 '부재'와의 일반적인 관계 속에서 이해한다. 우리는 '현전'이 무엇인지를 그것만을 가져와서 말할 수 없어도, '과거도 아니고 미래도 아닌'이라는 불완전한 정의로 해당 문제를 해결할 수 있고 '현전'은 '부재'와는 다른 것이라고 확신을 가질 수도 있다.

présent은 프랑스어 화자들의 경험을 우주적cosomololgical으로 통제하고 있는 본질적인 기호인데, 일본어에는 그것에 대응하는 것이 없다. 그래서 레비나스가 이 프랑스어로부터 공간적인 함의를 제거하려고 하는, 위와 같은 고투를 우리는 제대로 일본어의 어휘 꾸러미에 담아낼 수 없다.

그런 일은 실은 자주 있다. 프로이트는 고대 이집트어의 '켄'이 '크다'와 '작다'를 동시에 함의하는 형용사라는 점을 지적한 바 있다. 일본어의 '적당히いい加減'에는 '적절함'과 '부적절함'이라는 양 극단의 의미가 모두 담겨 있다(한번은 스위스인 친구가 일본어에서 '적당히'의 사용 방식을 아무래도 모르겠다며 나한테 읍소한 적이 있다). 어떤 언어에서는 차

별화되어 있는 개념이 어떤 언어에서는 동일어로 표현되는 일은 '자주 있다'. 프랑스어의 présent은 일본어 화자가 차이로 생각하는 개념을 동일어로 표현한다. 그리고 레비나스는 그것을 '차이화하라'고 프랑스 화자를 향해 요구하고 있다. 우리가 그 사유 경로를 파악하기 어려운 것은 당연하다. 그 사실을 알고 읽어주기를 바란다.

> le présent은 자신으로부터의 이탈이다. '실존하다'라는 시작도 끝도 없는 무한의 망에서 발생한 열개裂開다. le présent은 찢어지고 그리고 다시 봉합된다.

이 인용에서 le présent은 확실히 공간적인 의미로 사용되고 있다. '이탈départ'도 '열개déchirure'도 '찢어지는 것déchirer'도 '재봉합하는 것 renouer'도 모두 공간적인 현상이기 때문이다. 시간과 관련해 우리는 보통 그런 말을 사용하지 않는다. 프랑스어 화자는 아마도 이 문장을 읽고 있을 때 le présent을 '현전'이라는 공간적 의미로 끌어당겨서 읽고 있을 것으로 생각한다(확신할 순 없지만).

'실존하다'라는 시작도 끝도 없는 동사의 익명성으로부터 '현전'이라는 개념어가 돌출한다. 그것이 '실존하다'라는 종잡을 수 없는 확장 속에 틈을 만들고 세계를 분절한다. 그리고 세계는 일단 국소적으로는 기호화된다. 일단 그러한 풍경을 상상하는 것이 허용될 것이다. 문장은 다음과 같이 계속된다.

le présent은 시작한다. 그런데 le présent은 시작 그 자체다. le présent은 과거를 갖지만 회상이라는 형식에서다. le présent은 역사를 갖지만, 그것 자신이 역사인 것은 아니다.[81]

여기서는 시작commencement, 과거passé, 회상souvenir, 역사histoire라는 **시간에 관련된 어휘가 집중적으로 사용되고 있다.** 그 의미는 여기서 le présent은 시간적인 의미로 읽어주기를 바라고 쓰였다는 의미다.

동일한 말이 문장 앞에서는 '현전'으로서 읽히고, 이어지는 절에서는 '현재'로서 읽힌다. 아마도 그런 일이 일어났다고 생각한다. 프랑스어 화자들은 présent을 그 주위에 배치된 다른 말과의 관계에 따라서 어느 때는 공간적으로 또 어느 때는 시간적인 함의로서 그때마다 바꾸어 읽는다. 자동으로 이루어지는 작업이겠지만 그 전환을 우리 같은 비非프랑스어 화자가 추체험하는 것은 어렵다. 여기서의 레비나스의 이야기를 알기 어려운 이유가 일단은 거기에 있다.

위상전환을 le présent으로서 정립하는 것, 그것은 아직 존재 안에 시간을 도입하는 것이 아니다. le présent이라는 말을 통해서 우리는 연속되는 직선적인 계열 안에서 포착된 시간의 펼쳐짐을 나타내는 것이 아니고 그러한 연속선상의 한 점을 나타내는 것도 아니다. 우리가 다루려고 하는 것은 이미 구성되어 있는 시간으로부터 잘라내진 시간의 한 요소로서의 un présent이 아니다. 우리가 문제로 삼고자 하는 것은 le présent의 **본무**foction, 즉 그것이 '실존하다'라는 비인칭적인 무한 안에서 수행

하는 갈라짐(틈)이다.[82]

여기서는 un présent과 le présent처럼 관사가 두 가지로 나뉘어 사용되고 있다. 부정관사 'un'은 이어지는 명사가 구체적인 속성을 갖고 그것이 주지되는 것을 가리킨다. 반면에 'le'는 그렇지 않다. 이 총칭적 정관사는 이른바 거기에 이어지는 명사에 '그물을 치는' 작용을 한다. 던진 그물 안에 잡힐 것으로 생각하지 않았던 잡어와 새우가 걸리는 것처럼, 총칭적 정관사가 붙은 명사 안에는 숙지된 것 그리고 아직 알려지지 않은 것도 포함된다. un pain은 눈앞에 있는 어떤 구체적인 '한 개의 빵'이지만 le pain은 그냥 '빵이라는 것'이다. 거기에는 지금까지 지상에 존재한 모든 빵, 앞으로 존재할 모든 빵, 내가 본 적도 만진 적도 먹은 적도 없는 빵도 포함되어 있다. 그것과 동시에 레비나스는 여기서 자신이 문제로 삼고 있는 것은 사람들이 잘 알고 있는, 시간 일부로서 잘라낼 수 있는 un présent이 아니라 아직 아무도 모르는 le présent이라고 썼다.

그것은 아직 존재 안에 시간을 도입하는 것이 아니다.

'아직'이라는 것은 방향은 틀리지 않았지만 답파해야 할 여정이 남아 있다는 것을 의미한다. 향할 방향은 틀리지 않았지만 파고드는 것이 부족하다. 즉 레비나스는 présent을 공간적으로 표상하는 것만으로는 시간을 존재 안에 도입할 수 없다고 말하고 있다. présent은 **존재를 말하**

는 어법이 아닌 어법으로 표상해야 한다. 그런데 프랑스어 présent으로 부터 공간적인 함의를 벗겨내는 것은 쉬운 일이 아니다. 그 말을 본 프랑스어 화자의 뇌 속에 그려지는 인습적인 의미상을 휘게하고 찢어내고 그 앞으로 꿰뚫고 나갈 필요가 있다. 프랑스어 화자가 présent이라는 문자를 보고 자동으로 뇌 속에 그리는 의미상을 일단 '괄호 속에' 넣을 수 없는 한, 프랑스어 화자는 '시간'도 '타자'도 이해할 수 없다. 레비나스는 그렇게 말했다(고 생각한다).

말에 새로운 의미를 덧붙이는 것은 그다지 어려운 일은 아니지만, 그 말에 이미 부착되어 있는 함의를 떼어내기란 어렵다. 새로운 지식을 익히는 것은 쉽지만 이미 알고 있는 것을 '모르는 것으로 하는 일'은 매우 곤란하다. 레비나스가 독자에게 요구하는 것은 이와 비슷한 일이다. 무반성적으로 주어진 세계에 관한 존재론적 신뢰를 '괄호 안에 넣는' 것을 후설은 '에포케'라고 불렀다. 레비나스가 여기서 요구하는 것은 그것과 다르지 않다.

> le présent은 하나의 사태évènement이지 어떠한 사물quelque chose은 아니다. le présent은 실존하지 않는다. le présent은 '실존하는' 사태라서 그것을 경유해서 어떠한 사물이 발생한다.[83]

우리는 점차 해석상의 난맥에 접어든다.

23. 위상전환 (6)

해석이 곤란한 것은 일본어로 바꾸어 읽으려고 하니까 그런 것이다. le présent은 일본어로 제대로 번역할 수 없는 '말'이라고 체념하면 적어도 여기가 해석상의 난맥이 되는 이유만큼은 알 수 있다.

le présent은 눈앞에 있는 '사물'이 아니라 '사태'다. 그런 말을 들으면 우리는 혼란스럽다. 일본어 화자는 보통 '현재'에 관해서 그것이 '사물'이라든지 '사태'라고 말하지 않기 때문이다. 물론 '현재가 존재한다'라고 말로 할 수는 있다. 그러나 그 문장은 우리에게 해상도가 높은 개념을 가져다주지 않는다. 그 '제대로 개념화할 수 없는' 불완전한 감각으로 인해 우리는 '시간은 존재의 어법으로는 제대로 포착할 수 없다'라는 사실을 직감한다. 그런데 프랑스어로는 '현재'는 공간적인 '현전'과 동일어다. 그래서 'le présent이 존재한다'라는 문장에 프랑스어 화자는 **위화감을 느끼지 않는다.** 레비나스는 그 말로부터 공간적 함의를 벗겨내서 '현재'만을 분리하는 것을, 바꿔 말해 레비나스는 'le présent이 존재한다'는 문장을 읽고 **위화감을 느낄** 것을 프랑스어 화자에게 요구하고 있다. 레비나스는 '우리의 어휘 꾸러미에 존재하지 않는 개념'에 관해서 그 개편을 요구하고 있다. 읽고 머리가 혼란스러운 것은 당연하다. 그래서 이야기를 천천히 진행하기로 하자.

le présent은 '사태'이지 '사물'이 아니다. 레비나스는 그렇게 썼다. 여기서 '사태'라고 번역한 'événement'도 '사태'라는 번역어로는 그 의미를 다 담아낼 수 없다. 이 말은 '대사건', '소란', '경천동지의 사태'를 의미한다. 그 직전까지 그런 일이 일어나리라고는 생각하지도 않았던 일이 일어났을 때 프랑스어 화자는 événement을 사용한다. 우리가 '5월 혁명'이라 부르는 사태의 어원은 événement de mai다. 로맨스 영화 제목 같은 '5월의 사건'이라는 번역어로는 1968년 5월에 만난 프랑스인들의 경악을 나타낼 수 없다. attendre heureux événement도 '행복한 사건을 갖다'가 아니다. '곧 아이가 태어난다'이다. 다름 아닌 그때까지 거기에 존재하지 않았던 것이 불의로 출현하는 격진적 사태를 'événement'이라고 부른다. 그런 의미를 알고 있는 상태에서 읽으면 'le présent은 quelque chose가 아니라 événement'이라는 문장에 레비나스가 담으려고 한 함의를 조금은 알 수 있다.

'그것은 아직 어떤 사물이 아니다'라는 문장의 '아직pas encore'도 놓칠 수 없다. 사물은 보통 '존재한다/존재하지 않는다' 둘 중 하나이고 그 중간은 없다. 그런데 레비나스는 '아직'이라는 부사를 삽입함으로써 사물에는 '이직 존재하지 않지만 언젠가 발생한다'라는 중간적인 양태가 있다는 것을 시사한다. 그리고 레비나스는 présent을 그러한 **흔들림 속에서 포착**할 것을 프랑스인 독자에게 요구한다.

다음 문장을 읽어보자. 상대방이 누구라도 '매우 알기 어려운 것'을 썼다는 자각이 있으면 직후에 똑같은 말을 조금 말을 바꾸어 쓴다. 레비나스도 그러면 좋으련만.

> le présent은 아직 동사 '실존하다'에 의해 표현되어야 하는 순수한 사건
> 인데, 이 '실존하다' 안에는 빈 껍질 같은 것이 있어서 그것은 이미 사
> 물이고 이미 실존자다.[84]

전혀 알기 쉽지는 않은데, 레비나스는 단 한 가지 인상적인 말을 단
서로 남겨주었다. 그것은 '빈 껍질 같은 것comme une mue'이다. '빈 껍질'
은 확실히 **시간과 공간을 동시에 함의할 수 있는** 탁월한 시적 메타포다.
'빈 껍질'은 생물이 탈피해서 성장한 후에 남기는 것이다. 그것은 더는
사건이 아니라 이미 사물이다. 그것은 생명을 갖지 않고 더는 변화하지
않는다. '빈 껍질'에는 더는 시간이 흐르지 않는다. 그런데 그것은 과거
에 생명을 가진 것이 거기에 있고 과거에는 거기서 시간이 흐르고 있었
다는 것, 그것이 '사건'이었다는 것을 증언한다.

le présent은 그러한 양의성을 갖는다. le présent으로부터 일단 사물
성을 공제하고 프랑스인에게는 낯선 '공간적으로 표상하기 어려운 현
재'라는 것을 끄집어낸 후에 그럼에도 거기에는 '빈 껍질 같은 것'이 있
어서 le présent은 시간적인 현상인 동시에 공간적인 현상이라는 이야기
가 된다.

중요한 것은 le présent을 '실존하다'와 '실존자'의 경계선에서 **포착**하는
것이다. 그 경계선에서 이미 '실존하다'는 '실존자'로 변이하는 것을

그 본무로 한다.[85]

　여기서 단서가 되는 것은 '경계선limite'이라는 말이다. 동사 '실존하
다'와 명사 '실존자'는 결코 연속하는 일도 아니고, 섞이지도 않지만 하
나의 '경계선'에서 접촉한다. 나라와 나라의 국경이 그런 것처럼 **분단
된 방식으로 연결되어 있다.** 경계선은 형태가 있는 것이 아니다. 그럼에
도 그 선을 넘어섰을 때 뭔가가 결정적으로 변질한다. 그러한 선을 '경
계선'이라고 부른다.

　'실존하다'가 '실존자'로 변이하는 경계선이 있다. 그것은 사물적으
로는 존재하지 않는다. 그때까지 존재하지 않았던 것이 무문맥적으로
무지평적으로 갑자기 출현하는 '격진적 사건événement'이 일어남으로써
사후적으로 거기에 경계선이 있었다는 것을 알게 된다.

　또 하나의 단서가 되는 것은 '본무fonction'라는 강조된 말이다. "'실
존하다'는 '실존자'로 변이하는 것을 그 본무로 한다." 문법적으로 말
하자면 원문에서 fonction은 무관사 명사로, 주어인 '실존하다'와 **동격**
이다. 이것은 '주지성周知性'을 함의하는(Paris, capitale de la France 즉, '프
랑스의 수도, 파리'처럼 사용) fonction이 무관사 명사인 것은 "'실존하
다'는 '실존자'로 변이하는 것을 그 본무로 한다. 그것은 주지하는 바이
고 '실존하다'에 관해서 **그것 이상의 모색은 무용하다**"라는 뜻을 내포하
고 있다. 레비나스가 그렇게 말한다고 하면 따를 수밖에 없다.

　다름 아닌 le présent은 '발생하다'를 성취하기 위한 하나의 방법이므로

그것은 늘 소실évanescence이다. le présent이 지속하는 것이라고 하면 그것은 그보다 앞선 무언가로부터 그 실존을 받았다는 것이 된다. 어떤 유산의 은혜에 힘입었다는 것이 된다. 그런데 그것은 자생하는venir de soi 것이다. 그리고 자생하기 위해서는 과거로부터 어떠한 것도 받지 못한 것이어야 한다. 따라서 소실이 시작의 본질적 양태가 된다.[86]

난해한 문장이긴 한데, 여기에도 단서가 있다. 그것은 "소실이 시작의 본질적 양태가 된다"라는 한마디다. 이것은 유대 신비주의에 관해 조금 지식이 있는 사람이라면 알 것이다.

유대 신비주의 카발라에 의하면 신의 최초의 행위는 창조가 아니라 수축(소실)이었다. 신의 자기수축, 자기소실에 의해 빈 공간에 만상이 발생했다. 만상은 기원 없이 자생하는 것이 아니다. '무한자'가 **사라진 것의 효과다.** 창조란 철수를 의미하고, **시작이란 소실을 의미한다.** 이 카발라적 사고는 레비나스 철학 곳곳에 그 흔적을 남기고 있다. 이 사태를 '무언가 선행적으로 존재해서 그것이 뭔가를 유증했다'라는 문형으로 말해서는 안 된다. 그것은 존재의 어법이기 때문이다. 그것이 아니라 **앞선 것이 존재한 흔적을 모두 제거함으로써 무언가가 시작된다.** 사라질 때까지는 시작되지 않는다. 소실과 개시開示 사이에는 절대적인 단절이 있고 그 절대적 단절이야말로 소실과 개시를 연결 짓는다. 그것이 경계선에서 일어나는 사건이다.

단 레비나스가 고른 '소실évanescence'이라는 말은 단지 '사라지는' 것만이 아니라 형태가 있는 것의 윤곽이 점차 무너지고 희미해져서 사라진다는 **시간 경과에 따른 변화**를 함의하고 있다. 소실은 동적인 프로세스다. 소실과 시작이라는 이항대립을 전면에 드러냄으로써 레비나스는 경계선에서의 사건이 **시간적인 현상**임을 시사하려고 한다.

24. 위상전환 (7)

소실과 개시의 경계선에서 '실존하다'와 '실존자'의 위상전환이 이루어진다.

그런데 이 소실은 어떻게 해서 무엇인가에 도달하는 것일까? 이 변증법적 상황에 의해서 어떤 현상이 부각된다. 여기서 전면에 드러나는 현상, 그것이 나je다.[87]

여기서 '나'가 등장한다. 그것은 소실과 시작의 경계선상의 '변증법적 상황'에서 전면에 드러나는 '현상'이다. 갑자기 이런 말을 들어도 알수 없다. 의미를 모를 때는 일단 그다음을 읽는다.

철학자들은 이 '나'같은 것에 대해서 어떤 양처류적兩棲類的 성격°을 인정해왔다. '나'는 단순한 물질이 아니다. '나'는 '실존자' 중에서 으뜸가는 것이다. 그런데 '나'는 영성에 의해서 정의해보아도 영성이라는 것이 '나'의 이런저런 속성을 가리킨다고 하면 아무것도 말하지 않는

○ 양쪽 어디에도 속할 수 있는 특성.

것과 똑같다. '나'의 실존하는 양태에 관해서도, '내' 안에서 모든 것을 쇄신하는 힘과 양립하고 있는 절대적인 것에 관해서도 아무것도 말하지 않는 것과 똑같다.[88]

'양처류적 성격un caractère amphibique'은 익숙하지 않은 말인데 '나'가 물질과 정신이라는 두 가지 영역의 양쪽 모두에 속해 있다고 하면 알 수 있다. '나'는 단순한 현세적인 실체substance일 뿐만 아니라 어떠한 영적인 성격도 띠고 있다. 그런데 '나'의 영적 속성을 열거해봐도 그것은 아무것도 의미하지 않는다는 것은 말 그대로다. '나'의 자기동일성을 담보하고 있는 것은 속성이 아니기 때문이다. 그것은 절대적인 것l'absolu이다. 그것은 '나'에게는 모든 것을 쇄신하는 힘le pouvoir de renouvellement total과 양립하고 있다. 어떤 '힘'을 말하는 것일까.

이 힘이 어떤 절대적인 실존을 갖고 있다고 주장하는 것은 이 힘을 물질로 바꾸어버리는 것이다. 그것이 아니라 이 힘을 '실존하다'와 '실존자'의 경계선상에서 즉 위상전환이라는 작용으로서 포착한다고 하면, 자아는 가변적인 것과 항상적인 것과의 대립관계로부터도, 존재와 무라는 범주 구분과도 무관한 곳에 위치하게 된다.[89]

'나'가 '실존자'인 것은 '절대적인 것'과 '모든 것을 쇄신하는 힘'이 '양립'하고 있는 역동적인 프로세스 안에 있기 때문이다. '실존하다'와 '실존자'의 경계선상이 '나'가 있을 곳이다. 거기는 일종의 '노맨스랜드

no man's land'○이고 '가변적인 것/항상적인 것', '존재/무'와 같은 이원론적인 구분과는 인연이 없는 장이다.

　'나'는 애당초 한 개의 '실존자'가 아니라 단적으로 '실존하는' 양식 그 자체라고 이해한다면, 즉 엄밀하게 말해 '나'는 실존하고 있지 않다n' existe pas는 것을 이해한다고 하면 이 역설은 정지한다.[90]

　물질substance과 양식mode은 별개의 것이다. 양식은 물질(실체)이 아니다. 레비나스는 후에 '존재하는 것과는 다른 양식으로autrement qu'être'와 '다른 양식으로 존재한다être autrement'를 준별할 것을 요구했다. '다른 양식으로'라는 부사는 '존재함'에 회수되지 않는다. 그래서 만약 '나'가 한 개의 '실존자'가 아니라 단적으로 '실존하는' 양식이라고 한다면 '나'는 '실존하는' 경위에 있지 않은 것이 된다. '나'는 '실존함'에 회수되지 않는다. '나'는 '실존자'가 아니라 '실존하는' 양식이고 따라서 **실존하지 않는다.** 어떠한 동사에도 회수되지 않고 독립해서 자기 자신을 가질 수 있는 순수한 양식, 그것이 '나'다.

　확실히 le présent과 '나'는 '실존자'로 전화轉化해 거기서부터 시간을 구성하는 것도, 시간을 '실존자'로서 소유하는 것도 가능하다. 그리고 이 위상전환된 시간에 관해서라고 하면 칸트적 혹은 베르그송적 경험을 갖는 것도 가능하다. 그런데 그것은 어디까지나 위상전환된 후의 시

○　서로 대치하는 양 군대 사이의 중간 지대, 소유자 없는 땅 또는 불명확한 영역.

간에 관한 경험, **존재하는 시간**에 관한 경험이다. 그것은 이미 '실존하
다'와 '실존자' 사이의 도식에 관련된 본무의 시간, 위상전환이라는 순
수한 사건으로서의 시간이 아니다.[91]

레비나스는 여기서 자신이 논하고 있는 것은 '위상전환된 후의 시
간', '그것에 관해서 경험을 가질 수 있는 시간', '존재하는 시간'이 아
니라고 말하고 있다. 자신이 문제로 삼는 것은 그러한 경험적으로 다룰
수 있는 시간이 아니라 '위상전환이라는 **순수한 사건**'으로서의 시간이
라고 말이다.

le présent을 '실존하다'에 대한 '실존자'의 지배로서 정립하고, 또 '실
존하다'에서 '실존자'로의 이행을 탐구하는 것을 통해서 우리는 **경험이
라 부를 수 없는 종류의 탐구**의 차원에 몸을 두게 된다. 현상학이 근원적
경험에 관한 방법일 수밖에 없는 이상, 우리는 현상학의 저편에 몸을
두게 된다.[92]

경험에 관한 탐구가 아닌 탐구를 근원적 경험을 해명하는 방법과는
다른 방법으로 수행한다. 레비나스는 그렇게 선언한다. 그것이 무엇인
지 밝혀지지 않은 채 레비나스는 그것이 무엇이 아닌가를 열거해간다.
그리고 시간에 관한 아주 중요한 정의가 여기서 등장한다.

le présent의 위상전환은 애당초 위상전환의 한 요소에 지나지 않는다.

시간은 '실존하다'와 '실존자' 사이 또 하나의 다른 관계를 지시할 수 있다. 나중에 우리와 타자의 관계라는 사건 그 자체로서 우리 앞에 나타나 그것에 의해 le présent의 일원론적 위상전환을 극복하는 다원론적 실존에 우리가 도달할 수 있게 하는 그러한 시간이다.

지금 여기에 있는 '나', 위상전환은 자유다. '실존자'는 '실존하다'에 대한 지배자다. '실존자'는 그 실존 위에 주체의 웅장한 권력을 행사한다. '실존자'는 그 권력 안에 뭔가를 소유하고 있다. 최초의 자유. 그것은 아직 자유의지의 자유는 아니다. 그것이 아니라 시작의 자유다. 지금 여기에 있는 뭔가를 기점으로서 실존은 있다. 모든 주체 안에 포함되어 있는 자유, 주체가 존재한다는 사실 그 자체, 존재자가 존재한다는 사실 그 자체 안에 포함되어 있는 자유. '실존함'에 대한 '실존자'의 지배력 그 자체로서의 자유.[93]

'위상전환'이라는 제목이 붙은 절은 이렇게 무를 두 토막으로 자르듯 끝난다. 마지막 문단은 문장이 구성되지도 않고 있다. 무관사 명사가 몇 개 내던져지듯이 나열되어 있을 뿐이다. 무관사 명사란 알몸의 명사다. 어떠한 기지의 문맥에도 회수되는 것을 거절하는 명사다.

이런 단어를 앞에 두었을 때 해석자는 어떤 태도를 보여야 할까? '당혹스러움'이 적절할 것이라고 생각한다. 레비나스는 아마 독자가 당혹하길 바라고 있을 것이다. 이 대목을 듣고 납득해서 깊게 수긍한 청중이 당시 철학학원의 좌석을 메우고 있었을 것 같진 않다. 많은 청중은 망연자실했을 것이다.

레비나스가 나열한 네 개의 무관사 명사는 '자유liberté', '실존existence', '주체sujet', '존재자étant'다. 이것에 관해서 레비나스는 독자에게 이러한 말을 기지의 의미로 환원해서는 안 된다고 말하고 있다. 레비나스가 요구하고 있는 것은 이해가 아니라 보류다.

솔직히 말해서 나는 이 23쪽을 거의 해석할 수 없는 채로 읽어나가고 있다. 레비나스의 프랑스어 텍스트를 나 자신이 읽어도 의미를 알 수 없는 일본어로 바꾸고 있을 뿐이다. '여기에는 아주 중요한 말이 쓰여 있는 것 같다'고 생각하며 밑줄을 긋고 있을 뿐이다. 독자에게는 죄송하지만 조금 더 참아주기를 바란다.

25. 고독과 위상전환/고독과 질료성

'고독과 위상전환'이라는 제목이 붙은 절로 나아가 보자.

고독은 이 논고의 첫머리에서 '실존자'와 그 '실존함' 사이의 불가분의 연결로서 규정되어 있는데, 고독은 다른 것과의 사이에 상정된 어떠한 전제에 기인하는 것이 아니다. 고독은 타자와의 사이에 미리 부여된 어떤 관계의 결여로서 출현하는 것이 아니다. 고독은 위상전환에 의해서 발생한다.[94]

레비나스가 논고 첫머리에서 고독에 관해 쓴 것은 다음 부분이다.

고독의 고통은 무엇에 의해 구성되는 것일까? 우리는 결코 단수로 존재하지 않는다고 말하기는 쉽다. 확실히 우리는 존재자와 사물들에 둘러싸여 있고 그러한 것들과 다양한 관계를 맺고 있다. 시각을 매개해서, 촉각을 매개해서, 공감을 매개해서, 공동의 노동을 매개해서 우리는 타자들과 함께 있다. 이러한 관계는 그 어떤 것도 타동사적이다. 나는 어떤 대상에 닿는다. 나는 '다른 것'을 본다. 그런데도 나는 '다른 것'이 아니다. 나는 완전히 단독이다. (…) 사람은 모든 것을 교환할 수 있다. '실존함'을 제외하곤.[95]

고독은 타자와의 관계에 뭔가 결여되어 있는 것이 아니다. '실존자'는 본질적으로 단독이다. 단독이 '실존자'의 본질이다. 타자는 누구 한 명 '나'를 대신하지 않는다. 나는 나의 육체에서 살고 나의 육체에서 죽는다. 나의 '실존함'을 나는 누구와도 교환할 수 없다. 그래서 나는 자유고 자유라는 것은 단독이라는 것이다. 이 사유 경로라면 우리도 알 수 있다.

고독이란 '실존자'의 단일성 그 자체다. (…) 주체는 하나이므로 단독이다. 시작의 자유—'실존함'에 대한 '실존자'의 지배—가 성립하기 위해서는 즉 '실존자'가 존재하기 위해서는 일종의 고독이 필요하다.[96]

레비나스는 고독이라는 말에서 인습적인 정서성과 이야기성을 씻어낸다. 그것은 로빈슨 크루소 같은 '외부 세계로부터의 괴리'를 의미하는 것도 아니고 '생각을 타자에게 전할 수 없음'의 의미도 아니다. '실존자가 존재한다는 사실 그 자체를 의미'한다. 레비나스가 말하는 고독은 우리가 알고 있는 어떤 고독과도 다르다. 레비나스는 우리를 향해 우리가 '고독'이라는 문자의 나열을 봤을 때 떠올리는 모든 의미상을 소거하라고 명령하고 있다. 우리 안에 뿌리 내린 인습적인 고독 개념은 앞으로 진행하는 고독의 분석을 방해하니, 이를 물리칠 것을 레비나스는 요구하고 있다. 고독에 관한 모든 예단을 없애라. '고독을 넘어설 수 있는 상황'을 생각하기 위해서 우리는 그렇게 해야 한다. 그 각오를 하고 다음 인용을 읽어보자.

'실존함'은 '실존자'에 의해 지배되고 있다. '실존자'는 그것 자신과 자기동일적이고 따라서 단독이다. 자기동일성이란 단지 자신을 기원으로 하는 것만을 말하는 것이 아니다. 그것은 또한 자신에게 귀착한다는 의미도 갖고 있다. '실존자'가 자신을 정위하는 것의 대가는 '실존자'가 자기 자신에게서 벗어날 수 없다는 사실 그 자체 안에 존재한다. '실존자'는 자신을 배려하고 자신만을 상대한다. 자기 자신에 점유되어 있다는 이 양상, 그것이 주체의 질료성la matérialité du sujet이다.[97]

'주체의 질료성'이란 표현은 여기서 처음 등장한다. 질료matière/hyle는 형상forme/eidos과 대비되는 개념이다. 그리스어 '휠레hylé'에는 '목재'라는 의미가 있다. 집을 지을 때 건축가의 뇌에 떠오른 집의 개념이 형상eidos이다. 실제로 집을 지을 때 사용하는 자재가 질료hylé다. 질료는 그것 자체로서는 아직 아무것도 아니다. 용도가 정해질 때까지는 앞으로 무엇이 될지 아직 모르는, 가능성을 품고 있는 소재다. 목재는 언젠가 배가 될지도 모르고 다리가 될 수도 있고 장작이 되어 불을 지필 수도 있다. 그래서 질료는 가능태dynamis/en puissance다. 이 가능태로서의 질료를 한정하는 것이 형상이다. 형상이 질료를 한정하고 특수화하고 형태 있는 것으로 만들어낸다. 이러한 설명이 개념의 사전적 설명이다.

그러면 주체의 질료성이란 무엇을 의미하는가?

레비나스는 여기서는 질료의 특성을 **자기 자신에의 고착**이라는 성격으로 포착하려고 한다. 목재는 형상으로 한정되기 이전은 가능성을 품고 있고 무한정이긴 하지만 그럼에도 목재 이외의 것은 될 수 없다. 그것은 돌도 아니고 물도 아니다. **목재는 목재라는 것에 못 박혀 있다.** 레비나스가 질료성이라는 개념에 위탁한 것은 그러한 함의다. 레비나스는 계속해서 다음과 같이 말한다.

> 자기동일성은 자기와의 무해한 관계가 아니라 **자기에의 속박**, 자기만을 신경 쓰는 필연성을 의미한다. 시작은 시작 자신의 무게에 의해 이미 무겁다.[98]

이 앞에서 레비나스는 '최초의 자유première liberté', '시작의 자유 libertédu commencement'에 관해 말했다. 그런데 그러한 자유는 실은 일종의 유폐 상태다. 자기동일적인 것은 자기에 유폐되어 있기 때문이다.

> 주체의 자유는 그 책임에 의해 곧바로 한정된다. 이것이 자유의 큰 패러독스다. 자유로운 존재자는 그러한 것으로서 자신에 대해서 책임을 지므로 이미 자유롭지 않다.[99]

'나는 자유롭다'고 선언한 주체는 다름 아닌 그렇게 선언함으로써 자유라는 것에 속박된다.

과거와 미래에 대한 자유로서의 현재는 자신에게 쇠사슬로 연결된 것이다. 현재가 질료적인 것은 과거가 현재 위에서 그것을 덮쳐누르고 있기 때문이 아니다. 미래에 대해서 불안하기 때문도 아니다. 현재가 질료적인 것은 현재가 현재라는 사실에 유래한다.[100]

présent을 여기서는 '현재'라고 번역했다. '현재'라는 시간적 의미와 '현전'이라는 공간적 의미를 동시에 함의하는 이 프랑스어에 관해서는 그 양의성을 유지하기 위해서 원어 표기를 해왔지만, 여기서는 과거와 미래에 관한 맥락이므로 '현재'라고 번역해도 문제는 없을 것이다.

현재는 역사를 모른다. 현재는 지금으로부터 유래되었다. 그럼에도 혹은 그러므로 현재는 자기 자신 안에 박아 넣어져 있고, 그러므로 책임을 알고 질료성으로 바뀐다.[101]

나는 이미 자기 자신에게 못 박혀 있다. (…) 나는 가차 없이 자기 자신이다.[102]

'쇠사슬로 연결되어 있다enchaînement', '박아 넣어져 있다s'engager', '못 박혀 있다rivé', '가차 없이irrémissiblement' 같은 말에서 알 수 있듯 레비나스는 '현재라는 것', '주체라는 것', '자유로운 것'을 일종의 **고된 일**로 기술한다. 내가 나인 것은 무거운 짐을 끌어당기는 일이다.

자신과의 관계란 (…) 나에게 쇠사슬로 연결된 분신, 나에게 달라붙는 둔중하고 어리석은 분신과의 관계다. 다름 아닌 그 분신이 나이므로 그 분신과 함께 있음으로 나는 존재한다. (…) 나는 정령처럼 존재하는 것이 아니다. 미소처럼 존재하는 것이 아니다. 혹은 바람처럼 존재하는 것이 아니다. 나는 책임 없이는 존재하지 않는다. 나의 존재는 어떤 소유물에 의해 이중화되어 있다. **나는 나 자신에 의해 막혀 있다.** 그것이 질료적 실존이라는 것이다.[103]

레비나스는 다그쳐 말하듯이 문학적인 비유를 나열한다. '나에게 달라붙는 둔중하고 어리석은 분신'에 의해 이중화된 나, 나에 대한 책임을 짊어진 나, 나 자신에 의해 막히고, 나 자신에 의해 충만해지고 있는 나. 단, 그것은 어떤 '이래야 할 나'와 '이래야 할 나의 자유'가 결핍된 양태는 아니다. '어떻게 하면 좀 더 나답게 될 수 있을까?' 같은 것이 여기서 문제가 되는 것은 아니다. 문제는 그다음 혹은 그 앞에 있다.

질료성을 정신이 육체라는 무덤 혹은 감옥으로 우연히 전락했다는 식으로 기술할 수 없다. 질료성은 '실존자'의 자유 안으로의 주체의 출현에 필연적으로 동반되는 것이다.[104]

고독이 비극적인 것은 고독이 타자를 결여하고 있기 때문이 아니다. 고독이 자기의 자기동일성이라는 속박 안에 유폐되어 있기 때문이다. 고독이 질료이기 때문이다.[105]

자기 자신일 수밖에 없는 '실존자'의 유폐 상태로부터의 '도주' 여정을 레비나스는 시간 안에서 찾으려고 한다.

질료의 속박을 바스러뜨리는 것, 그것은 위상전환의 이미 결정된 성격을 깨부수는 것이다. 그것은 **시간 안에 존재한다**être dans le temps.[106]

질료의 속박을 바스러뜨리는 것. 자기 자신에의 속박으로부터 몸을 풀어내는 것. 내가 가차 없이 자기 자신이라는 상황으로부터 벗어나는 것. 그 이탈의 길이 있다고 레비나스는 말한다. 그것은 '시간 안에 존재하는 것'이다. 내가 자기동일적인 까닭은 내가 시간 안에 존재하고 있지 않기 때문이다. 자기동일적인 나에게 시간은 흐르고 있지 않다.

고독이란 시간의 부재를 의미한다. 주어진 시간, 그것 자체가 위상전환된 시간, 경험된 시간, 답파되어야 할 시간, 그러한 시간 안에 있는 한 주체는 자신의 자기동일성을 유지한 채로다. 그것은 위상전환의 연결을 풀어낼 수 없는 시간이다.[107]

그것과는 다른 시간을 목표로 해야 한다. 주어진 시간이 아닌 시간, 위상전환되지 않은 시간, 경험되지 않은 시간, 답파되지 않는 시간, 주체가 자기동일성을 유지할 수 없는 시간, 그러한 시간에서 비로소 '실존자'와 '실존함' 사이의 분리 불가능해 보이던 연결은 해제된다.

Emmanuel Levinas

**2강
읽기**

Le Temps et l'Autre

26. 일상생활과 구원 (1)

『시간과 타자』는 네 장으로 구성되어 있다. 여기서 1강이 끝난다. 추가 기술된 서문을 제외한 73쪽 가운데 38쪽까지, 그러니까 이제 대략 절반 정도 온 셈이다.

여기까지 오는 길이 머리가 지끈거릴 정도로 난삽한 까닭은, 책에서 사용하는 철학 용어 대부분에 관해 독자에게 일의적인 정의를 유보한 채 읽어나갈 것을 요구하기 때문이다.

확실히 레비나스는 독자에게 전하고 싶은 말이 있다. 긴급히 이해해줬으면 하는 것이 있다. 그런데 우리 자신의 지적 폐활량을 최대화해서 '의미의 산소 결핍'을 견디는 신체를 만들지 않는 한, 우리에게는 '레비나스의 볼일'에 손이 닿지 않는다. 그 작업은 천장까지 수몰된 터널을 헤엄쳐 빠져나가는 일과 비슷하다. 일단 잠수하면 다음에 산소가 있는 곳에 당도할 때까지 숨 쉴 기회는 없다. 그런데 이 어두운 터널이 어디까지 계속되는지는 잠수하기 전에는 모른다. 그리고 잠수해서 폐에 남은 산소가 반쯤 사라지고 나면 더는 돌아갈 수도 없다. 숨 쉬는 게 고통스러워지면 여하튼 헤엄을 칠 수밖에 없다. 그리고 이때 사력을 다해 헤엄치기 위해서는 '레비나스는 지금껏 우리가 누구에게서도 들은 적이 없는 예지의 말을 하려고 한다'는 **단정**이 꼭 필요하다. 여기서 망설임이 있으면 우리는 계속 헤엄칠 의욕을 유지할 수 없다.

1강 말미에 우리는 중요한 단서 두 가지를 손에 넣었다. 하나는 '고독이란 시간의 부재다'라는 명제, 또 하나는 '자기동일성의 속박을 깨부순다는 것은 시간 안에 존재하는 것이다'라는 명제. 시간 안에 몸을 둘 때 '실존자'의 고독은 극복된다. 말로는 말할 수 있다. 그런데 그것이 구체적으로 무엇을 의미하는지는 아직 모른다.

> 질료는 위상전환의 불행이다. 고독과 질료는 하나다. 고독이란 모든 욕구가 채워진 존재자에게 열리는 고급스러운 불안과 같은 것이 아니다. 고독은 '죽음과 관련된 존재자'의 특권적 경험이 아니라 질료에 붙어 있는 일상적 실존의 이른바 동반자다.[1]

레비나스는 죽음과 고독에 관한 하이데거의 생각을 부정한다. 하이데거는 세계 내부적으로 퇴락한 일상적 현존재자가 죽음을 앞에 두었을 때 비로소 일종의 고독 속에 자신의 유일무이성을 경험한다고 생각했다.

우리는 가까운 사람의 죽음을 접하면 일종의 상실감을 경험한다. 그런데 "우리는 순정한 의미에서는 타자의 사망을 경험하는 것이 아니고 겨우 해봤자 늘 단지 '그 장에 있는 것뿐이다'".[2] 우리는 누군가 타자를 '대신해서' 죽을 수는 있지만, 타자의 죽음 그 자체를 죽을 수 없다. 하이데거는 다음과 같이 썼다.

사망은 각각의 현존재가 그때그때 스스로 자기 몸으로 받아들여야 한다. 죽음 그것이 '존재하는' 한 본질적으로 그때마다 나의 것이다. 게다가 죽음은 하나의 특유한 존재 가능성을 의미하는 것이라서 이 존재가능성에서는 그때마다 자신에게 고유한 현존재의 존재로 오로지 가는 것이 문제다.[3]

누구도 대신해줄 수 없는 자기 자신의 죽음을 겪는 것밖에 방법이 없는 배타성에서 현존재의 '자신에게 고유한 현존재의 존재' 즉 자기동일성은 두드러진다. 그 메커니즘을 하이데거는 익은 과일에 비유했는데 그것에 관해서는 앞서 이야기했다. 미완료는 '과실의 고유한 존재 안에 포함되어 있는' 구성 요소다. 이와 마찬가지로 현존재 또한 "현존재가 존재하는 한 **그때마다 이미 자신의 미완료다**".[4]

현존재는 "부단히 자신의 미완료"다. 그리고 현존재는 '자신의 끝을 앞당겨 맞이한다'는 선구적인 방식으로 '자신이 가장 고유하게 존재할 수 있는 상태'로 계속해서 손을 뻗는다. "이 존재할 수 있는 것을 선구하면서 노정시키는 것 안에 현존재는 자신의 가장 극단적인 가능성에 관해서 자신을 자기 자신에게 열어 보여준다."[5] 거기서부터 "죽음은 현존재의 가장 고유한 가능성"이고 그것이 "현존재에게 그 가장 고유한 존재할 수 있는 것을 열어 보여준다"라는 하이데거의 핵심 명제가 도출된다는 것도 이미 말했다.[6]

하이데거는 이렇게 '죽음으로 향하는 존재'의 관념을 마무리하는데 그것과는 대비적으로 제시되는 것이 '일상'으로의 퇴락 속에서 죽음으로부터 눈을 돌리고 죽음을 벗어나려고 하는 비본래적인 존재자다. 그것은 하이데거가 '사람das Mann'이라고 이름 붙인 **현존재의 퇴락태**다. 세계 내부적인 '이야기' 안에서 무반성적으로 살고 자신의 본질에 관해서 깊게 생각하지 않는 인간이다. '사람'에게 죽음은 일상적인 사건에 지나지 않는다. 사람은 죽는다. 나 자신도 언젠가는 죽는다. 그렇지만 당분간은 죽지 않는다. 사람은 죽는 것이 확실함을 애매하게 승인하면서 안주하고 죽음이 다가오는 것으로부터 눈을 돌리고 있다.

죽음에 직면해서부터 일상적으로 계속 퇴락하고 회피하는 것은 **죽음과 관련된 비본래적** 존재다.[7]

레비나스는 하이데거의 이 '죽음과 관련된 존재'와 '일상성 안에 퇴락하고 있는 비본래적인 사람' 사이의 대립을 무효화하려고 한다. 고독을 넘어서는 곤란한 여정의 발판은 자신에게 고유의 존재할 수 있는 것을 열어 보여주고 자신에게 맡겨진 그 세계사적 숙명의 달성을 목표로 하는 영웅적인 '죽음과 관계하는 존재'가 아니라 오히려 거기서부터 퇴락한 '사람' 안에 있다.

위상전환 그 자체로부터 유래하는 질료의 불안이 우리 실존자의 자유라는 사태 그 자체를 표현하는 한 일상생활은 퇴락은 고사하고 우리의 형이상학적 운명에 대한 배반으로서 현출하기는커녕 우리의 고독으로부터 흘러나와서 고독의 완성 그 자체를, 고독이라는 깊은 불행에 응답

하려고 하는 엄숙한 시도를 하고 있는 것이다. 일상생활이란 구원의 자각이다.[8]

일상생활은 퇴락 같은 것이 아니다. **일상생활이야말로 우리 고독의 완성이다.** 이 단정 안에 레비나스 철학의 '레비나스다움'이 응축되어 있다고 할 수 있을 것이다. 우리의 매일의 삶에서, 일하거나 게으름을 피우거나 서로 사랑하거나 서로 미워하거나 희망을 품거나 절망하거나 먹거나 굶거나 자거나 자지 못하거나 누리거나 고뇌하는 등의 당연한 일상 안에서 **사유할 만한 가치가 있는 모든 철학적 논점은 갖추어져 있다.** 레비나스는 그렇게 생각한다. 『탈무드에 관한 네 번의 강독』에서 레비나스는 탈무드가 다루고 있는 논쟁적 과제가 구체적이고 생활상의 자질구레한 일에 이르고 있으므로 탈무드는 심원할 수 있다고 말한다.

예를 들면 '제례 날에 낳은 달걀'을 먹을 권리에 관련된 논의와 '미쳐 날뛰는 소'로 입은 피해 배상에 관련된 논의를 할 때 탈무드 학자들은 달걀과 소 이야기를 하는 것이 아니다. 오히려 이들은 그런 낌새를 눈곱만큼도 보이지 않은 채 근본적인 개념을 검토에 부치고 있는 것이다.[9]

그것은 생활상의 자질구레한 일을 하나의 소재로서 철학적 사고를 '입구'로서 공리적으로 이용하는 것과는 다르다. 그것이 아니라 **그것 자체가 철학적 사고의 대상인 것이다.** 그러한 생활의 자질구레한 일을 철저하게 생각하는 것을 철학이라고 한다. 레비나스는 '일상 안에 퇴락해서 몽생몽사 안에 있는 사람'과 '자신의 소명을 자각하고 자신의 자기 동일성을 성취하려 하는 현존재'라는 하이데거의 이항대립을 물리친다. 일상생활의 생생함, 애매함, 복잡함, 무의미함을 둘러싼 삶의 현장 속에서 산란하는 경험이야말로 철저히 사유해야 한다는 것이다.

탈무드는 그 학술을 만들어낸 위대한 스승들에 의하면 **실제 삶을 통해서만 이해할 수밖에 없다.** 실제 삶이 가져오는 교훈, 실제 삶의 경험으로부터 도출된 생각(과 풍부한 상상력)이 탈무드 해석을 하는 데 도움이 된다는 이야기를 하는 것이 아니다. 탈무드의 기호 그 자체를 어떻게 이해할지, 어떻게 느낄지는 실제 삶을 통해 결정된다는 것이다. 구체적인 매일의 현실은 실제 삶의 문맥 속에 놓일 때야 비로소 그 의미를 알게 된다. 따라서 이러한 기호—성구, 사물, 인간들, 상황, 의례—는 완전기호로서 기능하고 있다.[10]

기호를 읽어내는 것은 살아 있는 개인이다. '완전기호'로부터 예지를 길어내려고 하는 개인의 간청이다.

간청은 개인으로부터 발한다. 눈을 크게 뜨고, 귀를 쫑긋 세우고, 해석해야 할 구절을 포함한 에크리튀르 전체에 귀를 기울임과 동시에 실제 삶—도시, 거리, 다른 사람들—에 똑같을 만큼의 주의를 기울이는 개인으로부터 간청은 그 대체 불가능성을 통해서 그때마다 대체 불가능한 의미를 기호로부터 벗겨낼 수 있는 개인에게서 발한다.[11]

실제 삶을 사는 자, 신체를 가진 자, 일상생활 속에 깊게 내려앉는 자야말로 철학의 주체가 되어야 한다. 레비나스의 '하이데거적 권역과의 결별'이란 이러한 방향 전환을 의미한다.

27. 일상생활과 구원 (2)

우리는 신체 안에 갇히고 세상 사람들과의 일상생활 안에 갇혀 있다. 이 생활을 거기서부터 탈출해야 할 비본래적인 양태로서 부정적으로 말할 것인가? 혹은 철학적 사유의 창조적인 기점으로서 확정할 것인가? 어느 쪽인가? 만약 하이데거가 말하듯이 '자신에게 고유한 현존재의 존재로 오로지 관계를 맺는 것'이 현존재의 사명이라고 하면 우리가 사는 일상이란 다름 아닌 거기서부터 탈출해야 할 '진정한 경험의 추락' 형식에 지나지 않는다. 물론 하이데거에 한정된 것이 아니다. 서양철학은 일관되게 '고독한 것'과 '다른 사람과의 관계 속에 있는 것'을 대립시켜왔다.

고독의 감정은 다른 사람과 대화하는 것의 기쁨, 집난석인 행위, 그리고 무릇 이 세계를 거주 가능하게 하는 모든 것을 파스칼적인 기분전환으로서 **고독의 망각으로서 고발하는 것**을 가능하게 한다.[12]

파스칼적인 기분전환divertissement pascalien이란 인간이라는 것의 근원적인 고뇌와 비탄을 직시하지 않고 거기서부터 눈을 돌리는 것이다. 많은 사람은 자기 자신이라는 것의 곤란함을 직시하지 않고 위로를 영광과 부귀와 같은 허망한 기분전환 속에서 찾는다. 그러나 철학자들은 공소하고 무의미한 세계의 내부적 빈말空語을 말함으로써 고독의 고통을 치유하려는 것을 허용하지 않는다.

세계 안에 사는 것, 사물에 마음을 빼앗기는 것, 사물에 집착하는 것, 사물을 지배하려고 하는 것조차도 고독의 경험에 비추어 보면 가치가 없는 것일 뿐 아니라 고독의 철학으로 설명되고 만다. 사물과 욕구에 마음을 빼앗기는 것, 그것은 욕구 그 자체가 함의하는 궁극적 숙명성을 앞에 둔 퇴락이고 도피이고 일관성의 결여이고 비-진리다. 확실히 그것도 또한 숙명적인 것이긴 하지만 열등하고 꺼리고 피해야 할 각인을 업고 있다.[13]

그러나 세계 안에 사는 것의 비본래성을 아무리 철학적으로 비난하든, 혹은 그것이 '파스칼적·키에르케고르적·니체적·하이데거적 불안 속에 있든 말든[14] 사람은 일상생활로부터 도망갈 수 없다. 그럼에도 우리는 먹고 자고 일하며 동류들과의 다양한 얽히고설킴 속에 싫더라도 말려 있다.

우리의 긴 매일매일은 다양한 고려(신경 씀)에 의해 채워져 있다. 그 덕분에 우리는 고독할 수 없고 우리 동류들과의 관계 속에 던져져 있는 셈인데, 그것에 퇴락이라든지 일상생활이라든지 동물성이라든지 열화라든지 한심스러운 물질주의라든지 하는 이름을 붙여봐도 아무런 소용이 없다. 이러한 것에 신경을 쓰는 일은 어차피 끝날 일이 아니기 때문이다. 정통적인 시간이란 자기로부터의 이탈이라고 생각할 수 있지만 그럼에도 사람은 자신을 위해서 손목시계를 산다. 실존은 알몸이라고 할 수 있지만 그럼에도 평소에는 가능한 한 복장을 갖추는 것이 좋다. 불안에 관한 책을 쓸 수 있지만, 독자를 상정하지 않고는 쓸 수 없고 편집 및 출판에 이르는 여러 절차를 경유하지 않고서는 일이 되지 않는다. 때로는 불안의 상인으로서 행동하는 경우도 있다. 사형을 선고받은 죄수도 처형장 가는 도중에 복장을 단정히 하고 마지막 담배 한 대를 거절하지 않으며 일제사격 전에는 세련된 한마디를 떠올린다.[15]

레비나스 치고는 꽤 비꼬는 필치다. 확실히 이것은 어떤 종류의 철학자들이 현실을 업신여기는 태도를 통격하고 있다. 화폐의 환상성을 말하는 책의 저자도 인세를 화폐로 받는 것은 거절하지 않고, 국가는 의제擬制라고 말하는 사람도 해외에서 자신의 사상을 말하기 위해서는 여권을 신청하고, 교수대에 올라가는 계단에서 발이 무엇에 채이면 사형수도 넘어지지 않도록 균형을 유지한다. 사형수를 향해 '조금 있으면 죽을 목숨인데 지금 여기서 넘어지지 않는 건 아무런 의미도 없다'고 말한들 사형수가 균형을 잡지 못하게 할 순 없다. "이 자각은 여하튼 필요한 것이었기 때문이다." 그것은 그 '어떻게 되든 상관없다'라는 것 안에 '어떻게 되면 안 되는 것'이 포함되어 있기 때문이다. 애써 논리적 모순을 범하여 말해보자면 이 비진정성 안에 어떤 진정성이 깃들어 있다.

자신들은 불안보다도 빵에 더 신경이 쓰인다고 말할 때 대중이 엘리트를 향하는 부인 안에는 '생각 없음'과는 다른 무언가가 있다. 경제적 문제로부터 출발하는 휴머니즘 안에 있는 뭔가를 움직이게 하는 것, 노동자계급이 휴머니즘이려고 드는 여러 요소의 힘은 거기서 유래한다.[16]

그래서 불안의 철학자들은 '빵에 신경 쓰는' 사람을 '진정성이 없는 삶의 방식 안에 퇴락하고 있다'고 차갑게 내쳐서는 안 된다. '굶은 자에게 빵을'이라는 요구에는 힘이 있다.

그런 식의 태도는 고독과 그것이 가져다주는 불안을 오로지 사회주의를 꿈꾸는, 연대와 명석함을 요구하는 건설적인 세계 안에서 모래 속에 머리를 틀어박고 폭풍이 지나가기를 기다리는 타조의 자세와 비슷하다. (…) 그러므로 고독의 철학자가 사용하는 것과 똑같은 권리를 갖고 사회주의적 휴머니즘은 죽음과 고독의 불안을 허위, 빈말, 속임수, 겉치레뿐인 웅변, 본질적인 것 앞에서의 도주, 쇠약이라고 부를 수 있다.[17]

해석할 때 잊지 말아야 할 것은 이 강연이 이루어진 것이 **언제였느**냐는 것이다. 이 시기는 '해방' 직후, 자신의 불안과 고독보다도 오히려 이웃의 불안과 고독을 신경 쓰는 사람들이 나치즘과 비시 정권에 대해서 마지막 인간적인 '저항'을 구축한 것을 사람들이 알았던 때였다. 그 시대의 '공기'는, 예를 들면 동시대의 아주 행동적이었던 젊은 철학자의 다음과 같은 도발적인 말에서도 확실히 찾아볼 수 있다.

참으로 진지한 철학적 문제는 오직 하나뿐이다. 그것은 바로 자살이다. 인생이 살 가치가 있느냐 없느냐를 판단하는 것, 그것은 철학의 근본적인 물음에 답하는 것이다. 그 이외의 것, 세계에는 세 가지 차원이 있는지, 정신에는 아홉 가지 카테고리가 있는지 열두 개의 카테고리가 있는지 같은 것은 자살보다 부차적이다. 그런 것은 놀이에 지나지 않는다. (…) 이 물음이 다른 물음보다도 긴급한 까닭은 이 물음이 행동으로 직결되기 때문이다. 나는 이전에 **존재론적 주장을 위해 죽은 사람이 있다는 것을 알지 못한다.** 갈릴레오는 중요한 과학적 진리를 믿고 있었지만, 그 때문에 목숨이 위태로워지자 곧바로 그 진리를 내다버렸다. 어떤 의미에서 그는 옳게 행동했다. 이러한 진리는 갈릴레오 자신이 화형에 처하게 되자 지킬 가치가 없는 것으로 전락했다. 지구가 태양 주위를 돌든 태양이 지구 주위를 돌든 그런 건 사실 뭐가 됐든 상관없다. 그건 하찮은 물음이다. 그런데 한편 인생은 살 가치가 없다고 판단하고 죽은 많은 사람을 나는 보아왔다. 그들에게 살아갈 이유를 부여한 이념과 환상을 위해 죽어간 사람들을 보아왔다(그들에게는 살아갈 이유가 곧 당당하게 죽을 이유이기도 했다). 따라서 나는 인생의 의미가 모든 물음 안에서 가장 긴급한 것이라고 생각한다.[18]

젊은 카뮈가 던진 "나는 이전에 존재론적 주장을 위해 죽은 사람이 있다는 것을 알지 못한다"라는 말은 세계대전 기간을 덮은 '고독과 불안의 철학'에 대한 통렬한 비꼼이었다. 이 문장이 공개되었을 당시(1941) 카뮈는 『이방인』으로 강렬하게 갓 데뷔한 신진 작가였다. 이 '폭언'에 강단 철학자들은 그냥 눈살을 찌푸렸을 뿐이었는데, 나중에야 사람들은 카뮈가 나치 점령 아래 프랑스 레지스탕스 운동의 핵심 지도자 중 한 명이었다는 것을 알게 되었고 이 젊은이가 **진심으로** 이 문장을 썼음을 알았다. 카뮈는 어떠한 철학적 주장을 위해서도 죽을 마음이 없었지만, 일개 시민으로서 존엄한 삶을 관철하기 위해서는 죽을 각오가 되어 있었다. 그는 당대에 사용되던 의미에서의 '휴머니스트'였다.

레비나스가 여기서 사용한 '사회주의적 휴머니즘'이라는 말의 함의는 이것에 가깝다고 나는 생각한다. 스탈린 이후 시대를 사는 우리는 일종의 불신과 회의를 빼고 이 말을 입에 담을 수 없지만, 아직 그 말이 어떤 운명을 거치게 될 것인지 알려지지 않은 단계에서 말하여진 말은 역사적 비바람을 거친 뒤 그것에 엉겨 붙은 다양한 함의를 제거하고 그 시점에서의 생생한 의미로 읽어야 한다.

레비나스는 여기서 '관념론자'와 '유물론자'의 대립이라는 정형적인 도식을 제시해서 보여준다. '자기구원의 욕구'와 '결여를 채우는 욕구'를 대비시킨다. 물론 레비나스는 그러한 단순한 이항대립으로 이야기를 끝내기 위해서 그렇게 한 것이 아니다. 그것이 아니라 레비나스는 이러한 이항대립으로 현상을 생각하는 습관 자체가 '하이데거적 권역'을 형성하고 있다고 생각한다. 이 '권역'으로부터의 이탈을 이루기 위해서는 이 두 가지 '알기 쉬운 이설理設'을 의사疑似적인 이율배반으로서 끝없이 분비하고 있는 **언설 생성의 루프 구조 자체를 도마에 올려야** 한다.

자기구원의 욕구와 자기만족의 욕구의 이율배반, 야곱과 에서의 대립
이다.[19]

왜 이 대립이 '야곱과 에서의 대립'이라 불리는가. 「창세기」를 보면
아버지 이삭의 눈이 보이지 않게 된 것을 이용해, 형인 에서가 받아야
할 장자로서의 축복을 야곱이 중간에서 가로챈다. 야곱에 뒤처져 아버
지 앞에 온 에서는 받아야 할 축복이 아무것도 남아 있지 않다. "나도
축복해주세요"라고 읍소하는 에서에게 이삭은 '너에게 줄 수 있는 것
은 아무것도 없다'고 말한다. 그렇지만 "너는 네 검에 의해 살고 네 동
생을 섬기게 될 것이다. 네가 분발한다고 하면 너는 그의 멍에를 네 목
에서 풀어버릴 것이다".[20] 신의 축복은 야곱에게 내리고 에서에게는
'검'에 의해 동생의 '멍에'로부터 벗어날 기회만이 남겨졌다. 천상의 은
총을 입을 권리와 지상에서의 자기해방의 권리, 그것이 야곱과 에서 각
각이 미래에 기대할 수 있는 것이다.

레비나스가 관념론자와 유물론자의 대립을 애써 '야곱과 에서'에
빗댄 것은 그들이 함께 이삭의 피를 나눈 아이들이고 장자권을 빼앗는
(그것은 상호 대체 가능한) 동류임을 함의하고 있다. '고독의 철학'과 '사
회주의적 휴머니즘'은 외형적으로는 대립하고 있는 것처럼 보이지만
둘 다 서양철학의 '장자권'을 다투는 '이삭의 아이들'이다. 이 둘의 관
계를 레비나스는 다음과 같은 복잡한 수사로 기술한다.

구원과 충족의 진정한 관계, 그것은 고전적인 관념론이 구상하고 현대

실존주의가 지금도 끌어가고 있는 것이 아니다. 영적 구원은 상위의 형식이 그 기초가 확실한 것을 추구하는 방식으로 물질적 욕구의 충족을 추구하는 것이 아니다. 우리의 일상생활이 평범한 반복인 것은 우리의 동물성이 영성의 활동에 의해 끝없이 초극되고 있기 때문이 아니다.

물론 욕구의 불충족이 때마침 구원의 불안을 초래하는 일은 있을 수 있다. 빈곤이나 프롤레타리아라는 양상이 '신의 왕국'의 문을 엿볼 기회인 것처럼. 그러나 구원에 대한 불안은 욕구의 불충족에서 기인하는 것이 아니다. 지금 노동자계급에게 고통을 가하는 압제정치가 경제적 해방 저편에 있는 형이상학적 해방에 대한 향수를 노동자계급 안에 각성시키기 위한 순수한 경험이라고 우리는 생각하지 않는다. 혁명 투쟁이 만약 영적 생활의 기초로서만 도움이 된다고 한다면, 혁명 투쟁이 모든 위기를 통해서 사람들에게 자신의 소명을 열어 보여주기 위한 것이라고만 한다면, 혁명 투쟁은 그 본뜻과 현실적 의도에서 벗어나게 될 것이다. **경제 투쟁은 이미 그 자체로 구원을 위한 투쟁이기 때문이다.** 경제 투쟁은 최초의 자유가 그것을 경유해서 구성되는 위상전환의 변증법 자체에 기초 지워져 있기 때문이다.[21]

레비나스는 물질적 욕구의 불충족이라는 세속적 경험을 발판 삼아 영적 구원을 이룬다는 '2단계론'을 부정한다. 동물적인 생활, 물질 안에 퇴락한 '세속인'의 생활이 하위에 있고 그 경위를 벗어남으로서 인간은 상위의 '영적 경위'에 이른다는 계층적 사고방식을 부정한다.

야곱과 에서의 싸움에서 두 사람이 아버지 이삭으로부터 얻고자 싸운 것은 '하늘의 이슬과 땅의 비옥, 풍부한 곡물과 새로운 포도주' 같은 물질적 재산과 '나라들의 백성들은 너를 섬기고 국민은 너에게 엎드려 절하고 너는 형제들의 주가 된다'라는 정치적 헤게모니 그리고 '너를 저주하는 것은 저주받고 너를 축복하는 것은 축복받는다'라는 주술적 권능이었다. 두 사람이 다투는 유증품 목록을 보면 이 점을 알 수 있는데, 장자권을 둘러싼 투쟁에서 **경제 투쟁은 이미 그대로 구원을 위한 투쟁이었다**. 일상생활은 그대로 구원으로의 자각(눈치챔)이다.

28. 세계에 의한 구원—양식

질료성이란 자기 자신에게 쇠사슬로 연결되는 것이다. 그래서 고독과 주체의 질료성은 불가분하다. 그 사실을 고려한 상태에서 우리는 세계와 세계 내부에서 우리의 실존이 주체에게 주체 자신의 무게를 넘어서서, 주체의 질료성을 넘어서서, 즉 '자기le soi'와 '나le moi'의 연결을 해제하기 위한 주체의 근원적인 걸음을 형성하게 되는 그 길을 제시하고자 한다.[22]

레비나스는 '자기'와 '나'의 연결을 해제한다는dénouer le lien entre le soi et le moi 인상 깊은 말로 이 절을 마친다. '자기 자신에게 속박된다/못 박혀 있다'라는 표현으로 지금까지 레비나스는 다양한 구절에서 '나le moi'와 '자기le soi'를 연결된 것으로, 따라서 이별 가능한 것으로 표현해 왔다.

"**나**는 이미 자기 자신에게 못 박혀 있다le je est déjà rivé à soi." "나는 가차 없이 자기 자신이다le moi est irrémissiblement soi." "나는 나 자신에 의해 막혀 있다je suis encombré par moi-même." "치욕에서 드러나는 것은 다름 아닌 자기 자신에게 못 박혀 있다être rivé à soi-même는 사실, 자기 자

신으로부터 몸을 숨기기 위해서 자기 자신으로부터 도망갈 수 없다는 근원적 불가능성l'impossibilité radicale de se fuir, 자기 자신에 대한 자기의 가차 없는 현전le présence irrémissible du moi à soi-même이다."

내가 자기 자신일 수밖에 없는 것, 그것이 자기동일성이다. 레비나스는 그 '자기 자신일 수밖에 없는' 숙명적인 속박으로부터 도망가는 '길을 제시한다'고 말한다.

이어지는 절에는 '세계에 의한 구원—양식糧食'이라는 제목이 붙어 있다. '양식'이라는 새로운 개념이 그 '길'의 도표가 된다.

> 일상적 질서 안에 세계 안에 주체의 질료적 구조는 어느 정도까지는 극복되어 있다. 즉 나와 자기 사이에 어떤 간극이 생기고 있다. 자기동일적인 주체는 직접적으로는 자기회귀 하지 않는다.[23]

일상적 실존에서는 '어떤 간극un intervalle'이 '나'와 '자기' 사이를 벌려놓고 있다. 무언가가 '나'와 '자기' 사이에 개입해서 자기동일화를 방해한다. 즉 '나'와 '자기'의 속박을 해제하는 것은 우리의 행위(작용)를 기다리지 않고 우리가 '일상적 실존 안'에 있는 것만으로 이미 어느 정도는 달성된다는 의미다. 그런데 그것은 어떤 의미일까? 그것이 '먹거리'에 의해 키워진다는 것이다.

하이데거 이후 우리는 세계를 도구의 총체로서 바라보는 것에 익숙해졌다. 세계 안에서 존재하는 것은 행위하는 것, 그 행위의 목적이 최종적으로는 우리의 실존 그 자체라는 방식으로 행위하는 것이다. 도구는 상호 각각의 도구를 지시하고 있는데 최종적으로는 그러한 것들은 우리의 실존에 대한 관심을 지시한다.[24]

하이데거의 '도구Zeug'에 관해 조금 알아보기로 하자. 우리는 세계 내에 존재하고 있는 한 '사물 그 자체'와 '자연 그 자체'를 만나지 않는다. 우리가 이 세계 내에서 만나는 것은 모두 세계 내부적으로 분절되어 있어서 우리가 날것의 '대상 그 자체'를 만나는 일은 없다. 그 안에서 도구는 다른 사물과는 약간 다른 독특한 양상을 띠고 있다. 도구는 우리의 '실천'과 상관하고 전면에 드러나기 때문이다. 물건을 제조, 가공하는 구체적 실천 속에서만 도구는 있다. '용도가 알려지지 않은 도구, 사용 방법을 모르는 도구' 같은 것을 우리는 지금 당장은 도구로서 인식하지 않는다. 우리가 일상생활에서 만나는 것은 예를 들면 문구, 재봉구, 일·승용·측량을 위한 도구 등인데, 그런 것들은 우리 행위와 연결되어 있어서 그 용도와 기능에 관한 규정짓기가 이루어지고 나서야 비로소 '그것'으로 인식된다. 하이데거에 따르면 그러한 도구는 '도구 전체성Zeugganzheit'의 네트워크 안에서 배열되어 나타난다.

도구의 존재에는 그때마다 어떤 도구 전체가 속해 있어서, 그러한 도구 전체 안에서 그 도구는 그것이라는 해당 도구로 있을 수 있다. 도구는 본질상 '무엇무엇을 위한 수단인 어떤 것'이다. 유용하고, 기여하고, 이용될 수 있고, '알맞음'에 부합하는 이 '수단성'의 다양한 양상이 도구

전체성이라는 것을 구성한다.[25]

도구는 단품으로는 존재하지 않는다. 모든 도구는 다른 도구와의 관련성 속에 배치되어 존재한다.

도구는 그 도구적 성격에 따라서 문방구, 펜, 잉크, 종이, 받침, 의자, 램프, 가구, 창, 문, 방 등과 같이 다른 도구에의 귀속성에 기초해서 거기서부터 늘 존재하고 있다.[26]

예를 들면 방은 무엇보다도 먼저 '거주하기 위한 도구'로서 존재하지 '네 개의 벽 사이'와 같은 추상적·기하학적 방식으로 존재하지 않는다. 도구는 이 방의 걸맞은 공간적 위치에 따라 맡아야 할 기능이 부여된 세간으로서만 우리 눈에 인식된다. 그래서 '방'이 존재하지 않는 세계에서는 '마루', '문', '벽' 등이 단품으로 존재해서 도구로서 인식되는 일은 없다. 우리 앞에 먼저 나타나는 것은 모든 도구를 망라한 '도구 전체성'의 체계이고 개개의 도구는 그 안에 배열되어 '적당한 자리를 확보하는' 형태로밖에 존재하지 않고, 그렇게밖에 인식되지 않는다. "개개의 도구에 앞서서 그때마다 이미 어떤 도구 전체성이 드러난다"는 것은 그런 의미다.[27]

도구적 존재자는 현재 모든 다른 도구들과 동시에 동일 시야라는 지평에서 우리 눈에 보이고 그 체계 내에서 다른 항과 차별화되어 존재한다. 도구적 존재자에 향해진 이 고유한 시점을 하이데거는 '배시配視/주위를 돌아보는 시선Umsicht'이라고 개념화했다.

레비나스가 "하이데거 이후 우리는 세계를 도구의 총체로서 바라보는 것에 익숙해졌다"라고 쓴 것은 바로 그 의미다. 그 문장에 이어 "세계 안에서 존재하는 것은 행위하는 것이다"라는 것도 하이데거의 용어법 그대로다. 세계 안에 존재한다는 것은 도구 전체성 안에 존재하는 것이다. 그리고 도구는 최종적으로는 "우리 실존 그 자체를 목표로 한다". 도구적 전체성 안에 배치되어 있는 그러한 도구를 도구로 만들어주는 것은 '우리의 자각'이기 때문이다.

여기까지는 하이데거가 밝힌 바다. 그런데 여기서부터 레비나스의 사유 경로는 뜻밖의 방향으로 달린다.

하이데거의 눈을 벗어나고 있다고 생각되는 것—이러한 주제에 관해서 하이데거의 눈을 벗어날 수 있는 것이 있다고 한다면 그건 무엇일까 하는 이야기이긴 한데—은 도구의 체계un système d'outils이기 이전에 세계는 양식의 총체un ensemble de nourritures라는 것이다.[28]

도구와는 다른 방식으로 세계 내에 존재하는 사물이 있다. 바로 '먹거리'다. 레비나스는 그것이 하이데거의 눈을 벗어나 있다고 말한다. '먹거리'는 무얼 의미할까? 이것은 하이데거를 계속 읽어온 사람들에게는 허를 찌르는 말이라고 생각한다. 하이데거가 '도구'에 관해 논한 페이지에서 도구의 예로 열거한 모든 명사를 다시금 검토해보기로 하자.

문구, 펜, 잉크, 종이, 받침, 책상, 램프, 가구, 창, 문, 방, 망치, 대패, 바늘, 집게, 강철, 철, 동, 암석, 목재, 플랫폼, 시계.

이것이 『존재와 시간』에서 하이데거가 열거한 '도구'의 목록이다. 인간이 '손'을 사용해 제작하거나 조작할 수 있는 것이라는 측면에서 보면 하나같이 인간의 실천과 아주 가까이에 있는 것들이다. 그렇지만 이미 눈치챈 사람도 있을 텐데, 이 목록에는 인간이 먹을 수 있는 것이라든지 인간의 몸을 키우는 것이 하나도 포함되어 있지 않다. 지붕이 거우 언급되긴 하지만, 인간이 사는 데 없어서는 안 될 것, 먹을 것과 몸에 두르는 것에 관해 하이데거는 언급하고 있지 않다. '하이데거의 눈을 벗어난' 것은 사실상 인간이 살아가는 데 꼭 필요한 것이다.

레비나스가 보기에 세계를 채우는 사물 가운데 전면에 드러나는 것은 무엇보다도 먼저 살기 위해서 섭취하는 것이었다. 망치도 물론 유용하다. 그렇지만 양식의 유용성과 망치의 유용성은 차원이 다르다. 망치의 역할은 예를 들면 자연석과 딱딱한 나무로 대신할 수 있지만 양식을 대신하는 것은 양식 이외에는 없다.

> 우리는 먹기 위해 산다는 것은 아마도 적절치 않을 것이다. 그런데 우리는 살기 위해서 먹는다는 것도 똑같이 적절하지 않다. 먹는 것의 궁극적인 목적은 음식물 안에 포함되어 있다.[29]

먹는 동작은 망치를 사용해 '못을 박는' 동작과는 차원이 다르다. 음식은 그것을 누리는 주체와 어딘가에서 섞여 있기 때문이다. 우리는 '먹기 위해 사는 것'도 아니고 '살기 위해 먹는 것'도 아니다. '우리'라고 말하고 있는 이 주체는 이미 '먹는 것'의 성과로서 여기에 있기 때문이다. 과거에 한 번도 양식을 누린 적이 없는 자가 관상적 주체로서 자존해 있고 '먹거리를 목적으로 해야 할까 수단으로 해야 할까'를 사색하는 일은 있을 수 없다. 양식을 앞에 두고 있는 주체는 지금까지 양식을 누려온 결과, '먹거리를 누릴 수 있는 자'로서 지금 여기에 있다. 이러한 '먹거리'와 '주체'의 상호 침투는 도구에서는 볼 수 없는 특색이다.

우리가 한 송이 꽃의 향기를 맡을 때 이 행위의 궁극적 목적은 향기다. 바깥을 산책할 때 그 목적은 공기를 들이쉬는 것이다. 건강을 위해서가 아니라 공기를 위해서다. 우리 세계 내의 **실존을 규정짓는 것은 먹거리다.** 탈자적 실존은 자신의 바깥을 목표로 하는 존재자인데, 그것은 그 대상에 의해 한정된다.[30]

실존과 대상이 맺는 이러한 특이한 관계를 레비나스는 '향유하다 jouir'로 개념화했다. 레비나스가 여기까지 써내려간 내용은 여전히 가 닿기 어려운 감이 있지만, 앞으로 어떤 길을 걸어갈 것인지에 관해서는 조금은 전망이 선다.

29. 빛과 이성의 초월 (1)

향유로서 특징지을 수 있는 대상과의 관계. 모든 향유는 존재하는 방식
인 동시에 감각, 즉 빛과 인식이기도 하다. 대상의 흡수이며, 대상으로
부터의 멀어짐이기도 하다.[31]

우리가 양식과 맺는 관계를 레비나스는 '향유jouissance'라 부른다. 그
것은 우리가 도구와 맺는 관계와는 다르다. 도구와의 관계에서 우리는
그 도구와 일의적으로 관계한다. 도구는 나의 작업(글을 쓰거나 주위를
밝게 하거나 돌을 부수는 등)을 지원하고 그 작업을 가능하게 해주지만,
도구가 나의 일부가 된다든지 나와 도구가 한데 섞이는 일은 일어나지
않는다. 그 점에서 먹거리는 도구와 다르다. 주체는 먹거리를 타동사적
방식으로 섭취하는데 그 해당 주체는 먹거리에 의해 키워지고 먹거리
에 의해 살고 있다.

레비나스는 먹거리와의 관계란 '존재하는 방식une manière d'être'이며
나아가 '감각sensation'이라고 썼다. '감각'은 곧 대상의 '흡수absorption de l'
objet'이고 더불어 '대상으로부터의 멀어짐distance à l'égard de l'objet'이다.

향유가 '흡수'인 동시에 '멀어짐'이라는 것은 먹거리를 섭취하는 행

위를 생각해보면 알 수 있다. 음식을 입에 넣는다. 음식은 맛봄의 대상이 되고, 음미되고 삼켜지고 소화되고 이윽고 우리 신체에 흡수된다. 그런데 동시에 그 과정에서 우리는 씹으면서 미각이나 냄새 등을 통해서 그 음식을 관찰하고 음미하고 평가하고 때로는 상품으로서 대하고 흥이 돋으면 기호적으로 표상해서 '음식 에세이'를 쓰기도 한다. 입안에 넣고 나서 소화에 이르게 되는 과정은 곧 대상과의 일체화인 데 반해 음식에 관한 이해와 설명과 평가는 대상을 멀리하지 않고서는 수행할 수 없다. 그리고 주체가 대상을 멀리하는 것은 물론 그것을 **빛 속에서 인식**하기 위함이다.

> 누리는 것의 본질에는 어떤 종류의 앎이, 어떤 종류의 밝음이 귀속하고 있다. 그러므로 주체는 자신에게 제공되는 양식을 앞에 두었을 때 공간 안에 존재한다. 즉, 존재에 필수적인 대상과 **거리를 둔다.** 위상전환의 순수로서의 단순한 자기동일성 안에서 주체는 자기 자신 안에 벗어나기 어렵게 박혀 있는 것에 비해서 세계 안에서는 주체의 자기회귀 대신에 '존재하기 위해 필요한 모든 것과의 관계'가 존재한다.[32]

여기서 레비나스는 '위상전환의 순수로서의 단순한 자기동일성 안'과 '세계 내'를 대비시킨다. 위상전환에서 주체는 오로지 자기로 회귀한다. 위상전환에서 '실존자'에게는 외부가 없고 타자가 없다. '실존자'는 절대적인 고독 가운데 있다. 그것과는 대비적으로 '세계 내'에서 **"주체는 자기 자신으로부터 분리된다**Le sujet est séparé de lui-même**".** [33]

왜 '세계 내'에서 주체는 '가장 근원적이고 가장 가차 없는 속박'을 끊을 수 있을까? 우리는 이윽고 본고의 핵심 부분에 돌입했다.

빛이 관련된 가능성의 조건이다. 그 의미에서 우리 일상생활은 이미 주체가 그것을 경유해서 자기 스스로 성취하는, **시원의 질료성으로부터 자기 스스로를 해방시키는 한 가지 방식**une manière de se libérer de la matérialité이다. 일상생활은 그러한 자기망각을 포함하고 있다.[34]

자기 자신에 쇠사슬로 연결되어 있는 것, 그것이 질료성이다. 그러나 일상생활과 빛이 '자기 자신'과 '나'의 속박을 해제한다. 단, 이야기는 그렇게 간단하지 않다. 빛은 나를 질료성으로부터 해방하는 방향으로 이끌지만 '나의 해방에는 아직 부족하기' 때문이다.

그러나 자기망각, 향유의 밝음도 이 빛이 주체가 있는 곳인 질료성이라는 존재론적 사건으로부터 분리된다고 하면, 이 빛이 이성의 이름 아래서 절대적인 것으로 치켜세워진다고 하면 나는 나 자신과의 가차 없는 속박을 끊을 수 없다. **빛에 의해 주어진 틈은 곧바로 빛에 의해 흡수되어버리기** 때문이다. 빛을 개입시키면 나와는 다른 것이 보인다. 그러나 그 무엇인가는 나에게서 나온 것처럼 여겨진다. 우리는 빛이 비추어준 대상을 만난다. 그렇지만 그것과 동시에 다름 아닌 그 대상이 빛에 비추어져 보인다는 바로 그 사실로 인해 그 대상은 우리 자신으로부터 유래한 것처럼 생각된다. 대상은 근원적인 이방성을 갖지 않는다. 이 대상의 초월성은 내재성 안에 포함되어 있다. 인식과 향유 안에서 우리가 우리를 다시 발견할 때 거기에는 이미 나 자신이 있다. **빛의 외재성만으로는 자신의 포로인 나의 해방에는 아직 부족하다.**[35]

빛은 자기 자신으로부터 분리되기 위한 조건이다. 그러나 내가 해방되려면 빛만으로는 아직 부족하다. 빛은 확실히 내가 '나 아닌 것'과 만나기 위한 조건이다. 우리는 대상을 빛 속에서 발견한다. 그런데 그것만으로는 대상이 '나 아닌 것'이라고 철학적으로 근거 지워지지 않는다. 우리가 시야에서 무엇을 발견하는지는 우리 시야가 어디로 향하고 있느냐, 어떤 광원이 거기를 비추고 있느냐, 우리가 애당초 무엇을 거기서 발견할 것으로 기대하고 있느냐에 따라 한정되기 때문이다. 우리가 발견하는 것은 대체로 '우리가 거기서 발견할 것으로 생각되는 것'이고 '설마 거기서 발견할 줄은 상상도 못 했던 것'은 종종 대상으로서 포착되지 않는다. 그것은 우리가 경험적으로 숙지하고 있는 사실이다.

우리가 빛 속에서 발견하는 많은 것은 우리가 (이미 무의식중에) 거기 놓아둔 것이다. 그래서 빛에 비추어져 인식된 것만으론 대상이 근원적인 이방성을 갖지 않는다. 주체와 무관하게 있으면서 비추어내는 절대적인 이성의 빛 따위는 존재하지 않는다. 빛 속에서 우리가 발견하는 것은 질료성에 의해, 즉 내가 자기 자신에게 쇠사슬로 연결되어 있다는 원사실에 의해 그 이방성, 외부성이 이미 손상된다.

30. 빛과 이성의 초월 (2)

빛 속에서 우리는 대상을 본다. 보기 위해서는 대상으로부터 떨어져야 한다. 그런 한에서는 보고 있는 나와 보여지고 있는 대상은 확실히 따로따로다. 그렇지만 우리가 거기서 발견하는 대상은 우리가 거기에 발견해야 할 것으로 숙명 지워져 있는 것이다. **빛 속에서 발견되는 한, 대상은 근원적인 이방성을 갖지 않는다.** 대상이 나의 바깥에 있는 것만으로는 내가 초월적인 것과 관계를 맺는 것이 되지 않는다. 인식하는 것만으로는 고독을 초극한 것이 되지 않는다.

'실존함'의 익명성으로부터 해방되었지만, 그 질료성으로부터 거리를 둘 때의 동일한 행위에 의해 '실존자'는 여전히 자기 자신에 속박되어 있다(즉 질료화되어 있다). (…) 이성과 빛은 그것만으로 존재자로서의 존재자의 고독을 완성하고 모든 것에 관해서 유일무이한 지표라는 그 숙명을 성취한다.[36]

만상을 그 보편성 안에 포섭함으로써 이성은 그때마다 자기 자신을 고독 안에서 발견한다. 독아론은 착각도 아니고 궤변도 아니다. 그것은 이성의 구조 그 자체다. 이성이 연결 짓는 모든 감각의 '주관적' 성격 때문이 아니라 인식의 보편성으로 인해, 즉 빛의 무한정성과 어떠한 것도 그 외부에 있을 수 없다는 불가능성으로 인해 이성은 고독하다. 그리하여 이성은 말을 걸어야 할 다른 이성을 결코 발견하지 못하기 때문이다.[37]

말을 걸어야 할 다른 이성을 발견할 수 없다. 고독이라는 그런 것이다. 고독이란 빛 속에 있고, 보는 것 모든 것이 기지이고, 닿은 모든 것에 이미 자신의 소유 도장이 찍혀 있는 세계에 사는 것이다.

의식의 지향성은 나와 사물을 식별하는 것을 가능케 하지만 그것은 독아론을 소멸시키는 것을 의미하지 않는다. 독아론의 경위인 **빛은 우리를 외부 세계의 거주인으로 해주지만 우리가 거기서 동료를 발견하도록 해주지는 않는다.**[38]

초월이란 출발점으로 돌아가는 것이 아니다. 여기와는 다른 장소에 발을 내딛는 것이다. 동료pair를 발견하기 위해서는 여기와는 다른 장소에 발을 내디뎌야 한다.

출발점으로의 귀환이 아닌 초월에 기초하지 않는 한, 공간의 초월이 현실적인 것으로서 확증되는 일은 있을 수 없다.[39]

출발점으로의 귀환retour au point de départ은 오디세우스의 순력巡歷을 의미한다. 출발점으로 귀환하지 않는 여행이란 '내가 태어난 고향', '나의 아버지의 집'에 이별을 고하고 신의 부르심에 대답해서 '바깥으로 나간', 아브라함의 첫 한 걸음을 의미한다. 내가 고독한 것은 '나의 고향', '나의 아버지의 집'에 머물고 급기야 '말을 걸어야 할 다른 이성'을 갖지 않기 때문이다.

질료와의 싸움에서 일상적 초월이 늘 동일한 한 점에 귀환하는 것을 방해하는 사건을 만나는 일이지 않으면 삶은 구원의 길이 될 수 없을 것이다.[40]

앞서 다룬 대로 '질료'의 본뜻은 '목재'다. 질료는 용처가 결정되지 않은, 무엇이 될 수 있을지 아직 결정되지 않은 소재이므로 용도의 도구적 가능성은 넓게 열려 있다. 그런데 목재는 **목재 이외의 것이 될 수 없다.** 질료성이란 그 '본성에 못 박혀 있는 것'이다. '자기 자신에게 점유되어 있는 것'이다. 그것이 '주체의 질료성'이다.

그리하여 여기서 레비나스가 말하는 '질료와의 싸움lutte avec la matière'이란 자신이 자기 자신으로밖에 있을 수 없는 자기동일성의 쇠사슬로부터의 이탈의 시도를 가리킨다. 그것은 생la vie이 그대로 '구원의 길le chemin de rédemption'이 된다고 레비나스는 썼다. '구원'이라는 종교적인 말이 여기서 당돌하게 등장했다.

단지 비일상적인 경탄해야 할 모험이라는 것만으로는 자기초극은 이룰 수 없다. 오디세우스적인 모험에 머무르는 한 "아무리 이방적이라고 할지라도 그리고 아무리 신기한 것이라고 할지라도 시각적으로 현출함으로써 그것은 권력에 붙들리고 자아에 복속한다".[41]

초월은 이방적인 것도, 신기한 것도, 모험적인 것도 아니다. 오히려 **초월은 일상 안에 있다.** 일상적인 생활 속에서야말로 초월의 계기는 깃들어 있다. 매일의 일상 속에서 먹고 자고 일하고 기도하고 치료하고 사랑하고…… 이 같은 매일의 실천 속에서 **끊임없이 자기 바깥으로 나가려고 하는 자**는 "일상적 초월이 늘 동일한 한 점에 귀환하는 것을 방해하는 사건"을 만날 가능성에 실은 풍부하게 열려 있다. 레비나스는 아마도 그렇게 말하려고 한 것일 터다. 따라서 2강은 다음과 같은 말로 끝난다.

빛의 초월을 버팀목 삼아 외부 세계에 리얼한 외부성을 제공하고 있는 초월을 보고 파악하기 위해서는, 빛이 가져다주는 향유 속에서 주어져 있는 구체적 상황, 즉 질료적 실존에 돌아갈 필요가 있다.[42]

우리는 매일의 '구체적 상황', 우리의 생생한 '질료적 실존'으로 돌아갈 필요가 있다.

Emmanuel Levinas

**3강
읽기**

Le Temps et l'Autre

31. 노동

3강은 지금까지의 사유 경로를 다시 더듬어보는 것으로 시작한다. 이토록 알기 어려운 이야기라면, 때때로 돌아보지 않고서는 청중도 따라가지 못하리라 생각했을 것이다. 우리도 레비나스를 따라 지금까지의 여정을 돌아보기로 하자.

우리는 지금까지 단독자로서의 주체를 논해왔다. 주체는 '실존자'이므로 고독하다. 주체의 고독은 그 '실존함'과의 관계에서 유래한다. '실존자'는 '실존함'의 지배자이기 때문이다. '실존함'에 대한 이 지배는 시작하는 능력, 자기 자신으로부터 나가는 능력을 의미한다. 행동하기 위해서가 아니다. 사고하기 위해서가 아니다. 존재하기 위해서 주체는 자기 바깥으로 나간다. 그 사실을 우리는 먼저 논했다.[1]

이어서 우리는 '실존자'에서는 익명적인 '실존함'으로부터의 해방이 자신에의 속박, 자기동일성이라는 속박 그 자체로 바뀐다는 것을 제시했다. 내가 나와 자기동일적이라는 것은 내가 자기 자신에 의해 막혀 있다는 것이고 내가 자기 자신에 관해서 신경을 쓰고 있다는 것이다.

그것이 질료성이다. 미래와 과거와의 관계를 사상捨象해서 말해보자면 주체는 자기를 자기 자신에게 강요한다. 그것도 현재의 자유 그 자체 안에서. 주체의 고독이란 발생적으로는 주체가 누구에게서도 지원을 받지 않는 사실을 말하는 것이 아니다. 주체가 자기 자신에 대한 '먹이'로 던져져 있다는 사실에 의해서 고독하다. 그것이 질료성이라는 것이다.[2]

'질료성'이란 자기 자신에게 못 박혀 있다는 것, 자신에 귀속하는 것, 자신에 점유당하는 것이다. 이 자기속박으로부터 벗어나기 위한 외부로 나가기, 즉 말을 걸 수 있는 이성과의 만남은 출발점으로 귀환하지 않는 초월로서 수행되어야 한다. 외부 세계에 리얼한 외부성을 제공하고 있는 초월을 포착하기 위해서는 빛이 향유 안에서 주어지는 구체적 상황에 돌아갈 필요가 있다.

확실히 몇 번이나 비슷한 말을 읽다 보면 '익숙해지는' 일이 있다. 이전에도 사용한 비유인데, 전혀 이해할 수 없는 언어로 상연되고 있는 연극이라도 매일 보고 있다가 보면 팬이 되는 배우도 생기고 '언제가 이 배우의 역량이 가장 잘 발휘될 때'인지 그리고 '언제가 이 배우의 감정이 가장 고조될 때인지'도 알게 된다. 일종의 흥취와 감동을 느끼는 경우도 있다. 레비나스를 읽는 체험은 그것과 비슷하다. 의미를 모르지만 '익숙한 문장'이 반복해서 나오면 '네네, 또 만납시다'라고 인사하고 싶은 기분이 든다. 일일이 자신이 이해할 수 있는 말과 자신이 가진 이미지에 적용하지 않더라도 '그것은 그것'이라고 이야기가 진행하면 그

대로 이야기를 따라간다. 일단 그것으로 괜찮다고 나는 생각한다. 말이 먼저고 실감이 뒤인 것은 우리가 어릴 적 어휘를 획득했을 때의 순서이기 때문이다.

빛에 비추어진 대상은 그 근원적인 이방성, 외부성이 손상된다. 빛 속에서 포착된 대상은 확실히 나의 것이 아닌 한 외부적인 것이기는 하지만 '빛 속에서 대상을 본다'라는 조건에 의해 그 외부성에 손상을 입게 된다. 우리는 기대의 지평, '상기想起의 맥락' 안에 등장하는 것밖에 볼 수 없기 때문이다. 빛에 비추어진 세계를 관조하고 있을 때 주체는 확실히 '바깥 세계의 거주인'이 되지만 거기에 '자신과 등가의 동료'를 발견하지 않는다.

주체는 어떻게 해서 '동료'를 찾을 수 있는가? 레비나스는 '질료와의 싸움'에서 일상적 초월이 늘 동일한 한 점에 귀속하는 것을 방해하는 사건과 만나는 것을 통해서라고 대답한다. 자기해방은 '늘 동일한 한 점에 귀착하는 것을 방해하는 사건'과의 만남을 통해 성취될 것이다. 대상을 관상觀想하는 것이 아니라 대상을 흡수하는 것, 양식을 누리는 것을 통해서.

욕구 초월의 바로 그 순간에서 주체를 양식 앞에, 양식으로서의 세계의 전면에 두는 것을 통해 질료성은 주체에게 **자기 자신으로부터 해방될 기회**를 제공한다. 세계는 주체를 향유라는 형식에서 '실존함'에 관여시키고, 그 결과 주체는 자기 자신으로부터 거리를 두고 실존할 수 있게 된다. 주체는 대상 안에 흡수되며 대상을 흡수한다. 그러면서도 이 대상과 일정한 거리를 유지하고 있다. 모든 향유는 동시에 감각이다. 즉, 인식이고 빛이다. 그것은 결코 자기의 소멸이 아니다. 자기를 잊는 것, **최초의 자기망각이다.**[3]

양식을 누리는 경험에서 주체는 이른바 반만 자신에게서 해방된다. 자신은 소멸하지 않지만 망각된다. 3강에서는 이렇게 '노동'이라는 새로운 주제로 들어간다.

틈의 발생에 의한 이 한순간의 초월도 고독으로부터 바깥으로 빠져나가도록 해주지 않는다. 빛은 자신과 다른 것과의 만남을 가능하게 해주는 셈인데, 빛은 그 자체가 마치 자신으로부터 나온 것처럼 해서 만나게 해주기 때문이다. 빛, 밝음, 그것은 이해 가능성 그 자체다. 빛이므로 만물이 나에게서 유래하고 모든 경험은 상기의 맥락에 귀착한다. 그래서 이성은 고독하다. 그런 의미에서 **인식은 세계 내에서는 진정으로 '다른 것'과 결코 만나지 않는다.** 관념론의 심원한 진리는 여기에 존재한다. 그것에 의해 **공간적인 외부성과 순간 사이의 외부성의,** 즉 어떤 순간에 대한 다른 순간의 외부성의 근원적 차이가 고지된다.[4]

이 인용문에 따르면 외부성에는 두 가지 종류가 있다. 공간적인 외부성extériorité spatiale 그리고 순간과 순간 사이의 시간적인 외부성extériorité des instants이다. 그 두 가지 외부성엔 근원적인 차이différence radicale가 있으니, 하나는 철저하지 않은 외부성이고 다른 하나는 철저한 외부성인 것이다.

여기서 또 한숨 돌리겠는데, 레비나스 철학의 난해함은 이처럼 '정도의 차이'를 무겁게 보는 데서 비롯한다. 옳고 그름 혹은 진위 차원의 문제라고 하면 우리는 레비나스와 함께 해당 문제를 이른바 '바깥'에서 바라볼 수 있다. 레비나스가 어떤 명제에 가위표를 하면 그것이 틀렸다(틀린 것 같다)고 수긍할 수 있다. 그렇지만 '정도의 차이'에 관련된 문제에 관해서는 그렇게 간단히 갈 수가 없다. 레비나스가 무얼 말하고 싶은지 알려면 레비나스의 손에 이끌려 그 문제로 파고들어야 하기 때문이다. 실제로 깊게 파고들어서 근원적인 차이가 '이쯤'에 있다는 걸 손끝으로 실감하지 않으면, 알았다는 시늉조차 할 수 없다.

지금 레비나스가 우리에게 내민 것은 **공간적으로 외부에 있다는 것과 시간적으로 외부에 있다는 것은 근원적으로 다르다**는 점이다. 이 두 가지 외부성이 서로 다른 것임은 듣고 보면 우리는 수긍할 수 있다. 그런데 우리는 과연 지금까지 그 차이를 정말로 알고 있었을까? '어디가 어떻게 다른지 설명해보라'는 말을 들어도 나는 즉각 답할 수가 없다.

물론 나는 나 자신을 포함하는 풍경을 상공에서 설정한 상상 속의 조감적인 시점에서 볼 수 있다. 상상력만 있으면 나와 '나의 외부에 있는 것'을 한눈에 포착한 그림을 머릿속에 그릴 수도 있다. 그렇지만 **시간에 관해서는 그것이 불가능하다**. 물론 현재와 과거와 미래를 한눈에 내려다보는 '그림'을 그릴 수 있다. '시간을 그림으로 그려달라'는 주문에 대해서 평범한 화가라면 망설이지 않고 과거, 현재, 미래를 각각 다른 색깔로 표현한 뒤 이를 일렬로 나열한 그림을 그려 보여줄 것이다.

이처럼 시간적 외부성을 공간적 외부성과 혼동하는 사람만이 '시간을 그림으로' 그릴 수 있다.

그런데 공간적으로 표상한다는 것은 빛 속에서 포착되는 것이다. 빛 속에서 포착되는 것은 그 근원적인 외부성, 이방성, 타자성이 이미 손상되어 있다. 레비나스는 반복해서 그렇게 쓰고 있다.

시간은 공간적으로 표상할 수 없다. 해서는 안 된다. 시간적 외부성은 공간적으로 표상되었을 때 외부성을 잃는다. 외부성은 공간적으로 표상되지 않는 순수한 시간적 경험으로서만 포착된다. 그런데 어떻게 우리는 '순간과 순간 사이의 외부성'을 정밀하게 포착할 수 있을까. 레비나스는 우리를 위해 여기서 '노동'이라는 보조선을 제시한다.

욕구라는 구체적인 것에서 우리를 우리 자신으로부터 멀게 하는 틈은 늘 정복해야 한다. 틈은 극복되어야 한다. 대상은 낚아채야 한다. 즉 자신의 손으로 노동해야 한다.[5]

노동, 즉 노력의 고됨과 그 고통의 주체는 '실존자'로서의 자유 자체가 전제로 하는 실존의 무게를 다시 발견한다. 고됨과 고통. 그것이 '실존자'의 고독이 마지막에 당도하는 현상이다. 우리는 지금부터 그것을 분석하고자 한다.[6]

32. 고뇌와 죽음

일상생활에서 우리는 자신의 생리적 욕구를 채워야 한다. 우리의 생리적 욕구를 채우는 양식과 그것을 섭취하려고 하는 나 자신 사이에는 확실히 일종의 틈이 있다. 그 틈을 넘어서서 대상을 낚아채고 그것을 섭취하는 것, 레비나스에 따르면 그것이 노동이다. 우리가 실존하기 위해서는 노동의 고됨과 고통을 피할 수 없다. 그리고 거기에 주체가 고독으로부터 벗어나서 '나'와 '자기 자신'을 연결하고 있는 쇠사슬을 해체할 길이 포착된다.

고된 일에서, 고뇌에서, 고통에서 우리는 고독의 비극을 구축하는 결정적인 것들을 순수한 상태에서 다시 만나게 된다. 향유도 하나의 탈자脫自이긴 하지만 그것만으로는 이 결정적인 것을 넘어설 수 없다. 강조하고 싶은 것이 두 가지 있다.

첫 번째는 우리가 고독의 분석을 수행하려는 것은 욕구와 노동이라는 고통에 기초해서이지 무의 고뇌에 기초해서는 아니라는 것이다. 두 번째는 우리가 천착하는 것은 경망스럽게 '신체적'이라 불리는 고통이라는 것이다. 실존에의 감입은 이 신체적 고통에서 일체의 애매함을 갖지 않은 형태로 나타나기 때문이다. 정신적 고뇌에서 사람은 존엄과 체면을 유지할 수 있다. 그만큼 사람은 자기 자신으로부터 해방되어 있다. 그에 반해 신체적 고통은 모든 단계에서 **실존하고 있는 그 순간부터 자기를 분리할 수 없다.**[7]

이 인용문을 읽고 우리는 『도주에 관해서』에 나오는 치욕의 분석을 떠올린다. 레비나스는 다음과 같이 썼다.

"치욕에서 드러나는 것은 다름 아닌 자기 자신에게 못 박혀 있다는 사실, 자기 자신으로부터 몸을 숨기기 위해서 자기 자신으로부터 도망갈 수 없다는 근원적 불가능성, 자기 자신에 대한 자기의 가차 없는 현전이다."

확실히 '정신적 고뇌'라고 하면 나는 '고뇌하고 있는 나'를 조금 떨어진 곳에서 관찰할 수 있다. '고뇌하고 있는 나'에 관해서 말할 수 있고 경우에 따라서는 그것을 분석하거나 자신을 치유할 처방을 제시할 수도 있다. 그런데 '신체적 고통'에서는 그것이 불가능하다. 나와 고통이 분리할 수 없는 방식으로 연결되어 있기 때문이다. 고통을 느낄 때는 내가 신체를 갖고 거기에 주체로서 실존하고 있다는 사실이 고통을 존립시키고 있기 때문이다.

고통은 존재의 가차 없음 그 자체다. 고통의 내실은 고통으로부터 도망가는 것의 불가능성과 섞여 있다. (…) 고통에는 피할 곳이 없다. 고통이란 존재에 직접 폭로되어 있는 사실을 의미한다. **고통은 도망치고 뒷걸**

음치는 것의 불가능성으로부터 구성되어 있다. 고통의 격함은 이 후퇴하는 것의 불가능성 안에 존재한다. 고통이란 좋든 말든 생과 존재로 내몰리는 사실을 의미한다. 그 의미에서 **고통은 무의 불가능성이다**.[8]

이 구절을 쓴 레비나스는 하이데거의 '무'에 관한 논의를 염두에 두고 있었던 것 같다.

하이데거에 의하면 퇴락태 안에 있는 현존재는 세계 내부적 적소성 안에 안주하고 '자기 자신과 그 본래성'으로부터 눈을 돌리고 **존재에 직면하기를 피하고 뒷걸음친다.** 이 도피Flucht와 퇴락Verfall에 동기를 부여하는 것은 불안Angst이다. 그런데 현존재에 '불안'이라는 정동을 재촉시키는 것은 어떤 세계 내부적 존재자가 아니다. 그것이 아니라 **"불안의 대상은 세계 내 존재자 그 자체다".** 불안에 사로잡힌 현존재는 확실히 뭔가에 떨고 있고 뭔가에 위협을 받고 있는데 주위를 돌아봐도 세계 내부적으로 '위협을 가하고 있는 것'은 어디에서도 찾을 수 없다.

위협을 가하는 것이 어디에도 없다는 게 불안의 대상을 규정짓는다. 불안은 자신이 그것에 대해서 불안을 느끼는 것이 무엇인가를 '알지 못한다'. (…) 그것은 이미 '실제로 거기에' 있는데―게다가 어디에도 없다. 즉, 위협을 가하는 것은 가슴을 힘들게 하고 사람의 숨을 막을 만큼 가까이 있지만―게다가 어디에도 없다. 불안의 대상에서는 '그것은 무이고 어디에도 없다'는 것이 드러난다.[9]

하이데거는 이러한 절차를 거쳐 무Nichts라는 개념을 이끈다. 하이데거는 무를 앞에 둔 현존재의 존재론적 불안을 존재 사유의 기점으로 정한다. 자기 자신의 본래성으로부터 눈을 돌리고 도피하고 후퇴하는 '사람'의 존재론적 불안으로부터 이야기는 시작한다.

그런데 레비나스는 사고 절차가 다르다. 그것이 아니라 '실존자'는 나 자신의 본래성에 못 박혀 있어서 거기서부터 눈을 돌릴 수도, 도피할 수도, 후퇴할 수 없는 '가차 없음', '무의 불가능성'을 그 철학적 사유의 기점으로 한다. '무'에 이어서 레비나스는 하이데거의 중심 개념인 '죽음Tod'을 가져온다.

그러나 고통 안에서는 불가능한 무에의 말 겲과 동시에 죽음의 가까움이 있다. 그것은 단지 고통이 경우에 따라서는 죽음에 이를 수도 있다는 감각과 지식을 말하는 것이 아니다. 고통 그 자체 안에는 '아직 그 다음이 있다'라는 예감이 포함되어 있다. 마치 고통보다도 더욱 비통한 뭔가가 앞으로 일어날 것처럼, 마치 고통을 구성하고 있는 것이 피난처의 완전한 결여임에도 불구하고 또 다른 사건을 향한 여지가 아직 존재하는 것처럼, 나아가 뭔가를 무서워하지 않으면 안 되는 깃처럼, 마치 고통 안에서는 구석구석까지 덮개가 벗겨져 있음에도 아직 폭로되지 않은 어떤 사건이 아직 있어서 그것이 지금 우리에게 임박하고 있는 것처럼.[10]

레비나스의 철학적 텍스트의 설득력은 이 수사법에 의존하고 있다.

낙숫물이 돌을 뚫듯이, 밀려오는 파도가 해변의 바위를 부숴버리듯이 '마치 ~인 것처럼comme si'의 연타를 통해 거기에 없는 것, 명시적으로는 결코 '그것'으로서 가리킬 수 없는 것의 '상'을 우회적으로 부상시키는 기술이다. 고통 안에는 '그다음의 가장 나쁜 시기paroxysme'가 징조로 나타나고 있다. 고통의 절정은 고통의 저편에 있다. 그것이 레비나스에게는 '죽음'이다. 그것은 예감이고 예비적 징조이며 임박이지만, 우리는 그것이 '무엇'인지를 가리킬 수 없다.

고통의 구조는 고통에서 벗어날 수 없다는 사실 그 자체에 있는 셈인데, 그것은 더욱 연장되어 급기야는 빛의 어법으로는 기술할 수 없는, 어떤 미지의 것에 도달한다. 우리의 모든 경험이 귀착하는 곳, 나 자신과의 친밀함l'intimité de soi à moi에 저항하는 곳이 어떤 미지의 것에 도달한다.[11]

이 '미지의 것un inconnu'이 바로 죽음이다.

죽음이 미지라는 것은 죽음은 거기서부터 누구 한 명 돌아온 자가 없는 영역이므로 계속 미지라는 것을 의미하는 것이 아니다. 죽음의 미지성이 의미하는 것은 죽음과의 관계는 빛 속에서 일어나지 않는다는 것이다. 주체는 거기서 자신으로부터 유래하지 않는 것과 관계를 맺게 된다. 주체는 그때 신비mystère와 관계를 맺는다고 말할 수 있을 것이다.[12]

세계를 구성하는 모든 사상事象은 그것이 빛 속에서 포착되고, 이해되는 한 우리에게 진짜 의미에서 외부가 아니다. 빛에 비추어져 나온 세계 안에는 '주체로부터 유래하지 않는 것'은 존재하지 않는다. 그러나 '죽음의 미지성'에서 우리는 비로소 '주체로부터 유래하지 않는 것의' '신비'와 관계를 경험하게 된다.

죽음은 고통을 느낄 때 모든 빛의 외부에 고지되는 셈인데 그것이 고지되는 방식은 모든 경우에 계속 능동적이었던 주체가 느끼는 **수동성의 경험**이다.[13]

수동성의 경험une expérience de la passivité. '수동성'이라는 명사가 이 책에서 처음 등장한다.

나는 '수동성의 경험'이라고 말했는데, 그것은 그렇게 말할 수 있다는 것에 지나지 않는다. 경험이라는 말은 늘 지식과 빛과 주도권을 의미하고 있어서 늘 대상의 주체로의 귀환을 의미하기 때문이다. 그런데 신비로서의 죽음은 그렇게 이해된 경험과는 완전히 다른 것이다. '앎'에서는 모든 수동성은 빛을 매개시킴으로써 능동성으로 변환된다. '내가 만나는 대상이 이해된다는 것'은 요컨대 나에 의해 구성된다는 것이다. 그런데 **죽음은 주체가 지배력을 미치지 못하는 사건을 고지한다.** 그것과의 관계에서는 주체가 더는 주체가 아닌 사태를 고지한다.[14]

33. 죽음과 미래

고통에서 죽음은 '고통 다음에 있는 가장 나쁜 시기/고통의 절정'으로서, 아직 도래하지 않은 것으로서 결핍한 그 어떤 것으로 지시된다. '미지의 것', '주체로부터 유래하는 것이 아닌 것', '신비'와 주체는 여기서 관계를 맺게 된다. 그런데 이 주체의 경험은 하이데거의 '죽음으로 향하는 존재'라는 어법과는 비슷하긴 하지만 다른 것이다. 어디가 다른가. 레비나스는 이렇게 설명한다.

죽음으로 향하는 존재는 하이데거의 정통적인 실존에서는 최고의 명석함이고 따라서 최고의 '남성성'이다. 그것은 현존재Dasein에 의한 실존의 궁극적 가능성의 받아들임이고, 그러므로 그것이야말로 다른 모든 가능성을 가능하게 하고, 가능성을 붙잡는다는 사실 그 자체를 가능하게 한다. 그러므로 그것이야말로 활동성과 자유와 다름없다.[15]

죽음은 하이데거에게는 활동성과 자유를 의미한다. 그러나 고통은 그런 것이 아니다.

고통에서 주체는 가능한 것의 한계에 있는 듯 우리에게 보인다. 주체는
쇠사슬로 묶이고 앞지름을 당하고 이른바 수동적인 상태에 있다. (…)
분석이 기점으로 삼아야 하는 것은 죽음이라는 무는 아니다(우리는 그
것에 관해서 아무것도 모른다). 그것이 아니라 분석이 기점으로 삼아야
할 것은 절대적으로 인식 불가능한 무언가가 출현하는 상황이다. 절대
적으로 인식 불가능한 것은 **어떠한 빛과도 인연이 없는 것**인데, 그것이 모
든 가능성의 받아들임을 불가능하게 한다. 그리고 우리는 다름 아닌 거기
에 묶여 있다.[16]

죽음은 말할 수 없는 것, 알 수 없는 것이다. 그래서 죽음은 결코
'지금/여기'가 되는 일이 없다. 그런데 그렇다고 해서 누구도 죽음을
내쫓을 수는 없다.

죽음에 대한 공포를 내쫓기 위해서 옛사람은 이런 말을 남겼다. "네가
있다고 하면 죽음은 없다. 죽음이 있을 때는 너는 없다." 그런데 이것은
죽음의 역설을 간과하고 있다. 이 말은 우리와 죽음과의 관계를 지워버
리지만, **죽음과의 관계야말로 우리와 미래의 유일한 관계인 것이다.**[17]

옛 속담이 일러주는 것은 죽음이란 늘 '영원한 미래éternel avenir'라는
것뿐이다. 죽음은 늘 아직 오지 않은 것으로밖에 경험되지 않는다.

죽음은 어떠한 현재에도 있을 곳이 없다. 그것은 우리가 죽음을 앞에 두고

도망가기 때문이 아니다. 최고의 때를 보내려고 할 때 죽음 이외의 것에 관심을 집중하기 때문도 아니다. 그것이 아니라 죽음을 포착할 수없으므로, 죽음이 주체의 남성성과 영웅성의 끝이므로 죽음은 어떠한현재에도 있을 곳을 갖지 않는다. 지금maintenant이라는 것은 내가 지배자라는 사실을 의미한다. 가능성의 지배자, 가능성을 포착하는 것의 지배자라는 사실을 의미한다. **죽음은 결코 지금이 되지 않는다.** 죽음이 거기에 있을 때 나는 이미 거기에 없다. 그런데 그것은 내가 '무'이기 때문이 아니다. **내가 붙잡을 수 없기 때문이다.** 주체가 되는 나의 지배권, 나의 남성성, 나의 용감함도 죽음과의 관계에서는 남성적일 수도 용감할수도 없다. 감당할 수 없이 다가오는 죽음의 인접—그것도 현상의 차원에서—을 느끼는 고통 속에서 이처럼 **주체의 능동성이 수동성으로 바뀌는 일이 일어난다.**[18]

'지금'을 나타내는 프랑스어 'maintenant'은 'maintenir'(손으로 잡다)의 현재분사로부터 파생한 말이다. 레비나스가 '지금'을 '내가 지배자라는 사실', '가능성을 포착하는 것의 지배자라는 사실'을 의미한다고 말한 것은 이런 어원적인 의미에 바탕을 두고 있다. 죽음의 임박 속에서 주체가 '불능'의 양태에 빠지는 양상을 레비나스는 표현을 바꾸면서 반복해 말한다. 그것은 '죽음은 현존재의 **가능성 그 자체**'라는 하이데거식 죽음의 정의를 뒤집기 위함이다.

하이데거에 의하면 현존재 안에는 현존재 자신의 '존재할 수 있는 것'으로서 아직껏 현실화되지 않은 것이 늘 '미제未濟'로 남겨져 있고

'미제'야말로 현존재의 본질을 규정하고 있다. 현존재란 '자신의 모든 완성하지 못한 것을 결코 달성할 수 없는 자'라는 결핍의 양태를 본래의 양상으로 한다. 과실을 예로 들 경우 '미완료'는 어떤 끝난 결여가 아니라 '미완료'야말로 성숙으로 향하는 방향을 보여주는 근본적 성격이다. 그래서 현존재는 "현존재가 존재하는 한 그때마다 이미 자신의 미완료"다.[19]

따라서 하이데거에게 죽음이란 현존재의 끝이 아니고 그 여러 가능성을 '다 길어내는 것'도 아니고 '미완료'의 완료도 아니고 '미제'의 완제도 아니다. 이미 인용한 구절이긴 한데 다시 인용해본다.

죽음에서 현존재는 완성되는 것도 아닐뿐더러 단순히 소멸해버리는 것도 아니다. 하물며 완성된 것도 아니다. (…) 오히려 현존재는 현존재가 존재하는 한 부단히 자신의 미완료인 셈인데, 그것과 똑같이 현존재는 재빨리 늘 자신의 끝이다. (…) 죽음은 현존재가 존재하자마자 현존재가 받아들일 하나의 존재 방식이다.[20]

하이데거에 죽음이란 '하나의 존재 방식'이다.

죽음은 그때마다 현존재가 받아들이지 않으면 안 되는 하나의 존재 가능성이다. 죽음과 함께 현존재 자신은 자기 자신이 가장 고유하게 존재할 수 있는 것으로 자신에게 임박해 온다.[21]

죽음은 '하나의 존재 방식'이고 '존재 가능성'이라는 하이데거의 주장에 레비나스는 단호히 이의를 제기한다. 죽음은 '존재 방식'이 아니다. 죽음은 '절대적으로 인식 불가능한 것', '어떠한 빛과도 인연이 없는 것'이다. 죽음은 모든 가능성의 받아들임(맡음)을 불가능하게 한다. 죽음은 주체의 남성성, 영웅성의 끝이다. 그러므로 죽음을 앞에 두었을 때 주체의 능동성은 수동성으로 역전한다. 주체는 유치함enfance과 흐느낌sanglot 속으로 무너진다. 죽음을 앞에 두는 것은 '할 수 있는 것'이 할 수 없게 되는 것이다.

> 고통이 그 순화의 극한에 달하고 우리와 고통 사이에 어떠한 간격도 더는 없게 되었을 때 이 극한적 수락이라는 최고의 유책성은 최고의 무책임성으로, 유치함으로 바뀐다. 이것이 흐느낌이다. 다름 아닌 흐느낌을 통해서 죽음은 고지된다. 죽는다는 것은 이 무책임 상태로의 귀환을 의미하며 흐느낌이라는 유치함으로 무너져 내리는 것이다.[22]

그런데 레비나스는 그래서 '죽음을 앞에 둔 주체는 무력하다'는 전면적인 굴복을 받아들이라고 말하는 것이 아니다. 그것이 아니라 '할 수 있는 것'을 할 수 없게 된 상황에서 여전히 주체는 이 포착할 수 없는 것을 앞에 두고, 내가 그것에 대해서 남성적일 수도 영웅적일 수도 없는 것을 앞에 두고, 유치함과 흐느낌 **이외의 자세**를 찾을 수 있는 하나의 험한 길이 있지 않을까 하고 묻고 있다.

그 단서로 레비나스는 셰익스피어를 소환한다. 레비나스가 종종 셰익스피어를 인용하는 것은 희곡 안의 극적 상황과 대사가 철학적 명제에 다채로운 '비유'로서 도움이 되기 때문이 아니다. 오히려 그 반대다. 셰익스피어 안에는 쉬운 해석을 허락하지 않는 불가해한 인간의 실상이 그려져 있어, 그것이 철학자들에게 자신이 안주하고 있는 땅으로부터 나올 것을 요구하기 때문이다. 레비나스가 셰익스피어를 인용하는 것은 '답을 내놓기' 위해서가 아니라 오히려 '물음을 더욱 답하기 어려운 것으로 하기' 위함이다.

죽음을 눈앞에 둔 주체는 과연 '죽음 또한' 하나의 존재 방식이라고 공공연히 말하면서 존재에 달라붙을까. 아니면 모든 영웅성을 포기하고 유치함과 흐느낌 안에서 무너져 내릴까. 레비나스는 이런 양자택일을 설정한 뒤 『맥베스』에서 '제3의 길'을 찾는다.

이야기가 끝나갈 즈음 맥베스는 버넘 숲이 던시네인 성에 가까워지는 것을 본다. '버넘 숲이 움직이지 않는 한 왕위는 안전하다'는 마녀의 예언을 믿는다면 그것은 패배의 징조나 다름없다. 그런데 맥베스는 멈추지 않고 용감하게 싸운다. 마녀의 또 다른 예언, '여자의 배 속에서 태어난 자one of woman borne는 맥베스를 해칠 수 없다'는 말을 믿었기 때문이다. 그러나 맥베스를 턱밑까지 쫓아온 적장 맥더프는 자신이 제왕절개로 엄마의 배에서 끄집어내어졌기 때문에 '여자의 배 속에서 태어난 자'가 아니라고 말한다. 맥베스는 자신이 패배할 수밖에 없음을 그때 비로소 알게 된다.

이것이 그 수동성이다. 이미 어떤 희망도 없다. 내가 '남성성의 종언'이라고 부른 것은 이러한 상황을 의미한다. 그런데 사라진 것으로 알았던 희망은 곧바로 소생한다. 맥베스는 마지막에 이렇게 말한다. "버넘 숲이 던시네인 성을 향해 움직이든, 내가 이렇게 여자의 배에서 태어나지 않은 자를 눈앞에 두든 나는 마지막 기회를 찾을 것이다."[23]

죽음을 눈앞에 두고도 여전히 맥베스는 '마지막 기회'를 찾으려고 한다. 이는 그가 '영웅'이기 때문이다.

영웅이란 어떤 경우에도 마지막 기회를 찾는 자를 의미한다. 기회를 찾는 노력을 결코 포기하지 않는 자를 의미한다. 그러므로 죽음은 결코 받아들여지는 것이 아니다. 죽음은 받아들여지는 것이 아니라 도래한다. (…) 죽음이라는 내가 어떻게 할 수 없는 영원한 임박이 죽음의 본질을 구성한다.[24]

죽음의 본질은 죽음을 받아들일지 말지 그리고 죽음을 앞당겨 맞이할지 말지에 있지 않다. 죽음의 본질은 **그 영원한 임박**에 있다.

유대인에게는 이 표현이 이상할 것 없으리라. '죽음'을 '메시아'로 바꿔보면 알 수 있다. 메시아 사상이란 '결코 도래한 적이 없는 것을 영원히 계속 기다리는 것'이기 때문이다. 결코 현재가 되지 않는 미래를 향해서 자신을 개방 상태로 계속 두는 것이기 때문이다. 로베르 아롱은 임박만이 있고 '도래'하지 않는 메시아에 관해 이렇게 썼다.

결코 도래하지 않는 메시아. 그러나 그것을 간절히 기다리는 것만이 설령 영원히 기대가 계속 배반당할지라도 유효하고 필수적이다.[25]

메시아는 그렇게 결핍의 방식으로 임재하고, 임박하고, 사람들의 삶을 이끈다. 그 '영원히 도래하지 않는 것'을 계속 기다리는 자세가 '희망'이다.

34. 죽음과 타자 (1)

죽음은 맡아둘 수 없다. 죽음은 도래한다. 이 영원한 임박이 죽음의 본질을 형태 짓는다. 주체는 죽음을 맡아둘 수 없다. 죽음에 닿을 수도 없다. 죽음을 앞서 맞이할 수도 없다. 죽음은 '하나의 존재 방식'이 아니다. 주체와 죽음 사이에는 넘어설 수 없는 '여백marge'이 있다. 그리고 희망은 그 틈에 산다. 희망은 죽음에 부가되는 것이 아니다. 죽음과 주체 사이가 희망이 있는 곳이다.

레비나스는 '둠 스피로, 스페로Dum spiro, spero'(내가 호흡하는 한 나는 희망을 갖는다)라는 오랜 라틴어 속담을 인용한 후 또 하나의 셰익스피어 작품을 다음 증인으로 소환한다.

『햄릿』이야말로 죽음을 떠맡는 것의 불가능성에 관한 장대한 증언이다.[26]

'무'는 불가능한 것이다. 무가 가능했다면 인간에게 죽음을 맡아둘 가능성을 남겼을지도 모른다. (…) '존재하느냐 존재하지 않느냐to be or not to be'란 자신을 무로 하는 것의 이 불가능성을 의식하는 일이다.[27]

'to be or not to be' 말고는 선택지가 없다면 '살면서 죽는다', '죽으면서 산다'도 있을 수 없다. **죽음은 "하나의 존재 방식"일 수 없다.** 하이데거에게 셰익스피어의 인용을 내민, '죽음과 미래'라는 제목이 붙은 절은 여기서 끝난다. '사건과 타자'라는 제목이 붙은 다음 절에서도 레비나스는 죽음에 관해 계속 말한다.

죽음에 관한 지금까지의 분석으로부터 우리는 무엇을 도출할 수 있을까? 일단 알게된 것은 죽음은 주체의 남성성의 한계라는 것이다. 익명적인 존재 안에서 위상전환에 의해 가능하게 된 남성성, '현재/현전'이라는 현상에서 빛 속에서 현현한 남성성은 여기가 종점이다. 그것은 주체에 있어 불가능한 시도가 존재한다는 것도 아니고 주체의 권능이 어떠한 방식으로 한계 지워지는 것도 아니다. 죽음은 우리가 그것에 대해서 아무것도 할 수 없는 현실, 그것에 대해서 우리의 힘이 불충분하다는 현실을 고지하는 것은 아니다. 우리의 힘을 넘어서는 현실은 빛의 세계 속에서 이미 얼마든지 출현한다. 죽음의 접근에서 중요한 것은 어떤 시점에서 **우리가 더는 할 수 있는 것이 할 수 없게 되는**nous ne pouvons plus pouvoir 것이다. 주체가 주체로서의 지배력 자체를 잃어버리는 것은 다름 아닌 그러한 방식에서다.[28]

주체의 속성으로 사용되는 '남성성/남자다움virilité'이라든지 '영웅성/용감함héroïsme' 같은 말이 좀 신경 쓰이는 독자가 있을 것이다. 주체와 죽음이라는 철학 개념을 생각하는 문맥에서 왜 인습적인 성적 함의를 갖는 말을 일부러 사용하는가.

그 점에 관해 레비나스를 대신해서 내가 여기 한마디 변명을 보태고자 한다. 레비나스가 『맥베스』를 인용할 때 언급한 "철학의 모든 것은 셰익스피어에 관한 하나의 성찰에 지나지 않는다toute la philosophie n'est qu'une méditation de Shakespeare"라는 구절을 참조하길 바란다. 이 구절은 인용문이 아니라 레비나스 자신의 말이다. 그리고 레비나스의 말 가운데 가장 자주 인용되는 말이기도 하다.

레비나스의 철학은 고매한 사변의 체계로서 일상생활과 동떨어진 먼 예지의 경위에 구축된 것이 아니다. 이런 말을 해도 좋다면(아마 좋지 않을 듯하지만), 레비나스 철학의 모든 것은 에마뉘엘 레비나스라는 인간이 산 경험에 관한 하나의 성찰과 다름없다. 리투아니아에서 태어난 유대인으로서, 모리스 블랑쇼의 친구로서, 하이데거 철학의 열렬한 선포자로서, 포로 신분인 프랑스 병사로서, 프랑스 유대인 사회의 영적 재건을 스스로 피할 수 없는 책무로 맡은 교육자로서, 남편으로서, 아버지로서 이 강연 날까지 40년 남짓 살아온 에마뉘엘 레비나스라는 남자의 인생에 관한 이것은 '하나의 성찰'과 다름없다.

그의 철학이 그가 살아온 모든 시간, 모든 경험의 의미를 길어내는 일은 있을 수 없다. 그런 일은 어떠한 철학자도 불가능하다. **살아 있는 철학자가 지닌 경험의 폭과 깊이는 늘 그 철학을 능가하기** 때문이다. 그가 일상생활에서 문득 입에 담은 인습적인 말도 또한 그가 일의적으로 다룰 수 있는 철학 용어의 체계에는 포섭할 수 없다.

여기서 레비나스가 사용한 '남자다움'이라든지 '용감함'이라는 날

것의 말은 아마도 레비나스 자신이 죽음의 임박을 실감했을 때 그의 뇌리에 떠올라 입을 뚫고 나온 말일 것이다. "아, 지금 나는 '남자다움의 한계'에 서 있다"라고. 나는 레비나스가 죽음의 임박을 실감했을 당시의 경험을 그런 말로 기술했을 것이라 생각한다. 왜 죽음의 임박 속에서 '그런 말'이 나왔을까. 왜 **그러한 몰철학적인 일상용어로** 자신이 놓인 상황을 기술하려고 했을까. 레비나스는 오히려 그것을 알려고 철학적 사색을 계속한 것이 아닐까.

"철학의 모든 것은 셰익스피어에 관한 하나의 성찰에 지나지 않는다"라는 문장도 아마도 문득 입을 뚫고 나온 문장일 것이다. 그런데 그 말에는 뭔가 반론할 수 없게 하는 리얼리티가 있다. 이 말은 누구로부터 빌려온 말도 아니고 다름 아닌 자기 몸에서 배어 나온 말이기 때문이다. '왜 나는 이런 말로 사유하는가?' 같은 물음도 레비나스의 철학 행위를 작동시키는 원천일 것이다.

하이데거 비판도 그렇다. 레비나스는 하이데거 비판의 논리를 주도하게 구축한 상태에서 이 강연을 한 것이 아닐 것으로 나는 느낀다. '하이데거가 말하는 것은 뭔가 틀렸다, 아무래도 납득이 안 간다'는 신체적인 실감이 먼저 있고서 그 '납득하지 못함'에 철학적인 '형태'를 부여하기 위해 레비나스는 강연을 했다. 그런 순서라고 생각한다. '말하고 싶은 것'이 미리 완성 원고로 준비되어 있어서 그걸 그냥 읽어내기만 하면 되는 것이라면 **이만큼 알기 어려운 이야기가 될 리 없다.**

이만큼이나 '알기 어려운 이야기'가 강연이라는 형태로 진행되어 (몇 명인지 모르겠지만) 청중이 그 이야기를 들을 수 있었다는 건 '하이데거는 뭔가 틀렸다'라는 실감만큼은 그 장소에 있는 모두에게 공유되었음을 의미한다. 단 그 실감을 명석한 철학 어법으로 말하는 일은 이 시점에서는 아직 **누구도** 할 수 없었다. 레비나스는 그 곤란한 미션을 위해 최초로 손을 들었다. 이전에 하이데거에게 경의를 품고 그의 철학을 널리 알린 사람 중 누군가가 그 일을 맡아야 한다고 생각했기 때문이다. 레비나스는 그 일을 누구보다도 자기 일로 느끼고 있었다. 어쨌든 지금 여기서 일어나 무언가를 말해야 한다. 그 절실함만큼은 틀림없이 청중에게 전해졌을 것이다.

그래서 이 이야기는 평소 대학 강의실에서 철학 선생이 강연하는 '하이데거 비판' 같은 것으로 생각해서는 안 된다. 이것은 그런 평온한 강연이 아니다. 나치즘을 찬미하고 유대인 동포 600만 명의 죽음에 간접적으로나마 가담한 철학자의 사상에 왜 자신은 이전에 그만큼 열광적이었는가. 그 개인사적 경험을 레비나스는 강연에서 찾아내 드러내려고 했다. 이전에 레비나스는 하이데거에게 열광했다. 그런데 지금은 그럴 수 없게 되었다. 왜인가. 그 점을 밝히지 않는 한, 레비나스로서는 이십 대의 자신에게 **면목이 서지 않는다.** '하이데거에 열광했던, 세계대전 기간의 자신'과 '하이데거를 받아들일 수 없게 된, 전후의 자신'이 레비나스 내부에서 갈등하고 있다. 하이데거를 '나치 가담자'로 정리하고 잘라버리는 것은 간단한 일이다(실제로 많은 철학자가 그랬다). 하지만 그렇게 해서는 **과거의 자신에게 면목이 서지 않는다.** 하이데거 철학에서 최선의 부분을 훼손하지 않고 거기에 부족한 무언가를 찾아내는 것. 그것이 오늘날 철학사에 긴급히 요구되는 일이다. 레비나스는 그렇게 느끼고 있었다. 그리고 철학학원 청중은 레비나스가 무얼 말하는지는 이해할 수 없을지언정 레비나스가 왜 거기에 서서 이토록 어려운 이야기를 해야만 하는지는 알고 있었다.

35. 죽음과 타자 (2)

할 수 있는 일을 못 하게 된다. 기묘한 표현이다. 힘이 부족해서 혹은 주어진 과제가 너무 어려워서 뭔가 하고 싶은 것을 못 하게 되는 일은 자주 있다. 그러나 죽음이 다가와서 그로 인해 생기는 불능은 그것과는 다르다. 죽음이 다가와서 그로 인해 생기는 불능은 '이건 할 수 있지만 저건 할 수 없다'는 식의 불능이 아니다. 할 수 있는 것 자체가 가능하지 않다는 불능이다.

이제 레비나스는 '이해'와 '기투'에 관한 『존재와 시간』의 정의를 도마에 올린다.

현존재는 늘 어떤 목적, 어떤 활동 안에 있다. 단 그 목적이 무엇인지, 무엇을 달성하기 위해 자기가 이 세계에 던져져 있는지는 완전한 방식으로 현존재에 열어 보여지지 않는다. 그런데 현존재 안에는 (덜 익은 과일이 익는 것을 목표로 하듯이) 일종의 **귀소본능** 같은 것이 있어서, 거기에 이끌려 헤맴과 일탈로부터 눈을 떠 제 숙명을 찾을 수 있다. 비철학적인 어법으로 (말해서는 안 되겠지만) 말하자면 그런 것이다.

현존재는 '자신이 가장 고유하게 존재할 수 있는 것das eigenste Seinkönnen'을 비주제적으로는 이미 알고 있어서 미제, 미완료라는 방식으로는 이미 그것이다. 현존재는 아직 달성되지 않은 '어떤 일'을 할 수 있는etwas können 것을 그 근본성질로 하고 있다. 가능존재Möglichsein인 것, 그것이 현존재를 현존재로 만들어준다.

현존재는 어떤 것을 할 수 있다는 것을 '있어도 좋고 없어도 좋은 능력'으로 갖는 하나의 사물적 존재자가 아니라 일차적으로 가능존재다. 현존재는 그때마다 사신이 그것일 수 있는 것으로, 자신의 가능성대로다.[29]

현존재의 근본성질은 '할 수 있음'에 있다. 물론 현존재는 그때마다 불완전한 존재 이해 안에 틀어박혀 있지만 그런 착오와 자신이 존재하는 이유를 잃어버리는 것은 현존재의 '가능성'으로서의 근본성질을 조금도 훼손하지 않는다. "현존재는 자기 자신에 대해서, 바꿔 말하면 자신이 존재할 수 있는 것에 대해서 자신이 취해야 할 **입장**을 '알고 있기'" 때문이다. 현존재는 "그때마다 헤매거나 자신을 잘못 보고 말지만" 다름 아닌 이 헤맴과 일탈을 통해 "자신의 여러 가능성에서 이윽고 다시 자신을 발견하는 가능성에 맡겨진다".[30]

'이윽고 다시erst wider'라는 인상적인 부사가 여기서 사용되고 있다. 거기서부터 우리는 현존재가 '오디세우스적 존재자'라는 것을 새삼 알게 된다. 오디세우스의 모험의 여정은 모두 고향 섬에 귀환하기 위한 우회와 지연에 지나지 않았다. 오디세우스는 그 여정에서 거듭 '헤매고 자신을 잘못 보았다'.

그러나 그러한 것들은 모두 '자신의 여러 가능성에서 이윽고 다시 자신을 발견하기' 위한 고향 이타카라는, '자신이 가장 고유하게 존재할 수 있는 곳'을 향한 여정이었다. 여행을 하는 오디세우스는 자신이 목적지에 **아직** 당도하지 않았다는 것을 알고 있었다. '목적지가 **아직** 멀다'는 것을 알고 있는 여행객은 결핍의 방식이긴 하지만 목적지에 이미 손끝이 닿고 있다. 하이데거식으로 말하자면 '아직 당도하지 않은 방식으로 이미 당도해 있는' 것이다.

현존재는 자신이 가장 고유하게 존재할 수 있는 것을 향해 늘 열려 있다.[31]

레비나스는 이 '현존재의 가능성'과 '할 수 있는 것을 더는 못 하게 된다'는 무능성을 대치시킨다. 고향의 섬으로 귀환하는 여행과는 다른 여행, '자신이 가장 고유하게 존재할 수 있는 곳'으로의 귀환이 아닌 여행. 그것이 '주체가 주체로서의 지배력 자체를 잃어버리는' '지배의 종언'이라는 경험이다.

이 지배의 끝이 보여주는 것은 우리는 '실존하기'를 받아들이기는 하는데 그것이 우리에게 받아들이기 어려운 **사태**일지라도 우리 몸에 일어날 수 있는 방식으로 받아들여졌다는 것이다. 즉 경험적 세계 안에 매몰되어 있을 때 우리는 시야를 버팀목 삼아 그 사태를 받아들이는데, 이는 사실은 그 사태를 그런 방식과는 다른 방식으로 받아들였음을 의미한다. 어떤 사건이 우리 몸에 일어난다. 우리는 '그것'에 관해 **선험적으로**

아무것도 갖고 있지 않았는데, 즉 그것에 관해 어떠한 (오늘날 사용되고 있는 의미에서의) '기투'도 이루어지지 않은 일이 우리 몸에 일어난다.[32]

'오늘날 사용되고 있는 의미에서의 기투project'란 물론 하이데거의 기투Entwurf를 가리킨다. 독일어 Entwurf는 일상어로는 설계도, 겨냥도, 밑그림, 약도, 디자인, 초안, 구상 등을 의미한다. 철학 용어로서 '기투'는 '밑그림이 그려진 미래를 향해서 자신을 던진다'라는 좀 한정적인 의미가 된다. 현존재는 그때마다 이미 어떤 '밑그림' 안에 던져져 있고 이미 어떤 활동 안에 있다. 하이데거는 이렇게 설명한다.

> 현존재로 있기 위해서 현존재는 **그때마다 이미 자신을 기투하고 있고** 현존재가 존재하는 한 계속 기투하면서 존재하고 있다. (⋯) 기투란, 던지는 행위를 할 때 펼쳐질 가능성을 '그것'으로 인지하고 자신을 위해 미리 던지고, 그러한 가능성으로서 자신을 존재하게 하는 것이다. (⋯) 바꿔 말하면 현존재는 실존론적으로는, 현존재가 자신이 존재할 수 있는 것에 있어서 그것이 아직 아니다.[33]

기투에서 '설계도'가 설계도로시 기능할 수 있는 것은 현존재가 자신을 그 안에 던지고 이미 거기에 따르는 작업을 시작했기 때문이다. 현존재가 그 '구상'에 따라서 이미 행동을 시작했으므로 그것은 '구상'으로서 인지된다. 기투를 부활시키는 것은 기투하고 있는 바로 해당 현존재다. 현존재는 그렇게 해서 '아직 그것이 **아님**'이라는 독특한 방식으로 미래를 앞당겨 맞이하고 있다.

현존재의 근본성질은 미래를 그때마다 현재로 끌어당기는, **시간을 넘어서는**, 앞으로 기우는 역동성 안에 있다. 현존재는 기투라는 방식으로 미래를 이른바 '침식'하고 있다(먼저 먹고 있는 셈이다). 그렇게 해서 현존재는 죽음을 '존재하는 것의 한 가지 방식'으로 회수하기 때문에 미래는 그 타자성과 미지성을 빼앗긴다.

레비나스는 그러한 가능성으로 채워진 현존재를 '그것에 관해서 우리가 선험적으로 무엇 하나 갖고 있지 않은 일', '그것에 관해서 어떠한 기투도 이루지 않는 일'과 대치시킨다.

우리는 곧 이렇게 말해야 한다. 실존은 복수적l'existence est pluraliste이라고. 여기서 말하는 복수적이라 함은 '실존자'의 다양성을 의미하는 것이 아니다. 그것은 '실존함' 그 안에서 출현한다. 지금까지 질투심을 자양분 삼아 주체 혼자 떠맡고 수난을 통해서 현현되어온 '실존자'의 실존함 그 자체 안에 복수성이 침입해 들어온다. 죽음에서 실존자의 실존함은 소외된다. 확실히 여기서 고지되는 '외부적인 것'은 주체가 소유하는 '실존함'을 소유하고 있지 않다. 나의 '실존함'에 대한 지배력은 신비적이다. 신비적이라는 것은 아직 알려지지 않았다는inconnu 의미가 아니라 알 수 없다는inconnaissable 의미다. 모든 빛에 저항하는 것이다. 바로 그것이 나타내는 것은 외부적인 것은 어떠한 방식에서도 또 하나의 나는 아니라는 것이다. 나와 함께 공시적인 실존 안에 참여하고 있는 또 하나의 나는 아니라는 것이다.[34]

36. 죽음과 타자 (3)

강연을 시작하며 레비나스는 '타자와의 근원적 관계를 기술해야 하는 전치사는 mit(~와 함께)가 아님'을 제시하고 싶다고 선언했다. 타자는 하이데거에게서는 공동존재Miteinandersein라는 형태로 출현한다. 나와 타자는 공통의 플랫폼 위에 서 있다. 주체와 타자는 진리를 향해 서로 이웃 관계에 있다. 나는 항상 타자와 세계를 나누고 있다. "현존재의 세계는 공共세계다."[35]

현존재는 단독으로 존재하고 있을 때도 '세계 내의 공존재'다. 하이데거가 말하듯 "혼자서 존재하는 것은 공존재의 하나의 결핍의 양태이고, 혼자서 존재하는 게 가능하다는 것이야말로 공존재를 증명한다".[36]

후설의 타아는 나와는 다른 장소로부터 똑같은 세계를 경험하고 있다. 내가 그렇게 바라면 타아가 있는 장소에 갈 수 있다. 타아는 '내가 그렇게 하려고 생각하면 할 수 있는 것'을 수행하는 가상적인 '나'다. 그래서 타아와 나는 공동주관적 · 상호주관적으로 세계를 경험하고 있다. 내가 경험하고 있는 것은 "모든 사람에게도 현존하고 있고 그 안에 있는 대상을 통해서 모든 사람이 그것에 접할 수 있는 세계"다.[37]

'주체는 타자와 함께 세계에 있다'는 것은 후설 현상학과 하이데거

존재론이라는 두 철학적 관점의 근간이 되는 명제다. 그리고 레비나스는 다름 아닌 이 근본 명제를 물리친다. 레비나스는 주체와 타자 사이에 '함께'라는 관계는 없다고 주장한다.

> 외부적인 것과의 관계는 목가적이고 조화적인 교감의 관계도 아니고 공감도 아니다. 공감이란 외부적인 입장이 되어 보고 외부적인 것을 우리의 외부에 있긴 하지만 우리와 비슷한 것으로서 인식하는 관계를 의미하는데, 그렇지 않다. 외부적인 것과의 관계는 '신비'와의 관계다. 외부적인 것의 전존재를 구성하는 것은 그 외부성extériorité이다. 아니, 오히려 그 타자성altérité이라고 말해야 할까. 외부성이란 공간의 속성이고 따라서 빛을 매개로 해서 주체를 다시 자기 자신으로 데려오기 때문이다.[38]

'함께'라는 단서를 갖지 않는 관계, 빛에 매개되지 않는 관계, 타자의 타자성을 훼손하지 않는 관계, 그것이 외부적인 것과 관계를 맺는 진짜 모습이다. 그것은 주체와 죽음의 관계와 똑같다. 죽음은 포착할 수 없다. 우리는 죽음을 빛 속에서 보지 않는다. 죽음의 얼굴을 봤을 때 나는 이미 죽어 있다. 죽음의 본질이란, 주체가 그것을 맡아두는 것도, 앞서 맞이하는 것도 할 수 없고 주체에게 영원한 임박으로서만 경험되는 것 안에 존재한다.

그러므로 고통 때문에 고독이라는 경련 상태에 도달한 존재자, 죽음과 관계를 맺게 된 존재자만이 외부적인 것과 관계가 가능하게 되는 경역에 몸을 둘 수 있다. 어떤 가능성을 포착한다는 사실에 결코 도달하지 않는 외부적인 것과의 관계. 그것이 어떠한 것인가를 말하려고 하면 빛을 기술하는 관계와는 전혀 다른 어법을 채택할 수밖에 없을 것이다. 나는 에로스적 관계relation érotique가 그 원형을 제공해줄 것으로 생각하고 있다.[39]

여기서 우리는 레비나스의 타자론·시간론의 완전히 새로운 국면에 들어선다. 완전한 외부, 완전한 타자, 신비와 관련되는 좁은 길로서 레비나스는 '에로스적 관계'를 제시하기 때문이다.

에로스는 죽음과 똑같을 만큼 강하다. 그래서 에로스는 신비와의 이 관계를 분석할 기반을 우리에게 제공해줄 것이다. 단 그것은 플라톤주의의 어법과는 전혀 다른 어법으로 논해야 한다. 플라톤주의는 빛의 세계이기 때문이다.[40]

에로스적 관계는 신비와의 관계라는 점에서 미래와의 관계이기도 하다.

어떤 방법으로도 포착할 수 없는 것, 그것은 미래다. 미래의 외부성은 다름 아닌 그것이 절대적으로 예견 불가능하다는 사실로 인해 공간적 외부성과는 전혀 다른 것이다. 미래를 앞당겨 맞이하는 것, 미래에 투사하는 것, 그것이 지금까지 베르그송부터 사르트르에 이르는 모든 이론을 통해 시간의 본질로서 인정받아온 것으로 우리 안에 내려서서 우리를 납치하고 데려간다. 미래는 외부적이다. 그래서 **미래와의 관계는 외부적인 것과의 관계 그 자체다.** 단독 주체의 시간에 관해 말하는 것, 순수하게 개인적인 지속에 관해 말하는 것은 나로서는 불가능하다고 생각한다.[41]

죽음과 에로스와 미래는 모두 주체에 의해 포착될 수 없고 '우리 안에 떨어져 내리는 것'이며 '우리를 납치하는 것'이다. 그것이야말로 주체가 외부적인 것과 맺는 관계다. 그러한 관계를 우리는 어떻게 기술할 수 있을까.

죽음과 에로스와 미래는 레비나스가 말한 대로 절대적으로 외부적이고 절대적으로 타자적인 것임에도 불구하고 우리의 일상이다. 우리는 매일같이 순간순간 그 '다른 것'이 임박하는 가운데 살고 있다. 실제로 우리가 날마다 하는 활동 대부분은 죽음과 에로스와 미래를 응시하고, 그 앞에 서서 움켜잡고, 그것에 '납치'되어 그 임박에 전율하는 일로 이루어져 있다. 그럼에도 주체는 이를 '포착하다', '이해하다', '분류하다', '소유하다' 같은 타동사적인 작용으로 기술할 수 없다.

우리에게 가장 일상적이고 가장 구체적이고 지금, 이 순간도 우리 안에 깊게 파고들고 깊게 침입하고 우리를 근원적인 방식에서 움직이게 하는 바로 그것이 철학적으로는 가장 멀리 있고 포착하기 어려운 것이다. 가장 가까운 것이 가장 소원하고, 가장 노골적인 것이 가장 감추어져 있고, 가장 일상적인 것이 말로 하기 가장 어렵다.

이것은 레비나스의 흔들리지 않는 확신이었다.

37. 외부적인 것과 타자

우리는 지금까지 죽음 안에서 사건의 가능성을 제시해왔다. 우리는 주체가 더는 사건의 지배자가 아니게 된 이 사건의 가능성을 주체가 늘 그 지배자인 대상, 즉 그것과 함께 있는 한 주체가 늘 단독자인 대상의 가능성에 대치해 보았다. 우리는 이 사건을 신비로서 성격 지웠다. 이 사건은 앞당겨 맞이하는 일도 없고 포착되는 일도 없기 때문이다. 그것은 어떠한 현재 안에도 들어오지 않고 그것이 현재에 들어올 때는 현재에 들어오지 않는 것으로 들어오기 때문이다.[42]

죽음과 에로스와 미래. 그것은 모두 '주체가 더는 그 사건의 지배자가 아닌' 사건이다. 그것을 우리는 앞당겨 맞이할 수 없고 포착할 수 없다. 그것은 문득 도래하고 우리를 납치한다. 그것은 결코 시간적 현재 안에서도 공간적 현전 안에서도 도래하지 않는다. 즉 주체는 그 사건을 '지금'으로서도 '이것'으로서도 경험할 수 없다. 그러한 사건을 '신비'라고 부른다.

그러나 외부적인 것으로서 나의 실존의 소외로서 이렇게 고지된 죽음은 그럼에도 아직 나의 죽음일까? 만약 죽음이 고독이 열리는 구멍을 파고드는 것이라고 해도 그것은 이 고독을 찢고 주체성 그 자체를 찢는 것에 불과한 것이 아닌가? 실제로 죽음 안에는 사건과 사건의 도래를 기다리는 주체를 가로막는 심연이 있다.[43]

주체가 포착할 수 없는 사건이 왜 주체에 도래하는가? 왜 외부적인 것은 넘어서기 불가능한 간격을 매개로 해서까지 나와 관계하려고 하는가? 주체에게 죽음은 '신비'임에도 왜 나는 '나'의 죽음이라는 소유형용사를 죽는 순간까지 손에서 놓지 못하는가? 이러한 물음은 보다 본질적인 다음 물음으로 집약된다.

'실존자'는 외부적인 것에 의해 그 자기 자신을 찢어발기는 일 없이 외부적인 것과 관계를 맺을 수 있을까?[44]

초월적인 존재가 다가오는 상황에서도 내가 어떻게 유지될 수 있을까 la conservation du moi dans la transcendance라는 새로운 논점이 여기서 제기된다. 초월과 관련될 때 나는 나의 지적 틀 자체를 능가하는 것과의 관계를 '나'로서 경험한다. 마지막까지 '나'는 보존된다. '내 죽음'의 경험을 나는 예측할 수 없고 포착할 수 없으며 죽음은 끝끝내 나에게는 '알 수 없는 것'이지만, 나는 그럼에도 '나'의 죽음이라는 소유형용사를 죽을 때까지 손에서 놓지 않는다. 죽음과 나는 심연을 가운데 두고 대치하고 있다. 죽음은 포착할 수도 인식할 수도 지배할 수도 없는 완전한 외부임에도 나에게는 이만한 것이 없을 정도로 절실하고 구체적이다. 이러한 죽음과의 관계는 내가 대상을 인식하거나 포착하거나 소유하거나 지배할 때의 타동사적인 작용과는 전혀 별개의 것이다. 왜 나는 죽음과 이러한 독특한 관계를 맺을 수 있을까? '나와 죽음 사이의 화해 conciliation entre le moi et la mort'란 어떻게 해서 가능한가?

어떻게 해서 자아는 죽음을 가능성으로서 받아들이지 않으면서도 그럼에도 죽음을 받아들일 수 있을까? 죽음을 앞에 두었을 때 사람은 더는 '할 수 있는 것'을 못하게 되는데, 어떻게 해서 사람은 죽음이 고지하는 사건을 앞에 두고 계속 자기일 수 있을까?[45]

존재하느냐 존재하지 않느냐 하는 햄릿의 고뇌는 그 두 가지 중 어느 쪽도 선택할 수 없게 된 데서 비롯한다. 그런데 그것이 인간이 하는 본질적인 고뇌의 형태다. 사는 것과 죽는 것. 빛 속에서 대상을 빈틈없이 다 보려고 하는 것과 빛으로부터 도망가려는 대상을 좇는 것. 이런 두 가지 양립하지 않는 행위를 주체는 동시에 추구한다.

우리는 죽는 것을 원하는 동시에 존재하기를 원한다.[46]

사람은 신비가 임박했음을 감지한다. 물론 그것을 통상적인 사물처럼 받아들일 수는 없지만 우리는 수중에 있는 기준과 틀로는 결코 측정할 수 없는 것의 임박을 느낄 수 있다. 하느님이 아브라함과 모세에게 말을 걸었을 때처럼 무엇인지 모를 존재가 자기에게 말을 걸고 있다는 것은 안다. 발신자가 누구인지, 그 메시지가 무얼 의미하는지는 모른다. 그러나 그 메시지가 자기를 수신자로 삼고 있다는 것은 완전히 확신한다. 이 '자기가 수신자다'라는 흔들리지 않는 실감을 레비나스는 '절박obsession'이라 부르고 혹은 '변증법적 상황une situation dialectique'이라고도 바꾸어 말한다. 물론 '변증법'이라는 말은 헤겔을 염두에 두고 선택되었다.

헤겔에 따르면 인간적 욕망이란 '타자의 욕망', '타자로부터 인정받는 것에 대한 욕망'이다.

나는 타자가 나의 가치를 그의 가치로서 '인정'하는 것을 바라고 있고 나는 그가 나를 자립한 하나의 가치로서 '인정'하기를 바란다. 바꿔 말하면 **인간적 욕망**, 인간의 생성을 가져오는 **욕망**, **자기의식** 즉 인간적 실재성을 낳은 부모로서의 욕망은 어떠한 것이든 종국에는 '인정'에 대한 욕망에 기초하고 있다.[47]

인정을 추구하는 두 개의 자기의식이 만나면 각각이 '자기를 타자에게 인정시키고 최고의 가치로서 자기를 타자에게 인정케' 하려고 한다. 당연히 그 만남은 '생사를 걸고 투쟁해야' 하는데,[48] 이 '생사를 건 투쟁'은 '생사를 건다'고 말하면서 한쪽의 죽음에 의해 끝나는 것은 아니다. 타자가 죽어버리면 '타자에 의한 인정'이 불가능해지기 때문이다. "인간적 실재가 '인정된' 실재성으로서 구성되기 위해서는 적대시하는 쌍방이 투쟁 뒤에도 생존해야 한다". 패자는 "자기 욕망을 포기하고 타자의 욕망을 충족시켜야 한다".[49]

이렇게 타자를 '인정하는 것'은 그 타자를 자기의 **주인**으로서 인정하는 것이며, 자기를 **주인의 노예**로서 인정하고 또한 인정받는 것이다. 다시 말하자면 인간이 되려고 할 때 사람은 결코 단적으로 인간이지 않다. 인간은 늘 필연적으로 게다가 본질적으로 혹은 **주인**이고 혹은 **노예**다. (⋯) 만약 열어 보여진 인간적 실재성이 세계사 이외의 다른 어떤 것도 아니라고 하면 이 역사는 **주인인 것**과 **노예인 것**의 상호 교섭의 역사가 되어야 한다. 즉 역사적인 '변증법'이란 **주인과 노예**의 '변증법'이다.[50]

헤겔이 '변증법적으로 양기揚棄한다'는 것은 "폐기되는 것을 유지하면서 폐기하는 것"이고, '폐기된 것'은 "이 보존에 의한 폐기 내지는 폐기에 의한 보존 안에서 그리고 그것에 의해 '더 높은 양상에' 승화된다"는 것이다.

변증법적으로 양기된 존재는 (직접적이고) 자연적인, 게다가 소여의 것으로서 우연적인 (게다가 의미를 잃은 비이성적인) 측면에서는 폐기되지만, 그 본질적인 (유의미하고 의미가 풍부한) 측면에서는 보존된다. 이렇게 해서 부정에 의해 매개되게 된다.[51]

레비나스가 주체와 죽음의 대치를 '하나의 변증법적 상황'이라고 부르는 것은 아마도 거기에 '인정'과 '부정에 의한 매개'가 열쇠가 되기 때문일 것이다.

죽음이 주체를 묻고 대답하기에 불필요한 것으로 삼켜버렸다고 하면 이후 주체가 없는 세계에서 죽음은 더는 초월도 신비도 될 수 없다. **주체가 없는 세계에서 죽음은 아무것도 아니다.** 죽음이 초월이고 신비가 되는 것은 모든 대상을 빛 속에서 가시화하는 권력적인 주체만이 죽음의 임박 속에서 '할 수 있는 것을 할 수 없다'는 무력감에 깊이 **침식될 수 있기** 때문이다.

인간은 인간이 가진 지식으로 설명하기 어려운 사상事象을 설명하는 원리로서 '신'이라는 개념을 만들어냈다. 이와 동시에 '신을 경외한다'는 종교적 감수성이 탄생했다. 신이라는 '초월자'가 존립하려면 신을 경외하는 인간이 존립해야 한다. 헤겔의 변증법에서 '주인'이 존립하기 위해서는 '노예'가 '주인'을 인정하고 '주인'을 욕망해야 하는 것과 도식적으로는 똑같다. 거기에는 일종의 **상보적인 관계가** 있다.

물론 레비나스가 그러한 정형구의 틀에 집어넣기 위해 '변증법'이라는 말을 사용한 것은 아니다. 레비나스가 여기서 '변증법적'이라는 (오해를 불러일으키기 쉬운) 말을 애써 사용한 것은 헤겔의 '주인과 노예'라는 **알기 쉬운** 변증법적 구도를 독자들 머릿속에 그려 넣음으로써 레비나스가 구상한 '신비', '초월', '타자'와 마주하는 구도의 **알기 어려움**을 부각시키기 위함이었다고 생각한다. 레비나스의 알기 어려움은 거기에 있다. 레비나스가 우리에게 뭔가 '알기 쉬운 말'을 내미는 것은

"내가 말하고 싶은 것은 그게 아니다"라고 말하고 그것을 우리 앞에서 소거하기 위함이다.

사건이 그것을 맡을 수 없는 주체, 그것에 관해 아무것도 할 수 없는 주체의 몸에 도래한다고 하는 이 상황, 그럼에도 사건이 어떤 고유한 방식으로 주체의 눈앞에 있다는 이 상황, 그것이 타자와의 관계, 타자와 얼굴을 서로 마주하는 관계le face à face avec autrui, 얼굴과의 만남la rencontre d'un visage이라는 관계다. 얼굴은 타자를 주고 또 빼앗는다. '맡아진' 외부적인 것, 그것이 타자다.[52]

레비나스 철학의 핵심 개념인 '얼굴'이 여기서 나온다.

38. 시간과 타자

　주체가 스스로 삼당할 수 없는 일이 주체에게 도래하는 것, 그것이 타자와의 관계, 얼굴과의 만남이다. 이 레비나스의 말 자체는 넓게 알려져 있긴 한데, 단 '넓게 알려진 것'과 '그 의미가 이해되고 있다'라는 것은 별개의 이야기다. '얼굴과의 만남'이라는 것은 확실히 공간적인 어법이긴 한데 레비나스는 그 관계가 시간이라고 말한다. 알기 쉬운 이야기일 리가 없다.

　이미 몇 번이나 인용한 것처럼 레비나스는 강연의 목적을 '시간이란 고립한 단독의 주체와 관련된 일이 아니라 주체와 타자의 관계 그 자체라는 것을 증명하는 데 있다'고 선언했다.

　시간이란 주체와 타자의 관계다. 이렇게 적고 보면 '한마디'에 불과한데, 이 명제를 스스로에게 납득시키고 남에게 설명한다는 건 쉬운 일이 아니다. 독자가 이 명제를 삼켜 넘길 때까지는 아직 몇 가지 이론적인 험난한 길을 통과해야 한다. 첫 단서는 '미래란 주체와 타자의 관계다'라는 명제다. 이 명제라면 설명할 수 있을 것 같다. 레비나스는 미래의 외부성에 관해 다음과 같이 썼다.

미래의 외부성은 다름 아닌 그것이 절대적으로 예견 불가능하다는 사실로 인해 공간적 외부성과는 전혀 다른 것이다. (…) 미래는 **외부적인 것이다. 그래서 미래와의 관계는 외부적인 것과의 관계 그 자체다.**[53]

미래는 절대적 미지다. 물론 미래에 관한 개연성 높은 예측을 세울 수도 있다. 그런데 흄이 심술궂게 말했듯 어제까지 태양이 동쪽에서 떴다는 사실이 내일 태양이 동쪽에서 뜰 것을 보증하진 않는다. 혜성이 지구와 충돌하면 영원히 내일은 오지 않고 태양이 백색 왜성矮星이 된 뒤에도 내일은 오지 않는다. 우리는 그런 미래의 예견 불가능성에 관해 생각하지 않기로 하고 일단 미래의 미지성을 해독한다. 그런데 '생각하지 않을' 수 있는 것은 실은 '생각하고 있기' 때문이다. 미래의 미지성을 느끼지 않도록 사고 정지할 수 있는 것은 미래의 미지성을 실감하고 있기 때문이다. 불충분한 방식이긴 한데 우리는 미래와 완전히 단절된 것은 아니다. 거기는 한 톨의 실로 연결되어 있다.

죽음이 가져오는 미래, 사건의 미래는 **아직** 시간이 아니다. 이러한 미래는 누구의 것도 아니기 때문이다. 이 미래에는 그것을 맡을 인간이 없다. 이 미래가 시간의 한 요소가 되기 위해서는 그럼에도 역시 현재/현전과의 관계 안에 들어가야 한다.[54]

현재/현전이라고 번역한 le présent은 '지금'과 '여기'라는 의미를 동시에 함의한다. 이처럼 두 가지 뜻을 함의하는 말은 일본어에서는 존재하지 않는다고 반복해서 말했다. 그리고 레비나스는 이 말의 양의성을 이용해서 공간과 시간을 가교하는 곡예를 보여준다.

현재와 미래라는 두 순간 사이를 연결하는 것은 무엇인가? 이 두 가지 순간 사이에는 틈이 있다. 심연이 있다. 그것이 현재와 죽음을 갈라놓고 있다. 얼마 안 되는 것처럼도 생각되고 무한처럼도 생각되는 이 간극 안에 희망을 위한 장소가 늘 존재한다.[55]

이런 설명이라면 의미를 알 수 있다. 그것은 '두 순간 사이entre les deux instants', '틈intervalle', '심연abîme', '간극marge' 같은 말이 모두 공간적인 것을 가리키기 때문이다. 레비나스는 여기서 **시간의 간극을 공간적으로 표상**하고 있다. 그러나 시간을 공간적으로 표상하고 있다는 것은 현재와 미래를 한눈에 내려다볼 수 있는 시점을 가상적으로 설정해 거기에 선다는 것이다. 대상을 빛 속에서 구석구석 다 보는 것이며, 그것은 '할 수 있는 것'이다.

우리는 포착할 수 없는 대상의 임박, "'할 수 있는 것'을 할 수 없다"는 상황에 더해서 미래의 외부성, 타자성을 음미하는 작업을 하는 중이다. 그때 무심코 시간을 공간적으로 표상하는 어법으로 돌아가면 우리는 레비나스의 텍스트를 읽고 있는 것처럼 보이지만 실은 전혀 다른 방향으로 헤매고 만다.

자신이 가진 지적인 틀 안에서 시간을 이해하려고 하면 우리는 반드시 공간적으로 시간을 표상하고 만다. 이 일은 피할 수 없다. 그러나 그렇게 함으로써 우리는 시간의 미지성, 외부성을 훼손하고 만다. 그래서 우리는 계속 **이해하는 것을 단념하면서** 레비나스의 문장을 읽어나가야 한다.

현재와 미래, 두 가지 순간 사이에 있는 것은 결코 단순한 동시성의 관계가 아니다. 그러한 관계라고 하면 시간을 공간으로 변용시키고 말게 될 것이다. 그렇다고 해서 그것이 역동에 관한 것이라거나 지속의 비약은 또 아니다. 현재/현전에 있어 그것 자신이 저편으로 초월하고 미래로 침입하는 이 능력은 죽음이라는 신비 그 자체에 의해 배제되고 있는 것처럼 우리에게는 보이기 때문이다.[56]

레비나스는 여기서 베르그송의 '순수지속durée pure', '생명의 도약élan vital' 같은 시간 개념과 자신이 말하는 시간은 전혀 다른 것임을 독자에게 확인하고 있다.

베르그송도 또한 시간을 사유할 때 공간적 표상에 의존하는 것의 리스크에 관해서는 충분히 자각을 하고 있었다. 그래서 일체의 공간적 표상을 제거한 '순수지속'과 같은 개념을 그 시간론의 중심에 두었다. 베르그송은 이렇게 썼다.

우리는 자신을 표현할 때 말에 의존해야 하고, 그리고 대개의 경우 공간 안에서 현상을 생각한다. (…) 어떤 종류의 철학적 문제가 불러일으키는 극복하기 어려운 곤란의 원인은 본래는 공간 안에 장소를 점하지

않는 현상을 공간 안에 집요하게 병치하려고 하는 점에 있는 게 아닐까.[57]

베르그송도 이 점에서는 레비나스와 다른 이야기를 하고 있지 않다. 그런데 그 후 두 사람의 사고 여정은 각자의 길을 간다.

베르그송에 따르면 자신을 공간적으로 표상한다는 것은 외부의 환경 안에 자신을 두고 그 틀 안에서 자신을 위치 짓고 자신을 이해하기 위함이다. 무반성적, 인습적인 사람은 반드시 자신을 공간적으로 표상한다. 우리의 감정과 사념은 한순간도 똑같은 것에 머무르는 일 없이 부단히 흔들린다. 그것은 포착하기 어려운 것이기에 이를 자아의 핵으로서 확보하기란 어렵다. 그래서 '생각하기보다는 이야기하는' 생명체인 우리는 자신의 주관적 상태를 기술하고 확정하고 다른 사람에게 전하려고 할 때도 "가능한 한 그러한 외적 요인의 표상을 가져와 그러한 상태를 객관화하는 데 모든 관심을 기울인다".[58]

우리가 자신의 주관적인 상태를 설명할 때 '용기를 얻었다'라든지 '의욕을 잃었다' 같은 식으로 **양적으로 늘어나고 줄어드는 일**에 비유하곤 하는 것은 그러는 편이 객관적이라 믿기 때문이고, 그렇게 해야 상호이해에 도달하기 쉽다고 생각하기 때문이며, 냉정하게 말하자면 주관적 상태를 질적으로 기술할 만큼의 언어 능력이 없기 때문이다.

이 난국을 해결하기 위해서 베르그송은 '두 개의 다른 자아'라는 것을 가져온다. 두 개의 자아란 본연의 모습인 '내적인 자아'와 '그 외적 투영', '그 자아의 공간적·사회적 표현'에 지나지 않는 '외적인 자아'다.

"우리의 생존은 시간에서보다도 오히려 공간에서 펼쳐"지므로 "대개의 경우 우리는 자기 자신이 외적으로 살고 있다고 여기고, 자아에 관해서는 그 빛바랜 망령, 순수지속이 공간 안에 투영하는 그림자밖에 자각하지 못한다".[59] 그러나 드물게 우리는 '자기 자신을 다시 보고' 또 '자유'롭게 되는 경우가 있다. 베르그송은 그러한 삶의 방식을 우리에게 권장한다.

자유롭게 행동하는 것은 자기를 회복하는 것이고, 순수지속 안에 몸을 다시 두는 것이다.[60]

물론 레비나스의 철학적 관심은 '자유롭게 행동하는 것'도 '자기를 회복하는 것'도 아니다. '자기를 회복한다'라는 어법은 '존재론의 어법'과 다르지 않아서, 레비나스는 다름 아닌 거기로부터 이탈하는 방향을 찾아 이 강연을 했다.

레비나스는 청중에게 기지旣知의 모든 '외부성' 개념에 대한 참조를 금한 채 사흘째 강연은 다음과 같은 말로 매듭지었다.

미래와의 관계, 미래가 현재 안에 현전함은 역시 타자와 얼굴을 서로 마주하는 가운데 성취하는 것으로 생각된다. 그때의 대면 **상황이 시간의 성취 그 자체**일 것이다. 현재가 미래 안에 조금씩 침식해가는 것은 주체 단독의 행위가 아니다. 그것은 간주관적 관계다. 시간의 조건은 인간끼리의 관계 안에 혹은 역사 안에 있다.[61]

역사라는 말도 이번 강연에서 처음 나왔다. 인간끼리의 연결 속에, 역사 안에 시간이 생성된다는 건 어떤 의미일까? 이윽고 우리는 이 물음과 함께 강연 마지막 날을 맞이한다.

Emmanuel Levinas

4강
읽기

Le Temps et l'Autre

39. 얼굴을 감추는 신

미래는 아직 알지 못하는 것이라서 어떠한 예측도, 투기投企도, 비약도 받아들이지 않는다.

이러한 미래의 개념에서 출발해 시간을 이해하는 것, 이는 결코 시간을 '움직이지 않는 영원성 위에서 움직일 수 있는 형상' 같은 것으로서 포착하지 않는다는 것이다.
현재로부터 모든 예측을 다 제거해버리면 미래는 현재와의 모든 질적인 공통성conaturalité을 잃어버린다. 미래는 미리 준비된 영원성 안에 새겨 들어가고 있지 않다(그렇다고 하면 우리는 거기서 미래를 포착할 수도 있을 것이다). 미래는 절대적으로 외부적이며 새로운 것이다Il est absolument autre et nouveau. 그렇게 고쳐 생각할 때야 비로소 현재 안에 미래의 등가물을 찾아내는 것의 절대적인 불가능성, 즉 **미래를 포착하는 모든 단서의 결여라는 시간의 현실성**을 이해할 수 있다.[1]

레비나스는 이렇게 쓴 다음 다시 한번 베르그송을 언급하면서 베르그송의 '지속'과 레비나스 자신의 '시간' 개념의 차이를 확인한다.

베르그송은 미래에 대한 일종의 권능을 현재에 부여하고 있다. 지속은 창조이기 때문이다. 이 죽음 없는 철학을 비판하기 위해서는 창조를 피조물의 주요한 속성으로 돌리는 근대철학의 흐름 속에 베르그송을 위치시키는 것만으로는 충분치 않다. **창조 그 자체가 일종의 신비에 대한 열림을 전제로 함을 보여주어야 한다.**[2]

레비나스는 '창조création', '피조물créature'이라는 종교 용어를 제시한다. 두 용어 모두 여기서 처음으로 등장한다. 지금껏 나는 이런 말을 무심코 사용하곤 했으나, 레비나스 자신은 이 대목에 이르기 전까지 종교 용어를 주도면밀하게 피해온 셈이다. 강연 마지막 날이 되어서야 비로소 레비나스는 자신의 시간론, 타자론이 일신교 신앙과 깊은 관계가 있다는 사실을 청중에게 밝혔다.

여기서 레비나스는 '창조' 개념을 재검토할 것을 요구한다. 피조물에 의한 창조란 단지 새로운 것을 만들어낸다는 말로는 이루 다 표현할 수가 없다. 그것은 '일종의 신비에 대한 열림une ouverture sur un mystère'이어야 한다.

주체의 자기동일성만으로는 이 '열림'을 가져올 수 없다.[3]

주체가 주체인 것만으로는 외부적인 것과의 만남을 이룰 수 없다. '자신의 바깥으로 내디딜 수 없는 자', 레비나스의 용어로 말하자면 '자기동일자le Même'는 모든 타자 경험을 필경 자기 체험으로 바꾼다. 이 주체에 의한 외부성, 타자성의 훼손을 주체는 어떻게 해제할 수 있을까? 이것은 새로운 철학적 물음이다. 주체가 '신비'의 신비성을 훼손하지 않고 '신비'와 만나기 위한 조건은 무엇인가?

주체는 자기에게서 유래하지 않는 것ce qui ne vient pas de lui 곧 '신비'와 관계를 맺을 수 있다. 여기서 눈여겨봐야 할 것은 '신비와 관계를 맺는 주체의 활동l'œuvre d'un sujet en relation avec le mystère'이다.

> 그 작동은 단순한 창조에 의한 쇄신이 아니다. 현재/현전에 꽉 묶여 있는 채로 하는 창조는 창조주에게 피그말리온의 슬픔밖에 가져다주지 않는다.[4]

여기서 '창조주créateur'와 '피그말리온Pygmalion'이라는 두 키워드가 등장한다. 레비나스는 주체와 타자의 관계를 피조물과 창조주의 관계에 빗대어 말하려고 한다. 피그말리온은 자신이 조각한 석상과 사랑에 빠진 키프로스섬의 왕 이름이다. 물론 그 작품은 창작자의 욕망과 이상을 통째로 투영해 훌륭하게 조형해낸 결과인데, 그 아름다움과 매력은 모두 창작자가 이미 소유하고 있고 스스로 작품 속에 쏟아부은 것이었다. '피그말리온의 슬픔'이란 창작자가 '자신을 사랑하도록 미리 프로그래밍된 로봇'에게 사랑 고백을 받았을 때 발생하는 모래알 씹는 듯한 허무함을 의미한다.

여기서 레비나스는 과연 창조주가 '피그말리온의 슬픔'을 느꼈을까 하는 물음을 던지고 있다. 창조주가 진정으로 그 위엄에 걸맞은 존재라면 '피그말리온의 슬픔'을 경험할 리가 없다('자신의 전능성에 질려버린 전능자'라는 언명은 앞뒤가 맞지 않는다). 만약 창조주가 진짜 전능한 자라면 '자신을 숭배하도록 프로그래밍된 피조물'을 만들어내는 일은 있을 수 없다. 그래서는 복화술사가 인형에게 '당신을 숭배하고 있습니다'라고 말하게끔 하는 것과 다르지 않다. 신이 이런 복화술사일 리는 없다. 신이라면 '신의 명령을 받지 않고도 자발적으로 신을 경외할 수 있는 인간'을 창조했을 것이다. 우리는 이전에도 이 주제를 다룬 바 있다. 레비나스는 다음과 같은 인상 깊은 문장을 남겼다.

랍비 하니나는 말했다. "모든 것은 신의 손안에 있다. 신을 경외하는 마음la crainte de Dieu을 제외하고는." 이 말은 탈무드의 오랜 구절이다(「베라코트Berakhot」°편 33b). 신을 경외하는 것은 인간의 일이다. 그러므로 신학적으로 볼 때 전능해야 할 신이 그 전능함에도 불구하고 피조물에 불어넣을 수밖에 없었던 공포란, 신을 경외하는 마음과는 다른 것이다. 이렇게 말하는 까닭은 랍비 하니나가 다음과 같이 말을 이어가고 있기 때문이다. 신을 경외하는 마음은 "하늘의 보물창고에 수장된 유일한 보물"이라고.[5]

신은 전능하지만, '신을 경외하는 마음'을 인간에게 불어넣는 일만

○ '베라코트'는 '축복'을 뜻하는 말로, 유대인들의 성서 교육서 『미슈나Mishna』 첫 순서의 첫 부분을 이루는 축복 기도서Berakah를 가리킨다. 『미슈나』는 시나이산에서 받은 율법의 기록과 구전으로 내려오는 율법을 랍비 유다 하나시가 한 묶음으로 편집한 책이다.

큼은 하지 않았다. 신을 경외하는 마음이야말로 '하늘의 보물창고에 수장된 유일한 보물'이기 때문이다.

즉 '신을 경외하는 마음'은 이 우주에서 가장 귀한 것이며, 아무리 창조주라고 해도 그런 경외심을 피조물에게 주는 길은 막혀 있다는 얘기다. 이 하늘의 보물을 인간은 제 힘으로 손에 넣을 수밖에 없다. '하늘의 보물'을 제 힘으로 손에 넣을 때까지 외부를 향해 열리는 피조물을 창조했다는 사실 자체가 '하늘의 보물'이다. 신의 영광은, 신에게서 멀어져 신의 부재에 고통을 받으면서도 멀리서부터 신을 찾아 신의 목소리에 귀 기울일 수 있는 존재자를 창조한 가운데에 있다. 이것이 유대 일신교 신앙의 원점에 있는 역설이다. 레비나스는 『곤란한 자유』에서 다음과 같이 썼다.

얼굴을 감추는 신이란 신학자가 추상화한 관념도 아니고 시인이 그려낸 이미지도 아니다. 의인이 자기 외에 의지할 사람이 하나도 없을 때, 어떠한 제도도 그를 보호해주지 않을 때, 유아적인 종교 감정을 통해서 신이 현현한다는 위로가 금지되어 있을 때라는 것은 개인이 그 의식 속에서 즉 수난 속에서만 승리할 수밖에 없을 때를 말한다. 그것이 수난이라는 말이 갖는 특수한 유대적 의미다. 질서 없는 세계, 즉 선이 승리할 수 없는 세계에서 희생자의 위치에 있는 것, 그것이 바로 수난이다. 그러한 상황만이 구원을 위해 현현하기를 단념하고 **모든 책임을 한 몸에 떠맡는 인간의 완전한 성숙을 바라는 신**을 우리에게 열어 보여준다.[6]

인간이 '신을 경외하는 마음'을 얻게 된 것은 천상의 신이 인간사에 개입해 재빨리 악을 멸하고 정의를 세웠기 때문이 아니다. 오히려 그건 **신이 그렇게 하지 않았기에** 가능한 일이었다. 만약 신 스스로가 인간들이 행한 일에 대해 선악의 판단을 내리고 권선징악의 심판을 내렸다면 인간은 영적으로 절대 성숙해지지 못한다. 이런 상황에서는 아무리 부정한 일이 저질러지고 도리를 벗어난 일이 판을 치더라도 인간은 이를 멈출 의무가 없다. 신이 모든 것을 처리해줄 테니 말이다. 신이 전능한 세계에서는 인간들에게 무능이 허용된다. 아니, 오히려 무능할 것이 요구된다. 신이 인간 앞에서 얼굴을 감추는 건 그러한 까닭이다.

아무도 도와주지 않는 가운데 '인간만이 선악의 판정자일 것 같은 세계'에 남겨진 인간, 이 세계에 정의와 자애를 존재케 하는 것이야말로 자신의 일이라고 느끼는 인간 안에서 '신을 경외하는 마음'은 비로소 생겨난다. '신을 경외하는 마음'이란 "신에게 위탁받은 모든 책임"[7]을 양어깨로 느끼며 영적으로 성숙한 인간에게서만 싹트는 법이다.

40. 권력과 타자관계 (1)

죽음의 도래, 죽음의 '이방성'은 주체에 어떠한 주도권initiative도 제공하지 않는다. 현재와 죽음 사이 자아와 신비의 타자성 사이에는 하나의 심연이 있다. 우리가 강조해온 것은 죽음이 실존을 정지시킨다는 사실, 죽음이 끝이고 '무'라는 사실이 아니다. 그것이 아니라 자아는 절대적으로 주도권을 갖지 않은 채로 죽음에 직면한다는 사실이다.[8]

현재와 죽음 사이에는 넘어설 수 없는 심연이 있다. 그 사실을 우리는 잘 알았다. 우리가 지금 앞에 두고 있는 것은 '초월에서의 나의 존재'라는 주제다. 주체는 외부적인 것에 의해 **자기 자신이 깨부숴지는 일 없이** 외부적인 것과의 관계를 맺을 수 있을까 하는 물음이다.

죽음은 예측할 수 없고 포착할 수 없다. 나의 죽음은 단지 임박할 뿐이다. 그럼에도 나는 '나의 죽음'이라는 말을 멈추지 않는다. '나의'라는 소유형용사를 손에서 놓지 않는다. 그것에는 도대체 어떤 의미가 있는가? 왜 내가 '주도권'을 행사하지 못하는 죽음을 나는 그럼에도 계속 '나의 죽음'이라고 이름 붙이는가?

'나의'라는 소유형용사를 손에서 놓지 않는 것은 '죽음을 극복하기

vaincre la mort' 위해서다. 그런데 죽음을 극복한다는 것은 영원한 삶을 누린다는 의미가 아니다.

죽음을 극복한다는 것은 죽음이라는 사건의 타자성과의 사이에 여전히 개인적으로 가져야 할 관계를 맺는 것이다.[9]

죽음이라는 절대적으로 이방석·타자직 사건과의 사이에 나는 그럼에도 아직 '개인적으로 그래야 할 관계une relation qui doit être personnelle'를 맺을 수 있다.

세계에 대한 주체의 권한과는 다른 것으로 그럼에도 개인성을 유지하고 있는 이 관계란 어떠한 것일까? 어떻게 해서, 어떤 방식으로 수동성 안에 머물러 있으면서 주체를 정의할 수 있을까? 인간 안에는 그 남성성과는 별도의, 그 할 수 있는 능력pouvoir de pouvoir과는 별도의, 가능한 것을 포착하는 능력과는 별도의 지배력maîtrise이 있을까?[10]

레비나스는 '죽음은 주체의 남성성의 한계'라고 썼다. 죽음의 접근에서 우리는 '할 수 있는 것을 할 수 없게 된다'고, '주체가 주체로서의 지배력 자체를 잃어버린다'고 말이다.[11] 죽음에서 주체는 주체로서의 지배력을 잃는다. 그럼에도 그것이 '나의 죽음'이라고 여전히 말할 수 있다고 하면 거기에는 그것과는 다른 지배력이 작동하고 있는 것이 된다. 그것은 무엇인가?

우리가 그 지배력을 발견한다고 하면 그것은 시간의 장 그 자체가 구성하게 되는 그 관계에서다. 나는 앞에서 이 관계는 타자와의 관계라고 말했다. 그러나 문제가 되는 해당 말을 반복만 해서는 문제해결이 되지 않는다. 우리가 해야 할 일은 이 타자와의 관계가 어떠한 것일 수 있는가를 명확하게 하는 것이다.[12]

주체가 능동성·권력성을 잃으면서도 계속 개인성을 유지할 수 있는 타자와의 관계란 어떤 것일까 하는 물음에 대하여, 레비나스는 먼저 **그것이 무엇이 아닌가에서부터 접근을 시작한다.**

나는 이전에 이렇게 반론당한 적이 있다. 타자와 나의 관계에서 내가 만나는 것은 타자의 미래만이 아니다. '실존자'로서 외부적인 것은 나에게 하나의 과거를 갖고 있어서, 그러므로 미래의 특권을 갖고 있지 않은 게 아닌가 하고 말이다.[13]

즉, 이런 말이다. '미래는 절대적으로 외부적인 것이고 새로운 것이다'하고 레비나스는 썼는데 지금 내 눈앞에 있는 타자는 살아 있는 한은 고유의 과거를 갖고 있다. 그 과거 중에는 몇 개는 내가 이미 알고 있는 것, 내가 이해할 수 있는 것도 포함되어 있지 않을까. 그 경우 그러한 타자를 '절대적으로 외부적인 것'으로 부르는 것은 적절할까?

그러한 반론을 레비나스는 자기 이론의 점검을 위해서 애써 자기 자신에게 향한다. 그리고 그 가설적인 반론에 레비나스는 이렇게 대답한다.

이 반론에 대답하는 것을 통해서 우리는 오늘 나의 '이론' 전개의 핵심적인 부분에 다가갈 수 있다. 나는 외부적인 것을 미래에 의해 정의하지 않는다. 그것이 아니라 미래를 외부적인 것에 의해 정의한다. '죽음'이라는 미래 그 자체가 그 전적인 타자성에 의해 구성되고 있기 때문이다.[14]

타자와의 관계는 신비와의 관계 이상의 것을 포함하고 있다. 우리는 타자와 일상생활에서 실제로 만나고 거기서는 타자의 고독, 그 근원적 타자성은 이미 절도에 의해 덮어 가려져 있기 때문이다.[15]

타자l'autre와 우리는 일상적으로 만나고 있다. 그러나 타자의 근원적 타자성은 일상생활에서는 은폐되어 있다. 나는 그들을 관찰하고 이해하고 분류하고 지배하고 통제함으로써 그 근원적 타자성을 훼손하고 있다.

주체에게도 예외적인 장소는 존재하지 않는다. 타자는 공감을 매개로 해서 또 한 명의 나 자신으로서 '타아'로서 알려진다.[16]

우리가 일상적·무반성적으로 타자와 맺는 관계는 그런 것이다. 타자는 공감받고, 나와 함께 상호주관적으로 세계를 형성함으로써 그 근원적 타자성을 은폐 당한다. 그 단적인 형태를 레비나스는 모리스 블랑쇼의 소설 『아미나다브Aminādāv』에서 찾는다.

> 블랑쇼의 소설 『아미나다브』에서는 이 상황이 부조리할 정도까지 그려져 있다. 기묘한 집 안을 돌아다니는 등장인물들 사이에는 어떤 행동도 일어나지 않고 계속해야 할 어떠한 일도 없고 사람들은 단지 거기에 체재하고 있을 뿐, 즉 '실존하는' 것뿐으로 이 사회적 관계는 완전한 상호성이 된다. 사람들은 교환 가능한 것이 아니라 상호적이다. 혹은 상호적이므로 교환 가능하다. 그래서 외부적인 것과의 관계는 불가능하게 된다.[17]

나는 이것이 블랑쇼의 소설에 대한 적절한 요약인지 아닌지 하는 판단을 유보하는데, '나와 타인이 상호적이므로 교환 가능한' 장에서는 외부적인 것과의 관계는 불가능하다는 사유 경로는 이해할 수 있다.

근원적 타자성이 은폐되고 있는 한, 우리는 타자를 만날 수 없다. 그러나 그것은 바꿔 말하면 마치 상호적인, 교환 가능한 것처럼 가상假象한다고 해도 그러한 타자의 배후에는 늘 비주제적인 방식이긴 하지만 근원적 타자성이 잠재하고 있다는 의미다.

타자란 내가 아닌 자다. 타자가 내가 아닌 자라는 것은 그 성질이 나와 다르다는 것도, 그 모습이 나와 다르다는 것도, 그 심리가 나와 다르다는 것도 아니라 그 타자성 자체에 의해 나와 다른 것이다. **타자란 구체적**

으로는 약자이고 빈자이고 '과부이고 고아'이며, 그에 비해서 나는 부자이고 혹은 강자다.[18]

레비나스의 말로서 널리 회자되고 있는 말이다. 타자와 나는 그저 비상호적이고 교환 불가능할 뿐만이 아니다. 나는 타자에 대해 책무를 지고 있는 자로 먼저 존재한다.

41. 권력과 타자관계 (2)

프랑수아 푸아리에와의 인터뷰에서 레비나스는 "타자에 대한 타자의 대역으로서의 유책성은 구체적으로는 어떠한 행위로서 실현되는 것일까요?"라는 질문에 다음과 같이 대답했다.

타자는 그 모든 물질적 궁핍을 통해서 나와 관계를 맺습니다. 때로는 타자에게 식료를 제공하는 것이, 때로는 옷을 입혀주는 것이 문제가 됩니다. 그것이 성서가 말하고 있는 것입니다. 굶고 있는 자에게 먹을 것을 줘라. 알몸으로 다니는 자에게는 옷을 입혀줘라. 목마른 자에게는 물을 마시게 해줘라. 몸을 뉠 곳이 없는 자에게는 방을 빌려줘라. 인간의 물질적 측면, 물질적 생활, 그것이 타자에 관해서 내가 배려해야 할 것입니다. 타자에 관해서 나에게 깊은 의미가 있는 것입니다. 그것은 나의 '성스러움'에 관련된 것입니다. 몇 번인가 인용한 「마태복음」 25장을 떠올려보세요. 그 대화를 떠올려보세요. "너희는 나를 내쫓고 나를 몰아댔다." "언제 우리가 당신을 내쫓고 당신을 몰아댔습니까?" "너희가 가난한 자에게 먹을 것을 주는 것을 거부하고 가난한 자를 내쫓고 그들을 돌아보지 않았을 때." 즉 타자에 대해서 나는 먹을 것, 마시는 것부터 시작하는 유책성을 지고 있습니다. (…) 내가 쫓아낸 타자는 쫓겨난 신과 똑같습니다. (…) 자발적 의지를 갖고 뭔가를 수행한다는 생각은 도리에 어긋납니다. 그것보다도 먼저 유책이라고 각성하는 것이 중요합니다.[19]

이 말에 '타자와 시간'이라는 주어는 응축되어 있다. 레비나스는 우리에게 시간 의식을 **근원적으로 고쳐 읽을 것**을 요구한다.

우리는 이미 시간 의식을 가진 자로서 이 세계에 존재하고 있고 그 수중에 있는 시간 의식의 흐름 속에 사건을 경험적으로 배열하고 거기서 인과관계를 찾으려고 한다. 보통은 그렇다. 내가 타자에게 뭔가 나쁜 짓을 한다. 거기에 대해 벌을 받는다. 혹은 내가 뭔가 타자에게 선행을 베푼다. 거기에 대해 보상을 받는다. 이것은 인과다. 그런데 레비나스는 타자와의 관계를 **시간이 지남에 따라 인과관계로 배열되는 사고방식 자체와 단절시킬 것**을 우리에게 요구한다.

레비나스가 인용한 「마태복음」에 의하면 우리는 '먼저' 신에게 고발당한다. 우리 자신이 저지른 기억이 없는 악행으로 고발당한다. "너희는 나를 내쫓고 나를 몰아댔다"고. 그런데 우리는 그런 일을 한 기억이 없다. 그래서 죄책감도 없다. 당연히 이렇게 반문한다. "언제 우리가 당신을 내쫓고 당신을 몰아댔는지요?" 이 물음에 신은 이렇게 대답한다. "너희가 가난한 자에게 먹을 것을 주는 것을 거부하고 가난한 자를 내쫓고 그들을 돌아보지 않았을 때."

이 대답을 듣고 마음이 짚이는 곳이 있는 사람도 있을 것이다. 그러나 우리가 알고 있는 욥과 같은 독실한 신자는 '그런 일을 나는 한 번도 한 적이 없다'며 항의했을 것이다. 나는 늘 빈자를 환대하고 빈자에게 베풀어왔다. 그럼에도 왜 당신은 나를 나무라는가. 그런 항의를 하는 사람에게 이러한 신으로부터의 회답은 부조리하다.

그래서 이 문답에는 '계속'이 있어야 한다. 그것이 「욥기」에 나온다. 하느님이 욥에게 보여준 것은 욥이 무엇을 했는가, 무엇을 하지 않았는가 같은 수준의 문제가 아니다. 그것이 아니라 "네가 뒤처져 이 세상에 나타났다"는 것이다.

욥은 이 세계에 뒤처져 등장했다. 그럼에도 그것을 자각하지 못하고 있다. 자신의 현재/현전에 앞선 때가 있고 그 과거의 순간을 나중에 도래한 자는 결코 **현재로서 경험할 수 없다**는 것을 자각하지 못하고 있다. 욥은 과거란 그때그때의 현재라고 생각하고 있다. 모든 과거는 한 번은 현재로서 살아낸 시간이라고 생각하고 있다. **이전에 한 번도 현재로서 살아낸 적이 없는** 과거라는 것을 욥은 생각할 수 없다. 그래서 자신의 기억을 아무리 찾아봐도 주에게 벌을 받을 만한 잘못이 생각이 나지 않아서 주를 향해 의기양양하게 대들었다. "나에게 가르쳐주시오. 그렇게 하면 나는 침묵하리라. 내가 어떤 잘못을 저질렀는지 알게 해주시오."[20]

욥은 '주는 전지전능하고 인간은 그에 비하면 아주 터무니없이 왜소한 존재'라는 스케일의 차이는 이해하고 있다. 욥이 이해하지 못한 것은 그가 변명을 할 때마다 반복해서 사용한 '언제?'라는 의문사 그 자체를 일신교의 성립이 가져다주었다는 사실이다. 욥의 약은 영리함은 "언제?"라는 물음을 세울 수 있도록 창조된 피조물의 입장에서 "언제?"라는 물음으로 창조주를 문책할 수 있다고 생각한 것에 있다. 욥은 신에게 호소하는 데 있어 준거로 삼은 '인과'라는 개념 그 자체가 '창조'가 가져다준 것임을 잊고 있다.

그런 의미에서 보면 **시간 의식의 발생과 일신교의 성립은 동시적이다**. '인과'라는 개념도 '신'이라는 개념은 동시에 인간에게 도래했다. '지금에 앞서서 뭔가가 있었다. 그런데 그 지금에 앞선 '뭔가'가 사라짐으로써 '지금/여기/내가 존립하고 있다'고 생각한 인간의 출현에 의해 비로소 '과거'와 '현재'라는 개념이 의미를 갖는다. 한 명의 인간이 "나는 세계에 뒤처져 등장했다. 나는 피조물이다"라는 자각을 한순간 "나에 앞서 나를 창조한 후에 여기를 떠난 존재"로서의 창조주라는 개념이 존립한다. 신앙이란 이 '뒤처짐'의 자각을 의미한다.

신이 모세에게 임재하는 장면은 이렇게 묘사되어 있다.

그러자 주의 사자가 그에게 나타났다. "잘 보니 떨기나무가 불에 타지 않았다."
그래서 모세는 '왜 떨기나무가 타지 않는가. 저쪽으로 가서 이 큰 광경을 보기로 하자' 하고 생각했다.
주는 그가 오는 것을 보시고 떨기나무 가운데서 그를 불렀다. 하느님이 "모세야 모세야"라고 부르자, "그는 '예, 여기에 있습니다" 하고 대답했다.[21]

"예, 여기에 있습니다Me voici"가 신의 부름에 대한 인간의 응답이었다. 신의 부름에 응답한 인간의 출현과 동시에 일신교 신앙은 만들어진다. 그리고 모세가 응답할 수 있었던 것은 자신이 **부름에 뒤처진 자**라는 사실을 자각하고 있었기 때문이다. **응답한다는 행위는 뒤처짐의 시간 의식 없이는 성립하지 않는다.** 너무 당연해서 우리가 잊고 있을 뿐이다.

레비나스 철학의 핵심 개념인 'responsabilité'에 지금까지 '유책성', '책임', '응답 가능성' 등 다양한 번역어를 사용해왔는데, 그러한 번역어로부터 우리가 길어낼 가장 중요한 의미는 응답하거나 책임을 맡을 수 있는 이는 '뒤처짐을 각성한 자'뿐이라는 것이다. 다시 한번 말하거니와 일신교 신앙의 성립이란 '뒤처짐'이라는 시간 의식의 성립을 의미한다. 그러므로 **시간 의식을 가진 사람은 타자를 앞에 둘 때마다 신과의 만남을 재연해 보여야 한다.** 그것이 '시간이란 고립한 단독의 주체와 관련된 일이 아니라 주체와 타자의 관계 그 자체'라는 레비나스 명제의 내 나름의 해석이다. 그런데 독자 여러분이 이 사유 경로를 이해하기 위해서는 잠시 우회적인 고찰을 견뎌야 한다.

42. 원초적인 뒤처짐 (1)

일신교 신앙, 혹은 넓게 말하면 종교는 '뒤처짐'(뒤늦음)이라는 시간 의식을 빼고서는 성립하지 않는다. 바꿔 말하면 '원초적인 뒤처짐'(시원始原의 뒤처짐)이라는 시간 의식을 내면화할 수 있었던 사람만이 '현재/현전에 절대적으로 포섭할 수 없는 것'으로서의 초월자·절대적 타자에 관해서 생각할 수 있다. '나'는 뒤처져서 이 세계에 등장했다. 절대적인 타자가 '나'에 앞서 '나'를 지금 여기에 있게 해주었다. 따라서 지금 여기에 있는 이 '나'는 그 자체로 타자에 뒤처져 있고 응답 책임을 지며 타자에게 빚이 있다.

이 설명을 이해하기 위해서는 '뒤처짐'이라는 시간 의식을 가질 수 없는 인간을 상정하고 그것과 대비해볼 필요가 있을 것이다.

욥은 그 하나의 예다. 그는 주를 향해 "그것은 언제 이야기인가요?"라고 물을 정도의 시간 의식은 갖고 있었지만, 세계의 기원까지 거슬러 올라가는 깊이 있는 시간 의식은 갖고 있지 않았다. 그래서 성서는 그 약음(겉똑똑함)을 나무랐다. 「욥기」는 우리에게 시간 의식의 확대와 신앙의 깊이는 상관함을 가르쳐준다.

레비나스가 여기서 시간을 문제 삼는 것은 그런 시간 의식이 결여된 혹은 시간 의식이 미성숙한 인간이 지금까지도 존재했고 앞으로도 존재할 것임을 알고 그러한 인간을 진심으로 무서워했기 때문이라는 것이 나의 가설이다. 레비나스는 '지금/여기'에만 리얼리티를 느끼는 사람들, 과거를 '조금 전의 현재', 미래를 '조금 후의 현재'라고밖에 보지 않는 사람들, 누구에게도 '뒤처짐'과 '죄의식'과 '응답 책임'을 느끼지 않는 사람들, 즉 하이데거 존재론의 권역으로부터 나올 수 없는 사람들에 의해 홀로코스트는 만들어졌다고 생각했기 때문이다.

이 책 첫머리에서 나는 레비나스가 '해방' 직후 파리 청중 앞에서 이처럼 지극히 어려운 시간론을 말한 것은 '희망의 시간론'을 논하기 위함이었다고 말했다. 레비나스는 깊이가 있는 시간 의식을 가질 수 있는 사람(다른 저작에서 레비나스가 '성인'이라고 부른 사람)의 출현을 간절히 바라고 그러한 사람을 만들어내기 위해 이 시간론을 썼다는 것이 나의 가설이다.

이 책은 '시간이란 무엇인가/타자란 무엇인가'를 일의적으로 정의하기 위한 논고가 아니다. 레비나스의 다른 저작이 그런 것처럼 이 시간론도 또한 '시간이란 무엇인가/타자란 무엇인가'에 관한 사고의 깊이로 독자를 안내하여 그 경로를 답파함으로써 '성인'이 되는 것을 지원하는 두드러지게 수행적 과제를 가진 행위다.

이 강연이 이루어진 바로 그해 레비나스는 마찬가지로 카르티에라탱에 문을 연 동방이스라엘사범학교 교장으로 초빙되었다. 이는 홀로코스트로 물심양면 괴멸에 가까운 상처를 입은 프랑스 유대인 공동체를 재생하려는 민족적인 실천 과제에 대응하기 위함이었다. 이 일을 맡

앞을 때 레비나스가 자신에게 부과한 임무가 어떤 것이었는지는, 그로 부터 40년이 지나 이 학원 졸업생들이 그의 80세 생일을 축하하는 자 리를 열었을 당시 졸업생 중 한 명이었던 살로몬 말카가 이야기한, 다 음의 내용을 통해서 알 수 있다.

그가 동방이스라엘사범학교 교장 시절 초기의 일들에 관해서 언급한 것은 이번이 처음이었다. 그는 자신이 거기에 무엇을 가져오려고 했는 지, 어떠한 공간을 만들려고 했는지, 어떠한 삶을 도입하려고 했는지를 말했다. "유대인이라는 것, 그것은 유대인이라는 것의 오만과 허영이 아닙니다. 그런 것은 아무것도 아닙니다. 그것은 유별난 특권의식을 의 미합니다. 존재를 탈범용화하는 특권, 인류이기 전에 인간적인 집단un peuple, humain avant l'humanité에 속하는 특권의식을 의미합니다."[22]

레비나스는 파리 16구 시청사 옆에 있었던 사범학교 부지 내에 살 고 있었다. 생제르맹데프레 교회 옆에 있는 철학학원까지 걸어서 20분 정도의 거리였다. 그 길을 걷는 동안 레비나스가 그 교화적 정열을 식 혔다고는 나는 생각하지 않는다. '집단', '특권' 같은 어휘 꾸러미는 억 눌렀다고 해도 '인류이기 전에 인간적인' 삶을 살아야 한다며 청중에게 설파하는 자세에 변화가 있었다고는 생각하지 않는다. 내가 이 강연이 교화적 의도에서 작동되었다고 쓴 것은 그러한 연유에서다. 레비나스 는 청중에게 '존재를 탈범용화'할 것, **다른 인류가 어떻든지 간에 그 이상 으로 인간적일 것을 요구했다.** 그것을 레비나스는 여기서 '시간 의식을 숙성시키는' 수행적 과제로서 제시했다.

　시간 의식이란 모든 사람에게 똑같은 방식으로 공유되어 있다고 우리는 무반성적으로 생각하기 십상인데, 조금 냉정하게 생각해보면 그런 일은 있을 수 없다는 것을 자각하게 된다.

　시간에 관해서는 자신이 어떻게 시간을 경험하고 있는지를 타자에게 이해시킬 수 없다. 공간 인식에 관해서라면 가능하다. 자신이 무엇을 보고 있는지를 우리는 옆 사람에게 쓰게 할 수 있다. 그리고 굳이 옆에 사람이 없어도 공간적인 대상에 관해서라고 하면 타아를 권리상 동원할 수 있다. 공간적 인식의 경우에는 타아들이 나의 인식의 객관성, 상호 검증 가능성을 보증해준다. 그런데 시간은 다르다. '저기에 집 한 채가 있다' 같은 언명을 통해 나의 시간 경험을 누군가와 공유하고 누군가에게 그 확실성을 보증시킬 수 없다. 시간은 늘 나 혼자의 것이라서 '모든 사람에 대해서 현존하는' 양태를 취할 수 없다. 시간은 철저하게 개인적인 경험이다. **시간을 경험하는 지평에는 동일한 시간을 사는 타아가 없기 때문이다.** 내가 경험하고 있는 시간이 어떠한 것인가를 써주고 보증해줄 타아는 없다. **상호주관적인 세계는 존재하지만, 상호주관적인 시간은 존재하지 않는다.** 시간 의식의 숙성은 무엇보다도 먼저 이 근원적 사실을 자각하는 데서 시작한다.

　시간 의식 없이 세상을 보는 단계로부터 시간 의식을 갖고 세상을 보는 단계로 점차 성숙해간다는 사실에 관해 우리는 고대 중국 문헌으로부터 많은 아이디어를 얻을 수 있다. 시간은 철저하게 개인적인 경험이라는 것을 다른 사람에게 설명하려고 할 때 지금도 아마도 많은 사람은 먼저 앞서 인용한 '한단지몽' 이야기를 인용할 것으로 생각한다.

노생盧生이라는 젊은이가 있었다. 고향을 떠나 영달을 좇아서 조나라 수도인 한단邯鄲으로 향했다. 거기서 한 명의 도사를 만나서 꿈이 이루어지는 베개를 받는다. 그 베개 위에서 잠을 청하자 꿈속에서 노생은 다양한 행운과 불행을 만나고 우여곡절 끝에 화려한 출세를 이루고 이윽고 자손들에 둘러싸여 늙어가고 죽는다. 그런데 잠을 깨니 그것은 불에 올린 죽이 끓기까지의 시간에 지나지 않았다. 잠깐 한평생을 산 노생은 출세욕도 물욕도 깨끗이 버리고 자신이 버린 고향에 다시 돌아간다. 그런 이야기다.

죽이 끓을 동안 노생은 50년의 인생을 생생하게 경험한다. 그리고 눈을 떴을 때는 부귀영화를 다 누린 후 노쇠해서 행복한 일생을 마친 인간이 되어 있었다. 죽이 끓을 때까지가 '객관적 시간'이고 꿈속에서 산 50년은 '주관적 시간'에 지나지 않는다고 딱 나누고 꿈속에서 보낸 시간은 비현실이라고 아무리 노생에게 설득해도 그를 흔들고 설득시킬 수는 없었을 것이다. 노생은 실제로 그 50년을 살았기 때문이다.

43. 원초적인 뒤처짐 (2)

중국 고전에는 시간 의식을 다룬 이야기가 많다. 다음으로 『장자莊子』「제물론齊物論」편에 나오는 '호접몽胡蝶夢'을 인용해보자. 이 또한 경험의 공유 불가능성에 관한 이야기다.

어느 날 장주莊周는 나비가 된 꿈을 꾸었다. 나비가 되어서 마음 가는 대로 날아다녔다. 눈을 떠보니 인간으로 돌아와 있었다. 인간이 나비가 된 꿈을 꾸었는지 나비가 인간이 되어 꿈을 꾸었는지 인간은 그것을 결정할 권리가 있는가. 장자는 그 물음을 열린 물음open question으로 남겼다.

'나비가 되었을 때의 장자'가 경험한 현실의 두터움과 확실함은 똑같은 꿈을 꾼 적이 없는 사람은 추체험할 수 없다. 어떤 개인이 산 시간은 타자에게는 통약 불가능하다.° 한단지몽은 전국시대의 이야기다. 장자도 동시대 사람이다. 두 이야기는 모두 시간 경험은 통약 불가능하다는 것, 철학적 용어로 바꿔 말하자면 **공동주관적·상호주관적 시간이라는 것은 존재하지 않는다**는 것을 전하고 있다.

이러한 이야기를 선호하는 데에는 이유가 있다. 나의 가설인 '간주

° 어떤 개인이 산 시간을 타자는 추체험할 수도 이해할 수도 없다는 의미다.

관적 시간은 존재하지 않는다'라는 명제는 그 무렵에 '발견'되었다는 것이다. 사실, 시간 의식의 성숙에 관련된 일화는 춘추시대(기원전 8세기부터 기원전 5세기)에 집중되어 있다. 우리가 시간 의식에 관련된 숙어로서 알고 있는 것은 거의 모두 이 시기에 나왔다. 좀 더 사례를 들어보자. 다음은 『열자列子』에 나오는 '조삼모사朝三暮四' 이야기다.

송나라 저공狙公이 원숭이를 키우고 있었다. 매일 아침 도토리 열매를 네 개, 저녁에도 네 개를 주었다. 그런데 돈이 다 떨어져서 충분한 사룃값을 댈 수 없게 되었다. 그래서 원숭이들을 속이기 위해 먼저 아침에는 세 개, 저녁에는 네 개로 제안했다. 원숭이들은 격노했다. 그래서 아침은 네 개, 저녁에는 세 개면 어떤가 하고 다시 제안하자 원숭이들은 기뻐했다.

나는 이것을 시간 의식이 미성숙한 사람들의 실상을 잘 보여주는 우화로 이해한다. 이 시대에는 시간 의식이 미숙한 사람들이 아마도 아직 실재했을 것이다. 그들은 과거/현재/미래라는 시간의 흐름을 제대로 이해하지 못해서 '지금/여기'에서밖에 리얼리티를 느낄 수 없었다. 그래서 '이미 현재가 아닌 시간'과 '아직 현재가 아닌 시간'을 사는 '나'를 제대로 상상할 수 없었다. 그래서 원숭이들은 '아침의 원숭이'는 아무도 모르는 '밤의 원숭이'의 식량을 횡령할 수 있다는 것을 기뻐했다.
『십팔사략十八史略』의 '고복격양鼓腹擊壤' 고사에서도 시간 의식이 성숙한 인간과 미숙한 인간이 대비되어 그려진다.

천하의 성군으로 꼽히는 요임금이 천하를 다스린 지 50년이 지난 어느 날, 자신이 정치를 어떻게 하고 있는지 알아보기 위해 평복 차림을 하고 거리로 나갔다. 어느 거리에서 아이들이 동요를 부르고 있었다. "우리 백성 살아감이 임금의 덕이 아님이 없네. 느끼지 못하고 알지도 못하면서 당신의 다스림에 따르고 있네." 이 동요를 듣고 가슴이 다소 설레는데, 저쪽에서 또 소리가 나서 가보았다. 백발노인 하나가 입에 음식을 넣고 우물거리면서 배를 두드리고 땅을 치며鼓腹擊壤 흥얼거리고 있었다. "해 뜨면 일하고, 해가 지면 집에서 쉬네. 우물을 파서 물 마시고 밭을 갈아먹으니 임금의 덕이 내게 무슨 소용이랴!"

동요를 노래하는 아이들은 매일의 삶이 명군이 선정을 베푸는 덕분이라고 감사하는 데 비해 노인에게는 자신이 누리고 있는 평안이 선정의 귀결이라는 자각이 없다. 동요에는 자신들의 현실이 과거의 일의 귀결이라는 '뒤처짐'의 감각이 어느 정도 담겨 있지만, 노인의 노래에는 그것이 없다. 여기에 대비되는 것은 **정치** 의식이 아니라 **시간** 의식의 발달 차이다. '배를 두드리고 땅을 치는' 노인은 시간 의식이 미숙하단 점에서 실은 '저공의 원숭이'와 다르지 않다.

『한비자韓非子』의 '수주대토守株待兔' 역시 시간 의식에 관계된다. 춘추시대 송宋나라에 매우 부지런한 농부가 살았다. 어느 날, 여느 때처럼 밭에서 열심히 일하고 있는데, 갑자기 풀덤불 사이에서 커다란 토끼 한 마리가 펄쩍 튀어나왔다. '너무 갑작스러운 일에 농부가 조금 놀라는 사이 믿을 수 없는 일이 벌어졌다. 토끼가 마침 밭 옆에 서 있는 나무 밑동에 부딪혀 죽어버린 것이다. 농부는 신바람이 났다. 그래서 괭이도 던져버리고는 토끼를 들고 저잣거리에 가서 후한 값에 팔았다. 즐거운 기분으로 집에 돌아가며 농부는 생각했다. '손끝 하나 까딱하지 않았는데도 돈이 생겼으니, 올해는 아무래도 재수가 좋으려나 봐. 굳이 힘들게 땅 파고 농사지을 필요가 없지. 나무 옆에서 가만히 지키고 앉아 있으면 토끼란 놈이 또 튀어나올 것이고, 나와서는 나무 밑동에 부딪혀 뻗을 것이고, 난 그걸 주워 저잣거리에 나가서 팔 것이고, 그러면 돈이 생길 것이고……. 야, 이거 생각만 해도 신나는걸.' 다음 날부터 농부는 밭에 나가서는 씨를 뿌리지도, 김을 매지도 않고 나무만 바라보며 저만치 앉아서 토끼가 잡히기만 기다렸다. 그러나 토끼는 두 번 다시 나타나지 않았고, 어느덧 밭은 잡초가 우거진 황무지가 되어버렸다. 농부는 나라 사람들의 웃음거리가 되었다.

이 농부는 무상으로 손에 넣은 토끼고기로 '현재의 자신'이 누린 쾌락에 눌러앉고 '미래의 자신'이 높은 확률로 경험하게 될 굶주림의 고통을 계산에 넣는 것을 잊었다. 미래와 자신과 현재의 자신 사이에 '자기동일성'을 감지할 수 없는 인간의 어리석음을 비웃는다는 점에서 '조삼모사'와 똑같은 이야기다.

『한비자』에는 '모순矛盾'이라는 유명한 일화도 있다. 창과 방패를 팔고 있는 사람이 있었다. "이 방패는 어떤 창도 뚫을 수 없다"고 말하고 방패를 팔고 또 한편으로는 "이 창은 어떤 방패도 뚫을 수 있다"고 말하며 창을 팔았다. 구경하던 사람이 "당신의 창으로 당신의 방패를 뚫어보면 어떻게 되는가?" 하고 묻자 상인은 입을 닫아버렸다.

이 이야기는 '그 사람은 그 질문에 답하지 않고 자리를 떠나면서' 끝난다. 상인은 물음에 답할 수 없었다. 그런데 그는 자신이 당했다고 생각하지도 않았고 자신의 무지함에 대해 부끄러움을 느끼지도 않았다. 무기 상인이 잠자코 있었던 것은 구경꾼이 설정한 '방패를 가진 자신'과 '창을 가진 자신'이 동일 시간에서 서로 마주 보는 상황 자체를 **상상할 수 없었기** 때문이다.

'비유 이야기'는 복잡한 이야기를 **누구라도 금방 알 수 있는 이야기**에 빗대어 이해를 돕기 위한 방편이다. 한비자는 통치에 관련된 복잡한 이야기를 논하고 있었다. 그래서 비유로서 당시 사람이라고 하면 누구라도 아는 웃긴 이야기를 가져왔다. '수주대토'도 '모순'도 누구든지 알고 있는 웃긴 이야기였다는 것은, 한비자가 살았던 시대에는 그런 사람들이 아직 주위에 있었다는 것을 방증한다.

예는 이것으로 충분할 것이다. 여기서부터 알 수 있는 것은 춘추전국시대의 중국에는 시간 의식이 미숙한 사람들이 현실에 아직 있었고 지혜로운 자들은 그들을 계몽하고 시간 의식을 성숙시키는 것이 문명사적인 급무라고 느꼈다는 것이다. 그것은 일의 인과관계와 모순율은 시간 의식이 성숙하지 않는 한 이해할 수 없기 때문이다. 무엇보다도 '뒤처짐'이라는 관념을 내면화하지 않는 한, 사람은 '초월'이라는 개념을 가질 수 없기 때문이다.

44. 시간 의식의 성숙 (1)

우리는 시간 안에서 사고한다. '인과'도 '모순'도 '확률'도 '개연성'도 '귀납'도 모두 시간 의식이 발달한 자만 이해할 수 있다. 그런데 우리가 살펴본 대로 시간 의식이 미숙해서 과거와 미래에 걸쳐 자기동일성을 유지할 수 없는 사람들이 인류사의 어떤 시점에서는 확실히 존재했다. 그래서 기원전 5세기 무렵 시간 의식을 성숙시키는 것이 인류사적으로 긴급히 달성해야 할 과제라고 자각한 철인과 성자들이 세계 각지에 계속해서 등장했다. 다행히 그들의 교화적 노력 덕분에 많은 이들에게 시간 의식이 순조롭게 발달했다. 그런데 그것은 충분하지 않았다. 그 후에도 시간 의식이 미숙한 사람들은 존재했고 재생산되었고 급기야 유럽 문명 한복판에서 놀랄 만한 일이 벌어지게 되었다. 히틀러주의는 "그만큼 중요한 문화를 가진 독일로부터 라이프니츠와 칸트와 괴테와 헤겔의 독일의 심층"에서 출현했다.[23]

홀로코스트는 문명의 절정에서 최첨단의 과학과 철학에 이끌리듯 실행되었다. 여러 사람이 '왜 인간은 이만큼이나 우둔하고 잔인해질 수 있는가?'를 설명하려고 했다. 어떤 사람은 인간의 '짐승성'을 통해, 어떤 사람은 집단 심리를 통해, 어떤 사람은 이데올로기를 통해 이것을 설명하려고 했다. 카뮈는 19세기와 20세기의 철학이 '초월'이라는 개념을 완전히 쫓아내었기 때문이라고 썼다.[24] 그 와중에 레비나스는 **시간 의식의 미성숙이 홀로코스트를 초래했다**는 독창적인 가설을 세웠다. 레비나스가 그런 아이디어를 얻을 수 있었던 건, 초월을 공간적으로 표상하려는 유혹에 굴하지 않는 강고함이라는 면에서 유대인이 다른 사회집단에 비해 탁월했기 때문이다. 아마도 레비나스의 눈에 서구 사람들은 20세기가 되어도 여전히 시간 의식이 '오랜 시간에 걸친 집중적인 훈련을 통해 천천히 성숙해가는 역동적인 기능'임을 제대로 이해하지 못한 듯 보였을 것이다. 그리하여 레비나스는 1947년 당시 유럽에서 가장 긴급한 철학적 과제를 사람들의 **시간 의식의 성숙을 재촉하는 것**으로 여겼다.

내가 아는 한 전통적인 철학적 시간론은 베르그송이건 후설이건 하이데거건, **모든 인간에게 시간 의식과 시간의 구성 방식은 똑같다는 것**을 자명한 것으로 이야기한다. 과거를 제대로 상기할 수 있는 사람이라든지 미래를 제대로 예측할 수 없는 사람이 있다는 것을 이러한 시간론자들은 계산에 넣지 않았다. 물론 20세기 유럽에서는 '수주대토'의 농부와 '고복격양'의 노인과 같이 극단적으로 시간 의식이 미성숙한 인간을 주위에서 쉽게 찾아볼 수 없었을 테니, 당연하다면 당연한 일이다. 그런데 이로써 철학적 시간론자들의 머릿속에는 **시간 의식의 확장과 지성과 윤리성의 깊이는 서로 관련 있는 것**이 아닐까 하는 가설이 찾아온 것 같기도 하다.

예를 들면 후설은 『내적 시간 의식의 현상학』에서 '사람은 어떻게 음악을 듣는가'라는 물음을 소재로 삼아 다음과 같이 시간론을 시작한다.

제일 첫 음이 울리기 시작하고 그러고 나서 두 번째 음이 도래하고 그러고 나서 세 번째 음이 도래한다. 이하 계속 (…) 두 번째 음이 울리기 시작할 때 나는 (…) 첫 번째 음은 더는 듣지 않는다. 이하 똑같다. 그러므로 (…) 지각에서는 나는 멜로디를 듣지 않고 단지 개개의 현재에 울리는 음을 들을 뿐이다. 멜로디를 경험하고 사라진 부분이 나에게 대상적이라는 것은 (…) 기억 덕분(이라고 말하고 싶을 것이다)이고 또한 내가 그때마다 음이 도래했을 때 그것으로 모든 것이다 (…) 라고 전제하지 않는 것은 앞을 내다보는 예기 덕분이다.[25]

후설이 말한 대로 멜로디나 리듬, 그루브나 스윙 등 대략 우리가 맛볼 수 있는 모든 음악적 기쁨은 '더는 들리지 않는 음'이 아직 들리고 (점유retention되고) '아직 들리지 않은 음'이 벌써 들리는(예지protention되고) 훌륭한 능력 빼고는 있을 수 없다. 현전하지 않는 것을 생생하게 감지할 수 있는 능력 없이는 음악을 연주하는 것도 감상하는 것도 불가능하다.

아마도 인류는 그 여명기의 어느 시점에서 음악을 연주하고 감상하는 즐거움을 알게 되었다. 그 기쁨을 증폭하기 위해서는 '이미 지나가버린 음'을 가능한 한 길게 머물게 하고 '아직 도래하지 않은 음'을 가능한 한 멀리까지 예측하는 능력이 필요하다. 그렇다고 하면 그것은 인류가 '존재하는 것과는 다른 방식으로' 우리에게 임박해 오는 것, 즉

'사자'라는 개념을 손에 넣고 장송의례를 시작한 것도 '초월자'라는 개념을 손에 넣고 기도를 시작한 것도, 이러한 행위는 모두 '존재하지 않은 것'의 움직임을 생생하게 감지하는 능력을 빼고는 성립하지 않는다. '사람과'의 영장류들 중에서 호모 사피엔스 사피엔스 이외에는 현재 음악을 듣고 연주하는 존재는 없다. 그것은 인간 이외에 사자를 애도하는 존재도, 귀신을 섬기는 존재도 없다는 것과 똑같은 이유에 의한다.

그렇다고는 하지만 인류는 이 능력을 단숨에 완전한 형태로 획득한 것은 아니다. 거기에는 점진적인 진화의 계단이 있었을 것이다. 음악에 관해서도 음악을 듣고 연주하는 능력을 좀처럼 익히지 못하는 자가 집단 안에는 있었을 것이다. 지금이라고 하면 '음감이 나쁘다'라든지 '리듬감이 나쁘다'와 같은 개별적인 자질로 돌려서 그것을 설명하고 끝낼 수 있을 것이다. 그런데 원리적으로 말하자면 '음악을 청취할 수 없다/연주할 수 없다'라는 것은 '존재하지 않는 것을 리얼하게 감지할 수 없다'라는 것이다. 사자를 추모할 수도 없고 초월자를 경외할 수도 없어서 '시원의 뒤처짐'이라는 개념을 이해할 수 없는 것이다. 그 능력의 결여는 살아남기 위해서 치명적인 결격 조건이 될지도 모른다.

고대 중국의 창족羌族은 은나라 사람에 의해 소와 양처럼 사냥을 당하고 사육되고 희생양으로 바쳐졌다. 야스다 노보루安田登는 그들이 가축과 같은 취급에 특별한 불만을 품지 않았던 것은 아마도 지금까지 일어난 일을 억울해하거나 앞으로 일어날 일에 공포를 앞당겨 맞이하는 능력(시간 의식)이 결여된 것에 기인한다고 논하고 있다. 나는 이 추리는 우리가 길어내야 할 이야기를 포함하고 있다고 생각한다.

인간의 지성과 윤리성을 구성하는 것은 성숙한 시간 의식이다. 시간 의식의 깊이와 폭이 지성과 윤리성을 한계 짓는다. 그러나 후설은 시간 의식의 구조를 해명하기 위해서 음악을 듣는 경험을 가져오면서도 '음악을 누리는 방법에는 개인차가 있는 것 아닐까' 하는 물음에는 관심을 보이지 않았다.

그런데 똑같은 음악을 들어도 거기서부터 끌어낼 수 있는 음악적 기쁨에는 개인마다 큰 차이가 있다는 것을 우리는 알고 있다. 그 곡을 오랫동안 들어온 청자라고 하면 처음에 울린 악음의 기억과 지휘자가 마지막에 지휘봉을 놓은 후 침묵의 예기를 연결하는 몇 분을, 악음으로 가득차고 무수한 화음이 중첩하고 무수한 리듬이 몰려드는 두텁고 풍부한 음악적 시간으로서 누릴 수 있다. 나아가 음악적 소양이 깊으면 그 곡이 어떠한 음악사적 원천으로부터 아이디어를 길어냈는지, 지휘자와 연주자가 어떠한 선행 사례를 염두에 두어 어떻게 오리지널리티를 만들어내려고 했는지까지 들을 수 있다.

그러나 그러한 훈련을 받지 않은 청자가 경험할 수 있는 쾌락은 그것보다도 훨씬 적다. 음악을 기억하는 능력이 불충분하면 어떤 선율이 앞에서 연주된 악장에 담긴 선율이 변주라는 것도 앞 절에서 설정된 물음에 대한 회답이라는 것도 알 수 없다. 악음을 예측하는 능력이 불충분하면 예상한 악음이 출현한 것을 기뻐할 수도 없고 예측을 미묘하게 벗어난 악음이 출현한 것에 경탄할 수도 없다.

이처럼 음악을 향유할 수 있는 능력의 차이가 인간의 지적 능력 전반의 차이와 상관하고 있다는 것을 고대 사람들은 직감적으로 이해하고 있었다. 그래서 고대 사람들은 음악을 누리는 능력을 향상하는 것을 우선적인 교육 과제로 들었다. 고대 그리스·로마에서 교양인의 필수과목이었던 '자유 7과'에서도, 고대 중국의 '군자의 육예六藝'에서도 음악을 빼놓지 않고 있다.

시라가와 시즈카白川静의 『자통字通』에 따르면 '樂'(악)은 '무늬가 있는 손방울手鈴 모양'의 상형문자다. 이 글자는 '고대 샤먼이 방울을 울려 신을 부르고 신을 즐겁게 하고 병을 낫게 했다'는 것에서 유래한다. 음악이 종교적·주술적 의례에 꼭 필요한 것은 '음악을 듣는 능력'과 '신령을 섬기는 능력', '귀신의 임박을 감지하는 능력'이 같은 뿌리를 두고 있기 때문이다.

45. 시간 의식의 성숙 (2)

후설은 음악을 듣는 경험으로부터 시간론을 말하면서도, 음악을 향유하는 능력에 개인마다 차이가 있다는 문제에는 어떤 관심도 보이지 않았다. 모든 사람에게는 똑같은 정도의 음악 향유 능력이 있다는 것이 후설의 전제였다. 확실히 20세기 유럽에서는 그랬을지도 모른다. 모든 사람이 갖추고 있을 능력에 관해서는 '그것을 갖추지 않은 사람'이 어떻게 사고하고 행동하는지 보통 상상해보지 않는다. 유럽에서 그 문제는 클로드 레비스트로스의 『슬픈 열대』가 나올 때까지 본격적인 학술 탐구 대상이 된 적이 없었다.

후설이 시간을 논하는 과정에서 공간적 표상을 많이 사용한 것은 아마도 그와 관련이 있을 것이다. 초월을 순도 높게 유지하고자 한다면 '공간적으로 표상할 수 없는 것'을 다루기 위해서 최대한 주의가 필요하다. 그렇지 않으면 우리는 부주의하게 초월자를 '우상'으로서 표상하고 그 본질적 타자성을 훼손하게 될 것이다. 그런데 그러한 긴장감을 갖고 시간을 말하는 사람은 많지 않다. 후설은 이렇게 썼다.

그 음은 시작되고 그리고 끝난다. 그리고 그것의 전체적인 지속의 통일성, 즉 그것이 시작하고 끝나는 일 과정 전체의 통일성은 그것이 끝난 후에는 점점 멀어져가는 과거로 '물러간다'. 이렇게 침강沈降하는 과정에서 (그러나) 나는 그 음을 여전히 '갖고' 있고 '점유retention'하고 있다. 그리고 계속 점유하는 한 그 음은 자체의 시간성을 갖고 있고, 그 음은 여전히 똑같은 음이며 그것의 지속도 또한 똑같은 지속이다.[26]

후설에게 시간은 일종의 '프로세스'로서 **한눈에 내려다볼 수 있는 대상으로 기술된다.** '과거를 포착한다'는 건 원인상原印象, Urimpression°에서 '현재'로서 인식된 것을 그리고 나서 나중에도 '지나가버린' 것으로서 우리 안에 생생하게 유지되는 작용이다. 그래서 '과거를 포착한다'는 건 '원인상'이라는 핵에 대한 '혜성의 꼬리'로 비유된다. 아름다운 비유다. 지금 들리는 음은 '이후' 의식의 흐름 속에서는 '그 음은 있었다. 그것의 지속은 경과했다'라는 식으로 포착된다. 후설은 이어 이렇게 말한다.

공간 속에서 정지하고 있는 대상의 흔적들은 내가 '나 자신을' 그 대상에게서 멀어지게 할 때 나의 의식에서 멀어지는데, 이것과 똑같이 시간의 지속에 의해 발생하는 흔적들은 나의 의식에서 멀어져간다. (그러나 공간적인) 대상은 그 위치를 지키고 있다. 이와 똑같이 '객관으로서의' 음은 그 시간을 지키고 있다. 시간이 남긴 각각의 흔적들은 움직이지 않는다. 그러나 의식의 '멂'에서는 그것은 멀리 도망가고, 산출하는 지금부터의 간극은 점점 커진다.[27]

○ 애당초 처음으로 받은 인상.

긴 논고의 일부만을 인용했으므로 후설의 의도를 간파하는 것이 어려울 테지만, 후설이 여기서 시간을 논할 때 오로지 **공간적 비유에 의존하고 있다는 것은** 이 대목만으로도 알 수 있을 것이다. 후설은 시간의 경과를 '멀어진다', '움직이지 않는다', '간극' 같은 일련의 공간적 표상을 사용하여 논하고 있다. 아니, 그렇다기보다 그는 공간적인 표상으로밖에 말할 수 없었다.

확실히 시간을 말할 때 우리는 거의 늘 시간을 한눈에 내려다볼 수 있는 시간 외적인 시점, 그러니까 시간의 흐름 바깥에 있기에 시간을 내려다보는 초시간적인 시점을 전제로 한다. 그 시점으로부터 시간 흐름의 전개를 마치 언덕에 서서 강물을 바라보듯이 내려다보는 자신을 상정한다. 그러나 이 같은 특권적인 시점을 설정해 시간을 말한다는 건 과연 적절한 일인가?

강물에 관한 한은 옳을 것이다. 강은 어느 누구 앞에서도 똑같은 것으로 흐른다. 저 멀리 상류가 보이고 반대쪽으로 시선을 옮기면 강어귀가 보인다. 그 풍경은 누구에게도 다르지 않다. 그런데 시간의 흐름은 경우가 다르지 않은가. 시간 의식이 무르익지 않은 사람 앞을 흐르는 '강'과 시간 의식이 무르익은 사람 앞을 흐르는 '강'은 똑같은 것이 아니기 때문이다. 여기에는 '강'이라는 명사로 포괄할 수 있는 '실체'가 존재하지 않는다.

시간 의식이 무르익지 않은 사람 앞을 흐르는 '강'은 비유적으로 말하자면 폭이 몇 센티미터인 도랑을 들여다보았을 때 보이는 수류 같은 것이다. 물은 어두운 구멍에서 흘러나와서 순식간에 또 어두운 구멍으로 사라져간다. 보는 이에게는 흐름을 거슬러 올라가는 것도 흐름을 좇을 수도 없다. 확실히 '현재'는 생생하게 경험된다고 말할 수 있을 것이다. 그런데 그 유래를 포착할 수도, 그 운명을 예지豫持할 수도 없다. 음악을 향유할 능력이 없는 사람이 듣는 음악이란 그러한 것이다. 바로 '현재 자신'에게 들리는 음은 확실히 리얼하게 경험될지 모르지만, 과연 과거도 미래도 결여된 그것을 '음악'이라 불러도 괜찮을까. 한편 음악을 풍부하게 즐길 능력을 갖춘 사람에게 '강'은 그 수원水原의 세류부터 강어귀에서 흘러나오는 해원海原까지 포함하고 있다. 그렇다면 그들이 모두 똑같은 '강'을 '한눈에 내려다보고 있다'는 설정을 가지고서 시간에 관해 말한다는 건 적절하다 할 수 없는 것이 아닐까.

음악의 경우, 음악을 향유하는 능력에 개인차가 존재한다는 데 이의를 제기하는 사람은 없을 것이다. 그러나 여기서 출발해 혹여 시간 의식에도 개인차가 있는 것이 아닐까, 이렇게 말해도 좋다면 우리 인간은 **한 사람 한 사람이 다른 시간을 사는 것이 아닐까**, 일종의 눈이 보이지 않는 사람이 눈을 뜨게 되는 각고의 노력을 통해 시간 의식은 무르익어 온 것 아닐까, 마치 우리 모두가 똑같은 시간을 살고 있다고 생각하는 것은 어떤 문명사적 단계에 도달한 결과가 아닐까, 어떤 역사적 조건이 변화했을 때 **시간 의식이 무르익지 않은 사람들이 다시 등장하는 것도** 있을 수 있는 일 아닐까, 그 사람들은 '현재/현전' 안에 깊게 안주하고 '외부/타자'라는 것을 상정할 수 없는 것이 아닐까…… 같은 일련의 물음을 던지는 사람은 보통 없다.

그러나 레비나스는 '보통' 철학자가 아니었다. 레비나스는 이러한 물음을 시간에 관한 본질적인 물음으로 받아들였다.

시간은 공간적으로 표상할 수 없다. 시간이란 초월의 경험이기 때문이다. 게다가 초월의 경험은 사람에 따라 그 깊이가 달라진다. 거의 전혀 다르다고 말해도 좋을 정도로 다르다. 그리고 무르익은 시간 의식을 가진 사람에게 초월자의 초월성은 두드러지고 타자의 타자성은 두드러진다.

시간 의식에 관한 이야기는 여기까지 하고 다시 본문으로 돌아가자. 우리는 "타자란 구체적으로는 약자이고 빈자이고 '과부이고 고아'이며, 그에 비해서 나는 부자이고 강자"라고 하는 지극히 레비나스적인 구절 앞에서 제자리걸음하고 있었다. 이 인용문보다 조금 앞에 나온 행에서 레비나스는 다음과 같이 썼다.

타자성은 비상호적인 관계로서, 즉 동시간성과 두드러진 대조성을 이루는 것으로서 나타난다.[28]

'동시간성contemporaneité'이라는 개념이 함의하는 바는 한 번 읽어서는 잘 알 수 없다. 그러나 타자와 내가 같은 시간 속에 있지 않다는 의미로 이 개념을 이해한다고 하면 조금은 이해가 진행된다.

타자와 나는 똑같은 시간을 살고 있지 않다. 나와 타자는 '동시간성'이라는 공통의 조국을 갖고 있지 않다. 그래서 거기를 발판으로 삼고 타자와의 관계를 구축할 수 없다. 내가 타자와 공유할 수 있는 것은 오히려 이 '할 수 없는 것'이다.

나와 타자는 '동시간성'을 발판으로 삼을 수 없지만, 미래의 미지성, 그 근원적 타자성을 앞에 두고 '할 수 없다'라는 불능을 공유하고 있다. 이 '할 수 없는' 자들의 관계는 '함께'가 아니다. 진리이든, 동시성이든, 주체와 타자는 그 무엇도 '함께'할 수 없다. 그러나 '무엇이든 함께 할 수 없다'라는 불능의 양태에서라고 하면 마주할 수 있다.

나는 '공통의 조국'을 갖지 않는 타자와 진리를 앞에 두고 '함께'할 수는 없지만, 서로 얼굴을 마주할 수 있다. 그것은 피조물과 신이 '함께' 있을 수 없지만, 서로 얼굴을 마주할 수는 있다는 정황과 똑같다. 그리고 그 대면 상황에서 타자는 그 절대적 타자성을 훼손받지 않은 채 주체 앞에 서고, 주체에게는 **시간이 흐르기 시작한다.**

> 미래와의 관계, 미래가 현재 안에 현전함은 역시 타자와 얼굴을 서로 마주하는face-à-face avec autrui 가운데 성취하는 것으로 생각한다. 그때 **대면 상황이 시간의 성취 그 자체일 것이다.** 현재가 미래 안에 조금씩 침식해가는 것은 주체 단독의 행위가 아니다. 그것은 간주관적 관계다. 시간의 조건은 인간끼리의 관계 안에 혹은 역사 안에 있다.[29]

대면 상황에서 시간은 성취된다. 얼굴과 얼굴이 서로 마주보았을 때 시간은 성취된다. 그것은 어떻게 이루어질까? 이윽고 우리는 가장 핵심적인 물음에 가까워졌다.

46. 응답 책임 (1)

현재/현전의 변용태로서 과거와 미래를 포착하는 사고 습관을 버리는 것, 과거에 관해서는 이전에 한 번도 현재가 된 적이 없는 과거를, 미래에 관해서는 현재가 되는 일이 없는 미래를 받아들이는 것, 미래에 관해서는 어떠한 앞당겨 맞이하는 것도, 어떠한 예측도, 어떠한 비약과도 인연이 없는 것을 미래로서 받아들이는 것, 이러한 미래의 개념에서 출발해 시간을 이해하는 것. 이는 결코 시간을 '움직이지 않는 영원성 위에서 움직일 수 있는 형상' 같은 것으로서 포착하지 않는다는 것이다.[30]

미래는 예측 불가능하고, 절대적으로 외부적인 것이며 게다가 절대적으로 새로운 것이다. 우리는 현재 안에서 미래의 등가물을 찾을 수 없다. 미래를 포착하는 모든 단서를 우리는 갖고 있지 않다. 이 '전혀 아무것도 없음'의 끝에 우리는 비로소 '시간의 현실성'을 이해하는 단서를 발견한다.

타자의 타자성은 단지 '다르다'라는 사실을 인지하는 데서 오는 것이 아니다. 그것은 주체의 응답 책임을 기동시키는 타자성이다. 타자는 "약자이고 빈자이고 '과부이고 고아'이며, 그에 비해서 나는 부자이고 혹은 강자다".

여기에는 확실히 논리의 비약이 있다. 빈자와 부자는 다르고 약자와 강자 또한 다르다. 그것은 알 수 있다. 그런데 타자와 내가 '다르다'라는 것으로부터 내가 구조적으로 부자이고 강자라는 것은 **논리적으로**는 도출할 수 없다. 그것을 마치 자명한 것처럼 레비나스는 쓴다. 그런데 그 '논거'는 지금까지 한 번도 증명된 적이 없다. '과부와 고아'에 관한 언급은 이번이 처음인데, 이 두 단어를 애써 작은따옴표에 넣고 강조함으로써 우리는 레비나스가 성서를 참조할 것을 요구한다는 점을 알 수 있다. '과부와 고아'에 관한 가장 유명한 성서 구절은 모세가 산에서 내려와 백성에게 고한 신의 계율 안에서 볼 수 있다.

> 너희는 너희에게 몸 붙여 사는 나그네를 학대하거나 억압해서는 안 된다. 너희도 이집트 땅에서 몸 붙여 살던 나그네였다.
> 너희는 **과부**나 **고아**를 괴롭히면 안 된다.
> 너희가 그들을 괴롭혀서, 그들이 나에게 부르짖으면, 나는 반드시 그들의 부르짖음을 들어주겠다.[31]

여기서 신은 이방인, 과부, 고아에 대한 배려를 백성의 의무로서 명하고 있다. 「신명기」에서는 표현이 조금 다르다.

> 이스라엘아, 지금 주 너희의 하느님이 너희에게 원하시는 것이 무엇인지 아느냐? 주 너희의 하느님을 경외하며, 그의 모든 길을 따르며, 그를

사랑하며, 마음을 다하고 정성을 다하여 주 너희의 하느님을 섬기며, 너희가 행복하게 살도록 내가 오늘 너희에게 명하는 주 너희 하느님의 명령과 규례를 지키는 일이 아니겠느냐? (…)

이 세상에는 신도 많고, 주도 많으나, 너희의 주 하느님만이 참 하느님 이시고, 참 주님이시다. 그분만이 크신 권능의 하느님이시요, 두려우신 하느님이시며, 사람을 외모로 판단하시거나, 뇌물을 받으시는 분이 아 니시며, **고아와 과부를 공정하게 재판**하시며, 나그네를 사랑하셔서 그에 게 먹을 것과 입을 것을 주시는 분이시다.[32]

잘 읽어보기 바란다. 여기에는 '하느님을 경외하고 사랑하고 섬기 는 것'은 인간이 해야 할 일이라고 나오는 한편 과부와 고아를 위해서 '공정하게 재판하는 것'은 하느님의 일이라고 나와 있다. 이방인, 과부 고아를 배려하는 것은 **신이 전적으로 맡는** 일이다. 단 유대인들의 일신 교에서는 신을 대신해서 신의 부재를 견디고 신의 지원 없이 신의 일을 행하는 것, 그것이 신앙을 가진 자의 일이라는 생각이 존재한다는 점은 지금까지 말해온 대로다.

신이 스스로 권선징악의 판단을 내리는 세계에서는 인간은 영적으 로 성숙할 수 없다. 신이 전능한 세계에서는 인간은 설령 눈앞에서 악 행과 도리에 어긋나는 일이 이루어져도, 이방인과 과부와 고아가 눈앞 에서 곤궁을 겪고 있어도 그것을 간과한다. 신이 담당하는 일에 인간이 개입할 필요는 없기 때문이다. 그래서 신이 인간을 대신해서 선을 베 풀고 악을 벌하는 세계에서는 인간은 선악에 관해서 생각하지도 행동하지도 하지 않게 된다. 이것이 일신교가 안고 있는 근원적인 아포리아다. 유대인들은 이 아포리아를 신에 의한 천상적 개입 없이 이 세계에 정의와 자애를 존재하게 하는 책임을 자신의 양어깨에 느끼는 자가 **영적인 의미에서의 성인**이라고 정의함으로써 해소했다.

지금 내 눈앞에 있는 타자를 나는 이해도 공감도 할 수 없다. 그는 내가 있는 세계의 '이방인'이다. 나는 그가 하는 말을 알아듣지 못하며 그의 습관을 모르고 그 행동의 의미도 그 출신도 목적지도 모른다. 그런데 나는 주위 사람에게 이해받지 못하고 공감도 받지 못하고 학대당한다는 것이 어떤 것인지는 알고 있다. 우리가 과거에 이집트 땅에서 경험한 일이기 때문이다. **이방인을 이해할 순 없지만 이방에서 이해받지 못하고 살아가는 것의 고통은 이해할 수 있다.** 타자의 마음 안은 알아챌 수 없지만, 타자가 굶고 있는 것, 추위에 떨고 있는 것은 알아챌 수 있다. 그래서 타자와 대면했을 때 최우선으로 해야 하는 일은 '음식물과 옷을 제공하는 것'이다. 타자는 주체에게 관조의 대상이 아니라 구체적인 배려의 대상이다.

타자를 앞에 두었을 때는 '이 사람은 누구인가?' 같은 물음은 우선적인 것이 아니다. 타자는 거기에 '타자'로서 등장했다는 사실 그 자체에 의해 나의 세계에서는 '이방인', '과부', '고아'라는 지위status에 있다. 타자는 늘 그 굶주림과 추위를 신경 써야 하는 존재로서 등장한다. 그 구체적인 배려를 매개로 해서야 비로소 타자는 그 타자성, 미지성을 훼손당하지 않고 나와 '얼굴을 마주하는' 관계 안에서 등장한다.

명제로서는 그렇게 기술할 수 있다. 그런데 기술할 수 있다는 것과

'수긍이 가는 것'은 전혀 다른 일이다. '납득을 하기' 위해서는 이 언명이 우리의 신체적 실감에 어딘가에서 닿아야 한다. 그런데 우리는 아직 거기까지 다다르지 않고 있다.

간주관적인 공간은 대칭적인 것은 아닐 것이다. 타인이 외부적이라는 것은 단지 개념적으로는 동일한 것이 마침 공간적으로 떨어져 있기 때문이 아니고 공간적인 외부성에 의해 표현되는 개념에 기초한 어떤 차이에 의한 것도 아니다. 타자성이란 개념은 공간적이지도 않고 개념적이지도 않다.[33]

타자성의 관계는 공간적으로 표상할 수 없고 개념적으로 포착할 수 없다. 우리는 이제 그것은 알게 되었다. 그러면 어떻게 하면 좋은가.

뒤르켐이 '타인이 나 자신보다도 도덕적 행위의 목적인 것은 왜인가?'라고 물었을 때 그는 타인의 특수성을 간과하고 있었다. 자애와 정의 사이의 본질적인 차이란, 자애는 타인을 우선하지만 정의의 관점에서 보면 어느 한쪽을 우선하는 것은 불가능하다는 것에서 유래하는 것은 아닐까?[34]

뒤르켐이라는 이름이 나왔다. 이것은 아마도 『도덕교육론』의 다음 구절을 염두에 둔 것 같다. 뒤르켐은 '나와 똑같은 타인'의 이해를 나 자신의 이해보다도 우선해서 배려하기 위해서는 어떠한 이유를 설정하는 것이 가능한가에 관해 거기서 이런 식으로 묻고 있기 때문이다.

나와 똑같은 (…) 인간인 타인의 건강과 지성이 나의 건강과 지성보다도 어째서 소중할까. 인간은 평균적으로 거의 같은 수준이고 인간의 인격은 모두 거의 똑같아서 이른바 서로 교환할 수 있다. 만약 나의 인격을 유지하고 이를 발전시키기 위해서 이루어지는 행위가 도덕적이지 않다고 하면 이는 도덕적이지 않은 행위가 되지만, 똑같은 행위를 타인의 인격을 목적으로 한다면 이는 도덕적인 행위가 된다. 어째서 그렇게 될 수 있는 것일까. 어째서 한쪽이 다른 한쪽에 비해서 더 높은 가치를 가질 수 있을까?[35]

이 물음에 뒤르켐은 꽤 산문적으로 대답하고 있다. 나도 타인도 '거의 똑같기' 때문에 누구를 우선하든 그것을 도덕적인 행위로 부를 수 없다.

우리는 개인 간의 헌신적 행위로서의 자기포기라는 것 안에서 도덕적 행위의 전형을 인정할 수 없다. 우리가 추구하고 있는 도덕적 행위의 기본 성격은 좀 더 다른 곳에 있을 것이다.[36]

그것은 개인에게 한정된 것은 아니다. 자기포기적인 행위의 수혜자가 나든 타인이든 개인인 한 그것은 '도덕적'이라고는 할 수 없다. 어떤 행위가 도덕적이라고 불리는 것은 그것이 '초개인적supra-individuelles'일

때에 한해서다.

그런데 개인 밖에 있다고 한다면, 여러 개인의 결합에 의해 형성된 집단, 즉 사회를 제외하고는 말할 수 없다. 그러므로 도덕적 목적이란 사회를 대상으로 하는 그것이고 도덕적 행위란 집합적 이익을 위해서 행동하는 것이다.[37]

레비나스는 이 결론을 '뒤르켐은 타인의 특수성을 간과하고 있다'라는 한마디로 물리친다.

47. 응답 책임 (2)

뒤르켐은 '인간은 평균적으로 거의 같은 수준이고 인간의 인격은 모두 거의 똑같아서 이른바 서로 교환할 수 있다'라는 전제에서 출발했다. 그러므로 도덕적 행위란 '집합적 이익을 위해서 행동하는 것'이라는 '합리적' 결론에 도달했다.

레비나스는 그것과는 다른 생각을 한다. 타자란 이방인이기 때문이다. 타자와 나 사이에는 공통된 '집합적 이익' 같은 것이 없다. 우리는 절대적으로 교환 불능하다. 레비나스는 이렇게 언명한다.

절대적으로 '외부적인 것' 그것이 '타자'다. 그것은 나와 똑같은 기준과 틀로는 계량하지 못하는 것이다. 내가 '당신tu' 혹은 '우리nous'라고 말할 때, 그것은 '나je'의 복수형을 의미하지 않는다. 나, 당신, 그것은 어떤 공통개념을 개체화한 것이 아니다. 소유도, 기준이나 틀의 일치도, 개념의 일치도 나를 타자와 연결 짓지 않는다. 공통의 조국의 부재, 그것이 '외부적인 것'을 '이방인'으로 존재케 한다. 이방인은 우리 집의 평안을 어지럽힌다.[38]

타자가 이방인이라는 것은 우리도 안다. 언어도 종교도 생활문화도 다른 이방인과 대면해서 뭘 어떻게 해야 할지 몰라 멈칫하는 경험은 우리에게 아주 일상적이기 때문이다. 그런데 거기서부터 '나와 이 타자 사이에는 근원적인 비대칭성이 있다. 타자는 약자고 빈자고 과부고 고아이며, 나는 부자이고 강자다. 그러므로 나는 외부적인 것을 위해서 그의 대역이 될 유책성을 지고 있다'라는 언명에 이르기까지는 극복하기 어려운 논리의 비약이 있다. **이 언명을 뒷받침하는 경험적 확신을 우리는 갖고 있지 않고 어떠한 합리적인 추론도 이러한 결론을 도출하지 않기** 때문이다.

박애 정신이 아주 뛰어난 인물이 타자를 위해 그러한 방식으로 환대하는 일은 분명 실제로 일어날 수도 있다(세상에는 여러 종류의 사람이 있다). 하지만 그런 예외적 사실로부터 일반적 진리를 끌어낼 수는 없다. 우리는 어딘가에서 논리적인 심연을 극복할 필요가 있다. 레비나스는 프랑수아 푸아리에와의 대화에서 유책성에 관해 이렇게 설명했다.

확실히 해둘 점은 유대 백성이 선택되었다는 건 유책성의 과잉으로서, 다른 사람들보다 자기 자신에게 더 많은 것을 요구하는 유책성의 과잉이라는 관념으로서 늘 떠올려져왔다는 것입니다. (…) 나는 유책성이라는 말을 통해 '자아'로부터 외부적인 것, 유일무이한 특징을 갖고 있는 외부적인 것과의 관계를 말해왔습니다. 그리고 외부적인 것을 위해 그 대역이 되는 유책성으로서, 더는 그것에 대해 무관심할 수 없는 것으로서 '사랑'을 말해왔습니다. (…) 그것은 유일무이한 것으로서 타자의 극한적인 중요성을 의미합니다. 그 유일무이성에 의해 이웃 사람은 나에게 다름 아닌 한 개의 외부적인 것입니다. 그것은 우리를 하나로 연결 짓는 공통의 종속種屬으로부터 분리된 의미에서 유일무이성입니다.[39]

내가 실제로 광야에서 움막을 지었을 때, 굶주리고 목마른 멀리서 온 여행객이 움막을 찾았을 때는 그 사람의 속성을 묻지 않고 이해와 공감과 동족 의식이라는 것을 의식하지 않고 나는 그 사람을 환대할 의무를 느낄 것이다. 그렇게 행동하는 것이 **장기적으로는 합리적**이기 때문이다. 나도 언젠가 높은 확률로 어딘지 모를 땅에서 굶주리고, 목마르고, 정처 없이 헤매게 될 가능성이 있다. 그런데 때마침 찾아간 움막 주인이 박애 정신이 뛰어나며 마음이 열려 있는 인물일 경우라야 내가 살아남고, 그렇지 않은 경우엔 내가 궁핍 속에 죽는다고 한다면 곤란할 것이다. 우리의 경험적 지식은 '보통 사람은 그다지 박애 정신이 뛰어나지도, 마음이 열려 있지도 않다'고 가르치기 때문이다. 그래서 '언제 어떠한 경우에도 이방인은 환대받아야 한다'라는 규칙에 애써 강한 규범력을 부여할 필요가 있다. 그렇게 하는 것이 광야에 사는 사람들에게는 **생존 전략상 유리**하기 때문이다. 긴 시간을 놓고 보면 환대의 의무를 규범으로서 받아들이는 것이, 그렇게 하지 않는 것에 비해 자기가 받을 이익이 크다. 이것이 뒤르켐의 '호환성'의 경로다. 이타적으로 행동하는 것이 '집합적 이익'을 확보할 수 있으므로 우리는 타자를 배려하는 것이라는.

물론 그런 식으로 생각하면 타자를 환대하는 의무를 **합리적으로** 기초 지을 수 있다. 단, 이 경우의 환대를 정당화하는 것은 호혜성으로, 그것은 '인간은 평균적으로 거의 같은 수준에 있고 인간의 인격은 누구도 거의 똑같아서 이른바 서로 교환할 수 있다'는 전제에 기초 지워진 도덕이다.

그러나 레비나스는 그런 이야기를 하는 것이 아니다. 레비나스는 '타자와 나는 호환 불가능하다'라는 전제로부터 환대의 의무와 유책성을 끌어내려고 한다.

애당초 우리 자신은 광야에 사는 사람이 아니다. '도시도 일종의 광야'라는 식으로 비유적으로 말할 수도 있고, '이웃 사람도 이방인과 같다'고 말할 수 있을지도 모른다. 그런데 '당신은 이방인을 환대할 의무가 있다'는 말을 듣고 망설임 없이 고개를 끄덕일 사람이 우리 중 과연 몇이나 될까.

'레비나스는 타자를 환대하자고 말한다'는 식으로 이야기를 끝내는 철학 연구자도 있다. 그것이 스스로 납득이 간다든지 자신에게 실현 가능하다는 것과는 관계없이 레비나스의 이야기를 조술할 수 있는 방법이다. 그런데 나는 그렇게 간단히 이야기를 끝낼 수 없다. 경험적으로는 쉽게 받아들이기 어려운 이 논리적 명령을 확실한 것으로서 기초 짓는 사유 경로가 무엇인지 나는 찾고 싶다. 왜냐하면 나는 광야에 사는 사람도 아니고 유대인도 아니기 때문이다.

'유대인은 신에게 선택받은 백성이므로 그런 유책성의 과잉을 받아들여야 한다'는 레비나스의 언명에 단호히 반론을 제기할 유대인은 아마 없을 것이다(속으로는 그렇게 생각할지언정 공공연히 말하는 일은 자제할 것이다). 성서에 '그렇게 하라'고 나와 있기 때문이다. 그렇게 나와 있는 이상, 그러한 행동을 유대인에게 요구하는 것은 적법하다.

그런데 유대인에게 '유책성의 과잉'이 자신들의 의무로 관념되어 있는 것이 역사적 사실 혹은 종교적 계율로서 있을 수 있다고 해도 거기서부터 그 의무가 인류 일반에 적용되어야 한다는 결론을 이끌어낼 수는 없다. 그리고 물론 레비나스는 유대인과 유목민 '한정'이 아니라 **인간 일반의 윤리**에 관해 이야기했다. 실제로 레비나스는 이렇게 말했다.

> 우리는 길모퉁이에서 딱 마주친 사람에 대해서조차도 유책입니다. 이 유책성은 양도할 수 없으며, 누구도 나를 대신해서 맡을 수 없다는 이 기피하기 어려운 유책성의 특성이 최종적으로 나의 대체 불가능성, '둘도 없음'이 됩니다. 나는 직접적으로 유책입니다. 유책인 것은 나지 타자가 아닙니다. 그리고 이 '나이고 타자가 아닌' 것이 내가 둘도 없는 존재이고, 내가 그 책임을 질 타자도 또한 둘도 없는 존재인 세계를 구축합니다. 나는 이 유책성에서 타자의 대역이 됩니다. 나는 그의 인질입니다. 그에 대해 어떠한 죄도 저지르지 않음에도 유책이고, 그가 나에게 어떠한 자도 아님에도 혹은 한 걸음 더 나아가 그가 나에게 어떠한 자도 아니므로 나는 유책입니다.[40]

레비나스 스스로도 절대적 타자성을 '인지하는 것'과 이방인·과부·고아를 '환대하는 것' 사이에는 논리적 비약이 있음을 알고 있었다고 생각한다. 그런데 레비나스 개인에게 여기엔 비약이 없었다. 그것은 레비나스에게 생생한 실감이었기 때문이다.

리투아니아에서 태어나서 러시아 혁명으로 유대인 박해에 시달리다 독일과 프랑스에서 배우고 프랑스군으로서 포로가 되고 많은 친족을 강제수용소에서 잃은 뒤 파리에 돌아온 레비나스는 거의 늘 어디에 있어도 '이방인'이었다. 그의 처자는 게슈타포가 유대인 사냥을 했던 독일 점령 아래 파리에서 말 그대로 '과부이고 고아'였다. 그래서 레비나스에게 '타자는 이방인, 과부, 고아이며 그들을 환대하는 것은 나의 책임'이라는 유책성에 관한 명제는 **목숨을 거는 행위**였다.

우리는 레비나스를 읽으면서 무심코 자기 자신을 움막 주인이라 여기고는, 멀리서 온 여행객을 '환대할 것이냐 말 것이냐' 같은 도덕적 문제에 골몰하게 된다. 하지만 레비나스는 다르다. 그는 광야에서 굶주리고 목마르고 추위에 떠는 이방인의 입장에서 타자론을 말하고 있다. 그런데 나는 레비나스가 아니다. 과연 이 단절에 어떻게 다리를 놓을 수 있을까.

48. 응답 책임 (3)

『시간과 타자』로 돌아가 보자. 우리는 이런 물음 앞에 멈춰 서 있다.

뒤르켐이 '타인이 나 자신보다도 도덕적 행위의 목적인 것은 왜인가?'
라고 물었을 때 그는 타인의 특수성을 간과하고 있었다. 자애와 정의
사이의 본질적인 차이란, 자애는 타인을 우선하지만 정의의 관점에서
보면 어느 한쪽을 우선하는 것은 불가능하다는 것에서 비롯하는 것은
아닐까?[41]

정의justice와 자애charité는 인간이 사는 세계를 더욱 인간적인 곳으로
만들기 위한 두 가지 원리다. 이 두 가지 원리 중 어느 하나라도 없으면
우리 세계는 구원하기 힘든 무질서로 추락하게 된다. 그런데 이 두 가
지 원리 사이에는 '본질적인 차이'가 있다.

자애에서는 늘 '타인이 우선'이다. 자애는 고려와 비교를 수반하지
않는다. 자애에는 어느 쪽에 일리가 있는가, 어느 쪽을 구하는 것이 긴
급한가 하는 계산은 없다. 그 점이 자애가 정의와 다른 점이다.

자애란 언어적 수사를 다 빼고 말하자면 눈앞에서 지금 고통받

고 있는 사람, 수난을 당하고 있는 사람과 함께 고통을 느끼는 감각 compassion을 의미한다. 우리가 숙지하고 있는 표현대로라면 '측은지심惻隱之心'이다.

"사람은 모두 차마 어찌할 수 없는 마음을 갖고 있다"(『맹자孟子』 「공손축장구 상公孫丑章句 上」). 사람은 타인의 고통을 간과할 수 없다. 어린아이가 우물에 빠지려는 것을 보면 사람은 손을 내민다. 아이의 부모와 친해지려고 한다든지 붕우의 칭찬을 얻으려고 하는 계산이 있어서가 아니다. "측은지심이 없으면 사람이 아니다." 어떤 것도 생각지 않고 아이를 구하는 것이다.

누구든 알고 있는 성구成句인데, 맹자가 여기서 '아이'를 비유로 든 것은 우연이 아니다. '아이가 고통받고 있으면 나는 구한다'라는 명제의 역은 '내가 구하는 것은 고통받는 아이다'가 되기 때문이다.

물론 그런 바꾸어 말하기는 논리적으로는 성립하지 않는다. 그러나 함께 고통을 느끼는 감각에서 비롯하여 계산도 없이 본능적으로 누군가에게 구원의 손길을 내밀고 마는 일이 있었다고 하면, 그 상대는 설령 생물학적으로 성인이라 해도 나에게는 '아이'라는 것이 아닐까.

'측은지심'이 발하는 것은 상대를 알아차리고 그를 아이라고 판단한 후가 아니다. 상대는 우물에 빠지려고 하고 있다. 그 긴박한 상황에서 정확한 나이 확인을 할 수 있을까. 어떤 연령 이상의 사람이라고 하면 도우려고 나간 손을 다시 거두어들일 수 있을까. '측은지심'은 구원하는 상대방의 조건에 의해 발동한다든지 혹은 역으로 발동하지 않는 그런 종류의 일이 아니다. **지금 내 수중에 있는 것을 내놓음으로써 고통**

으로부터 구할 수 있는 타자는 늘 '아이'라는 관념으로 떠올려진다.

논리적으로는 무리수이지만, 나의 경험적 사실은 이 명제를 지지하고 있다.

나는 레비나스가 '타자는 늘 과부·고아·이방인'이라고 쓴 것과 맹자의 '측은지심' 사이에는 그다지 차이가 없다고 생각한다. '측은지심은 인仁의 발단이 된다'는 것이 정말이라면 인간성의 기점은 거기에 있다. 이를 같은 종種인 어린 몸에 닥친 위기를 봤으니 곧 그 아이를 구하려고 본능적으로 행동하는 것으로 이해해서는 안 될 것이다(그러한 행동은 '종의 보존'이라는 **합리적인 법칙**으로 설명할 수 있다. 그리고 똑같은 행동은 인간 이외의 동물에게서도 볼 수 있다). 인간에게 두드러진 인간성 같은 것이 있다면, 그건 바로 자기 수중에 있는 자원을 던져 구할 수 있는 누군가를 봤을 때 설령 그 누군가가 자구 능력을 갖춘 성인이라고 해도, 혹은 전혀 이해도 공감도 할 수 없는 다른 종이라고 해도 '지금 당장 우물에 빠지려는 아이'로 보는 능력이다.

푸아리에와의 대화에서 "어떻게 해서 다른 사람에게 접근해가는 것이 가능할까요?"라는 물음에 레비나스는 '접근하다aborder'라는 동사의 타동사형에 조금 신경을 곤두세우면서 다음과 같이 답했다.

'접근하다'라는 것은 어떤 의미인가요? 당신은 어떤 일이 있어도 타자에게 무관심할 수 없습니다. 어떤 일이 있든 혼자일 수 없습니다. 설령 당신이 무관심한 태도를 취하려고 해도 그때는 이미 앞에서 말한 태도를 채택할 **책무**를 지고 있습니다! 타자는 이미 당신 안에 깊게 파고들고 있습니다. 당신은 타자가 당신을 불렀기 때문에 그에게 응답하고 있습니다. 타자는 당신과 관계를 맺고 있습니다.[42]

여기서 레비나스는 '태도를 채택하다'라고 말할 때 'adopter'라는 동사를 사용하고 있다. 이 동사의 오래된 의미는 '양자로 삼기/가족처럼 다루기'다. '채택하다'라는 동사는 거기서 파생한 의미다. 그래서 이 문장을 오래된 의미에 따라서 읽으면 "설령 당신이 무관심한 태도를 취하려고 해도"에 이어지는 부분을 '당신은 이미 **그를 양자로 맞이할** 의무를 지고 있습니다vous êtes déjà obligé de l'adopter'로 '오역'할 수 있다.

레비나스를 오래 읽어온 사람은 알겠지만 레비나스는 동사를 선택할 때 일의적인 의미를 추구하지 않는다. 오히려 가능한 한 다의적인 해석을 허용하는 동사를 선호한다. 히브리어는 모든 동사가 세 개의 자모로부터 구성되는 원형을 가지며, 탈무드 해석학에서는 그 원형으로부터 파생하는 **모든 말은 그 본뜻으로 돌아가 해석돼야 한다**고 본다. 이 규칙은 레비나스 텍스트 전략에 깊게 스며들어 있다. 그렇다고 하면 레비나스가 여기서 'adopter'라는 동사를 **오래된 의미와 완전히 무관한 의미로 사용**했다고 생각하는 것이 오히려 부자연스럽다. 이 '오역'에 기초해서 읽는다고 하면 '타자와 관계를 맺는 것은 이미 타자를 당신의 가족으로서, 당신 자신의 아이로서 받아들이는 것이다'라는 명제가 들여다보인다.

타자는 먼저 타자로서 내 앞에 나타난다. 레비나스는 그러한 타자와 어떻게 교섭할지(접근할 것인가 떨어질 것인가, 받아들일 것인가 배제할 것인가) 주체 측이 결단한다는 틀 자체를 물리친다. 타자는 내 눈앞에 등장할 때마다 이미 '우물에 빠지려고 하는 아이'다. 그렇다면 나는 타자를 어떻게 응접할 것인가. 박애 정신으로 행동할지 이기적으로 행동할지 **선택할 수는 없다.** 나는 이미 '그를 양자로 맞이할 의무를 지고 있기' 때문이다. 왜 타자를 내가 환대의 책무를 지는 '과부, 고아, 이방인'으로서 대우해야 하는지에 관해, **주체에게는 그 옳고 그름을 헤아릴 여유가 주어지지 않는다.** 지금 눈앞에서 우물에 빠지려고 하는 아이를 볼 때, '왜 내가 이 아이를 구해야 하는지' 헤아릴 여유가 주어지지 않는 것과 마찬가지로.

아마 인간이 인간으로서 존재할 수 있는 가능성 그 시작점에는 이 **논리적인 무리가 나사처럼 비틀어 박혀** 있을 것이다.

레비나스는 도덕을 기초 짓는 데서 뒤르켐의 설명을 물리쳤다. 레비나스가 보기에, 인간은 '집합적 이익을 위해 도덕적으로 행동한다'가 아니라 오히려 '도덕적으로 행동하는 것을 알았기 때문에 비로소 집단적으로 살 수 있게 되었다'가 순서에 맞았을 터다. 일의 순서가 거꾸로인 것이다. 타자로부터 원조를 요청받았을 때 이에 응답할지 무시할지를 자기 이익에 기초해서 판정하는 '나'가 이미 스스로 존재하고 있는 것이 아니다. 타자가 말을 걸었을 때 응답한 자가 비로소 '나'라는 이름을 내걸 권리를 손에 넣는 것이다. **부름에 대해 응답함으로써 '응답할 수 있는'** 존재로서의 주체가 탄생한다. 맹자의 '아이'에 대한, 레비나스의 '과부·고아'에 대한 유책성의 경로를 나는 그런 식으로 이해한다. 그 경로라면 유대인이 아닌 나도 알 수 있다.

푸아리에는 아직 이 논리의 역순을 잘 소화하지 못했기에 조금 어긋난 질문을 계속한다.

어떻게 타인에게 가까이 갈 수 있습니까? 사랑을 통해서일까요?

이에 레비나스는 다음과 같이 대답한다.

그 말을 사용하고 싶으면 그렇게 말해도 상관없습니다. 단 그 말이 질질 끌고 가는 모든 문학적인 수사를 다 벗겨내고 나서,라는 조건이 붙습니다만. '무관심하게 있을 수 없는 것non-différence'이라는 말에 타인과의 정서적 관계라는 의미도 있다고 하면 거기에는 사랑의 지향이 예견될지도 모르겠습니다. 또 말씀드린 것처럼, 관계가 있는 존재에 대한 유책성이라는 의미도 있을지 모르겠습니다. 그런 의미를 모두 고려해 사랑이라는 말을 사용한다면, 그 모든 것이 사랑 안에서 꽃피운다고 말씀드려도 좋겠지요.[43]

단 사랑에는 한 가지 조건이 있다. 그것은 '유일무이한 것과의 관계'라는 것이다.

사랑의 원리가 가르쳐주는바, 외부적인 것은 그것이 사랑받고 있는 한 나에게 세계에서 유일한 것입니다. 이 말은 사랑의 감정이 넘쳐흐르면 어떤 타자가 유일무이한 것처럼 환상적으로 보인다는 뜻이 아닙니다.

그게 아니라, 유일무이한 사람이라는 것을 관념적으로 떠올릴 수 있으므로 거기에 사랑이 생겨난다는 뜻입니다.[44]

49. 응답 책임 (4)

이방인이 나의 '움막'에 찾아와 하룻밤 묵을 곳과 먹을 것을 청할 때 우리는 늘 그를 환대할 수 있을까. 어렵다고 생각한다. 그런 판단을 늘 내릴 수 있을 만큼 우리는 이성적이지도 윤리적이지도 않다. 우리는 높은 확률로 결정적인 국면에서 '잘못된 판단'을 한다. 그럼 어찌하면 좋을까.

방법은 두 가지다. 하나는 '규범이 그것을 명하기 때문에'라는 방식으로 응접하는 것. 이 방법대로라면 순간적으로 반응할 수 있다. '움막을 찾아온 모든 사람을 환대하라'는 규범이 '바깥'에서 강제되어 내 일상의 모든 행동거지를 상세하게 정해 놓는다면 나는 개별 사례에 관해 일일이 판단을 내릴 필요가 없다. 실제로 많은 종교가 '타자를 환대하는 것'을 계율로 정하고 있다. 계율이라는 버팀목 없이는 타자를 환대하는 윤리적 책임을 혼자 힘으로 구축할 만한 인간이 드물다는 점을 알고 있기 때문이다.

그런데 이런 종교적 계율을 갖지 않은 사람들(인류의 절반 이상)이 윤리적으로 행동하기 위해서는 어떻게 해야 하는가? 바꿔 말해, 신을 믿지 않는 사람들도 신이 내린 계율에 따르는 사람들과 똑같이 행동하게끔

하려면 어떻게 하는 것이 좋을까? 레비나스에게는 이것이야말로 긴급히 해결해야 할 철학적 과제였다.

이는 곧 '타자를 환대하는 것'에 관한 **비종교적인 계율**은 존립할 수 있을까 하는 물음이다. 정치적 탄압과 종교적 박해로 살던 곳에서 쫓겨나 타향을 전전하는 '몹시 가난한' 타자를 어떻게 환대할 것인가 하는 아주 구체적인 문제다. 레비나스는 이 문제를 '환대하는 측의 선의와 양심'으로 풀어서는 안 된다고 본다. 환대는 '선의와 양심' 이외의 것, **그 이상의 것**에 기초를 두어야 한다.

이것은 오늘날 우리가 직면하고 있는 '이주민·난민' 문제와 완전히 똑같은 물음을 던진다. 이 곤란한 물음에 레비나스가 제출한 답변은 "타자란, 당신 앞에 등장했을 때 이미 당신 눈에 '환대해야 할 과부·고아·이방인'으로서 비치는 자를 의미한다"라는, '타자' 정의 그 자체에 대한 고쳐 쓰기였다. 레비나스는 중립적인 타자가 먼저 출현하여 그를 어떠한 존재로 인식할지 주체 스스로가 결정하고, 그 인식에 근거해 타자를 쫓아낼지 받아들일지 주체가 결정한다는, 시간의 흐름에 따른 프로세스 자체를 물리쳤다.

여기에는 확실히 '논리의 무리'가 있다. 그렇지만 '무리' 없이는 앞으로 나아갈 수 없을 것 같은 조리가 이 세상에는 있다. 타자가 말 걸었을 때 이에 응답할 것인지 무시할 것인지를 자기 이익에 기초해서 판정하는 '나'가 미리 스스로 존재하고 있는 것이 아니다. 타자가 말을 거는 데 응답함으로써 '응답할 수 있는 존재'로서의 주체는 사후적으로 성립한다.

문제는 순서다. 그것이 **결정적으로 중요하다.** 논리학을 사용하는 한 '논리의 무리'를 삼킬 수가 없다. 우리가 사용할 수 있는 건 시간뿐이다. 양립하기 어려운 것을 양립시키기 위해 우리는 시간에 지원을 구한다.

레비나스가 여기서 '자애'라는 개념을 시간론의 발판으로서 불러낸 것은, 시간이라는 보조선을 애써 채택하지 않으면 '자애'와 '정의'를 양립시킬 수 없다고 알고 있었기 때문이다. 거꾸로 말해서 '자애'와 '정의'가 무엇인지 알면 시간이 어떻게 작동하는지를 알 수 있다. 자애와 정의는 고립한 단독의 무시간적 주체와 관련된 일이 아니라, 시간 속에서 펼쳐지는 주체와 타자의 관계 그 자체이기 때문이다.

자애란 '타자를 나보다 우선해서 배려하는 것'이다. 이 정의에 이론을 제기할 사람은 없을 것이다. 그런데 '타자의 이익'과 '나의 이익'을 저울에 달아 계량한 뒤에 '타자의 이익을 우선한' 경우 그것을 자애의 실천이라고 부르진 않는다. '측은지심'과 마찬가지로 자애 역시 계량적인 판단에 기초해 이루어지는 것이 아니기 때문이다.

즉 '광야에 있는 내 움막을 이방인이 찾는다'라는 상황 설정 자체가 틀렸다. 이방인이 찾아왔을 때 비로소 나는 스스로가 '광야의 움막 주인'임을 자각한다. 일은 그러한 **순서로** 일어난다. **이 시간적 전도轉倒 없이 절대적 자애는 기초를 다질 수 없다.** '하룻밤 잠자리를 제공해줄 수 있겠습니까?'라는 간청을 들었을 때에야 비로소 나는 '하룻밤 잠자리를 제공할 수 있는 자'로 구축된다. 따라서 그 간청을 거부하는 것은 자기 주체의 존립 조건 자체를 부정하는 셈이 된다.

후쿠시키무겐노復式夢幻能° 몇몇은 쇼코쿠이치겐노소諸国一見の僧°°가 쓸쓸한 곳에서 날이 저물어 그 지역 사람에게 하룻밤 잠자리를 청하는 것에서 시작한다. 그때 집주인은 반드시 한 번은 거절한다. 너무나 누추해 아무래도 사람이 묵을 만한 장소가 아니라는 것이 그 이유다. 승려가 재차 청하자 주인은 간청을 받아들인다. **이야기는 거기서부터 시작한다.**

마쓰카제松風°°°에 나오는 승려가 날이 저물어, 스마노우라須磨の浦°°°°를 이루는 '해사의 제염소海士の塩屋' 앞에 멈춰 서니, 해질녘 해안을 서경敍景°°°°°하는 시테와 츠레의 조용한 노래가 시작된다.

이 두 해사海士°°°°°°는 이 시점에서 아직 어떠한 존재도 아니다. 바다와 파도와 달과 기러기와 물떼새 우는 소리와 바람 소리가 그저 '사생寫生'될 뿐이다. 거기서 노래하고 노래의 대상이 되는 것은 스마노우라의 자연 그 자체다. 두 해사가 인간으로서 리얼리티를 얻는 것은 승려의 요구에 응해 그를 제염소 안으로 맞아들인 다음이다. 그 썩어 문드러진 옛 흔적을 승려가 '찾아 조문했을 때' 말하자면 승려의 축복을 받고 두 해사는 지금 이 세계에 출현한다. 해사는 승려가 두 사람의 넋

° 일본 고전극 양식인 노能 가운데 정령이 나타나는 극을 '무겐노'라고 하며, 여기서 2장으로 구성된 노래를 가리킨다.

°° 노가쿠能樂에서 주인공인 '시테'의 상대역 '와키'가 자주 맡는 역할로, 여러 나라를 돌아보면서 견문을 넓히는 승려를 가리킨다.

°°° 노가쿠에서 가장 중요한 곡 중 하나.

°°°° 고베 서부 아카시 해협의 동쪽 해안선 일대를 가리키며 경승지로 유명하다.

°°°°° 자연의 경치를 시나 문장으로 나타내는 것.

°°°°°° 바다에 잠수해서 조개류와 해초 따는 일을 하는 남자.

을 기리고 하룻밤 잠자리를 청했을 때 그의 **간청**을 통해서 **출현했다.** 그 래서 해사가 지난날에 대한 회상을 마치고 날이 밝자

그들은 원래 자연으로 돌아간다. "산에서 불어 내려오는 바람 소리 가 스마노우라에 들린다. 날아가는 새 소리도 바람에 날려 거의 끊어질 듯 들린다. 지금까지 꿈을 꾸고 있었던 걸까. 그 기억도 어렴풋하다. 꿈 에서는 소나기 소리라고 생각했는데, 오늘 아침이 되고 보니 소나무 숲 사이를 지나가는 바람 소리였구나."

여기에는 '간청과 환대'에 관한 태곳적 아이디어가 깔려 있다.

50. 에로스 (1)

"외부적인 것은 그것이 사랑받고 있는 한 나에게 세계에서 유일한 것입니다." 레비나스의 이 말을 듣고 푸아리에는 묻는다.

"한데 모든 타인은 각각 둘도 없는 존재입니다. 그러나 우리는 모든 사람을 사랑할 수 없습니다."[45] 이에 레비나스는 다음과 같이 답했다.

> 내가 '윤리의 질서' 혹은 '성스러운 것의 질서' 혹은 '자비의 질서' 혹은 '사랑의 질서' 혹은 '자애의 질서'라고 부르는 경역境域에서는 다른 인간은 그 사람이 인간 집단 어디에 자리 잡고 있는지와는 관계없이 나에게 직접 관계가 있습니다. (…) 이웃으로서, 처음에 온 사람으로서.[46]

자애의 질서, 자애의 경역에서 타자는 그 사회적 속성과 관계없이 늘 '처음에 온 사람'으로서 나와 관계를 맺는다. 타자는 이웃 사람 prochain이라는 거리상(공간적) 근접성과는 별도의 **시간적 선행성**으로 내가 있는 곳에 도래한다.

그때 그 사람은 유일무이한 존재로서 거기에 있었습니다. 그의 얼굴 안

에서 나는 나에게 말을 거는 것을 읽어냈습니다. 그를 방치해서는 안 된다는 신의 명령입니다.[47]

신의 명령l'ordre de Dieu이라는 것은 우리에게는 사용이 허락되지 않는 말이다. 우리는 지금 계율을 뺀 자율의 기초 짓기를 하고 있었다. 잠깐은 그 부자유함을 견뎌야 한다.

레비나스에 따르면 우리는 자애의 질서 안에 머물 수 없다. 다른 사람들은 복수 존재하기 때문이다. 우리는 '모든 사람을 동시에 둘도 없는 존재로서 사랑'할 수 없다. 현실에서 우리는 타자들에게 우선순위를 매겨 누구를 먼저 사랑할 것인지 판단을 내려야 한다.

여기서 선택의 문제가 나옵니다. (…) 누가 두드러지게 '외부적인 존재'인가를 특정해야 합니다. 평가ratio의 문제입니다. 판단의 요청입니다. '둘도 없는 존재들uniques' 사이에서 비교를 수행하는 요청이 그들을 공통의 속성 안에 환원한다는 요청입니다. 이것이 시원의 폭력première violence 즉 유일성unicité에 대한 이의입니다.[48]

타자가 한 명이라고 하면 그 사람을 이웃 사람으로서 '처음에 온 사람'으로 생각할 수 있다. 그런데 타자가 계속 등장했을 때 그리고 그 각각이 다른 타자들의 타자성을 부정하고 "나야말로 두드러진 외부적인 존재다"고 이름을 내걸었을 때, 우리는 도대체 누구를 '처음에 온 사람'으로 인정하면 좋을까. 아주 곤란한 이 물음을 앞에 두고 정의=재판justice이라는 관념이 요청되기에 이른다.

> 아마도 이때 객관성과 사회질서(와 무질서)라는 관념이 탄생하고, 모든 제도와 국가와 정의의 제도에 필요한 국가의 권위가 탄생합니다. 그리고 바로 이러한 것들이 등장함으로써 정의의 모태인 시원의 자애는 한계 지워지게 됩니다.[49]

정의는 자애로부터 나타나 자애를 제약한다. 정의를 요청하는 것은 발생적으로는 불의에 고통을 받는 사람과 '함께 고통을 느끼는 감각'이다. 자애는 정의를 요청한다. 그런데 그렇게 등장한 정의는 '둘도 없는 자들'을 비교하며 누구의 손을 들어주고 누구를 비난할 것인지, 누구를 우선하고 누구를 뒤로 돌릴 것인지 정한다. 그것이 '시원의 폭력'이다. 비교라든지 평가라는 것은 **동종의 것들**에 대해서만 이루어진다. 평가의 폭력성은 우열을 매기는 행위 자체에 있는 것이 아니다. 그것은 '고과의 대상은 계량 가능한 수치적 차이 이외에는 똑같다'라는 **동일화의 시선** 안에, 타자를 동일자로 환원하는 조작 안에 존재한다.

앞서 말한 대로 자애와 정의는 우리 세계를 질서 잡힌 곳으로 유지하는 데 필수적인 두 가지 원리다. 그런데 **자애와 정의는 양립하지 않는다.** 자애에서는 늘 '처음에 온 사람이 우선시'되고, 정의는 '다른 사람 중 누군가를 우선시해야 할지 평가하는 것'이기 때문이다. 이 두 원리를 양립시키기 위해서는 **이것을 시간의 흐름 안에 배치할 필요가 있다.**

'정의는 시원의 자애로부터 파생'하며 자애를 한계 짓는다. 먼저 자애가 있고 그것이 **다음으로** 정의를 요청한다. 그리고 정의가 다시 자애를 요청한다. 레비나스는 이 시간의 흐름에 따른 프로세스를 탈무드 랍비들의 예지의 말을 가져와 훌륭하게 설명한다.

성서의 한 구절에서는 '판결을 내리는 자는 개인의 얼굴을 봐서는 안된다'고 합니다. 즉 판결을 내리는 사람은 자신 앞에 있는 사람을 봐서는 안 되고 그 개인적 사정 같은 것을 참작해서는 안 된다고 합니다. 판결을 내리는 사람에게 눈앞에 있는 것은 일개 피고인에 불과합니다. 그러나 사제의 축복에 관한 다른 성서 구절에는 "주는 그 얼굴을 당신에게 향한다"라고 나와 있습니다. 랍비들은 그들만의 방식으로 이 까다로운 질문에 답했습니다. "판결을 내리기 전까지 얼굴은 없다. 그러나 일단 판결이 내려진 후 주는 얼굴을 보인다."[50]

정의가 집행되는 장면에서 타자의 타자성은 '돌아봄'의 대상이 되지 않는다. 그러나 일단 판결이 내려진 뒤엔 '준엄한 정의의 지나친 뜨거움을 수정할 가능성과 호소'가 존재해야 한다. 판결이 내려진 자들 각각의 유일무이한 사정을 참작해서 정의가 너무 지나치지 않도록 **정의를 휘어지게 하는** 행위가 이번에는 국가가 아닌 개인에 의해 이뤄져야 한다.

정의의 지나친 뜨거움을 완화하고 판결이 내려진 자들의 개인적 호소에 귀 기울이는 것, 이것은 우리 한 명 한 명의 역할입니다.[51]

정의의 준엄함이 지나치지 않도록, 용서가 사악함을 방임하지 않도록, '자애의 질서'가 '정의의 질서'를 요청하고 '정의의 질서'가 '자애의 질서'를 요청한다. 인간 세계가 인간적일 수 있는 것은 두 세계가 **시간차를 동반해서** 교대로 등장하기 때문이다. 시간차가 없으면 자애와 정의를 양립시킬 수 없다.

나에게 중요한 것은 타자가 타자로서 인지되는 것입니다. 그런데 둘도 없는 자들이 복수일 때, 계산calculs과 계량comparaison이 필요합니다. 그리고 계산과 계량은 둘도 없음을 소멸시키고 맙니다. 그러므로 일단 판결이 내려지면 나는 다시 둘도 없음을 찾아내야 합니다. 그때서야 비로소 새롭게 등장하는 인간, 둘도 없는 개인으로서.[52]

자애와 정의라는 두 질서가 존립하기 위해서는 **시간이 필요하다**는 사유 경로는 이 설명으로 알 수 있을 것이다. 『시간과 타자』로 돌아가자. 레비나스가 '에로스'라는 새로운 주제로 진행한 곳이었다. 새로운 주제이지만 레비나스가 시간 개념을 완성하기 위해서 선택한 것임을 잊지 않으면 행동의 방향을 잃어버리는 일은 없을 것이다.

타자와의 이러한 관계의 흔적은 문명화된 생활 속에서도 그 기원적인 형태로 남아 있다. 우리가 탐구해야 하는 것은 그것이다. **타자의 타자성이 그 순수한 형태로 출현하는 상황이 존재하지 않을까? 외부적인 것이 그 자기동일성의 뒤집기로서의 타자성만을 갖는 것이 아닌 상황이 존재하**

지 않을까? 외부적인 것이 분유分有의 플라톤적 법칙에만 따르는 것이 아닌 상황이 존재하지 않을까? (…) 타자성이 일개 존재자에 의해 적극적으로 그 본질로서 살아지는 상황은 존재하지 않는 것일까?[53]

이러한 부정의문문을 거듭한 후 레비나스는 '여성적인 것le féminin'이라는 개념을 도출한다.

절대적으로 반대적인 반대자, 그 반대성이 그 자체와 그 상관자 사이에 성립하는 어떠한 관계에 의해서도 영향을 받지 않을 것 같은 반대자, 그 반대성이 그 항에 절대적으로 계속 외부적인 것을 가능하게 하는 반대자, 사견에 의하면 그것이 **여성적인 것**이다.[54]

갑자기 나온 이 '여성적인 것'이란 도대체 무얼 의미하는가? 레비나스의 모든 개념에 관해 그래왔듯 우리는 먼저 그 개념이 '무엇이 아닌가'를 확인하는 일부터 시작해야 한다.

먼저 그것은 플라톤적인 의미의 '여성'이 아니다.

'분유分有의 플라톤적 법칙la loi platonicienne de la participation'이라는 말에는 "그것에 의하면 모든 항項은 원래 한 몸이었기 때문에 동일한 요소를 포함하고 있지만, 거기서 나뉘어졌기 때문에 다른 요소도 포함한다"라는 설명이 덧붙어 있다. 이것은 『향연』의 제우스가 인간의 교만을 시험하고자 세 종류의 인간 몸을 둘로 찢은 신화에 바탕을 두고 있다.

신화에 따르면 과거 인간은 남남, 여여, 남녀라는 세 종류의 생명체였다. 얼굴이 두 개, 팔다리가 여덟 개, 성기가 두 개로 (도상적으로는 꽤 상상하기 어려운 형상인데) 하나의 몸을 형성한다. 이 생명체는 힘이 아주 세고 신을 도발하는 오만한 존재여서, 제우스는 이들을 벌주기 위해 한 명 한 명을 둘로 쪼개기로 했다.

이렇게 하여 인간은 원래 모습이 둘로 절단되어 모두 자신의 반쪽을 찾아 한 몸이 되었다. 그들은 상대방을 꽉 껴안고 노려보고 한 몸이 되기를 열망하며, 서로 떨어져서는 무엇 하나 할 마음이 들지 않는다. 그래서 굶주림으로 인해, 아니 통틀어서 무위 속에서 열중함으로 인해 계속해서 죽어갔다.[55]

원래가 남남의 경우는 남성이 남성을 서로 찾고, 원래가 여여인 경우는 여성이 여성을 찾고, 원래가 남녀인 경우는 남성과 여성을 찾는다. 플라톤은 반으로 찢어진 몸이 남은 반쪽을 찾는 격렬한 욕망을 '에로스'라 불렀다. 플라톤적 에로스는 이른바 일종의 '향수'이며 '원상회복으로 향하는 것'이다. 에로스는 '한때 자신의 일부였던 자'를 찾는 것이다. 그러므로 플라톤적 성차에서 이성은 '반대자'가 아니며 순수한 타자성을 담당할 존재자도 아니다.

이 신화가 얼마큼 리얼리티를 갖고 이어져왔는지는 잘 모르겠지만, 플라톤의 '에로스'의 철학적 정의가 '잃어버린 반쪽에 대한 욕망'인 이상, 레비나스가 이를 부정하는 것은 당연하다 하겠다.

51. 에로스 (2)

타자의 타자성이 그 순수한 형태로 출현하는 상황을 레비나스는 '여성적인 것'이라고 이름 붙였다. 아주 논쟁적인 개념어 선택이다. 실제로 1970년대 이후 서구 페미니스트 중에는 레비나스의 이 말을 두고 '여성성을 실체화하고 성역할을 고정하려 드는 성차별주의자의 발언'이라며 격한 비판을 퍼붓는 이도 있었다. 레비나스는 이에 관해 이렇다 할 반론을 하지 않았다. 일상적으로 사용되고 구체적인 사물을 가리키는 생활언어를 그것과는 전혀 다른 수준의 종교적·철학적 의미로도 사용하는 것. 이것이 탈무드 변증법의 독해 전략임은 이미 언급한 바 있다.

그 규칙을 모른 채 (혹은 모르는 척하고) 레비나스를 '성차별주의자 sexist'라고 부르는 것은 학술적으로 썩 생산적이지 않다고 생각한다. 페미니스트에게서 나온 비판의 실천적 결론은 '그래서 레비나스 책 중에는 읽을 만한 가치가 있는 생각은 포함돼 있지 않다'는 것이었다. 이는 그 충고를 따른 사람들의 지적 부하를 줄여주는 데는 성공했을 테지만 레비나스 철학을 이해하는 데는 도움이 되지 못했다.

다행히 지금은 레비나스의 '여성적인 존재(것)'를 인습적인 의미로 이해하는 사람은 거의 없다. 어떤 개념의 의미를 '잘못 이해하고 있던' 단계로부터 '무엇을 가리키는 건지 잘 모르겠는' 단계로 이행한 셈이다. 어떤 의미에서 진보이긴 하지만 곤혹은 오히려 깊어졌다.

탈무드의 해석 규칙을 가져와 보면 레비나스는 '여성적인 것'에 관해 계속 말하고, '그런 기색을 이슬만큼도 보이지 않은 채로' 그 말을 통해 우회적으로 지시되는 어떤 **근본적인 개념**을 검토에 부치게 된다. 레비나스 텍스트 읽기를 레비나스 자신이 지시하고 있을 때 나는 그 지시에 따를 생각이다.

우리는 '여성적인 것'이라는 말을 접하면 당연히 그 말을 현실에 존재하는 여성의 속성에 입각해 이해하려 하지만, 그럴 때마다 레비나스가 '여성적인 것'이라는 말을 사용하는 건 **현실의 여성과 관계없는 어떤 근본적인 개념을 검토**하려는 것이라고 스스로를 타일러야 한다. 귀찮은 작업이긴 한데, 레비나스를 읽는다는 건 그런 일이다. 우리는 개념의 일의적인 정의를 공중에 매단 채로 레비나스의 사유 경로를 좇아야 한다. '여성적인 것'에 관한 레비나스의 기술을 따라가 보자.

성차는 어떤 종의 차이는 아니다. 성차는 성이나 종으로의 논리적인 분할과는 다른 곳에 위치한다. 논리적인 분할은 확실히 경험적인 내실과는 결코 일치하지 않는다. 그런데 논리적 분할로는 성차에 관해 말할 수 없다는 것은 그러한 의미에서가 아니다. 성차는 형식적 구조다. 그리고 이는 현실을 다른 의미로 분할해서, 파르메니데스가 주장한 존재의 단일성에 저항하는, 다양한 것으로서의 현실의 가능성 그 자체를 조

건 짓는다.[56]

아주 이해하기 어려운 문장이다. 일단 아는 데서부터 시작해보기로 하자.

파르메니데스가 주창한 '존재의 단일성'이란 '있는 것은 있고, 없는 것은 없다'라는 명제를 가리킨다. 세계 내의 존재는 우리 눈에는 생성·변화하는 것으로 보인다. 그러나 파르메니데스는 묻는다. 무언가 '성장한다'고 말할 때, 변화하기 이전의 것과 이후의 것의 동일성은 어떻게 증명할 수 있는가? 달걀은 병아리가 아니고 병아리는 달걀이 아니다. 봉오리는 꽃이 아니고 꽃은 봉오리가 아니다. 어떤 것이 다른 것으로 변화했을 때 거기에 동일성이 유지된다고 주장하려면 'A이면서 동시에 A가 아니다'라는 이행적·하이브리드적 국면이 어딘가 있어야 하는데, 이것은 '모순율'에 반하는 것이 아닐까.

즉 우리가 '생성' 내지 '변화'라 부르는 것은 **다른 것을 동일한 것이라고 굳게 믿는 데서 생겨난다**. 그러므로 생성·변화하는 것은 '진정한 유有'가 아니다.

또한 우리가 일상적으로 '없다'라고 부르는 사태 또한 '진정한 무無'라 할 수 없다. 그러한 것은 무언가의 결여와 부재라는 형태로 실은 그 윤곽과 속성이 알려져 있으므로, **결핍의 방식으로는 존재하기 때문이**다. '진정한 무'란 그 정의를 헤아릴 수도 없고 언표할 수도 없다. "그것은 '없음'이라고 말할 수 없다면 생각할 수도 없기 때문이다."[57] 그래서 '진정한 무'가 철학의 대상이 되는 일은 있을 수 없다.

파르메니데스에 의하면 '있는 것'은 태어나지도 소멸하지도 않는다. 시작이 없고 끝이 없다. 운동이 없고 변화가 없다. 태어나는 일도 없고 소멸하는 일도 없다. 모든 것이 한결같으니까 부분이라는 것도 없다. 그것은 단적으로 '있다'.

지금 여기에 '있는' 것은 어떻게 하면 앞으로도 계속 있을 수 있는가? 그리고 어떻게 해서 과거에 생길 수 있었을까? 만약 이것이 과거에 생겼다고 한다면 그것은 지금 여기에 '있다'고 할 수 없다. 똑같이 앞으로도 계속 있다고 한다면 역시 지금 여기에 '있다'고는 할 수 없다. 그래서 있는 것은 태어나거나 사라지는 것이 아니고 소멸하는 것도 아니다.[58]

이것이 파르메니데스가 사변적으로 도출한 '존재의 단일성'이라는 개념이다. 그리고 레비나스는 파르메니데스의 '단일한 것으로서의 현실'을 물리치고 '단일하지 않은 것으로서의 현실'을 세운다. 그것을 조건 짓는 것이 '여성적인 것'이다.

성차는 대립도 아니다. 존재와 무의 대립은 한쪽을 다른 쪽으로 귀착시켜 양자 사이를 남기지 않는다. 무는 존재로 바뀌기 때문에 우리는 '있다'(일리야)라는 관념으로 이끌리는 것이었다.[59]

'있다'(일리야)는 무까지도 존재하는 한 가지 방식으로 회수되어버린 존재의 만연에 대한 불쾌를 가리키고 있다. 레비나스가 한 걸음 떨어져 성차 안에서 바라보고 있는 것은 존재의 단일성으로의 귀착이 아니다. 이른바 존재와 무 사이의 거리distance다.

성차는 두 가지 상보적인 항의 이원성을 의미하지 않는다. 상보적인 두 개의 항은 그러한 것들에 선행하는 하나의 전체를 전제로 하기 때문이다. 그런데 성적인 이원성이 하나의 전체를 전제로 한다는 것은 사랑을 융합으로서 미리 상정하고 있다는 말이다. 그러나 **사랑의 감동은 존재자들의 극복할 수 없는 이원성에서 유래한다.** 그것은 끊임없이 도망가는 것과의 관계다. 이 관계는 사실상 타자성을 소거하는 것이 아니라 **타자성을 보전하는 것이다.** 관능의 감동은 두 사람이라는 사실 안에 있다. 외부적인 것으로서 타자는 여기서는 우리의 소유물이 되거나 혹은 우리 자신이 되는 것이 아니다. 타자는 역으로 그 신비 속에 틀어박힌다. 여성적인 것의 이 신비—질적으로 외부적인 것으로서의 여성성—는 '신비한 여자', '미지의 여자', '알려지지 않은 여자' 같은 낭만주의적인 관념과는 관계가 없다.[60]

레비나스는 '여성적인 것'을 우리가 인습적인 의미로 이해하세끔 놔두지 않는다. 그래서 '여성적인 것'을 '이와 같이 여겨서는 안 된다'는 목록을 아주 길게 나열한다. 성차를 '남성과 여성'이라는 현실적인 이원성에 기초해 이해해서는 안 된다. 플라톤의 에로스론이 그려내듯 원래 하나였던 것이 두 개로 나뉘었다는 식으로 이해해서는 안 된다.

그리하여 '사랑의 감동'도 '관능의 감동'도 서로 마주하고 있는 두 사람의 '극복할 수 없는 이원성'에서 유래한다. 결코 융합할 수 없는 것, 손끝에서 끊임없이 도망쳐가는 것을 계속 추구하지 않을 수 없다는 데서 '감동le pathétique'은 그 형태를 드러낸다. 그런데 그 불가지성과 아득함을 낭만주의에서 말하는 '신비로운 여자'라든지 괴테와 단테가 그린 '영원히 여성적인 것Ewig Weibliches'과 연결 지어 이해해서는 안 된다.

레비나스는 한결같이 '~해서는 안 된다'라는 금칙을 꾸준히 열거한다.

52. 에로스 (3)

그럼에도 레비나스는 단서를 조금 내준다.

간단히 말하면 이런 것이다. 이 '신비'를 문학에서 말하는, 이 세상 것이 아닐 정도로 아름답다는 의미로 해석해서는 안 된다. 여성적인 것은 그것이 형태를 취할 때 아무리 비속하고 부끄러움을 모르고 평범한 물질성을 두를지언정 그 신비성도 그 수치도 훼손되는 일이 없다. 모독은 신비의 부정이 아니다. 그것은 신비와의 사이에서 가질 수 있는 관계의 한 가지 형태다.[61]

'여성적인 것'을 문학적으로 이해해서는 안 된다. 낭만주의 문학 안에서 여성의 신비성은 거듭 찬양됐다. 그런데 이는 남성에게 미리 '논리성', '정합성' 같은 정형적인 속성을 배치한 다음, 논리적이지 않은 것, 비정합적인 것, 정형에 맞지 않는 것을 여성에게 고유한 속성으로 표상한 일과 다름없다. 그것은 오리엔탈리즘이란 서구인들이 그 민족 중심주의적 우주관cosmology을 회화적으로 채색하고자 동방에 밀어붙인 일련의 표상이라는 것과 동일한 구조를 띠고 있다.

『파우스트』의 물레 감는 그레첸, 『신곡』의 베아트리체, 『죄와 벌』의 소냐는 약한 남성들을 구원하고 옳은 길로 인도하는 '영원히 여성적인 것'이지만, 모두 이야기 세계의 질서 내부에 본적을 가진 사람들이다. 이들은 해야 할 역할이 정해져 있고 말해야 할 대사가 정해져 있다. 이들의 '신비성'은 남성 작가들이 설계한 세계 안에서 기호로서 알기 쉽게 통용되어 있기에, 엄밀한 의미에서는 '신비'가 아니다.

낭만주의에서 말하는 '영원한 여성'은 '이 세상 존재가 아닐 정도로 아름답다éthéré'는 속성을 부여받는다. 그러나 레비나스에 따르면 이것이 '여성적인 것'의 요건이 되는 건 아니다. "아무리 비속하고 부끄러움을 모르고 평범한 물질성을 두르고 있어도" '여성적인 것'의 신비성은 손상되지 않기 때문이다. '여성적인 것'의 신비성은 아름다움이라든지 투명성이라든지 비물질성이나 덧없음 같은 현실적인 속성과는 관계가 없다는 점에서 신비적이다.

'여성적인 것'이라는 이 관념 안에서 나에게 중요한 것은 그것이 단지 '인식 불능'이라는 표현으로 다 말할 수 없다는 것에 있다. 빛으로부터 도망가는 것se dérober à la lumière을 본질로 하는 그 존재 양태가 중요하다. 여성적인 것은 실존 안에서 공간적 초월이라는 일과도 혹은 표현이라는 일과도 다른 일이다. 공간적 초월도 표현도 모두 빛을 향해서 가는 운동이기 때문이다. **여성적인 것은 빛을 앞에 둔 도망**une fuite devant la lumière이다. 여성적인 것이 실존하는 방식은 몸을 숨기는 것이다. 그리고 몸을 숨기는 것이야말로 부끄러움이라 말할 수 있다.[62]

낭만주의에서 말하는 '영원히 여성적인 것'은 남성 작가들의 욕망이 투영된 관념이다. 그녀들은 다양한 매혹적인 형용사로 채색되고, 남자들의 이해를 벗어나 남자들을 혼란스럽게 하고, 따라서 남자들의 욕망을 격하게 불러일으키지만, 그럼에도 여전히 남자들의 이야기 내부적 존재자인 것에는 변함이 없다. 레비나스의 '여성적인 것'은 그렇지 않다. 그것은 '다른 모양의 빛을 받은' 것이 아니라 본질적으로 '빛으로부터 도망친 것'이다.

'도망fuite/évasion'이라는 언명이 레비나스에게 매우 중요한 개념이라는 것은 이미 다루었다. 앞서 인용한 『도주에 관해서』는 알렉상드르 쿠아레, 장 앙드레 발, 가스통 바슐라르가 주관하던 철학 연구지 《철학 탐구Recherches Philosophiques》에 1935년 게재된 논고다. '여성적인 것'은 세계대전 중에 레비나스의 머릿속을 떠나지 않은 주제였던 '도주'의 발전 혹은 변용태라고 간주해도 좋을 것이다. 여성적인 것을 일의적으로 말하는 것에 대해 레비나스는 많은 금칙을 독자에게 부과했는데, 다행히도 도주에 관해서는 좀 더 설명했다.

『도주에 관해서』는 '존재는 존재한다l'être est'는 서양철학의 불가의한 전제에 대한 '권태'의 고백에서 시작되었다. 앞서 인용한 구절을 다시금 살펴보자.

사물은 존재한다. 사물의 본질과 특성이 불완전하다는 것은 있을 수 있다. 그러나 존재한다는 사실 그 자체는 완전성, 불완전성이라는 구분의 저편에 있다. 존재는 있다. (…) 자기동일성이란 존재자의 일개의 특성도 아니고 자기동일성을 형태 짓는 특성들의 상동성에 의해 만들어지는 것도 아니다. 자기동일성이란 존재한다는 사실에 충족하고 있는 사태의 표현과 다름없다. 이 존재한다는 사실의 절대적이고 이미 결정된 성격에는 어느 누구도 의문을 제기할 수 없다. 그리고 서양철학은 여기서부터 한 걸음도 앞으로 나아가지 않았다.[63]

이 글에 세계대전 중 레비나스의 문제의식이 집약되어 있다. '존재가 존재한다.' 모든 철학은 여기서부터 시작하고, 이곳을 빙빙 돌며, 그 외부를 갖는 일이 없다. 레비나스가 자신의 철학적 탐구 시작점에서 선택한 것은 이 **존재의 만연에 대한 권태**였다.

서양철학이 이상으로 삼는 평화와 균형은 존재의 충족을 전제로 했다. 인간 존재의 불충분성은 늘 존재의 유한성으로서밖에 이해되지 않았고, '유한한 존재'가 실은 무엇을 의미하는가 같은 물음은 한 번이라도 주제화된 적이 없었다. 즉 한계 짓는 것을 넘어서서 무한의 존재와 합일하는 것이야말로 서양철학의 유일한 관심사였다.[64]

어떠한 한정을 짓는 바람에 전적으로 존재하지 못하는 것. 서양철학은 그것을 인간의 근본 조건으로 보았다. 게다가 이 한정 짓기를 넘어서서 전적으로 존재하는 것, '인간 자신이 가장 고유하게 존재할 수 있는 존재 방식을 성취하는 것'을 탐구하는 일을 목표로 했다. 이러한 서양철학의 전통적 틀에 레비나스는 '도주'라는 개념으로 맞섰다. 그는 이것

이야말로 "존재의 철학에 대해 우리 세대가 내린 가장 급진적인 유죄 선언"이라고 단언했다.[65]

누구 하나 자신의 외부에서 살 수 없고, 누구 하나 자신과 거리를 둘 수 없는 시대이기 때문에 도주를 추구하는 상황은 태어난다.[66]

도주에의 욕구는 '자신이 충분히 자기답지 않다'는 충족되지 못한 느낌에서 유래하는 것이 아니다. 충족되지 못한 느낌이란 "우리 존재를 어떤 식으로 **한정**하는 데 대한 혐오감이지, 존재로서의 존재에 대한 혐오감이 아니다".[67]

그러나 사람이 도주로 향하는 것은 결여와 부족을 채우기 위해서가 아니다. 그것은 '존재로서의 존재에 대한 혐오감l'horreur de l'être comme tel'에서 작동된 것이다.

도주란 자기 자신의 외부로 나가고 싶다는 욕구다. 바꿔 말하면 가장 근원적이고 가장 가차 없는 속박, 즉 자아가 다름 아닌 자기 자신이라는 사실을 끊고 싶은 욕구다.[68]

그러므로 도주를 일으키는 욕구는 '여러 모험을 경험함으로써 본래 그래야 할 자기가 된다'는 낭만주의＝오디세우스적＝존재론적 욕구와는 다른 것이다. 도주하는 자는 '진짜 자기'를 만나고 싶어서 도주하는 것이 아니다. '자기가 자기일 수밖에 없는' 근원적인 속박성을 끊어내기 위해서 외부로 나아가는 것이다. 그 또한 '빛을 앞에 둔 도망'이다. 빛에 남김없이 비추어진 밝은 곳으로부터 '몸을 숨기는' 것이다. '여성적인 것'은 '자기 자신일 수밖에 없는' 자기속박성으로부터 도망치려고 하는 주체가 욕망하는 타자를 의미한다.

> 여성적인 것의 이 '타자성'은 대상이 단지 외부에 있다는 것을 의미하는 게 아니다. 모든 의지가 대립하고 있다는 것을 의미하는 것도 아니다. (…) 타자란 우리가 만나고 우리를 위협하고 혹은 우리를 지배하려고 하는 존재자를 의미하지 않는다. 타자가 우리의 권력에 복종하지 않는 것은 타자가 우리보다 강한 힘을 가졌기 때문이 아니다. 타자의 힘을 만들어내는 것은 모두 타자성이다. **타자의 신비성이 그 타자성을 구축하고 있다.**[69]

> 나는 타자를 나 자신과 같은 종류의 자유로운 의지로 간주하는 것이 아니다.

> 나는 타자를 먼저 자유로서 상정하지 않는다. 타자를 먼저 자유로서 규정짓는다는 것은 커뮤니케이션의 좌절이 미리 아로새겨져 있다는 것이다. 왜냐하면 자유인 나와 또 하나의 자유인 타자 사이에는 복종하든지 종속시키든지 두 가지 이외의 관계는 있을 수 없기 때문이다. 언젠가 두 자유 중 하나가 무력화된다. 주인과 노예 사이의 관계는 싸움이라는 준위에서 이해되는데, 그것은 관계가 '상호적'이라는 것이다.[70]

타자는 등격자等格者가 아니다. 자유가 아니다. 주인과 노예의 입장을 다투는 상대가 아니다. 그것은 신비다.

53. 주인과 노예의 변증법 그리고 타자의 부재

여기서 레비나스가 헤겔을 호출한 데는 나름의 이유가 있다. 이 시기에 헤겔의 주인과 노예의 변증법을 환골탈태한 방식으로 성차의 문제를 논한 철학자가 주목을 받았기 때문이다. 시몬 드 보부아르였다. 『제2의 성*Le Deuxième sexe*』은 레비나스의 『시간과 타자』 강연이 있고 나서 2년 후에 출간되었는데, 보부아르의 견해는 이미 잡지 《현대*Les Temps Modernes*》 등을 통해 알려져 있었다.

남성과 여성 사이에 주체성이라든지 사회적 자원 분배와 관련된 치열한 제로섬 싸움이 전개된다는, 나중에 페미니즘 이론의 골격을 형성하게 되는 아이디어를 보부아르가 얻은 것은 알렉상드르 코제브의 헤겔 강의를 통해서였다. 코제브의 헤겔 강의는 1930년대 파리 지식인에게 가늠하기 어려울 만큼 많은 영향을 주었다. 청강생 중에는 레몽 아롱, 조르주 바타유, 피에르 클로소프스키, 장 앙드레 발, 자크 라캉, 모리스 메를로퐁티, 레몽 크노, 로제 카유아, 장 폴 사르트르 등이 있었으니, 1940년대 이후 프랑스 사상계를 이끌 지식인들 대부분이 참가한 셈이다. 보부아르 자신은 이 강의를 청강하지 않았는데, 청강한 사르트르와 메를로퐁티를 경유해서 코제브의 헤겔 해석에는 깊게 친숙해진 상태였다. 그리고 그것은 『제2의 성』의 핵심적인 아이디어로 결실을 보았다.

코제브는 인간은 타자의 욕망을 욕망한다고 보았다. 인간은 타자에게 사랑받는 것, 인정받는 것, 타자의 욕망의 대상이 되는 것을 욕망한다는 얘기다.

> 인간적 존재는 타자의 **욕망**을 향하는 **욕망**에 기초하지 않으면, 즉 결국 인정에 대한 **욕망**에 기초하지 않으면 구성될 수 없다. 따라서 이러한 **욕망** 가운데 두 가지 욕망이 서로 대립하지 않으면 인간적 존재는 구성될 수 없다. (…) 양자의 조우는 생사를 건 투쟁이 되어야 한다.[71]

이 '생사를 건 투쟁'은 어디까지나 상대로부터의 인정을 요구하는 투쟁이라서, '생사를 걸었다'고 말하지만 상대방을 죽이는 것이 목적이 아니다. 죽은 인간은 '인정'해주지 않기 때문이다. 타자에게 자신을 인정시키기 위해서는 상대가 살아 있고 나아가 인정을 요구하는 투쟁에서 졌다고 자각할 필요가 있다.

> 적은 '변증법적'으로 양기되어야 한다. 즉 그 생명과 의식을 적에게 남기고 그 자립성만을 파괴해야 한다. 자기에 대해 반항하는 존재자로서의 적만을 없애야 한다. 바꿔 말하면, **적을 노예로 삼을 필요가 있다.**[72]

이 싸움에서 자기인정의 욕망을 포기한 자가 '노예'가 되고, 인정을 얻은 자가 '주인'이 된다.

만약 열어 보여진 인간적 실재성이 세계사 이외의 다른 어떤 것도 아니라고 하면 이 역사는 **주인인 것**과 **노예인 것**의 상호교섭의 역사가 되어야 한다. 즉 역사적인 '변증법'이란 **주인**과 **노예**의 변증법이다.[73]

그런데 이야기는 거기서 끝나지 않는다. 이 인정을 둘러싼 투쟁에서 승자가 된 주인에게는 그 승리로 인한 함정이 기다리고 있다.

주인은 스스로는 인정하지 않는 인간에 의해 인정을 받는 셈이다. 이것이 **주인**이 놓인 상황의 결함이고 비극적인 점이다. **주인**은 인정을 위해서 투쟁하고 자기 생명을 위험으로 내모는데, 자기 자신에게는 무가치한 인정을 얻은 것에 불과하다.[74]

주인은 놀고먹고, 노예는 주인을 위해 땀 흘리며 노동한다. 이른바 아무것도 하지 않는 주인을 노예가 제 노동으로 부양한다. 투쟁에 승리한 주인은 노예의 노동을 수탈해서 무위도식할 권리를 손에 넣는 셈인데, 그 승리로 말미암아 주인은 자기 자신을 어떠한 가치 있는 것도 만들어내지 않는 쓸모없는 존재로 만들어버린다.

무위도식하는 **주인이라는 것**이 하나의 막다른 골목이라면, 갖은 애를 쓰면서 정성을 들이는 **노예라는 것**은 역으로 모든 인간적·사회적·역

사적 진보의 원천이다. **역사**란 노동하는 **노예**의 역사다.[75]

주인은 해야 할 일이 없지만, 노예는 아직 해야 할 일이 있다. 그것은 주인에게 자기 자신을 인정시키는 일이다. 노예가 아니게 되는 것, 주체성을 회복하는 일이 노예에게는 남아 있다.

노예 안에 견고한 것은 하나도 존재하지 않는다. **노예**는 변화에 준비가 되어 있다. 그는 존재 자체로 변화이고, 뛰어난 것이고, 변모이고, '교화'다. **노예**는 그 기원으로부터 보아 그 본질에서 그리고 현존재에서 역사적인 생성이다.[76]

한번 읽어보면 알 수 있듯 이 문장에서 '주인'을 '부르주아'로, '노예'를 '프롤레타리아'로 치환하면 이를 그대로 마르크스주의 정치혁명 이론으로 재구성할 수 있다.

오직 **노예**만이 자기형성을 하고, 자기를 노예로 고정하는 세계를 변모시키고, 자기에 의해 형성된 세계를 창조하며 그래서 자유가 될 수 있다.[77]

보부아르는 이 도식에서 '주인'을 '남성'으로, '노예'를 '여성'으로 고쳐 읽으면 그대로 페미니즘 이론이 된다는 점을 자각했다. 이것은 날카로운 시각이라고밖에 달리 말할 길이 없다. 보부아르는 코제브를 직접 인용하길 피하여 '주인Herr'과 '노예Knecht'가 아니라 '군주souverain'와 '가신vassal'이라는 개념을 사용했는데, 도식은 다르지 않다. '남성＝군주'는 '여성＝가신'을 보호하고, 그 존재에 정당성을 부여하고, 그 대가로 자유를 빼앗는다. 코제브에 따르면 여성은 가신의 신분을 벗어나서 군주의 보호로부터 도망쳐 자유를 회복하고 주권적 주체가 될 것을 추구해야 한다. 그런데 실제 세계에서 많은 여성은 그렇게 행동하지 않는다. 그들은 오히려 가신이라는 것에 만족하고 가신이라는 것에 안주한다. '자유를 벗어나 자기 자신을 물상화物象化하는 유혹'에 굴복한다.

> 이것은 안일한 길이다. 이쪽 길로 나아가면 자신의 실존을 정통적인 방식으로 맡았을 때의 고뇌와 긴장에서 벗어날 수 있다. 이때 여성을 '타자'로 보는 남성은 여성 자신 안에서 친밀한 공범자를 찾게 된다.[78]

주인이 노예를 살려두는 것처럼, 군주가 가신을 살려두는 것처럼 남성은 여성을 살려둔다. 남성은 '여성의 생명과 의식만을 취하고 그 자립성만을 파괴'하려 한다. 그리고 많은 여성은 '죽음보다도 예속'이라는 '안일한 길'을 선택한다. 보부아르는 이 인습적인 노예 상태에 안주하고 있는 같은 여성을 향해 '생사를 건 투쟁'에 참가할 것을 호소했다.

> 여성의 드라마란, 늘 본질적인 것으로서 자기를 상정하려 하는 주체의 근본적인 권리 요구와, 여성을 비본질적인 것으로서 구성하려 하는 상황의 요청의 확집確執이다.[79]

보부아르에 따르면 인간의 정통적인 양상은 오로지 하나뿐이다. 그건 바로 미래를 향해 부단히 자기초월을 하는 것이다. 그 시도를 포기한 자는 사물의 수준, 노예의 신분에 스스로를 못 박는 데 동의한 것으로 간주된다. 이 '실추'를 보부아르는 '절대악'이라는 격한 말로써 형용한다.

남성과 여성은 각각에게 '군주적 주체'로서 자기 자신을 상정하려 한다. 누구든지 타자를 노예로 삼아 주인으로서의 자기를 성취하려고 한다. 그러나 이런 주장은 여성 또한 군주적 주체가 되어 가신을 사역하는 것을 목표로 해야 한다고 주장하는 것이다. 성차와 관계없이 만인은 더 큰 자유, 더 넓은 운신의 폭, 더 높은 지위, 더 많은 수입을 원해서 이 제로섬 싸움에 몸을 던져야 하는 것이 된다.

나중에 보부아르는 "위계의 정점을 목표로 하는 경쟁에 성차는 있어서는 안 된다"는 페미니즘의 주장과 "위계도 특권도 없는 평등주의적 사회"라는 먼 이상 사이에 "하나의 모순"이 있음을 인정했다.[80] 그런데 이 모순은 보부아르의 페미니즘이 헤겔적인 틀 안에 머무는 한 해결할 수 없다. 그것은 헤겔의 모델이 주인과 노예의 영원한 교환 가능성 안에, 즉 **타자가 없는 세계**를 전제로 하고 있기 때문이다.

내가 아는 한 레비나스 자신은 코제브의 헤겔 강의에 관해 언급한 적이 없다. 그것도 당연하다고 생각한다. 같은 세대 지식인들이 코제브의 헤겔 독해에 열광하고 있었던 바로 그 시기, 레비나스는 독일의 유대인 철학자 프란츠 로젠츠바이크의 『구원의 별』의 결정적 영향 아래 있었기 때문이다. 그리고 로젠츠바이크가 말한 것은 세계에는 외부가 있고, 내 앞에는 이해도 공감도 할 수 없는 타자가 서 있다는, 철저하게 반헤겔적인 명제였기 때문이다.

54. 로젠츠바이크 (1)

여기서부터 잠시 레비나스와 로젠츠바이크의 관계에 관해 조금 더 설명해보고자 한다. 먼저 양해를 구하고 싶은 점이 있는데, 어떤 철학자가 누구의 사상으로부터 영향을 받았다고 논하는 작업을 나는 별로 생산적이라고 생각하지 않는다. 같은 시대의 공기를 맡다 보면 '무엇이 긴급히 다뤄야 할 철학적 문제인지' 같은 문제의식은 거의 모든 동시대인이 공유하게 되기 때문이다. '위기'가 문제가 된 시대엔 철학자들이 저마다 '위기론'을 말하고, '불안'이 문제가 되었을 때는 '불안론'을 말하고, '존재'가 문제가 되었을 때는 '존재론'을 말한다. 그러한 텍스트들 사이에서 임의로 두 가지를 골라 '똑같은 개념으로 똑같은 사유를 말하고 있다'는 것을 지적해본들 '두 사람이 같은 시대를 살았다'는 사실 이상의 아이디어를 얻기란 어렵다.

단, 레비나스와 로젠츠바이크의 경우는 다르다. 왜냐하면 동시대를 살면서 거의 이 두 사람만이 당시 주류 철학과 **확연히 다른** 일에 종사했기 때문이다. 그 일이란 바로 '유대적 실존'이라는 개념을 (어떤 민족에 고유한 정신적 경향이라는 것을 넘어서서) 하나의 **보편적인 철학적 카테고리**로서 제시하려고 한 일이다. 이는 '이오니아 섬에서부터 독일의 예나까지', 탈레스부터 헤겔까지 유럽 철학사 전체를 관통하는 사유와, 그만큼 엄밀하고 그만큼 지적 위신을 갖고서 사유된 '새로운 사고Neues Denken'를 대치시키는 것이었다.

레비나스는 이 장대한 철학 프로젝트를 로젠츠바이크로부터 물려받았다. 그 사실은 레비나스의 『곤란한 자유』에 수록된 장문의 로젠츠바이크론 「두 세계 사이에서」를 통해 알 수 있다.[81]

1959년 프랑스어권 유대인 지식인 회의에서 이루어진 이 강연에서 레비나스는 로젠츠바이크의 전기적 사실을 기록하고 그 사상을 **알기 쉽게** 조술했다. 그 전에도 레비나스는 철학자에 관해 조술을 한 바 있다 (1930년대의 레비나스가 후설과 하이데거의 '조술자' 내지 '소개자' 위치에 있었던 사실은 앞서 언급했다). 그런데 레비나스가 글을 '알기 쉽게' 쓰는 일은 **아주 예외적**이다. 30여 년 전 내가 처음 이 문장을 읽었을 때 '레비나스라는 사람은 이렇게 알기 쉽게 문장을 쓰려고 마음먹으면 쓸 수 있는 사람이구나' 하고 묘하게 놀란 것을 기억하고 있다.

레비나스가 로젠츠바이크의 생애를 소개하고 그 사상을 '알기 쉽게' 조술한 까닭은, 본인이 여기서 로젠츠바이크에 관해 쓰지 않으면 그 이름이 철학사의 한쪽으로 밀려나 급기야 잊히고 말 것이라는 불안을 느꼈기 때문이 아닐까 싶다. 널리 읽히고 많은 사람에게 이해를 받고 적절하게 평가받는 철학자에 관해서 조술할 때는 이 정도로 '친절'하지 않다. '알다시피'라는 단서 하나로 설명을 대폭 줄일 수 있다는 건, 설명할 필요도 없이 그 사람의 업적을 많이들 숙지하고 있다는 얘기다. 로젠츠바이크는 그렇지 않았다. 그래서 그에 관한 레비나스의 설명은 예외적으로 '친절'한 것이 되었다.

『구원의 별』에 관해서 레비나스는 "이 책이 독일의 비유대인 철학자들에게 미친 영향은 다들 말하고 있는 것보다 훨씬 크다고 생각합니다. 그들은 결코 이 책을 인용하려고 하지 않았습니다만"[82]이라며 약간 안타까운 마음을 담아 썼다. 유대 철학 통사를 기록한 굿맨의 『유대 철학』도 『구원의 별』에 관해서는 "오랜 세월에 걸쳐 유대인 독자의 범위를 넘어서서 이 책이 주목받는 일은 거의 없었다"고 밝혔다.[83]

로젠츠바이크의 이름을 현창하는 것은 레비나스에게 일종의 책무로 여겨졌다. 첫머리 첫 줄부터 로젠츠바이크에 대한 레비나스의 경의의 깊이를 알 수 있다.

내가 의뢰받은 것은 로젠츠바이크의 철학을 해설하는 것이 아니라 그의 정신적인 전기를 말하는 것입니다. 지금부터 나는 그의 인생에 관해 이야기할 생각인데요. 이는 자연스럽게 그의 사상에 관해 말하는 것이 되겠지요. 로젠츠바이크의 사상은 이 의의 깊은 인생의 본질적 요소이기 때문입니다.

나는 그의 사상을 말하려는 것이지 정신분석을 할 생각은 없습니다. 그의 사상을 하나의 증언으로서 제출하고, 이 사상 안에서 체계화되지 않은 요소들이 있는 것도 그대로 재현할 생각입니다. 나는 그의 작품에 관한 철학적 혹은 역사적 주해를 수행할 생각은 없습니다. 로젠츠바이크의 사상에 관한 나의 최대 관심사는 그 사상이 어떠한 영향을 받았느냐라기보다는 어떠한 문제까지 도달했느냐에 있습니다.[84]

프란츠 로젠츠바이크는 1886년 독일 카셀의 부유한 동화同化 유대인° 집안에서 태어났다. 의학·역사학·철학을 배우고 처음에는 헤겔 연구자로서 순조로운 학문적 커리어를 형성한 그는, 나중에 철학에서 종교로 관심의 방향을 바꾸었다. 그리고 개종 유대인인 친족들을 따라 1913년에 기독교로 개종할 것을 결심한다. 그러나 유대교와의 결별을 확인하기 위해 찾은 베를린의 작은 시나고그(유대교 예배당)에서 로젠츠바이크는 마지막 순간에 마음이 바뀌어 선조의 종교로 돌아갈 것을 결의한다.

그 전까지만 해도 로젠츠바이크는 유대교가 기독교 발생을 위한 원시적 형태 즉 이른바 미개한 형태에 지나지 않으며 기독교의 출현으로 그 역사적 공적을 다 마쳤다는 개종 유대인들의 설명을 받아들였다. 유대교도가 기독교로 개종하는 것이 기교棄教°°가 아니라 보다 포괄적인 체계 안에 '포섭'되는 것이라고 한다면 그에 관해 새삼스레 결단은 필요치 않다. 로젠츠바이크는 '과학이 진화함에 따라, 오래된 가설은 더 포괄적인 새로운 가설 안에 국소적으로만 타당한 것으로서 살아남게 된다'는 과학사적 아이디어를 받아들였다. 하지만 유대교와의 결별 의식을 위해 찾은 시나고그에서, 유대교에는 기독교에 '포섭'되지 않는 확실한 종교적 실질이 있다는 것을 직감한다.

'유대교 안의 충분히 이야기할 만한 것들은 모조리 기독교 안으로

○   여기서 말하는 '동화'란 종교에 기초한 법규범을 갖고 자치 공동체를 구성하고 있었던 유대인이, 자치를 포기하고 특정한 국가 사회에 편입되는 것을 말하는데, 이때 유대교는 어디까지나 종교로서만 취할 것을 요구받는다.

○○   자신이 가진 종교를 포기하는 것.

옮겨졌다(남은 건 오래된 계율과 무의미한 의례뿐이다)'는 유대교 비판에 대해서는 레비나스도 거듭 이의를 제기했다. 레비나스는 폴 클로델이 주장하는 '예시론予示論'(구약성서의 에피소드와 등장인물은 모두 신약성서의 사건과 인물의 '예시préfiguration'라고 보는 교설)을 강하게 비판하며 이렇게 썼다.

만약 구약성서의 청정淸正한 등장인물이 모두 메시아를 예고하고, 모든 비열한이 그 사형 집행인을 예고하고, 모든 여성이 성모를 예고한다고 하면 '책 속의 책'은 동일한 주제에 강박적으로 묶여서 정형화된 똑같은 몸짓을 집요하게 반복하는 것이 되어 그 생생한 생명력을 잃어버리게 되는 것은 아닐까. (…) 아브라함이 세 방문자를 받아들임으로써 실은 주를 받아들인 것은 그 세 사람이 삼위일체를 예시했기 때문일까, 아니면 아브라함이 환대의 마음이 넘쳐흘렀기 때문일까. 어느 쪽일까. (…) 우리는 무대 위에 있는가, 아니면 세계 안에 있는가. 신을 따른다는 것은 신으로부터 하나의 역을 맡는 것인가, 아니면 하나의 명령을 받는 것인가. 어느 쪽인가.[85]

레비나스는 유대인은 '세계 곳곳'에 있어서 '신으로부터 하나의 명령을 받는' 존재자라는 해석을 채택한다. 그것이 '유대적 실존'이라는 말의 의미다. 레비나스는 이 착상을 로젠츠바이크로부터 이어받았다. 로젠츠바이크 필생의 업적인 『구원의 별』은 1918년 발칸반도 전선의 참호에서 구상되어 가족과 친구 앞으로 보낸 군용 엽서에 쓴 것이 원형이다. 이 책의 철학사적 의의에 관해 레비나스는 다음과 같이 썼다.

> 보편적으로 읽히기를 추구하는 이 책은 또한 새로운 관점으로 유대교를 기초 짓는 유대적인 책이기도 합니다. 유대교는 단순한 하나의 교설이 아닙니다(교조라면 그 명제가 때로는 참이고 때로는 거짓이어도 좋습니다). 유대적 실존(우리는 그냥 '실존'이라고 씁니다만)은 그 자체가 존재의 하나의 본질적인 사건이며, 유대적 실존은 존재하는 하나의 카테고리입니다.[86]

로젠츠바이크는 주저를 집필하면서 동시에 유대인 교육을 위한 기관 설립에도 관여했다. 그곳이 바로 1920년 설립된 '자유 유대인 학원 Freies Jüdisches Lehrhaus'이다. 이 학원에서는 "이후 7년 동안 유대교와 유대 문화에 관한 다양한 강의와 학회가 열리고 여러 유대인 지식인이 강사로 참여했다".[87]

우리는 자유 유대인 학원의 강사 목록 가운데서 마르틴 부버, 게르숌 숄렘, 에리히 프롬, 레오 스트라우스 같은 이름을 찾을 수 있다. 그러나 이 활동이 절정에 달할 무렵 로젠츠바이크는 근위축성 측색 경화증에 걸리고 만다.

로젠츠바이크는 손발이 마비되고 말을 할 수 없게 된 상태에서도 구술과 아내의 받아쓰기를 통해 계속 글을 쓰는 한편, 병상에서 부버와 구약성서 독일어 공동번역을 시작했다. 그리고 1929년 마흔두 살을 일기로 세상을 떠났다.

비유대인 독자를 염두에 두고 철학 주저를 집필하는 동시에 유대인 청소년을 대상으로 한 민족 교육에 깊이 관여했다는 점에서, 레비나스의 커리어는 로젠츠바이크의 커리어와 아주 흡사하다.

55. 로젠츠바이크 (2)

레비나스는 「두 세계 사이에서」에서 로젠츠바이크의 생애를 소개한 다음 『구원의 별』에 관해 이렇게 말했다.

우리는 이 책을 하나의 체계로서 말할 생각이 없습니다. 거기에 표현되어 있는 다양한 선인의 영향을 재어볼 생각도 없고, 거기에 나오는 고전적 주제를 둘러싼 변주곡을 일일이 더듬어 찾을 생각도 없습니다. 엄밀하고 박식한 하나의 사고로부터 나온 책이라는 점에서 그와 같은 실증적 해석을 할 가치가 충분한데도요.[88]

왜냐하면 『구원의 별』은 "그러한 것 모든 것을 넘어선 무언가"이며 "인생의 문을 여는 책"[89]이기 때문이다. 이 책은 로젠츠바이크 자신의 '인생의 문'을 열었다. 그래서 이 책 저편에는 그의 인생이 펼쳐지고 있다. 사실 로젠츠바이크는 친구에게 보낸 편지에서, 앞으로 자신의 진짜 인생이 시작될 터이므로 향후 책을 쓸 일은 없다고까지 단언했다. 앞으로는 자신이 어떻게 사느냐가 자신이 쓴 책의 진정성을 담보할 것이라면서 말이다. 레비나스는 로젠츠바이크의 다음 말을 인용했다.

누구든 한 번은 철학을 해야 한다. 누구든 자기 자신의 시점視點에 서서 자신의 인생에 발을 딛고 주위를 돌아봐야 한다. 그러나 이 시선은 목적 그 자체가 아니다. 책은 최종적인 목적이 아니다. 과도적인 목적조차도 아니다. 책은 스스로 존재하는 것도 아니고 다른 책을 통해 보완되는 것도 아니다. **책은 정당화되어야 하는데, 이 정당화는 매일의 생활을 통해서 이루어진다.**[90]

레비나스 역시 철학의 진정성은 '매일의 생활'에서 실증된다고 썼다. 탈무드 해석에 관한 레비나스의 말을 다시 한번 인용하기로 하자.

간청은 개인으로부터 발한다. 눈을 크게 뜨고 귀를 쫑긋 세우고 해석해야 할 구절을 포함한 에크리튀르 전체에 귀를 기울임과 동시에 실제 삶 —도시, 거리, 다른 사람들— 에 똑같을 만큼의 주의를 기울이는 개인으로부터 간청은 그 대체 불가능성을 통해서, 그때마다 대체 불가능한 의미를 기호로부터 벗겨낼 수 있는 개인에게서 발한다.[91]

책은 개인의 간청을 받고 그때까지 누구도 읽어낸 적 없는 새로운 의미를 열어 보여준다. 책은 누구도 대신할 수 없는 자기 자신의 인생을 사는 사람의 읽기를 통해서 그때마다 쇄신되고 풍부해지고 새로운 책으로서 소생한다. 로젠츠바이크와 레비나스는 이 개방성 안에서 철학의 새로운 모습을 보려고 했다. 그리고 그것을 '탈레스로부터 헤겔에 이르는 사상'에 대치한다.

탈레스의 명제 '모든 것은 물이다'는 로젠츠바이크에 의하면 철학적 진리의 원형입니다. **철학적 진리는 경험의 진리를 거절합니다.** 그렇게 함으로써 이류異類들º을 하나로 정리하고 만난 모든 현실이 '결국' 무엇인가를 고하며 현상학적 진리를 이 '모든 것' 안에 포섭해버립니다.[92]

『구원의 별』은 이 '모든 철학'에 대한 도전의 말로 시작한다.

'모든 것은 물이다'라는 철학의 저 첫 문장에는 세계의 사고 가능성이라는 전제가 이미 깔려 있다. (…) '많이 있는 것은 무엇인가'라고 물을 수 없다. 그러한 물음에는 다의적인 대답밖에 기대할 수 없기 때문이다. 그에 비해 '모든 것은' 같은 주어에는 이미 하나의 명확한 개념이 보증되어 있다. 따라서 여기서와 같이 존재에 전체성을 인정하지 않는 자는 사고의 통일성을 부정하게 된다. 그러한 부정을 행하는 자는 이오니아에서 예나에 이르는 철학자들의 유서 깊은 사회 전체에 도전하고 있다.[93]

레비나스가 나중에 '전체성과 무한'이라는 이항대립에 위탁해서 말한 것을 로젠츠바이크는 '모든 것'과 '많이 있는 것'의 대립으로서 말한다. 그리고 자신을 '존재에 전체성을 인정하지 않는 자', '철학자들의 유서 깊은 사회 전체에 도전하는 자'로 자리매김했다.

레비나스는 로젠츠바이크의 생각을 이렇게 설명한다.

º 물과 질과 결과 층을 달리하는 모든 것.

'모든 것'은 고대 우주론에서는 세계에, 중세 신학에서는 신에게, 근대 관념론에서는 인간에게 각각 환원되었습니다. 이 전체화 경향의 극한을 체현한 것이 헤겔입니다. 헤겔에 따르면 모든 존재자는 '역사'라는 모든 것 안에 위치 지워지지 않는 한 의미를 갖지 않습니다. 역사라는 '모든 것'이 존재자들의 현실성을 고려하고 인간을, 국가를, 문명을, 사유 그 자체를 그리고 사상가들을 포섭합니다. 철학자들의 개인성은 진리 체계 안으로 거둬들여져 그 하나의 계기가 됩니다.[94]

로젠츠바이크는 개별적인 것, 다양한 것, '무언가etwas'를 전체성에 거둬들이는 것이 철학의 본질이라는 헤겔의 생각을 물리친다. 이 세상에는 결코 전체성으로 거둬들일 수 없는 경험이 존재한다. 바로 '죽음'이다.

인간은 이 세상에 사는 자의 불안을 던져버려서는 안 된다. 인간은 죽음의 공포 아래 머물러야 한다. (…) 확실히 '모든 것'은 죽지 않을 것이고, '모든 것'에 있어서는 죽는 일이 없을 것이기 때문이다. 죽을 수 있는 것은 단지 개별적인 것뿐이며, 죽어야 하는 것은 고독이다.[95]

철학은 개별적인 것을 세계로부터 배제하기 위해 '죽음을 무'로 상정하고 죽음을 내쫓으려 한다. 그런데 죽음은 그렇게 간단하게는 '처리'되지 않는다.

죽음은 실은 흔히 여겨지는 것처럼 즉 '무'가 아니라, 배제할 수 없는 냉엄한 '무언가'다. 철학이 죽음을 덮어 가리는 연막 속에서조차 죽음의 냉엄한 외침이 울린다.[96]

로젠츠바이크의 이 어휘 꾸러미는 레비나스가 '무'와 '죽음'에 관해 말한 구절에 틀림없이 그 여운을 남기고 있다. 레비나스는 『시간과 타자』에서 '무의 불가능성'을 언급했다(그때 염두에 둔 것은 헤겔이 아니라 하이데거였다). 하이데거적 현존재는 '미완료'를 그 본질로 하므로 태어날 때부터 이미 죽음을 품고 있다. 그래서 현존재는 죽음으로써 자신의 미완료라는 본질을 계속 산다. 하이데거는 죽는 것은 현존재가 받아들이는 하나의 존재하는 방식이며 "죽음과 함께 현존재 자신은 자신의 가장 고유한 존재할 수 있는 것으로 자신에 임박한다"고 썼다. 현존재의 본질은 그 죽음에서 빛 속에 열어 보여진다고. 레비나스는 하이데거의 이 '죽음'의 테제에 대해, 사람은 죽음에서 자신의 본질을 꿰뚫어보는 것이 아니라 자신으로부터 가장 멀리 있는 것 곧 '신비'와 관계를 맺는다고 썼다.

죽음의 미지성이 의미하는 바는, 죽음과의 관계는 빛 속에서 발생하는 것이 아니라는 점이다. 주체는 거기서 자신으로부터 유래하는 것이 아닌 것과 관계를 맺게 된다. 주체는 그 신비성과 관계를 맺는다.[97]

'모든 것'은 개별적인 것의 '죽음'을 처리할 수 없다.

이 전체성 그리고 환원에 따른 전체성 탐구에 대해 로젠츠바이크는 '아니오'를 내밉니다. 전체성은 죽음에 어떠한 의미도 부여할 수 없다고 말이지요. 왜냐하면 인간은 혼자서 죽기 때문입니다. 죽음은 환원될 수 없습니다. 그러므로 환원하는 **철학으로부터 경험으로** 즉 환원될 수 없는 것으로 반전해야 합니다. (…) 인간은 인간 일반의 단순한 개별화가 아닙니다. 왜냐하면 인간은 혼자서 죽기 때문입니다. 인간이 '인간' 개념의 개별화인 자연의 일부로서, 어떤 문화의 담당자로서 윤리적인 존재라면 죽음을 가볍게 여길 수 있겠지요. 그러나 '단독성ipséité'으로서는 죽음을 가볍게 여길 수가 없습니다.[98]

'ipséité'는 익숙지 않은 말인데, 이는 로젠츠바이크의 개념인 'Einzelheit'(단독성)의 프랑스어 번역어다. ipséité는 라틴어 'ipse'(스스로, 자신, 개인)의 파생어로 '그 이상 환원 불가능한 개인, 개체의 개별적 특징'을 의미한다. 그리고 로젠츠바이크는 단독성을 전체성Allheit과 대비되는 말로서 사용했다. 그래서 레비나스에게 ipséité는 totalité와 대비되는 말이다. 단독성을 전체성에 대치시켜 그것을 흔든다. 알 수 있는 세계의 바깥에, 소화하기 어려운 하나의 사실성이 남는다. 그리고 전체성의 철학에 그늘이 생긴다. 로젠츠바이크는 이렇게 썼다.

알 수 있는 세계는 스스로가 '모든 것'임을 요구해왔다. 이 알 수 있는 세계가 탄생할 때 발화된 최초의 문장의 주어는 '모든 것'이었다. (…) 그런데 지금은 '모든 것'이 뒤덮는 통일체Einheit로서의 이러한 전체성

Allheit에 대해, 거기 갇혀 있던 하나의 단일성Einheit이 반란을 일으키고 스스로를 단독성Eizenheit이라든지 단독자의 단독의 삶이라고 칭하면서, 그곳으로부터 강인하게 철퇴撤退해버렸다. 그렇게 되면 '모든 것das All' 은 더는 모든 것das Alles을 요구할 수 없게 된다.[99]

56. 로젠츠바이크 (3)

환원할 수 없는 '죽음'에 맞닥뜨려 단독자는 전체성의 질서로부터 도망간다. 그러나 단독자로서 전체성의 질서로부터 '도망간다'는 것은 동시에 질서 안에 있는 다른 모든 것으로부터 '동떨어짐'을 의미한다. 그때 단독자는 "자신에 대해 닫히고 세계에 대해 닫히고, 세계와도 신과도 관계가 없는 단독성"[100] 안에 빠진다.

그러나 다름 아닌 이 고립으로부터 이야기는 시작된다. 'ipséité'로서 즉 단독자로서, 단독성으로서, 단일성으로서 다른 모든 것으로부터 동떨어지는 것, 로젠츠바이크와 레비나스에 따르면 이것이 '영원히 진실된 경험'으로 향하는 **반전 행위**의 기점이 되기 때문이다.

자, 그러면 그다음이 로젠츠바이크의 사상의 두 번째 계기가 됩니다. 실은 이 간극은 우리의 구체적인 세계 경험이 아닙니다. 우리 경험에서 '신'과 '세계'와 '인간'은 동떨어져 있지 않고 연결되어 있기 때문입니다. 단 그것들은, 한눈에 다 내려다볼 수 있는 관조théorie에 의해 환원되는 것을 대가로 연결되어 있는 것이 아닙니다. 내 견해로는 바로 여기에 로젠츠바이크 사상의 본질이 있는 셈인데요. 만약 존재의 일반적 이코노미에서 환원 불가능하며 절대적으로 이질적인 요소들의 연결이 있을 수 있다면, 결코 통일되는 일이 없는 것의 통일l'unité de ce qui ne serait être uni이 있을 수 있다면, 그 양태야말로 **생명과 시간**la vie et le temps이라는 것입니다.[101]

단독자는 이론적으로는en théorie 전체성으로부터 동떨어져 있지만, 구체적인 경험에서는en pratique 신 그리고 세계와 깊게 연결되어 있다. '관조하는 것'과 '연결되는 것'은 다른 것이기 때문이다. 대상을 관조할 수 없어도, 그것과 깊게 연결되는 일은 있다.

전체화는 철학자의 시선을 통해서 성취되는 것이 아닙니다. 스스로 하나로 정리되고 스스로 연결되는 이런저런 존재자들에 의해 성취됩니다. 이 통일이 종교라는 근원적 사실을 **시간**으로서 구성합니다. 종교란 신앙고백이기 이전에 먼저 삶의 맥동과 다름없습니다. 그 맥동을 통해 신은 인간과 관계를 맺고, 인간은 세계와 관계를 맺습니다. **존재를 성립시키는 것으로서의 종교는 철학자의 전체성에 선행합니다.**[102]

내가 여기서 '존재를 성립시키는 것'이라고 옮긴 부분은 'trame de l'être'라는 프랑스어다. 'trame'이란 원래 '씨실 섬유가 줄지어 있는 것'을 의미한다. 직물에서는 씨실과 날실이 서로 얽혀 천을 형태 짓는다. 그 천을 구성하는 실 전체를 'trame'라고 한다. 나아가 이 단어에는 '이야기의 뼈대, 줄거리'라는 의미도 있다. 레비나스는 똑같은 문맥에서

'intrigue de l'être'라는 말을 사용하고 있다. 'intrigue'는 '(극·소설·영화 등의) 줄거리, 음모, 책모, 정사'를 의미한다. 만약 trame과 intrigue를 레비나스가 거의 같은 의미의 개념으로 사용했다면 이 두 단어에 공통적인 의미는 무엇일까?

첫 번째로 '그것'은 완성된 '작품'에 **시간적으로 선행**한다는 것이다. 두 번째로 '그것'은 '작품'이 완성되었을 때는 **우리 눈에 보이지 않게 된**다는 것이다. '지금 여기에 있는 것'보다도 시간상 선행하고 있는 '무언가'가 있다. 그 '무언가'가 '지금 여기에 있는 것'의 뼈대와 얼개를 결정하고 있는데, 우리는 그것을 **직접적으로는** 볼 수 없다(주의 깊은 관찰자 눈에는 **들여다보일지** 모르지만). 이런 독특한 함의를 레비나스는 trame과 intrigue라는 단어에 담았다.

내가 반복해서 써왔듯 일신교 신앙(넓게는 '종교'라 해도 좋다)은 '뒤처짐'이라는 시간 의식을 가짐으로써 성립했다. '시원의 뒤처짐'이라는 시간 의식을 숙성시킨 자만이 '현재/현전에 절대로 포섭할 수 없는 것'으로서 절대적 타자를 고려할 수 있다.

'나는 지금 여기에 존재한다Me voice'는 바로 그 사실 때문에 '나'는 이미 타자에게 뒤처져 있고, 타자에게 빚을 지고 있고, 타자에게 응답할 책무를 지고 있다. '뒤처짐'이라는 자각 없이는 일신교 신앙이 존재할 일이 없고 '타자'라는 개념도 존립하지 않는다.

trame/intrigue는 모두 시간이라는 계기를 포함하고 있다. 그것은 지금 여기에 있는 사상事象에 앞서 있고 그러므로 지금 여기에 있는 것과 같은 사태가 이루어진 셈인데, '앞서 있는 것'은 지금 여기서는 이미 보이지 않는다.

'존재를 성립시키는 것으로서의 종교'는 '철학자의 전체성'에 선행하여, 관조적 주체가 한눈에 내려다볼 수 없다. '섬유의 얽힘'은 '천'에 선행하고 '얼개'는 '작품'에 선행하는데, 그러한 것들은 천이 짜인 뒤에는 그리고 이야기가 완성되었을 때는 더 이상 눈에 보이지 않는다. 철학자가 한눈에 내려다보는 전체성은 일종의 천이고 이야기다. 그런데 이는 천을 짜내는 행위, 이야기를 만들어내는 행위의 귀결이다. 관조적 주체가 천과 이야기를 한눈에 내려다볼 수 있는 것은 그것이 trame/intrigue에 뒤처져 있기 때문이다. **존재가 전체성으로서 관조되는 것은 그것이 '존재를 성립시키는' 행위에 뒤처져 있기 때문이다.**

삶 혹은 종교는 철학과 이성에 뒤처져 있는 동시에 앞서 있습니다. 이성 그것 자체가 삶의 하나의 계기로서 나타납니다. 내가 말하고 싶은 것은 이런 것입니다. 내가 통일성이라고 말하는 것은 지금 여기에서 신과 인간과 세계의 형식적인 통일을 의미하는 것이 아닙니다. 그러한 통일성은 모든 것의 근원 바깥에 있는 철학자의 종합적인 사고에 의해, 그 환원하고 가산하는 시선 밑에서 태어난 것입니다. 통일성은 이 모든 것의 근원 안에서 몸을 두었을 때 이러한 여러 항이 각각에게 무엇인지 하는 의미 안에 있습니다. 통일성이란 하나의 삶의 통일성을 의미합니다. 모든 것의 근원들 사이의 관계는 각각이 완결된 관계이지 관계 일반의 개별화가 아닙니다.[103]

이 인용문에서 맨 처음 등장하는 "삶 혹은 종교는 철학과 이성에 뒤처져 있는 동시에 앞서 있습니다"라는 말의 의미를 파악하기란 어렵다. 삶과 종교가 철학과 이성에 '앞서 있다'는 사유 경로는 앞서 말 한대로다. 그러면 그것에 '뒤처져 있다'라는 것은 무슨 의미일까.

단독자인 인간은 철학과 이성이 구축하는 전체성으로부터 미끄러져나간다. 그것이 단일성으로서 '영원히 진정한 경험'으로 향하는 반전의 기점이다. 로젠츠바이크는 그렇게 썼다. 우리는 무반성적으로는 전체성 안에서 태어나 이미 의미의 네트워크 속에 편성되어 있다. 그러나 전체성으로 환원할 수 없는 경험—죽음의 경험—에서 '하나의 단일성'이 반란을 일으켜 거기서 '후퇴'한다. 반란을 일으키는 것은 기존 질서에 대한 것이고, 후퇴하는 것은 기존의 닫혀 있는 영역으로부터다. 지금 거기에 있는 질서와 닫혀 있는 영역으로부터 이탈하는 방식으로 단독자는 시간을 산다.

이렇게 말해도 될까. 인간은 전체성의 질서 안에 '던져져 있다'는 의미에서는 전체성의 질서에 뒤처져 있다. 그러나 단독자로서, 전체성의 질서의 불완전성을 자각하고 거기서부터 '후퇴'할 때 **전체성의 질서에 선행하는** 때와 연결을 회복한다.

'신비'를 기존의 질서 '외부에 있는 것'으로서 상상하는 것은 그다지 어렵지 않다. '외부에 있는 것'을 그림으로 그리는 것에 관해서는 우리의 체험이 그 일을 뒷받침해준다. 그러나 '신비'를 '지금과는 다른 시간'으로서 관념하는 일은 쉽지 않다. 거듭 말하지만 타자와 외부성을 시간론으로서 말하는 것의 어려움이 여기에 있다. '**현재와는 다른 때**'

를 우리 뇌는 도상적으로 표현할 수가 없기 때문이다. '타자란 외부 사람이다'라는 명제라면 우리가 도상적으로 이해할 수 있다. 안과 밖이라는 것은 공간적 표상 형식이기 때문이다. 그런데 '타자란 현재가 아닌 시간이다'라는 명제는 쉽게 그려지지 않는다. 우리는 과거와 현재와 미래를 '시간 직선' 위에서 도상적으로 한눈에 내려다보는 사고 습관에 익숙하기 때문이다. 그래서 '한눈에 내려다볼 수 없는 시간'이라는 것을 관념하기 위해서는 자신의 사고 습관 자체를 '괄호 안에 넣을' 필요가 있다.

그렇게 생각하면 '레비나스의 시간론'은 엄밀하게 말하자면 '논'이 아님을 알 수 있다. 오히려 시간을 나의 뇌에서 표상할 때 기존의 사고 습관을 적용하지 않는 '억제' 또는 '절도節度'를 의미한다. 레비나스의 시간론이란 '시간'이라는 단어를 볼 때마다 우리의 뇌 안에서 자동적으로 표상되는 도상에 그때마다 빗금을 긋고 '그런 방식으로 표상될 수 없는 것'에 관해 사고하고 말해야 한다고 자기 자신을 타이르는 것 즉 자신의 사고를 공중에 매다는 일이다.

57. 로젠츠바이크 (4)

끝으로 로젠츠바이크의 계시와 사랑에 관한 명제를 일별해보자.

로젠츠바이크에 의하면 사람은 '유類'로서 혹은 '일반성'으로서 계시를 받지 않는다. 그것은 단적으로 '고유명'으로 경험된다. 그 사유 경로는 다음과 같다.

모든 사물은 피조물이지만 우리는 그 사실을 일상에서는 자각하지 못한다. 그 사실은 '단순한 피조성'으로서 무감동하게, 비주제적으로 인식될 뿐이다. 자기 자신이 창조되었다는 **통절한 실감**은 일상적으로는 은폐된 채로 있다.

> 그 어떤 사물도 태고부터 창조된 사물이므로 그것이 발생한 계시의 증거라는 것은 그 사물의 배후에 머물고 첫 시작의 어둠 속에 감추어진 채로다.[104]

자신이 피조물이라는 통절한 자각은 단지 자신에 관한 일반적인 지식으로서가 아니라 **지금 여기서**, 다른 그 누구도 아닌 자기만의 대체 불가능한 경험으로서 살아야 한다.

언젠가 시간상의 어느 때 과거 딱 한 번만 일어난 계시가 아니라 이 순간에 일어나고 있는 계시의 빛남에 의해 비추어짐으로 비로소 그 사물이 그사실 존재를 계시에 빚지고 있는 사정이 (…) 그 사물의 사실성의 내적인 핵이 된다. 사물은 이렇게 해서 비로소 즉 그것이 어쨌든 이미 일어나 버린 계시의 증거가 아니라 이 순간에 '지금 막' 일어난 계시의 표현이 되었을 때 그 본질적인 과거로부터 나와서 스스로 생생한 현재로의 걸음이다.[105]

계시가 지금 여기서 단독자에게 무조건이고 게다가 순간적으로 일어나는 것이 확실해졌을 때 창조의 기술은 성취한다.

지금 신은 현재적이다. 순간처럼 그때마다 순간처럼 현재적이다. 그리고 이를 통해 신은 창조주로서는 아직 정말로 그렇지 않았던 것, 지금 드디어 그것이 되려고 할 바로 그때 신은 현재에 살아 있다.[106]

이것이 신의 사랑의 양상이다.

사랑은 늘 새롭게 있으려고 욕망하므로 스스로를 높이고 안정된 것으로 있을 수 있으므로 늘 새롭게 있으려고 욕망한다. 사랑이 '항상적'일 수 있는 것은 그것이 어디까지나 '비항상성' 속을, 순간순간을 살 때뿐이다. (…) 신 또한 그렇게 사랑한다.[107]

신이 피조물을 사랑할 때 그 동기가 어떠한 '결핍'이라고 말하는 것은 있을 수 없다. 신의 속성 중에 '결핍'이라든지 '충족되지 않음'이라든지 '욕구'와 같은 것은 없기 때문이다. 그래서 "사랑 그것 자체에는 즉, 사랑의 순간성이라는 걸쳐 놓은 좁은 판자 위에는 어떠한 결핍의 여지도 없다".[108]

사랑은 그것이 존재하는 순간에는 완전히 채워져 있다. 사랑하는 자의 사랑은 늘 '행복'이다. 사랑하는 자를 향해서, 당신은 사랑하는 것 이외에 아직 무언가를 필요로 하고 있는가 하고 누가 말하려 들까.[109]

신이 사랑할 때 그 사랑에는 사랑하는 것에 이르게 된 사정을 말할 '전사前史'도 없고 사랑하는 것을 통해서 미래에 뭔가를 달성하려고 하는 '계획'도 없다. "'신은 사랑한다'는 가장 순수한 현재다."[110]

로젠츠바이크는 독특한 개념을 여기서 제시한다. 신은 전지Allweisheit이고 전능Allmacht인데 '전애全愛, Alllibe'는 아니다. 신은 만인을 똑같이 사랑할지 모르지만, **계시에서 일반성은 전혀 문제가 되지 않는다.** "신의 사랑은 늘 완전히 신이 사랑하는 그 순간과 지점 안에 있고 (…) **신의 사랑은 그것이 사랑하는 자를 사랑하는 그 장에서 사랑하기**" 때문이다.[111]

이 일회성·단독성 안에 사랑의 본질은 존재한다. 신과 '신이 사랑하는 것'과의 만남은 어떤 일회적인, 전대미문의 재현 불가능한 대면 상황에서 이루어진다. 그래서 신으로부터 '당신은 어디에 있는가?'라는 질문을 받는 상대는 **절대적으로 단독자인 것이다.**

"너는 어디에 있는가?" 이것은 '너'에게 향해진 물음임이 틀림없다. 그것은 결코 '너'의 본질을 묻는 물음은 아니다.[112]

신이 묻는 것은 '당신은 어디에 있는가'이지 '당신은 누구인가'가 아니다. 일신교적 소명의 본질이 여기에 집약된다. 우리는 자기가 누구인지를 엄밀하게 말할 수 없다. 그러나 우리는 어떤 메시지가 자신을 수신인으로 하고 있다는 것을 틀리는 일은 없다. 신의 메시지를 수신하는 자는 자신이 누구인지를 알고 있을 필요가 없다. 메시지의 수신인이 다름 아닌 자신임을 확신할 수 있으면 그것으로 충분하다.

지금 시야에 있는 것은 '어디'를 묻는 물음뿐이다. 도대체 '너'는 어디에 있는가. '너'를 찾는 이 물음만이 '너'에 관해 이미 알려진 유일한 것이다. 그런데 '나'가 자기 자신을 발견하기 위해서는 이 물음만으로 충분하다.[113]

이 대목은 「창세기」의 두 장면을 염두에 두고 쓰였다. 하나는 아담에게 말 걸기, 또 하나는 아브라함에게 말 걸기다.

주 하느님이 그 남자를 부르시며 "네가 어디에 있느냐?" 하고 물으셨다.[114] 그렇게 신이 말을 걸었을 때 아담은 "하느님께서 동산을 거니시는 소리를, 제가 들었습니다. 저는 벗은 몸인 것이 두려워서 숨었습니다."[115]

아담은 자신이 알몸이라는 것을 부끄러워하고 두려워서 숨었던 이유에 관해 여자와 뱀과 나무 열매 이야기를 하는 등 '설명'을 시도했다. 아담은 주의 물음에 곧 "예" 하고 대답하지 않았다. 그 대신에 '주의 얼굴을 피하고' 마치 자기 자신에 관한 이야기를 삼인칭으로 말함으로써 '여자와 뱀 배후에' 몸을 숨겼다.

그런데 아브라함에게서는 그처럼 꾸며진 행위가 없다.

하느님이 아브라함을 시험해보시려고, 그를 부르셨다. "아브라함아!" 하고 부르시니, 아브라함은 "예, 여기에 있습니다" 하고 대답하였다.[116]

아브라함은 곧바로 신의 부름에 대답한다. 그냥 대답할 뿐이다. 그는 어떠한 이야기도 하지 않고 설명하려 들지도 않는다.

인간은 여자와 뱀 배후에 몸을 숨길 수 있는 자 같은 스스로의 보편 개념으로서 부름을 받는 것이 아니라 도망갈 수 없는 자로서 부름을 받음으로써, 대상화로 도망칠 수 있는 어떠한 길도 차단된다. 이 도망갈 수 없는 자는 단적으로 특수한 자, 개념이 결여된 자이며, 모든 사물을 (…) 포괄하는 정관사와 부정관사라는 두 가지 관사의 지배권을 벗어나 있는 자, 즉 고유명사다.[117]

아브라함은 '도망가지 않으려는 자' 즉 '고유명'일 때, 신의 목소리를 듣고 응답한다. 응답 가능성＝유책성이란 다름 아닌 이것을 의미한다. 사람은 고유명일 때에만 응답한다. 여기서 말하는 고유명이란 스스로 선택할 수 있는, 스스로에게 붙일 수 있는 호칭을 의미하는 게 아니다. 그것은 '신 스스로가 인간을 위해 창조한 이름', '창조자가 창조한 것으로서'의 이름이다. 그리고 그 이름으로 불리었을 때 이름을 불린 자는 둘도 없는 유일무이한 존재로서 '창조'된다.

> 신의 "'너'는 어디에 있는가?"에 대해 이때까지 반항적이고 완고한 '자기'로서 침묵하고 있던 인간은, 지금은 (빠뜨리고) 못 들을 리 없는 최고의 명석함으로 (…) 자신의 이름이 불리고 완전히 몸을 열고 완전히 열리고 완전한 각오를 정하고 진심으로 이렇게 대답한다. "저는 여기에 있습니다."[118]

이상에서 살펴본 로젠츠바이크의 계시와 사랑에 관한 이론을 레비나스는 다음과 같이 간결하게 정리한다.

> 신은 인간을 단독성ipséité으로 사랑합니다. 신과 인간 사이의 관계 안에 있는 모든 것은 이 사랑입니다. 그리고 신은 인간을 유일무이성singularité으로서밖에 사랑할 수 없습니다. 신으로부터 유일무이한 자로서의 인간에게 향하는 이 사랑의 관계를 로젠츠바이크는 '계시'라고 불렀습니다. 먼저 사랑이 있고 난 다음에 계시가 있는 것이 아닙니다. 물론 계시가 먼저고 사랑이 나중이라는 것도 아닙니다. 계시란 이 사랑을 의미합니다.[119]

신의 사랑은 명령이라는 형태를 취한다. 모세는 자신이 들은 신의 말을 동포들에게 이렇게 전했다. "이스라엘아, 들어라. 주는 우리의 하느님이시요, 주는 오직 한 분뿐이시다. 너희는 마음을 다하고 뜻을 다하고 힘을 다하여, 주 너희의 하느님을 사랑하여라."[120]

이 말 속에는 어떤 근원적인 난문이 숨어 있다. 그것은 '사랑을 명하는 것은 가능한가?'와 같은 물음이다. '나를 사랑하라'라는 명령은 성립하는가. 보통은 불가능하다. 그렇지만 단지 하나만은 예외가 있다. 그것은 '사랑하는 자'가 다름 아닌 사랑으로 그 말을 입에 담는 경우다. '나를 사랑하라'라는 명령이 사랑의 행위 그 자체인 경우다.

사랑의 명령은 사랑하는 자의 입으로부터만 발화될 수 있다. 사랑하는 자만이 '나를 사랑하라'라고 말할 수 있다. 실제로 그렇게 말하기도 한다. 사랑의 명령은 그것이 사랑하는 자의 입에 올랐을 때는 서먹서먹한 명령이 아니라 사랑 그 자체의 목소리에 다름없다. (…) '나를 사랑하라'라는 명령법은 완전히 순수한, 준비를 결여한 현재다. (…) 명령이 알고 있는 것은 순간뿐이다.[121]

레비나스는 이 구절을 이렇게 바꾸어 말한다.

신의 단독성에 대한 사랑이란 즉 사랑을 명령하는 것입니다. 로젠츠바이크는 사랑을 명령할 수 있다고 생각했습니다. (…) 사랑은 명령할 수 있습니다. 단 사랑을 명령할 수 있는 것은 사랑뿐입니다.

그리고 사랑은 그 사랑의 지금 여기maintenant에서 사랑을 명령합니다. 그러므로 사랑하는 것의 명령은 사랑을 명하는 사랑 그 자체의 반복과 갱신을 통해 무한히 반복되고 갱신됩니다.[122]

부름에 응답하는 것을 우리는 지금까지 '책임'이라든지 '책무'라는 말로 바꾸어 말해왔는데, 레비나스가 로젠츠바이크로부터 계승한 가장 중요한 아이디어 가운데 하나는 '부름'이란 '계시'고 '사랑'이라는 것이다. 신의 부름에 "나는 여기에 있습니다" 하고 대답한 인간은 그때 신으로부터 "당신은 이 세계에 있다. 당신은 이 세계에서 해야 할 일이 있다. 당신이 이 세계에 있는 것을 나는 바란다. 당신이 이 세계에 있는 것을 나는 축복한다"라는 사랑의 메시지를 받은 것이다.

58. 에로스 (4)

『시간과 타자』로 돌아가 보자. 성차에 관한 레비나스의 말 앞에서 우리는 멈춰선 채로 있다.

성차는 두 가지 상보적인 항의 이원성을 의미하지 않는다. 상보적인 이 항은 그러한 것들에 선행하는 하나의 '전체'를 전제로 하고 있기 때문이다. 그런데 성적인 이원성이 하나의 전체를 전제로 하고 있다는 것은 사랑을 융합으로써 미리 상정하고 있다는 것이다. 그러나 사랑의 감동은 존재자들의 극복 불가능한 이원성에 유래한다. 그것은 끊임없이 도망가려고 하는 것과의 관계다.[123]

로젠츠바이크의 사랑과 계시에 관한 소론을 잠시 살펴본 덕분에 여기서 레비나스가 말하려고 하는 바에 대한 우리의 전망이 어느 정도 좋아졌다. 레비나스는 여기서 존재자들의 극복 불가능한 이원성을 신과 인간 사이의 넘어설 수 없는 이원성에 포개고 있다. 인간들끼리의 현실적인 성애의 관계를 신과 인간의 관계와 본질 면에서 똑같은 것으로 진단한다.

인간은 그 매일의 행동을 통해서 세계를 '성스러운 곳'으로 만들고 그 매일의 걸음을 통해서 '성스러운 역사의 한 페이지를 장식하는 일'을 한다. 일상적인 인간적 현실과 창조와 계시와 구원과 관련되는 성스러운 역사의 한 페이지를 장식하는 차원의 이 상호적 침투가 아마도 유대교의 두드러진 경향일 것이다.

레비나스는 로젠츠바이크론에서 계율을 다루고 '유대교가 계율로 짜여 있다는 사실은 한 순간 한 순간 신의 인간에 대한 사랑의 갱신을 증명하고 있다'고 썼다. 계율에 관해서 레비나스는 이렇게 썼다.

> 시나이에서의 계율의 개시開示는 지나가 버렸지만 모든 유대의 율법은 **오늘** 명령되어 있습니다Toute la Loi juive est commnadée aujourd'hui.[124]

그때마다 '지금'에서 영원성은 계시된다. 인간의 매일의 활동은 신적 질서 안에 하나의 단편에 지나지 않는다. 지금 여기서 고유명을 가진 단독자의 성결한 행동을 통해서 그때마다 신의 인간에 대한 사랑은 **일회적으로 그리고 남김없이 열어 보여진다.**

그래서 유대교에는 '역사'라는 것이 없다. '역사'라는 틀을 요청하지 않는다.

헤겔과 그 후계자들은 지금 여기서 사람이 수행하는 행동의 의미와 가치는 역사라는 전체성 안에서 위치 지울 때 비로소 그 본래의 의미를 열어 보여준다고 생각했다. 그렇다고 하면 전체 역사가 답파될 때까지 지금 여기서 내가 하는 것의 진짜 의미는 확정되지 않는다. 전체성 안에 포섭되고 전체의 질서 안에 위치 지워지지 않는 한, 개개 항의 진짜 의미는 알 수 없다. 이런 사고를 '역사주의'라고 불러도 좋다.

우리는 역사의 목적을 '알 수 없다'. 왜냐하면 우리는 이미 '역사' 안에 던져져 있기 때문이다. 우리에게 가능한 것은 구체적인 역사적 행동을 통해 역사에 목적과 가치를 부여하는 것뿐이다. 인간은 그때마다 역사적 조건에 의해 한정 지워지고 그것을 부단히 초극해간다. 이는 헤겔-마르크스적 역사관에 익숙한 20세기 지성에게는 자명한 생각이다.

그러나 레비나스에게 그것은 전혀 자명한 것이 아니었다. 단독자로서의 인간의 의미는 역사의 전체성에 정립됨으로써가 아니라 신과 절대적으로 맺는 단독 관계에서 열리고 보이기 때문이다.

게다가 역사란 진리가 전체화해가는 점진적인 프로세스라고 믿기에는 유대인은 너무나도 많은 부조리를 경험해왔다. 수용소로부터 파리에 돌아온 유대인 철학자를 향해 당신은 '역사라는 심급'에 신뢰를 두어야 한다. 인간적 활동의 장은 거기밖에 없고 인간적 가치는 거기에서밖에 확정되지 않는다고 설득하는 것은 어떠한 역사주의자들도 곤란할 것이다. 유대인이라는 종족의 기억은 '진리는 역사적 계단을 올라가서 단계적으로 열리고 보인다'라는 언명을 받아들이지 않는다. 그리고 유대인들의 성사聖史에는 '시작'과 '끝'만 있고 단계적으로 구원이 현실화되는 '도중'은 없다. 사이에 있는 것은 '신 없는 역참宿駅'○뿐이다. 그것은 레비나스가 반복해서 설파해온 것이다.

○ 질서 없는 세계, 즉 선이 승리할 수 없는 세계에서 희생자의 위치에 설 수 있는 마음 자세를 함의하는 말.

392

유대인에게 신은 시간의 경과와 함께 조금씩 그 전모를 드러내는 역사내부적인 존재가 아니다. 신은 **지금 여기서** 인간의 전면적인 영적 성숙을 요구한다. 신의 지원도 신으로부터의 보장도 없이 신이 인간에게 부과한 미션을 **지금 여기서 바로** 수행할 수 있는 인간의 성숙을 요구한다. 그것이 유대교의 사고방식이다.

인간이 이만큼까지 고독한 것은 신의 모든 책임을 자신의 양어깨 위에서 느끼고 있기 때문이다.[125]

신 없는 역참을 더듬어 찾는 유대인은 지금 여기서 성스러운 역사의 한 페이지를 장식하는 역정의 전 여정을 걷고 있다. 그래서 유대적 공동체는 그 안에 영원성을 가진 공동체라고 레비나스는 말한다.

유대인은 지금 이미 도착해 있습니다 Le juif est d'ores et déjà arrivé.[126]

유대의 백성은 이 영원성을 과거로 거슬러 올라갈 수 없는 율법과 원환円環적인 시간 경험—그것이야말로 영원성이 시간 안에서 현현하는 양식 그 자체입니다—안에서 살고 있습니다. 이 시간은 의례적 생활을 통해서 경험됩니다. 그래서 의례적 생활은 존재론적 중요성을 갖고 있다고 말씀드린 겁니다. 유대력의 경험은 '주관적'인 것이 아닙니다. 영원성에 의해 끌어 당겨진 시간의 새로운 수축이고 영원성을 앞당겨 맞이한 것입니다. 유대력은 다양한 축제일을 구실 삼아 '우주적 일과'의 다

양한 때—아침, 점심, 저녁—를 즉 창조, 계시, 구원을 반복하고 있습니다.[127]

우주적 일과La Journée Cosmique는 축제와 의례를 통해서 매일 재연된다. 똑같이 한 명 한 명의 사랑의 경험에서도 신의 사랑은 그때마다 재연된다.

신의 사랑은 '순수한 현재'다. 이 순간에 지금 여기서 일어나고 있는 계시다. 사랑은 신이 밑그림을 그린 세계에 계획적으로 만들어진 것이 아니고, 보편적·일반적 사랑 안에 하나의 개별적인 발현도 아니다. 사랑은 일회적·단독적이다. 사랑하는 자와 사랑받는 자의 만남은 일회적인, 전대미문의 재현 불가능한 대면 상황 안에서 이루어진다. 확실히 로젠츠바이크는 그렇게 설파했다. 그리고 그때 나온 물음은 '당신은 누구인가?'가 아니라 '당신은 어디에 있는가?'다. 우리는 사랑의 '수신처'를 묻는 것이지 '본질'을 묻는 것이 아니다. 신의 사랑에 관한 로젠츠바이크의 이 생각은 그대로 우리 일상적인 현실적인 에로스적 관계의 본질을 보여주고 있다.

타자의 타자성·외부성을 훼손하지 않고 만나는 것, 다자를 자신이 기존에 갖고 있는 앎과 틀로 회수하고 전체성 안에서 명명하고 이해하고 소유하는 것을 자제하고 타자를 그 생생한 단독성으로 사랑하는 것, 그것은 우리가 늘 일상에서 달성해야 할 생활상의 과제이기도 하다.

우리는 부모-자식으로서, 부부로서, 연인으로서, 친구로서 혹은 사제師弟로서 타자와 매일 만난다. 레비나스는 그러한 만남은 일신교에서의 신과의 만남과 본질에서 똑같은 경험이라고 말한다. 우리는 신과 인간의 만남을 그때마다 재연하고 있다. 거기까지는 단언하고 있지 않지만 나는 그렇게 이해해도 좋다고 생각한다. 우리는 매일 인간과 인간 사이 사랑의 경험을 통해서 사랑과 계시와 창조의 일에 입회하고 있다. 타자와의 만남은 계시다. 만약 그 만남에 의해 그때마다 자그마한 규범이든 창조와 계시와 구원의 행위가 이루어지지 않았다고 하면 그것은 정의상 '단독자와의 만남'이라고 할 수 없다.

여성성에 관한 레비나스의 말을 다시 한번 읽어보자. 그 느낌이 꽤 달라질 것으로 생각한다.

> 여성적인 것의 이 타자성은 대상이 단지 외부에 있다는 것을 의미하는 게 아니다. 모든 의지가 대립하고 있다는 것을 의미하는 것도 아니다. (…) 타자란 우리가 만나고 우리를 위협하고 혹은 우리를 지배하려고 하는 존재자를 의미하지 않는다. 타자가 우리의 권력에 복종하지 않는 것은 타자가 우리보다 강한 힘을 가졌기 때문이 아니다. 타자의 힘을 만들어내는 것은 모두 타자성이다. 타자의 신비성이 그 타자성을 구축하고 있다.[128]

이때 레비나스는 보부아르의 『제2의 성』을 염두에 두었다고 나는 앞에서 썼다. 보부아르는 코제브의 헤겔 이해를 차용해, 남성과 여성이 '주인과 노예'의 변증법적 상극에 있는 것으로 봤다. 그런데 헤겔적 전체성에는 외부가 없다. 역사에는 외부가 없다. '모든 것'은 역사 안에서 재연된다. 진리 체계에 외부는 없다. 그래서 헤겔적 전체성에는 타자가 없다. 그런데 타자는 있어야 한다.

59. 에로스 (5)

외부적인 것의 힘을 구성하고 있는 것은 그 타자성이다. 신비가 그 타자성을 형태 짓고 있다. 잘 기억해두었으면 하는데, 나는 타자를 먼저 자유로서 상정하지 않는다. 타자를 먼저 자유로서 규정짓는다는 것은 커뮤니케이션의 좌절이 미리 아로새겨져 있다는 것이다. 왜냐하면 자유인 나와 또 하나의 자유인 타자 사이에는 복종하든지 종속시키든지 두 가지 이외의 관계는 있을 수 없기 때문이다. 언젠가 두 자유 중 하나가 무력화된다. 주인과 노예 사이의 관계는 싸움이라는 준위에서 이해되는데, 그것은 관계가 '상호적'이라는 것이다. 헤겔은 곧 어떻게 해서 주인이 노예의 노예가 되고, 노예가 주인의 주인이 되는지 그 사유 경로를 밝혔다.[129]

나는 여기에 무엇이 쓰여 있는지를 대략 안다. 레비나스를 읽을 때 다섯 줄이 넘어가는 문장의 의미를 '대략 아는' 일은 꽤 예외적인 경험이다. 그런데 여기는 안다. 그것은 레비나스에 관한 이해가 진행되어서라기보다 당대 철학자 그 누구도 말한 적이 없는 바를 레비나스가 말하고 있는 것에 드디어 익숙해졌기 때문이다. 레비나스 사상이 우리에게 어렵게 다가왔던 것은 우리가 무심결에 '다른 철학자들과 유사한 이야기를 다른 개념을 사용하거나 다른 어법으로 말하고 있다'라는 근거 없는 전제를 채택했기 때문이다. 기존의 앎에 환원하려다 보니 힘든 것이다. 미지의 것은 미지인 채로, 신비는 신비인 채로, 타자는 타자인 채로, "요컨대 그것은 이것을 말하는 거지요?"라는 물음에 성급하게 뛰어들지 말고 그냥 가만히 있으면 된다. 우리는 그런 철학에는 익숙지 않다. 레비나스 또한 '단순하고 아름다운 수리적 질서'를 목표로 하는 점에서는 다른 철학자와 조금도 다르지 않다. 단 그 질서가 체계와 전체성에 회수되거나 포섭되지 않고 **무한을 지향한다**는 점이 다를 뿐이다.

레비나스가 로젠츠바이크로부터 계승한 가장 중요한 개념은 '단독성ipséité'이다. 신은 인간을 단독성으로서 사랑한다. '신에게 사랑받는다'는 것은 "너는 어디에 있는가"라는 신의 부름에 "여기에 있습니다"라고 즉답하는 것, 단지 그것뿐이다. 이 신으로부터의 단독자·유일무이자로 향하는 관계를 로젠츠바이크는 '사랑'이라 부르고 '계시'라고 불렀다.

우리가 누구인가 하는 것은 신에게 유일무이한 방식으로 사랑받음으로써 계시된다. 우리가 누구인가 하는 것은 '부름'에 대해 "예, 여기에 있습니다" 하고 응답할 수 있는 것에 의해 정해진다. 이 '부름'에는 전단이 없다. 문맥이 없다. 구조가 없다. 체계가 없다. 그것은 단독자를 향해 유일무이하게 무맥락적으로 도래한다.

이러한 사고는 19세기 후반부터 오늘날까지 적어도 유럽 사상계에서는 한 번도 정설이 된 적이 없다. 근대 유럽 사상은 '의미란 문맥과 체계와 구조와 관련해서 정해진다'는 믿음 위에 구축되어왔기 때문이다. 그것이 정신(헤겔)이든 계급의식(마르크스)이든 무의식(프로이트)이든, 인간은 인간을 넘어선 어떤 익명적인 시스템 안에 틀어박혀 있다.

20세기 중반 레비나스가 살던 시대에서 가장 극적인 철학적 전환점 가운데 하나는 사르트르의 헤겔-마르크스주의적인 '역사주의'가 철저하게 비판받고 레비스트로스의 '구조주의'로 패권이 넘어간 일이었다. 당시 우리는 철학적 패러다임이 일신되었다는 가르침을 받았다. 그러나 잘 생각해보면 역사주의나 구조주의 모두 '인간은 시스템 안의 죄수'라는 생각에서는 차이가 없었다. 사르트르는 인간 행동의 의미가 역사라는 심급에서 열어 보여진다고 말하고, 미셸 푸코는 '우리를 깊게 관통하고 우리 이전부터 존재하고 시간과 공간 속에서 우리를 지탱하고 있는 시스템'이라는 심급에서 그것이 열어 보여진다고 말했다. 차이는 이것뿐이다.

구조주의 시대가 끝나자 포스트모던 시대가 와서 인간은 성별·종교·인종·국적·계급 등 무수한 부분segment으로 구분되며 그것이 만들어내는 억단臆斷의 우리에 갇혀 있다는 가르침을 받았다. 경험적으로 이는 상당 부분 사실이었다. 그래서 모두가 어떤 민족지民族誌적 억단의 죄수인 이상 '진실'에 관해 말할 권리를 가진 인간은 더는 어디에도 없다는 주장에 고개를 끄덕였다. 그리하여 더는 객관적 현실 따위에 신경 쓰지 말고 모든 인간에게는 각각 자신의 기호에 맞는 억단 안에서 안주할 권리가 있다는 '포스트 진실의 시대'가 도래했다. 우리는 지금 거기에 있다. 다음에 어떤 철학적 패러다임이 등장할지는 예측할 수 없지만, 무엇이 온다 한들 '인간은 ~의 죄수다'라는 문형 그 자체는 아마도 바뀌지 않을 것이다. 모든 인간은 예외 없이 어떤 좌표계 안에서 위치 지워져 있고 그 배치의 '어디'에 정위되느냐에 따라서 그 의미와 가치와 특이성이 확정된다는 경직된 믿음이 앞으로도 계속 살아 있을 것이다. 레비나스는 19세기부터 이미 200년간 계속된 이 지배적인 철학적 프레임 그 자체를 물리지고 있다. 알기 어려운 것이 당연하다.

레비나스는 좌파에겐 '부르주아'로, 페미니스트에겐 '성차별주의자'로, 민족해방론자에겐 '시오니스트'로 불렸다. 그들은 모두 '레비나스는 ~의 죄수에 지나지 않는다'라는 어법으로 레비나스에 대한 정의를 마치고 레비나스를 처리해버렸다. '~의 죄수에 지나지 않는다'라는 화법 자체가 '전체성의 철학'의 정형이며 우리는 바로 거기서부터 나아가야 한다는 레비나스의 사유에 비판자들이 특별한 흥미를 보이지 않았던 것은 당연한 일이다.

모든 타자적인 것을 기지에 환원하고 라벨을 붙이고 분류하고 정리하고 이해하려고 하는 기도에 저항해 단독자로 유일무이하게 도래하는 경험을 대치하는 것, 전체성의 철학에 무한의 철학을 대치하는 것, 그것만을 레비나스는 추구했다. 『시간과 타자』에서도 레비나스는 오로지 그것만을 반복해서 말했다.

이때 청중에게는 레비나스의 말의 적어도 일부는 확실히 닿았을 거라고 나는 생각한다. 이해할 수 있었다는 것은 별도로 하더라도 레비나스의 말은 몇몇 청중의 신체에 스며들어 마음을 요동치게 했을 것이다. 그것은 이 미문의 사상에 일종의 신체적 리얼리티가 있었기 때문이다.

잘 설명할 수 없는 개념이 그럼에도 신체에 스며드는 일은 있을 수 있다. 아무리 난해한 개념이라도 그 개념을 쓰거나 말하다 보면 어느샌가 사용 방법을 알게 되는 일이 있다. 내연기관의 구조를 몰라도 자동차 운전을 할 수 있는 것과 똑같은 이치다.

예를 들어 우리는 '신'이라는 개념을 일의적으로 정의할 수 없다. '신' 개념은 인간의 앎을 넘어선 것이기 때문에 인간의 앎을 통해 완전히 기술할 수가 없다. 그런데 인류는 그 개념을 수천 년에 걸쳐 사용해 왔고 그것을 신에 관해 사유할 수 있는 버팀목으로 삼아 지성과 영성을 깊게 해왔다.

레비나스의 '타자'와 '신비'와 '여성' 또한 아마 그것과 같은 결이라고 생각하면 될 것이다. 일의적으로 정의할 수 없고 애당초 정의에 저항하는 말을 레비나스의 문장을 오랜 시간을 걸쳐서 집중적으로 읽다 보면 그러한 '사용 방식'과 '사용처'를 알 수 있다. 적어도 그것이 '무엇이 아닌지'는 안다. 그러한 생각을 '인도의 실'로 삼아 자신의 지성과 영성을 깊게 할 수 있다. 그렇다고 하면 현재로서는 그것으로 충분하지 않을까. 들어본 적 없는 개념을 신체화할 때까지는 그 나름의 시간이 필요하다.

레비나스가 무엇을 말하고 있는지 나는 오랫동안 알지 못했다. 예지적으로 이해할 수 없었다. 그런데 오랜 시간(벌써 40년 가까이 된다)을 들여 천천히 곱씹다 보니 그 일부는 잘게 씹어 삼킬 수 있게 됐고 내 신체의 일부가 되었다. '잘 모르지만, 자신의 일부가 되는 일'은 있다.

여기서부터 마지막 여덟 쪽을 통해 우리는 레비나스의 가장 알기 어려운 사유와 마주하게 된다. 그런데 나는 그것을 '이해하려' 애쓰는 일은 하지 않을 생각이다. 어떤 개념이 무엇인지를 일의적으로 정의하는 것보다도 '일의적으로 정의할 수 없는 개념'에 이끌려 이전에 한 번도 발을 들여놓은 적이 없는 **깊이**에 가라앉아보는 것이 철학적으로는 생산적일 수 있다는 것을 알았기 때문이다.

그래서 '이해하는 행위'에 더는 힘을 쏟지 않겠지만 '설명하려는' 노력은 좀 더 이어갈 생각이다. 이해하지 못한 것을 어떻게 설명하느냐며 격분하는 사람이 있을지 모르겠는데, '설명하는' 것도 타자를 만나는 하나의 정통적인 방법이라고 나는 생각한다. 그런 말을 하는 사람은 별로 없겠지만, 알기 어려운 이야기를 설명하는 작업은 독자와 청중이 마음을 열어주지 않으면 성립하지 않는다. 단지 일방적으로 '옳은 말'을 열심히 떠들어대도 그것으로는 설명이 되지 않는다.

그리고 '마음을 연다'는 건 그만큼 간단한 일이 아니다. 설명을 듣는 쪽이 일시적으로 자신의 평소의 사고방식과 느끼는 방식을 '보류하고' 괄호 안에 넣어 이쪽 말을 삼켜주지 않으면 설명은 성립하지 않는다. '마음을 연다'라는 것은 언뜻 아주 온당한 동사이지만 이는 어딘가에서 자신을 손에서 놓는 일이다. 자신이 자신인 채로 있는 한, 마음은 열리지 않는다. 그래서 설명을 하는 나는 독자에게 조금이라도 '자신을 놓을 것'을 요구하고 있다. 독자에게 일시적으로 '단독자'가 되어달라고, 당신이 과거에 경험한 적 없는 전대미문의 유일무이한 만남을 경험해주지 않겠습니까 하고 간청하고 있다.

텍스트로 돌아가 보자.

나는 타자의 타자성을 신비로 간주한다―신비 그 자체는 조심성에 의해 정의된다. 나는 타자의 타자성을 나의 자유와 똑같은, 나의 자유와 다투는 자유라고 보지 않는다. 나는 나의 눈앞에 또 하나의 '실존자'를 상정하지 않는다. 내가 상정하는 것은 타자성이다. 죽음의 경우와 똑같이 우리가 관계를 맺는 것은 '실존자'가 아니라 타자성이라는 사건이고 상실이다.[130]

조심성(조신함)pudeur은 여성적인 것의 본질이다. '조심성'은 '신체를 감추는 것se cacher'이다. 몸을 감추는 것은 나의 자유와 마주하고 나의 자유와 확집하고 나의 자유와 어느 쪽이 주인이고 어느 쪽이 노예인지를 다투지 않는다. 그것은 나에게 복종하는 것도 아니고 나를 복종시키려고 하는 것도 아니다. 타자성은 단순한 공간적 외부성을 의미하지 않는다. 빛에서 벗어나서 공간적으로 표상되는 것이 아니라 몸을 감추는 것이다.

60. 에로스 (6)

외부적인 것을 첫 번째로 규정짓는 것은 자유이고 외부적인 것의 타자성은 그 자유로부터 도출되었다고 이해해서는 안 된다. 외부적인 것은 타자성을 그 본질로 한다. 그래서 우리는 이 타자성을 에로스라는 절대적으로 독자적인 관계 속에서 탐구해왔다. 에로스의 관계는 권력과 권력의 다툼 관계로 환원할 수 없고 만약 에로스적 상황의 의미를 왜곡시키고 싶지 않다고 하면 그렇게 해석해서는 안 된다.[131]

주인과 노예의 권력관계에서도 서로 마주하는 두 가지 자기의식, 두 자유, 두 실존자는 물론 서로 끌리고 있다. 그런 한에서는 이를 '에로스적 관계'라 부를 수 있을지 모른다. 그런데 자기의식이 다른 자기의식에 끌리는 까닭은 "자기의식은 다른 자기의식 안에서만 자신의 만족에 도달할 수 있기" 때문이다.[132] 어느 한쪽이 주인이고 어느 한쪽이 노예인 헤게모니 투쟁에 몸을 던지는 것은 "자기 자신이 자립한 존재라는 확신을, 자기와 타자라는 밑천에서부터 진리에까지 끌어올려야 하기 때문이다".[133]

주인과 노예의 변증법에서 주인은 사고의 자유를 잃은 노예로부터 인정을 받아도 '인정받았다'는 실감을 가질 수 없다. 자신의 눈앞에 있는, 자유롭고 자립한 자기의식에 의해 그 발의에 의해 인정받았을 때 비로소 자기의식은 자신이 자유롭고 자립한 자라는 것을 확증한다. 헤겔의 변증법에서는 타자가 자유로운 것이 절대로 필요하다. 그래서 '외부적인 것을 첫 번째로 규정짓는 것은 자유'다.

그러나 레비나스는 바로 그 헤겔의 핵심적 명제 자체를 물리친다. 내 앞에 있는 타자는 나와 비슷한 구석이 없는 '절대적으로 외부적인 존재'다. 나와 타자 사이에는 '공통의 조국'이 없다. 타자는 그 말의 본질적인 의미에서 '이방인'이다. 그럼에도 나는 타자에 끌린다. 나는 외부적인 것을 욕망하고 그것을 목표로 한다. 그런데 그 욕망을 작동시키는 것은 결핍감이 아니다. 만약 무언가 결여되어 있어 나는 채워지지 않은 것이 욕망이라고 하면, 나는 그 '무언가'를 비주제적으로 이미 알고 있고, 결핍의 방식으로 이미 소유하고 있는 셈이 되기 때문이다.

레비나스가 말하는 욕망désir이란 그런 것이 아니다. 내가 절대적으로 외부적인 것을 추구하는 것은 그것이 나의 결여를 메운다는 것을 비주제적으로 이미 알고 있기 때문이 **아니다**. 내가 스스로 떠나버린 고향을 그리워하고 있기 때문이 **아니다**. 이전에 제우스에 의해 둘로 나뉜 몸의 반쪽을 찾고 있기 때문이 **아니다**. 내가 본래 되어야 할 '가장 고유한 존재할 수 있는 것'을 추구하고 있기 때문이 **아니다**. 나는 단지 형이상학적 욕망에 이끌리고 있는 셈인데, 그 욕망은 어디로의 귀환을 추구하지 않는다.

형이상학적 욕망은 귀환을 바라지 않는다. 그것은 우리가 태어난 토지와는 전혀 다른 나라, 모든 점에서 타향일 것 같은 나라, 이전에 한 번도 우리의 조국이었던 적이 없고, 앞으로도 발을 들여놓을 것 같지 않은 나라에 대한 욕망이기 때문이다. 형이상학적 욕망은 그것에 선행하는 어떠한 근친성에도 기초하지 않는다. 그것은 결코 채울 수 없는 욕망이다.[134]

형이상학적 욕망에서 '욕망된 것'은 욕망을 충족시키는 것이 아니라 단지 욕망을 한층 항진시키는 것뿐이다.

'욕망'은 절대적으로 '외부적인 것'에 대한 욕망이다. 채워질 수 있는 굶주림, 치유받을 수 있는 목마름, 진정될 수 있는 정욕 안에 수납되지 않고 모든 충족의 저편에 형이상학은 '외부적인 것'을 욕망한다. (…) 충족되는 일이 없는 이 '욕망'은 다름 아닌 '외부적인 것'의 아득함을, 타자성을, 외부성을 추구하고 있다.[135]

보부아르는 성차와 에로스적 욕망 안에 헤겔을 발견하고 레비나스는 거기서 로젠츠바이크를 발견한다. 도식적으로는 그렇게 말할 수 있을 것이다. 레비나스에게 에로스는 '존재와 무의 대립'에도, '실존자'라는 관념에도 거둬들여지지 않는 독자적인 카테고리다.

'실존자'가 '주관성'과 의식 안에서 성취된다고 하면 타자성은 여성적인 것 안에서 성취된다. 여성적인 것은 의식과 똑같은 수준에 있지만, 의미에서는 대립하고 있다. 여성적인 것이 '**존재자**$_{\text{étant}}$'로서 성취되는 것은 빛을 목표로 하는 초월 안에서가 아니라 조심성(조신함) 안에서이기 때문이다.[136]

여성적인 것은 의식에 대비되는 개념으로서 제시된다. 의식은 빛을 추구한다. 의식은 빛 속에서 모든 것을 밝히는 것을 목표로 한다. 이와 비교할 때 '여성적인 것'은 빛으로부터 도망친다. 자신이 무엇인지를 밝히지 않는다.

여성적인 것의 초월은 여기와는 다른 장소로 몸을 빼는 것이다. 그것은 의식의 운동과는 역방향이다. 그러나 그렇다고 해서 그것은 무의식적이라든지 잠재의식이 아니다. 그래서 나는 그것을 신비라 부를 수밖에 없다.[137]

여성적인 것은 신비다. 그런데 그것은 여성적인 것과 나 사이에 커뮤니케이션이 성립하지 않는다는 것을 의미하지 않는다. 우리는 어떤 방법을 지키기만 하면 신비와 관계를 맺을 수 있다. 타자의 절대적 타자성을 훼손하지 않고 주체는 타자와 관계를 맺을 수 있다.

타자를 하나의 자유로 상정하고 이를 빛의 어법으로 사고하는 한, 우리는 타자와의 커뮤니케이션 실패를 고백해야 하지만, 그것은 하나의 자유를 잡는 것, 소유하는 것을 추구하는 운동의 실패를 고백하는 것에 지나지 않는다. 에로스는 소유나 권력과 어떻게 다른지, 그것을 제시함으로써 비로소 우리는 에로스에서의 커뮤니케이션을 인정할 수 있다.[138]

빛 속에서 구석구석까지 열어 보여지지 않는 것, 붙잡는 것도 소유할 수도 없는 것 '~할 수 있다'라는 구문 안으로 회수할 수 없는 것과도 우리는 관계를 맺을 수 있다.

로젠츠바이크는 신의 사랑의 본질은 '그것이 사랑하는 것을 사랑하는 그 장에서 사랑한다'라는 절대적인 일회성·단독성 안에 존재한다고 가르쳐주었다. '사랑하는 자'와의 만남은 전대미문의 재현 불가능의 대면 상황에서 이루어진다. 거기에는 질서도 문맥도 구조도 없다. 그래서 '사랑하는 자'는 '신비'라고 불린다.

에로스는 싸우는 것이 아니다. 융합하는 것도 아니다. 아는 것도 아니다. 우리는 관계 중에서도 예외적인 장소를 에로스를 위해서 인정해야 한다. 그것은 타자성과의 관계, 신비와의 관계, 즉 미래와의 관계이고, 모든 것이 거기에 있는 세계 안에서 결코 거기에 없는 것과의 관계이고, 모든 것이 거기에 있을 때 거기에 있을 수 없는 것과의 관계다. 때마침 거기에 있는 존재자와의 관계가 아니다. 그것이 아니라 타자성의 차원 그 자체와의 관계다. 가능한 것이 모두 불가능하게 되는 장소, 우리가 '~할 수 있다'라는 보조동사를 더는 사용할 수 없는 장소, 거기에서

도 주체는 에로스를 매개로 해서 주체다.[139]

사랑에서 먼저 묻는 것은 '당신은 누구인가?'가 아니라 '당신은 어디에 있는가?'다. 물음은 당신의 '본질'이 아니라 당신의 '양상'을 묻는다. 어디에 가면 당신을 만날 수 있는지를 묻고 있다.

지금 시야에 있는 것은 '어디'를 묻는 물음뿐이다. 도대체 '너'는 어디에 있는가. '너'를 찾는 이 물음만이 '너'에 관해 이미 알려진 유일한 것이다. 그런데 '나'가 자기 자신을 발견하기 위해서는 이 물음만으로 충분하다.[140]

61. 에로스 (7)

레비나스는 가능한 것이 모두 불가능하게 되는 장소, 우리가 '~할 수 있다'라는 보조동사를 더는 사용할 수 없게 되는 장소에서도 주체란 에로스를 매개로 해서 주체라고 썼다.[141] 주체의 주체성은 가능한 일 안에서만 존립하는 것이 아니다. 우리가 권력과 지배와 능동성을 잃는 곳에서도 우리는 주체일 수 있다. 에로스의 주체가 된다는 것은 그런 일이다.

사랑은 하나의 가능성이 아니다. 그것은 우리가 의도함으로써 태어나는 것이 아니다. 사랑은 이유가 없다. 사랑은 우리 안에 침입해 우리에게 상처를 주지만 그럼에도 나는 사랑 안에서 산다.[142]

이 문장은 경험적인 '사랑'에 관한 언명으로서도 그대로 받아들일 수 있을 것이다. 우리가 다른 사람을 사랑할 때 합리적인 이유가 없다. 우리는 자신의 '자발적 의도'에 기초해서, 예를 들면 외형적인 조건을 충족하는 상대를 찾아내서 사랑하게 되는 것이 아니다. 우리는 갑자기 사랑에 침입을 받고 사랑에 휘둘린다. 사랑은 제어할 수도 지배할 수

410

도 없고, 왜 사랑하게 되었는지를 설명할 수도 없다. 그러나 제어할 수도 지배할 수도 없고 그 유래도 앞날도 말할 수 없다는 바로 그 점에서 그것은 사랑이며, 그 '할 수 없음'이라는 양태에서 비로소 나는 '사랑의 주체'가 된다.

우리가 자기 의사에 기초해 다른 사람을 사랑하거나 사랑하지 않는 것이 가능하다면, 사랑이 나의 자발적 의도에 기초해서 발동하고 나의 능력에 의해 제어할 수 있는 것이라면, 그것은 내 안의 일이다. 거기에는 신비도 미지성도 타자성도 외부성도 없다. 그런데 그런 일은 아무도 '사랑'이라 부르지 않는다. '~할 수 있다'라는 보조동사가 우위에 있는 경위에 머무는 한, 우리는 결코 '사랑의 주체'가 될 수 없다. 어휘 꾸러미는 조금 거칠지만, 이 설명은 우리가 수행하는 사랑의 경험에 관해서 그대로 타당하다고 생각한다.

에로스적 경험은 우리 일상생활의 구체적인 일부인 동시에 거기서 우리는 '신비'와 관계를 맺을 수 있다. 물론 에로스적 경험을 '~할 수 있다'라는 어법으로 거둬들여, 성적 모험이라는 여정을 통해 한결같이 '자기 자신으로 있는 것'을 계속 강화하는 오디세우스 같은 사람도 있다. 어쩌면 그런 사람이 다수일지도 모른다. 그런데 우리가 에로스에 관해 말하면서도 질리지 않는 것은 그것이 '신비'와의 관계이고, 나의 권능과 능동성이 무효가 되는 그것 안에 에로스적 경험의 본질이 있다는 것을 직감하기 때문이다.

레비나스는 '성애의 현상학Une phénoménologie de la volupté'으로 발걸음을 옮긴다.

성애의 현상학이라는 것이 있다. 그것에 관해 여기서 다루기로 하자. 성애는 여타의 유열愉悅, joie extrême과는 다르다. 그것은 음식을 먹거나 마시는 단독의 유열이 아니기 때문이다. 그것이 여성적인 것의 예외적인 역할과 지위에 관해서, 에로틱한 경험에서의 모든 융합의 부재에 관해서 우리의 생각을 확실한 것으로 해줄 것이다.[143]

에로틱한 유열은 먹거나 마시는 것이 가져다주는 유열과는 별개의 것이다. 먹거나 마시는 것은 대상을 받아들이고 잘게 씹고 넘기고 소화하고 '융합'하는 일이다. 그렇게 해서 먹을 것과 마실 것은 우리 신체에 흡수되어 우리의 일부가 된다. 그런데 에로틱한 경험은 그렇지 않다. 그것은 곧 우리가 결코 집어삼킬 수 없으므로 우리에게 깊은 유열을 가져다주기 때문이다.

애무란 주체의 존재 양식의 하나다. 애무에서 타자와의 접촉 가운데 있는 주체는 이 접촉의 저편을 추구한다. 확실히 감각으로서의 애무는 빛의 세계의 일부를 이루고 있다. 그런데 애무받고 있는 자는 엄밀한 의미에서 접촉하고 있지 않다. 애무가 추구하는 것은 접촉을 통해 손바닥에 주어지는 피부의 매끄러움과 온기가 아니다. 애무는 무언가를 추구하고 있긴 한데, 무엇을 추구하고 있는지 모른다는 사실이 애무의 본질을 형태 짓는다. '모른다는 것', 이 근원적인 당황이 애무의 본질이다.[144]

이 서술도 독자는 경험적으로 수긍할 것이다. 우리가 성행위를 할 때 추구하는 것은 물리적인 '매끄러움'과 '온기'가 아니다. 그 '저편'에 있는 '여성적인 것'이다. 새삼 확인하는바, 여기서 말하는 '여성적'이란 생물학적인 의미의 성차를 의미하지 않는다. 성차를 의미한다고 하면 이러한 언명은 인류의 절반에게 이해 불가능한 것이 된다. '여성적인 것'이란 주체 안에서 결코 채울 수 없는 격한 욕망을 환기하는 무언가다.

우연히도 레비나스 본인이 남성이고 '이성애자'이다 보니, 그가 생각하는 에로틱한 대상에는 '여성적인 것'이라는 말이 적용되었다. 한때 이 용어 선택을 '성차별적sexist'이라며 비난하는 사람들이 있었지만, 내가 보기엔 핵심을 빗나간 지적 같다. 레비나스는 자신의 섹슈얼리티 '외부'에 대해 말하기를 자제했다. 여성으로서 말하는 것, 동성애자로서 말하는 것, 아니면 좀 더 특수한 섹슈얼리티를 가진 사람으로서 말하는 것은 레비나스가 할 수 없는 일이다. 레비나스는 자신의 것이 아닌 섹슈얼리티에 상상적으로 동화하거나, 공감하거나, 그것을 대변하는 일을 자제했다. 그런 일은 타자의 타자성을 훼손하는 행동이기 때문이다. 레비나스는 유대인 남성이고, 이성애자이고, 홀로코스트 생존자로서, 하이데거 존재론의 권역으로부터 이탈하는 방향으로 나아가 프랑스 유대인 사회의 영적 재생을 이룬다는, 어느 누구도 대신할 수 없는 미션을 등에 업고 이 강연장에 섰다. 그 **피한정성**被限定性을 올곧게 받아들인 레비나스는 '타자의 타자성을 훼손하지 않고 관계를 맺는 일'이란 가능한가를 사유했다.

자신의 섹슈얼리티를 '괄호 안에 넣고', 가설적이긴 하지만 '성적으로 중립적인' 입장을 취하면 타자성을 훼손하지 않으면서 성적 타자와 관계를 맺을 수 있을 것으로 생각하는 사람은, '주체와 타자 사이엔 공감이 성립하지 않는다'는 레비나스의 전제를 잊은 셈이다.

외부적인 것과의 관계는 목가적이고 조화적인 교감의 관계도 아니고, 공감도 아니다. 공감에 기대는 한 우리는 타자를 '우리 외부에 있지만, 우리와 비슷한 자'로밖에 인식할 수 없다. 그런데 외부적인 것과의 관계는 신비와의 관계이고, 외부적인 것이 구성하는 것은 그 외부성이다. 풍부한 상상력과 낭창낭창한 공감력을 구사하기만 하면 '신비와의 관계'를 정리할 수 있을 것으로 생각해서는 안 된다.

레비나스는 성애의 현상학을 남성으로서 썼다. 그 이외의 입장을 취하는 것을 자제해 그리한 것이다. 이를 두고 '레비나스가 자신의 남성중심주의에 대한 자각이 없었다'는 징후라며 비판하는 사람은 레비나스의 자제에 대한 자각이 없는 사람이다.

애무에 관한 레비나스의 고찰은 다음과 같이 이어진다.

애무는 도망치는 무언가와의 장난과도 비슷하다. 절대적으로 기도企圖도 계획도 결여된 장난. 이는 우리의 소유물이 될 수 있는 것, 우리 자신이 될 수 있는 것과의 장난이 아니다. 어떤 외부적인 것, 늘 외부적인 것, 접근 불가능한 것, 늘 와야 할 것과의 장난이다. 애무는 이 순수한 미래, 어떠한 내실도 갖지 않는 미래를 기다리는 일이다. 애무는 이 채워지지 않음이 계속 이어지고 끊임없이 풍부해지는 약속에 의해 형태 지워지고, 그렇게 해서 포착할 수 없는 것으로 새로운 시야를 연다. 애무는 측정이 불가능한 채워지지 않음을 버팀목으로 삼는다.[145]

레비나스의 철학이 난해한 것은 철학자가 관념적이고 사변을 갖고 놀아서가 아니다. 그 반대다. 너무나도 일상적인 생활경험의 본질을 어디까지라도 깊게 파고들기 때문이다. 철학적 진리보다도 경험적 진리를 우선으로 생각하기 때문이다. 그래서 이야기가 어려워진다. '죽음'과 '에로스'는 우리가 일상에서 기울이는 거의 모든 관심을 독차지하고 있다 해도 과언이 아니다. 우리는 자고 일어나면 몸 상태가 성한지를 확인하고, 체중을 재고, 혈압을 재고, 손을 깨끗이 씻고, 정해진 시간에 균형 잡힌 식사를 하고, 계단에서 굴러 떨어지지 않도록 난간을 붙잡고, 차에 치이지 않도록 신호를 지키고…… 여하튼 온갖 수단을 다 동원해 아침부터 밤까지 죽지 않으려 하고 있다. **죽음은 우리가 일상에서 가장 우선에 두는 관심사다.** 언젠가 반드시 죽는다는 것은 알고 있다. 그래도 가능한 한 죽음에 갑자기 잡아먹히지 않기를, 가능한 한 죽음의 도래를 1초라도 뒤로 미룰 수 있기를 바란다.

에로스도 마찬가지다. 우리는 죽음과 마주하는 시간 이외엔 거의 모든 시간을 에로스적 관심에서 추동되어 보낸다. 그렇다고 성애에 관한 망상이 24시간 두뇌를 점령하고 있다는 애기는 아니다. 우리가 열심히 일해서 사회적으로 더 높은 평가를 받으려 하는 것도, 책을 읽거나 그림을 보거나 음악을 들으며 문화 자본을 축적하려 하는 것도, 잘 만든 옷을 입고 싶어 하는 것도, 보기에 그럴싸한 차를 타고 싶어 하는 것도…… 반딧불이 수컷이 밝기를 점멸시킨다든지 공작이 날개를 펼치는 구애 행동과 본질적으로는 그다지 차이가 없다는 얘기다.

죽음도 에로스도 어떤 의미에서는 철저하게 일상적이고 범용한 것이다. 그런데 거기에는 끝을 알 수 없는 미지성이 잠재해 있다. 죽음도 에로스도 절대적 타자성, 절대적 외부성과 관계가 있는 일이다. 우리는 외부와 타자의 임박을 일상적으로 사는 것을 통해서 '신비'와 '초월'과 '신'이라는 개념을 단련시켜왔다. 형이상학 사변의 대가람大伽藍의 토대를 형태 짓는 것은, 자르면 피가 나오는 우리의 신체 그리고 일상의 산문적이면서 자질구레한 행위다.

그래서 이 '사변의 대가람'이 20세기 전쟁과 학살을 막을 수 없었던 것은 체계의 완성도와 사상의 정밀도가 부족했기 때문이 아니다. 이는 인간들의 신체와 매일의 행위에 관한 성찰에 깊이가 부족했기 때문이다. 레비나스는 그렇게 생각했다. 그래서 2차 세계대전 이후 철학의 재구축은 살아 있는 인간의 매일의 평범한 일상 그 자체를 철저하게 철학하는 형태를 취할 수밖에 없다. 그것은 죽음에 관해서, 에로스에 관해서, 이방인에 관해서, 아이를 갖는 것에 관해서, 노동에 관해서 등등 우리 일상의 '전前철학적인' 경험을 철저하게 철학하는 방식으로 이루어지게 될 것이다.

철학적 사유는 모두 전前철학적인pré-philosophique 경험을 그 근거로 한다.[146]

62. 타자와 외부적인 것

이 성애의 지향성, 어떤 형태를 갖는 미래가 아니라 미래 그 자체로의 유례없는 지향성은 과거 철학적 탐구의 대상이 된 적이 없다. 프로이트는 리비도에 관해 그것이 쾌락 탐구라는 것 이상을 말하지 않았다. 그는 쾌락을 분석의 시작점이 되는 단순한 내용으로 다루었지, 쾌락 그 자체를 분석 대상으로 삼지는 않았다. 프로이트는 쾌락의 의미를 존재의 일반적 이코노미 안에서 탐구하는 일은 하지 않았다.[147]

'존재의 일반적 이코노미l'économie génerale de l'être'는 레비나스 고유의 개념이다. 로젠츠바이크의 철학을 조술하면서 한 번 나온 '이코노미'는 '경제'로 번역되긴 하지만, '경세제민經世濟民'에서 비롯한 '경제'로는 레비나스가 이 말에 담았던 의미를 다 길어낼 수 없다.

프랑스어 'économie'의 어원은 그리스어 'oikonomia'로 그 원뜻은 '한정된 자원을 이리저리 돌려 사용해, 닫힌 장소 안에서 생산성과 효율을 높이는 것'이다. 우리가 '이코노미'를 논할 때 '경제'라는 일본어의 함의를 괄호 안에 넣고 그리스어 원뜻으로부터 가져와야 할 것은 '한정된 자원을 닫힌 장소 안에서'라는 조건이다.

레비나스는 『탈무드에 관한 네 번의 강독』 첫머리에서 탈무드 해석에 관해 이렇게 썼다. 이것도 두 번째 인용이다.

예를 들면 '제례 날에 낳은 달걀'을 먹을 권리에 관련된 논의와 '미처 날뛰는 소'로 입은 피해 배상에 관련된 논의를 할 때 탈무드 학자들은 달걀과 소 이야기를 하는 것이 아니다. 오히려 이들은 그런 낌새를 눈곱만큼도 보이지 않은 채 근본적인 개념을 검토에 부치고 있는 것이다.[148]

여기서 레비나스는, 철학 초심자를 위해 생활에 벌어지는 세세한 일을 '비유'로 사용한 다음 거기서부터 깊은 철학적 사유로 이끄는 식의 교육 기술에 관해 말하고 있는 것이 아니다. 생활에 벌어지는 세세한 일은 '비유'가 아니다. 거기에는 근본적인 개념이 실마리를 드러내고 있다.

'존재의 일반적 이코노미'란 철저하게 철학적으로 사유해야 하는 것은 오늘 눈앞에 있는 생활 현실이라는 '한정'을 의미한다.

프로이트는 '리비도'를 그 이상은 설명이 불필요한, 설명이 불가능한 어떤 원점으로 삼았다. 그리고 리비도를 시삭점 삼아 곡예에 가까운 추론을 통해서 '오이디푸스', '강박관념', '타나토스' 같은 아주 사변적인 개념을 끌어냈다.

레비나스가 '쾌락의 의미를 존재의 일반적 이코노미 안에서 탐구한다'는 것은 프로이트의 역방향으로 나아감을 의미한다. 쾌락 추구라고하는, 우리의 일상적인 사건에 어디까지나 눌러앉아 거기서부터 걸음을 떼는 것도 상공에 올라가는 것도 혹은 어떤 만능 카드all mighty card를 갖고 '결론을 내는' 것도 자제한 채 그 일을 그저 더 깊게 검토하는 것. 그것이 '성애의 현상학'이라는 기획이다. 그 '한정된 자원을 닫힌 장소에서'라는 한정을 레비나스는 '이코노미'라는 말에 담았다.

> 우리가 생각하는 성애를 미래라는 사건 그 자체로서, 어떠한 내실도 갖지 않는 순수한 미래로서, 미래라는 신비 그 자체로서 인정하는 점에 그 본뜻이 있다. 그렇게 함으로써 우리는 성애의 예외적인 지위를 밝히고자 한다.[149]

우리는 에로스적으로 존재하고 있다. 그때마다 늘 성화性化된 존재로서 이 세계에 던져졌다. 우리는 자신의 섹슈얼리티를 객관적으로 관찰하거나, 조작하거나, 바꿀 수 없다. 그래서 우리는 자신의 섹슈얼리티를 움직이기 어려운 소여의 조건으로서 잠자코 받아들이고 있다. 그런데 레비나스는 거꾸로 나아간다. 성화되어 존재한다는 것은 어떤 의미일까. 남성이고 이성애자인 레비나스에게 '여성적인 것'으로서 일어나는 무언가가 있다. 그것은 레비나스에게 신비이며, 이와 동시에 유열을 가져다준다. 그런데 레비나스는 거기에 머물지 않고 '왜 성애는 성차에 관계없이 유열로서 경험되는가' 하는, '성화된 존재' 모두를 하나의 켤레로 묶는 물음을 생각하려고 한다.

외부적인 것과의 이 관계를 좌절로 간주하는 것은 가능할까. 만약 에로스적인 것을 '포착하고', '소유하고', '인식하는' 대상으로 간주한다고 하면 이 관계는 확실히 좌절이라고 할 수 있을 것이다. 그런데 에로스 안에는 능동적인 동작의 여지가 없고, 그러므로 스스로 무언가를 만들어내는 좌절 또한 없다. 만약 우리가 외부적인 것을 소유하고 포착하고 인식할 수 있다면 그것은 더는 외부적인 것이 아니다. '소유', '인식', '포착'은 권력과 동의어이기 때문이다.[150]

말할 필요도 없이 외부적인 것과의 관계는 일반적으로는 융합으로서 추구된다. 그런데 나는 외부적인 것과의 관계는 융합이라는 것에 단호히 이의신청을 해왔다. 타자와의 관계, 그것은 **외부적인 것의 부재**다. 단순한 부재가 아니다. 순수한 '무'라는 부재도 아니다. 그것이 아니라 미래의 지평 속에 있는 부재다. **시간이라는 부재다.**[151]

나는 지금까지 l'autre를 '외부적인 것', '타자' 등 몇 가지 말로 옮겨왔다. '타他'로 통일했어야 했는지도 모르겠지만 일본어로는 그 말이 익숙하지 않아서 그때그때 번역어를 바꾸어온 것이다. 이렇게 하는 게 일단 가능했던 까닭은 'l'autre'와 'autrui'가 동일한 문장에 나오는 일이 없었기 때문이다. 그러나 여기서는 두 단어가 한 문장 안에 대비적으로 사용되고 있다. autrui를 '타자'로 한 이상, autre는 그것과는 다른 말로 명확하게 구별해 옮겨야 한다.

autrui와 autre는 같은 어원에서 나온 말이다. 여기서 '타자'로 번역한 부정대명사 autrui는 autre의 목적격의 옛 형태인데, 성수性數°에 따라 변화하지 않고, 인간과 관련해서만 사용하고, 종종 전치사가 먼저 오고, 보통은 주어가 되지 않는다. 한편 '외부적인 것'이라고 옮겨온 부정대명사 autre는 복수형을 가지며, 인간 이외에도 사용되고, 정관사를 동반하고, 주어가 되는 경우도 있다. 이 두 가지 아주 의미가 접근하고 있는 말을 레비나스는 다음과 같이 차별화했다.

"타자와의 관계 그것은 외부적인 것의 부재다La relation avec autrui, c'est l'absence de l'autre."

'외부적인 것'은 정관사를 취함으로써 '그러한 성질을 공유하는 것들의 총칭'이 된다. 즉 개념화할 수 있다. 개념화할 수 있다는 건 인식하고 포착하고 소유할 수 있다는 뜻이다. 정관사를 동반한 l'autre는 l'un과 함께 **전체**를 구성할 수 있다. 설령 그것을 '외부'라 부르든 '초월'이라 부르든 '신비'라고 부르든, 그것이 정관사를 동반해 하나의 개념을 형성할 수 있다면 그것은 '절대적으로 외부적인 것absolument autre'이라 불릴 수 없다. 그것은 '상대적으로 외부적인 것relativement autre'에 지나지 않는다.

레비나스는 여기서 '외부적인 것'의 개념화를 거부하고, 포착되지 않고 인식되지 않고 소유되지 않는 '절대적으로 외부적인 것'과, 주체

○   프랑스어 문법에는 '성수일치'라는 개념이 있다. 성수일치란 말 그대로 성과 수를 일치시킨다는 개념이다. 즉 명사에 관사와 형용사가 붙을 때 명사의 성에 맞게 관사와 형용사의 성을 바꾸어준다. 간단한 예로 un Coréen gentil(한 친절한 한국인 남자)라는 말을 여성으로 바꾸면 une Coréenne gentille가 된다. 복수형은 남성과 여성 각각 des Coréens gentils, des Coréennes gentilles이다.

의 권력적인 작용의 대상으로서 포착되고 인식되고 소유됨으로써 일자 l'un와 함께 전체를 구성할 수 있는 '상대적으로 외부적인 것'으로 구분한다. 그리고 '절대적으로 외부적인 것'에 autrui라는 말을 사용한다.

그렇다면 처음부터 그렇게 각각의 개념을 정의해서 일의적으로 사용하면 좋지 않았을까 하는 불만의 목소리가 들려오는 것 같은데, 그것은 불가능한 요구다. autrui는 개념화를 거부하기 때문이다. 그것은 우리가 알 수 있는 '외부적인 것'의 속성을 '~이 아니라', '~도 아니라'고 하면서 계속 부정한 다음, 마지막에 남은 '외부적인 것조차 아닌 외부적인 것'이라는 형태로, 결여된 채 제시할 수밖에 없는 것이다. 그래서 autrui는 책 말미에 '외부적인 것의 부재인 듯한 관계를 맺는 무언가'로서 우회적으로 등장할 수밖에 없었다.

63. 풍요로움 (1)

이윽고 '풍요로움féondité'이라는 제목이 붙은 마지막 절에 들어섰다. 레비나스는 지금까지 불면, 권태, 도주, 죽음, 신비, 타자, 에로스 등의 주제를 다루었다. 내용은 난해하지만 다루고 있는 주제 자체는 구체적이다. 마지막 절에서 레비나스는 '부모-자식'을 다룬다. 당연히 이 사색도 구체적이다. 단 알고 넘어가야 할 것은 레비나스의 장녀 시몬은 1935년에 태어났고 장남 미카엘은 1949년에 태어났으므로, '아들'이 키워드가 되는 이 강연을 할 당시 레비나스에겐 딸밖에 없었다는 사실이다. 레비나스는 자신에게 아들이 생겨서 아들을 논한 것이 아니다. 레비나스에게 '아들'이란 무엇보다 경험적으로 이미 존재했던 대상이 아니라 철학적인 개념이다.

풍요로움은 '죽음에 대한 승리'라는 형태로 제시된다.

죽음이라는 하나의 순수한 사건, 하나의 순수한 미래를 앞에 두었을 때 자아는 어떠한 권능도 휘두를 수 없다. 즉 자아일 수가 없는 셈인데, 그럼에도 자아가 자아일 수 있는 상황을 우리는 찾고 있었다. 그리고 그것을 죽음에 대한 승리라고 이름 붙였다.[152]

죽음에 대한 승리la victoire sur la mort란 초월한 자아의 보존에서 그 가능성이 음미된 것이다. 그때 레비나스의 물음은 다음과 같은 것이었다.

죽음을 앞에 두었을 때 사람은 더는 '할 수 있는 것'을 못하게 되는데, 어떻게 해서 사람은 죽음이 고지하는 사건을 앞에 두고 계속 자기일 수 있을까?[153]

할 수 있다/할 수 없다는 것과 자기 자신일 수 있는 것/자기 자신일 수 없는 것은 다른 수준에 속한다. 지배력과 능동성과 권능을 갖지 않는 주체라는 양상에서라고 하면 사람은 죽음과 신비와 절대적 외부성과 마주할 수 있다. 레비나스는 그것을 '죽음에 대한 승리'라고 불렀다. 단 승리라는 말의 함의를 혼동해서는 안 된다.[154]

어떻게 하면 당신의 타자성 안에서 나는 당신 안에 흡수되지 않고, 당신 안에서 나를 잃지 않고 계속 나로서 있을 수 있을까? 어떻게 하면 나는 당신 안에서, 지금과 같은 내가 아닌 채, 즉 자꾸만 나 자신으로 귀환하는 내가 아닌 채 계속 나로 있을 수 있을까? 어떻게 하면 나는 자기 자신에 대해 외부적인 것이 될 수 있을까?[155]

물음은 이렇게 설정된다. 어떻게 하면 나는 '자꾸만 나 자신으로 귀환하는 내가 아닌 나'로 있을 수 있을까. 오디세우스적 주체가 아니라 아브라함적 주체로 있으려면 어떻게 하면 좋을까. 자신이 세운 이 물음에 레비나스는 놀랄 만한 답변을 제공한다.

> 거기에는 한 가지 방법밖에 없다. 아버지가 되는 것을 통해서다.
> 아버지가 되는 것은 타자이면서 나인 이방인과의 관계를 의미한다. 나
> 자신이면서 나와는 다른 것과의 관계를 의미한다.[156]

다시 한번 반복하겠는데, 이 언명을 아버지가 아이에 대해 갖는 경험적인 부모-자식 관계의 실감을 그대로 쓴 것으로 봐서는 안 된다. 부모-자식이라는 일상적인 관계 중에서 주체의 이해를 넘어서는 것이, 동의도 공감도 허락하지 않는 절대적 타자성이 입을 벌리고 있다고 레비나스는 말하고 있다. **타자는 바로 지금 당신 앞에 있다**,라고.

> 실제로 아들은 한 편의 시와 한 개의 조형물 같은 나의 단순한 작품이 아니다. 물론 아들은 나의 소유물은 아니다. 권력의 카테고리도 소유의 카테고리도 아들과의 관계를 지시할 수 없다. 원인이라는 관념도 소유라는 관념도 '풍요로움'이라는 사실을 포착해주지 않는다. 나는 나의 아들을 갖는 것이 아니다. 이른바 **나는 나의 아들**이다.[157]

아들은 나의 슬픔이라든지 나의 시련이라든지 나의 고난과 같은, 내 몸에 일어나는 하나의 일도 아니다. 그것은 한 개의 자아이며 한 개의 인격이다. 아들의 타자성은 타아의 타자성도 아니다. 아버지인 것은 아들의 몸이 되어볼 수 있는 공감도 아니다. 내가 나의 아들인 것은 나의 존

재를 경유해서이지 공감을 경유해서가 아니다.[158]

아들은 내 작품이 아니고, 소유물이 아니고, 나에게 도래하는 사건이 아니고, 나와 공감을 통해 연결되는 것도 아니고, 모든 '연결'이 단절되어 있음에도 여전히 '그것은 나'라고 부를 수 있는 것을 의미한다.

유대 일신교의 문맥에 놓고 봤을 때 '아버지'를 신의 은유로, '아들'을 피조물의 은유로 가정해 이 명제를 읽는 것은 결코 불가능하지 않다. 레비나스의 '아버지라는 것la paternité'에 관한 언명 몇 가지는 창조주와 피조물의 관계에 그대로 들어맞는다. 창조주에게 피조물은 '절대적으로 외부적인 것'이면서 자기 자신이기도 하다. 피조물이 신과 '공통의 조국'을 가질 수는 없다. 이해와 공감으로 연결되는 일도 있을 수 없다. 진리와 관련해 서로 이웃에 있으면서 연결되는 일도 있을 수 없다. 하지만 창조주와 피조물은 '얼굴을 서로 마주하는face à face' 관계를 맺을 수 있다. 그리고 자신의 양어깨에 '신에게 위탁받은 모든 책임'을 감지한 영적인 성인에게서만 '신을 경외하는 마음'이 싹튼다.

신의 지원 없이 신으로부터 위탁받은 미션을 성취할 수 있는 것이 '인간'이라는, 레비나스의 사유 경로를 이미 우리는 이해했을 것이다. 현실의 부자관계는 스케일 면에서 성사聖史적인 드라마에 미치지 못하지만, 레비나스가 눈앞에 있는 현실을 통해 근원적인 문제를 검토하려 한다는 것은 알 수 있다. 아마도 레비나스는, 우리가 에로스적인 파트너를 얻고 '아들'을 기르는 일을 통해 신이 행하신 일을 재연하고 있다고 생각하는 것 같다.

로젠츠바이크는 신의 사랑의 본질은 '그것이 사랑하는 자를 사랑하는 그 장에서 사랑한다'는 절대적인 일회성·단독성 안에 있다고 가르쳐주었다. '사랑하는 사람'과의 만남은 전대미문의 재현 불가능성의 대면 상황에서 이루어진다. 부자관계를 우리는 단순한 동물적인 혹은 제도가 정한 규범대로 맺을 수도 있고, 스스로 바란다면 천지창조의 재연으로서 살 수도 있다. 물론 명시적인 것은 아니지만 레비나스는 아마도 그렇게 가르치고 있을 것이다.

64. 풍요로움 (2)

나는 나의 아들을 갖는 것이 아니다. 이른바 나는 나의 아들이다.[159]

이 '나는, 있다'라고 할 때의 동사 '있다'라는 '엘레아학파 그리고 플라톤이 말하는 의미와는 다른 의미를 갖는다'고 레비나스는 썼다.[160]

조술한 대로 엘레아학파의 파르메니데스는 '있는 것은 있고 없는 것은 없다'라는 존재의 단일성을 주창했다. 그래서 무에서 유가 만들어지는 일도, 존재한 것이 소실되는 일도 없다. '나는 나의 아이다'라고 할 때의 '이다'를 '엘레아학파적, 플라톤적'으로 이해하면 '나는 나의 아이와 동일한 존재다'가 된다. 그러나 레비나스는 '나는 나의 아이이지만 나는 나의 아이와 동일한 존재가 아니다'라고 말한다. '있다/이다'의 의미를 **다르게 읽**으라고 말한다.

유클리드는 『원론』에서 엘레아학파로부터의 반론을 염두에 몇 가지 '요청'(공준公準)을 제시했다. 가령 '점과 점 사이에는 직선을 그을 수 있다'라는 것이 그러한 요청 가운데 하나다. 엘레아학파는 '존재하는 것은 존재하고 존재하지 않는 것은 존재하지 않는다'는 입장과 관련해 운동도 변화도 인간의 뇌에 떠오른 환상이라고 간주한다. 점과 점 사이에 선을 긋는 것은 '운동'이므로 환상으로서 내쳐진다. 유클리드는 이러한 곤란한 논의에 결론을 내는 데 낭비되는 (또 결론이 나지 않는) 불모의 시간을 아까워해서 논의를 일단 보류하고 '논'의 옳고 그름을 묻지 않고 단지 '점과 점 사이에 직선을 그을 수 있다'라는 것을 받아들여주지 않겠는가 하고 **요청**했다. 그리고 그 요청 위에 구축된 수학적 체계가 어떠한 것인가를 사람들 앞에서 제시하려 했다.

레비나스 또한 우리에게 하나의 요청을 하고 있다고 생각할 수 있지 않을까. '나는 나의 아이다'라는 명제는 엘레아학파적으로는 '나와 나의 아이는 동일한 존재다'라는 의미밖에 없다. 레비나스는 그 논의를 일시적으로 보류하고 '나는 나의 아들이다'라는 명제가 성립할 수 있는 곳까지 '있다/이다'라는 동사의 계사繫辭, copula 기능을 확대해주지 않겠는가 하고 요청한다.

진리라는 것을 지금 여기서 증명해 보일 수는 없지만 '일단 그 명제가 성립하는 것으로 해서 이야기를 앞으로 진행하는' 방편은 학문 세계에서는 허용되어 있다. 레비나스는 여기서 '나는 내 아들인데, 나와 내 아들은 동일한 존재가 아니다'라는 비非엘레아학파적 명제를 요청한다. 여러분에게 여기서 내 명제를 이해해달라든지, 참으로서 받아들여달라고 말하지는 않는다. 레비나스는 그 옳고 그름에 관한 논의를 일단 보류하고 이 '받아들이기 어려운 명제'를 '공리axiom'로서 성립하는 체계로부터는 세계가 어떻게 보이는지를 함께 음미해달라고 요청했다.

아들의 타자성은 타아의 타자성이 아니다. 부성父性은 그것을 경유해서 아들의 입장이 되어볼 수 있는 공감을 의미하지 않는다. 내가 아들인 것은 나의 존재를 매개로 해서이지 나의 공감을 매개로 해서가 아니다.[161]

'나는 나의 아들이다Je suis mon fils'라는 명제로 나와 나의 아들은 동사 '존재한다/~이다être'에 의해 무매개적으로 직접 연결되어 있다. 여기에는 나의 공감이라는 불순물이 들어올 여지가 없다. '존재'라는 말은 여기서 우리가 모르는 의미를 가질 때까지 비틀어져 있다).

자아의 자기 자신에의 회귀는 위상전환부터 시작하는데, 에로스에 의해 열린 전망 덕분에 이 회귀는 완전히 용서sans rémission가 없는 것은 아니다. 이 용서를 우리는 위상전환의 해소라는 불가능한 일을 통해서가 아니라 아들을 통해서 성취한다.[162]

정말로 알기 어려운 문장이다. 지금까지 보아왔듯 위상전환은 '실존하다'라는 동사가 '실존자'라는 명사로 전환하는 프로세스를 의미한다. 레비나스는 이를 자기로부터 줄발해 자기에게로 회귀하는 동일성의 회귀라고 보았다. 동일성의 회귀란 '자기 자신에 대해서 자신을 이미 닫고 있는' 자폐를 의미한다. 그러나 레비나스는 에로스의 경험을 통해 그 닫혀 있는 특성으로부터 이탈할 수 있다고 생각했다. 에로스란 '타자성과의 관계, 신비와의 관계, 즉 미래와의 관계이고, 모든 것이 거기에 있는 어떤 세계 안에서 결코 거기에 없는 것과의 관계이고, 모든 것이 거기에 있을 때 거기에 있을 수 없는 것과의 관계'이기 때문이며 "가능한 것이 모두 불가능하게 되는 장소, 우리가 '할 수 있다'라는 보조동사를 더는 사용할 수 없게 되는 장소, 거기에서도 주체는 에로스를 매개로 해서 주체"이기 때문이다.[163]

에로스에 관한 논고에서 레비나스는 '주체'라는 개념을 고쳐 쓸 것을 요구했다. 능동성도, 권력도, '할 수 있다'라는 보조동사를 잃은 뒤에도 계속 주체는 주체일 수 있다는 생각에 동의를 구했다. 무권리, 불능 상태 안에 있어도 계속 주체가 주체일 수 있는 이 '느슨함'을 레비나스는 '용서rémission'라는 말에 담았다.

> 그러므로 자유가 형태 지워지고 시간이 성취되는 것은 원인이라는 카테고리를 매개로 해서가 아니라 아버지라는 카테고리를 매개로 해서다.[164]

솔직히 말해, 왜 먼젓번 인용문 다음에 '그러므로'라는 말로 지금 이 명제가 성립하는지 나는 알 수 없다. 이것도 레비나스가 요청한 일부로 볼 수밖에 없다.

우리가 말할 수 있는 것은 주체가 할 수 있는 것을 못하게 되었을 때, 주체의 자기동일성의 감옥에 틈이 생겼을 때, 주체가 '모든 것이 거기에 있는 세계 안에서 결코 거기에 없는 것'과 관계를 맺을 때 '용서'도 '자유'도 '시간'도 비로소 성취된다고 레비나스가 요청하고 있는 것, 거기까지다. 그리고 이것이 요청인 이상 그 옳고 그름의 근거를 레비나스는 말할 생각이 없다.

부성이란 단지 아버지가 아들 안에서 쇄신되는 것만을 가리키는 것도 아니고 아버지와 아들이 융합하는 것만을 가리키는 것도 아니다. 부성이란 이와 동시에, 아버지가 아들과의 관계에서 외부에 있다는 것이고 다원적으로 실존한다는 것이다.[165]

그럼에도 '아버지인 것'을 **창조의 재연**이라는 우리의 가설에 기초해서 읽으면, 이 구절은 완전히 의미 불명이라고는 할 수 없다.

65. 풍요로움 (3)

자아의 풍요로움은 그 정당한 존재론적 가치에서 평가되어야 한다. 그러한 것은 지금까지 한 번도 이루어진 적이 없었다. 자아의 풍요로움이 생물학적 카테고리라는 사실은 그 의미의 역설을 그 심리학적 의미에서조차 소거할 수 없다.[166]

'자아의 풍요로움 fécondité du moi'이란 '나는 나 그리고 나의 아들이다'라는 비非엘레아학파적 명제를 의미한다. 물론 이전에 그런 명제를 말한 철학자는 없다. 그래서 당연히 그 '존재론적 가치'가 평가된 적도 없다.

물론 생물학적으로 말하면 '아들'이 '나'의 유전자 일부를 이어받았으므로, 심리학적으로는 부자가 한 몸이라고 관념화할 수 있다. 그러나 레비나스가 여기에 쓴 것은 그런 경험적 감각이 아니다. '나는 나 그리고 나의 아들이다'라는 명제가 적법하게 존립하는 철학 체계를 상정하는 것이 당신은 가능한가. 레비나스는 우리에게 그렇게 묻고 있다. 남은 두 쪽에 걸쳐 레비나스는 지금까지의 여정을 돌아보며 이렇게 총괄한다.

나는 죽음의 관념, 여성적인 것의 관념부터 시작해서 아들의 관념에 도달했다. 나는 그것을 현상학적 절차에 따라서 수행한 것이 아니다. 나의 지적 여정은 먼저 위상전환의 동일성, 즉 나의 자기 자신에의 속박을 논하는 것부터 시작해서 이 동일성을 유지하고 '실존자'를 유지하면서도 내가 자기 자신에의 속박으로부터 풀려나는 데까지 이르는 어떤 변증법의 여정을 걸었다. 분석된 구체적인 몇 가지 상황은 이 변증법이 성취되는 과정을 제시하고 있다. 많은 중간 단계가 생략되었다. **죽음과 에로스와 부성이라는 세 가지 상황이 실은 하나라는 것은 이러한 세 가지 상황이 '권능=할 수 있다pouvoir'라는 관념과는 양립할 수 없다는 것을 통해서만 가시화되어왔다.** 그리고 그것이 지금까지 나의 주목적이었다.[167]

죽음과 에로스는 '할 수 있는 것을 할 수 없게 된' 상황으로서 지금까지 기술되어왔다. 그러면 부성이 '권능=할 수 있다'와 양립할 수 없다는 것은 무엇을 의미할까.

부성이란 '타자이면서도 나인 듯한 낯선 사람', '나 자신이면서도 나와는 다른 무엇'과의 관계다. 부성의 정의는 일단 이것으로 충분하다. 어떤 면에서는 자기동일성의 부정인데, 다른 면에서는 자기동일성으로부터의 해방인 것이다. 그러므로 레비나스는 부성을 '권능=할 수 있다'의 권역으로부터 이탈하는 하나의 양상으로 보았다.

타자성이란 단지 나의 자유 옆에 나와는 별도의 자유가 존재함을 말하는 것이 아니다. 그것은 내가 지금까지 말해온 대로다. 그러한 자유라면, 그것이 나와 절대적으로 인연이 없고 어떠한 관계로도 연결되지 않은 경우라도 나는 그것에 어떤 권력을 휘두를 수 있다. 복수의 자유가 병존하는 것은 단순한 다양성에 지나지 않으며, 그것은 개개 자유의 단수성을 훼손하는 것도 아니다. (…) 그런데 에로스와 부성과 죽음은 실존 안에서 한 사람 한 사람의 주체가 실존하는 것 그 자체와 관련된 이중성을 이끌어낸다. **실존하는 것 그 자체가 이중의 것이 된다**L'exister luimenme devient double. 이렇게 해서 존재에 관한 엘레아학파의 관념은 극복된다.[168]

타자성이란 단지 주체 외부에 주체와 인연이 없는 것이 존재한다는 공간적 대치를 가리키는 것이 아니다. 타자성은 주체가 '할 수 있는 것을 할 수 없게 되는' 무능성을 경유하여, 나 자신에게 못 박힘, 나 자신에게 유폐됨으로부터 해방된다는 역동적인 프로세스를 가리킨다. 그리고 이 프로세스에서 **시간이 배태된다.**

시간은 존재가 낡아 무너진 상태가 아니다. **시간은 존재라는 사건 그 자체다.** 존재에 관한 엘레아학파적인 관념이 플라톤의 철학을 지배하고 있다. 거기서는 다양성은 일자一者에 종속하고 여성적인 것의 역할은 수동성, 능동성이라는 카테고리 안에서 고려되고 질료로 환원된다. 플라톤은 결국 여성적인 것을 그 특수한 함의를 갖는 에로스적 관념에서 포착하지 않았다. 그는 그의 사랑의 철학에서 여성적인 것에 그것만이 사랑의 대상일 수 있는 것으로서 이데아의 일례를 제시하는 것 이외의 역

할을 부여하지 않았다.[169]

파르메니데스의 엘레아학파적 존재론에는 '완전한 있음'과 '완전한 없음'밖에 없다. 우리가 사고하고 계량할 수 있는 것은 '있음'뿐이다. 있음은 불생불멸이고 일자이고 전체성이고 완전무결이고 거기엔 '과거에 존재한' 것도 '앞으로 존재할 것'도 없다. 있음은 지금 여기에 완전한 방식으로 있으므로 '있음'이다. 있음에는 생성도 변화도 소멸도 없다. 그러므로 **엘레아학파 존재론에는 시간이 없다.** 우리가 사고하고 계량할 수 있는 것은 있음, 즉 영원히 자기동일적인 존재뿐이다.

설령 '시간'이 '있는 것' 외에 별도의 것으로 있다고 해도, 그것을 생각으로 떠올리는 것은 당신은 할 수 없다.[170]

엘레아학파 존재론에는 시간이 없다. 그래서 우리가 '시간'이라는 관념을 갖게 된 것은 다른 것임에도 그것을 같은 것으로 굳게 믿는 '억단'의 효과에 지나지 않는다. 레비나스의 인용 중에 등장하는 '시간은 존재가 낡고 무너진 형태다'라는 말은 그 사실을 가리키고 있다.

에로스에 관한 플라톤의 해석은 『향연』에 나와 있다. 플라톤에 의하면 에로스가 목표로 하는 것은 '영원히 존재하는 것', '생성·소멸도 증대·감소도 없는 것', '그것 자신이 그것 자신만으로, 독자로 유일한 형상을 가진 것으로 영원히 있는 것'이다.[171]

에로스를 목표로 하는 사람은 "순수하고 청순하고 잡스러움이 없는 상相 아래, 아름다움 그 자체를, (…) 유일하게 형상을 가진 것으로서 신적인 아름다움 그 자체를 본다". "적재적소의 기관을 통해서 그 아름다움을 보는" 사람은 그렇게 "진정한 덕"을 보는 것이며, "진정한 덕을 낳아 기르기에 그 사람은 신에게 사랑받는 자가 된다".[172] 에로스를 숭배하고 추구하는 자는 '신에게 사랑받는 자', '죽지 않는 자'가 된다. 플라톤적인 에로스는 파르메니데스의 '있음'을 목표로 하는 행위고 그러므로 영원의 상 아래서 아름다움을 희구하는 자 또한 최종적으로는 '죽지 않는' 즉 절대적으로 자기동일적인 자에 이르게 된다.

레비나스의 에로스 해석이 '존재에 관한 엘레아학파적 관점을 넘어섰는지' 여부는 내가 판정할 수 없지만, 존재에 관한 레비나스의 관념이 존재에 관한 엘레아학파의 관념과는 **전혀 다르다는 것**은 나도 안다.

일자에서 타자로의 관계의 개별성은 무시된 채 플라톤은 이데아의 세계를 모색해야 할 '국가'를 구축했다. 이렇게 그는 빛의 세계의 철학, **시간이 없는 세계의 철학**을 만들어낸다. 플라톤 이후 사회성의 이상은 융합의 이상 안에서 추구되기에 이르렀다. 외부적인 것과의 관계에서 주체는 집단적 표상, 공동적인 이상 안에 가라앉는 것을 통해 외부적인 것과 동일화의 길을 걷게 되었다고 여겨졌다. '우리'라는 것은 집단성이다. 예지적인 태양, 즉 진리로 얼굴을 향하고 우리는 외부적인 것을 자신의 면전이 아니라 자기 옆에서 느낀다. 그것은 반드시 매개가 되는 제3항을 둘러싸듯이 하여 성립하는 집단성이다. 공동존재Miteinandersein 또한 '~와 함께'의 집단성에 머물러 있다. 그래서 그것이 그 정통적인

형태를 밝히는 것은 진리를 에워쌈으로써다.[173]

이렇듯 레비나스는 지면을 많이 할애하지 않고 서구 형이상학의 역사 전체를 단숨에 요약해 보여주었다. 서구 형이상학은 '빛의 세계의 철학'이다. 플라톤에서 하이데거에 이르는 철학은 늘 '진리가 밝음 속에 구석구석 열어 보여진다'는 시각적인 비유를 사용해왔다. 진리 경험이란 순식간에 모든 진리가 전부 관조되는 **무시간적인 경험**이라는 것은 이전에는 의심의 대상이 된 적이 없었다. 레비나스는 바로 그것을 의심했다. 그것과는 다르게, 시간 안에서 펼쳐지는 진리 체험이라는 것이 있는 건 아닐까? 관조라는 시각적 경험과는 다른 진리 경험이 있는 건 아닐까? 우리가 철학적 행위로서 늘 온 힘을 다해 자신의 본래성으로 귀환하는 것을 목표로 하고 있다는 건 정말일까? 진리 경험이란 늘 '진정한 자기를 찾는 것을 방해하는 은폐와 불명확함을 철거하는 것으로, 그리고 위장된 자기를 부수는 것으로' 수행되어야 한다는 건 정말일까? 레비나스는 그렇게 묻는다.

66. 풍요로움 (4)

플라톤 이후 서양철학에서 타자란 주체 옆에서 예지叡智의 태양을 둘러싼 집단을 함께 구성하는 것이었다. 주체와 타자의 관계는 늘 '어떤 공통의 것을 둘러싼 집단성'으로서 구상되어왔다. 어떠한 '공통의 조국'을 갖지 않는 절대적 타자와 주체가 그럼에도 얼굴과 얼굴을 마주하고 관계를 가진다는 것에 대해 서양철학은 지금까지 주체적으로 다루지 않았다. 그래서 레비나스는 서양철학은 본질적으로 고독한 철학이라고 말한다.

> 그러므로 모든 일체화의 철학이 그랬던 것처럼 하이데거의 사회성 같은 것도 단독의 주체 안에 귀착한다. 그리고 현존재가 그 정통적인 형태에서 추구된 것 또한 고독의 어법을 통해서다.[174]

'고독의 어법des termes de solitude'이란 고립된 주체가 누구에게도 닿지 않는 말을 허무하게 중얼거리는 것이 아니다. 단독의 주체가 진리의 태양을 둘러싸고 타자들과 이웃하고 있다면, 그것은 레비나스가 말하는 고독과는 다르다.

이 이웃하고 있는 집단성에 대해 나는 '나와 너'의 집단성을 대치하려고 해왔다. 다만 나는 이것을 부버와는 다른 의미에서 다루고 있다. 부버에게서는 상호성이 두 개의 따로 떨어져 있는 자유 사이를 연결 짓고 있어, 고립된 주체성이라는 피하기 어려운 성격이 그다지 중요시되지 않았기 때문이다. 나는 현재로부터 미래라는 신비를 향한 시간적 초월을 탐구해왔는데, 이 시간적 초월은 사람이든 진리든 작품이든 서언이든 어떠한 제3항과도 관계가 없다. 그것은 일체화가 아닌 집단성이다. **매개자를 빼놓고 얼굴과 얼굴이 마주하는 집단성이다.** 그것은 에로스 개념에 대한 탐구를 통해 우리에게 제시되었다. 에로스에서 외부적인 것은 분명 가까이 있긴 하지만, 거리는 완벽하게 유지된다. 그리고 에로스의 감동적인 요소는 바로 이 접근과 괴리로부터 형성되었다.[175]

여기서 레비나스는 마르틴 부버의 '나와 너'의 철학과 레비나스 자신의 '얼굴과 얼굴'의 철학의 차이에 관해 언급하고 있다. 레비나스는 만년까지 때때로 부버를 논하며 그때마다 그와 자신의 차이에 관해 말했다. 그만큼 부버와 레비나스의 차이는 독자에게도 알기 어려운 것임을 레비나스 자신도 자각하고 있었다는 얘기다.

부버에 따르면 인간은 두 개의 근원어('나-너', '나-그것')을 통해 세계를 경험한다. '너'란 주체에 의한 인식·이해·명명·포착·포섭을 거부하는 타자다. 그 본질적 타자성이 훼손되는 일 없이 주체의 얼굴 앞에 서는 타자, 그것이 '너'다. 주체는 그러한 타자를 향해 호격으로 말을 걸 수밖에 없다. '너'를 '그것'으로 기술하거나 그 속성을 설명하면 이미 그것은 '너'가 아니게 된다.

> '너'를 말하는 사람은 대상과 같은 것을 갖지 않는다. 왜냐하면 '무언가 있는 것'이 존재하는 곳에는 반드시 다른 '무언가 있는 것'이 존재하기 때문이다. 각각의 '그것'은 다른 '그것'과 인접한다. '그것'은 다른 '그것'과 인접함으로써만 존재한다. 그런데 '너'가 말해지는 곳에서는 '무언가 있는 것'이 존재하지 않는다. '너'는 한계를 갖지 않는다.[176]

기호는 인접하는 항과의 차이를 통해 의미가 정해진다. 즉 '그것'이란 기호로서 포착된 대상이다. 이에 비해 '너'는 인접항도, 참조항도, 준거틀도 없이 절대적으로 또 직접적으로 현전하는 비-기호적인 타자다. 그러나 인간의 지성은 '너'에 대해서도 '기지의 무엇과도 관계 지을 수 없는 것'이라는 속성을 부여해서 그것을 '기호와 같은 것'으로서 소유하려고 한다. 그 이해와 소유를 추구하는 인간 지성의 근원적 경향을 부버는 '우리 운명의 고귀한 슬픔'이라고 한다.

'너'는 '나' 앞에 직접적·절대적으로, 비-기호적으로 등장할 때마다 '일정한 표준과 한계로 한정된' 대상으로 거둬들여진다.[177] 그러므로 부버에게는 에로스의 관계도 잠정적으로만 직접적인 관계가 될 수 있다. 우리가 '사랑의 지속'을 바랄 때 에로스의 대상은 고정되고, 이름 붙여지고, 제도 안에 갇혀버리기 때문이다.

현실적이지는 않지만 현존하고 경험할 수 있는 것은 아니지만, 단 닿을 수 있었던 유일하고 독자적인 '너'로서의 상대가 지금 다시 '그' 혹은 '그녀'가 되어 개성의 총체와 형상을 가진 일정한 양으로 바뀐다.[178]

내가 에로스적인 대상의 이름을 알고 그 속성을 알았을 때, 그 에로스적 타자는 '너'가 아니라 '그것'이 된다. '너'를 '너'로 있게 해주었던 신비한 무언가가 사라지는 것이다.

똑같은 일이 신앙 장면에서도 일어난다. 일신교의 시작점에서 신은 예언자와 족장들에게 '너'로서 리얼하게 임재했다. 그러나 머지않아 시간이 흐르고 사람들은 신의 목소리를 들을 수 없게 되었다. 그럼에도 사람들은 '시간과 공간이 한정된 상태에서 신의 소유를 지속하고 싶다'고 바랐다.[179]

그러므로 기도의 장이 만들어지고 집단적으로 기도가 바쳐지고 계율과 의례가 지켜졌다. 한데 그러다 보니 자신이 '너'가 아니라 '그것'에 절하고 있다는 것을 자각한 사람들이 등장하기 시작했다. 이런 것은 진짜 신앙이 아니라고 생각하는 사람이 나왔다. 그들은 개인적인 기도를 통해서 '너'와 마주하려고 시도한다. 그러한 사람이 등장할 때마다 종교는 쇄신된다. 절대적 타자는 어느 때는 '너'로서 어느 때는 '그것'으로서 주체 앞에 다른 모습으로 등장한다. 그 역동적인 왕복운동 안에 부버는 종교의 생명력을 발견했다.

이 부버의 사유 경로는 그다지 난해한 것이 아니다. 그래서 레비나스를 띄엄띄엄 읽고 그 근간이 되는 테제란 '타자의 타자성을 훼손하지 않고 타자와 마주하는 것'이라고 요약해버린 독자는 '뭐야, 부버와 똑같은 말을 하고 있잖아!' 하고 납득하고 지나가 버릴 가능성이 있다. 아마도 그런 이유도 있고 해서 레비나스는 부버와 자신의 이야기와의 차이에 관해서 반복해서 설명할 필요성을 느꼈을 것이다. 그러면 둘의 차이는 어디에 있을까?

부버에게는 '상호성이 두 가지 떨어진 자유 사이를 연결하고 있다'라는 점을 레비나스는 다른 텍스트에서도 지적하고 있다. 부버에게 '나'가 '너'를 부를 때 '나'는 똑같은 재귀적 동작을 '나'에게도 기대하고 있다. 부름에 대해서 다시 불러줄 것을 기대하고 있다. 레비나스가 '상호성réciprocité'이라는 말로 가리키고 있는 것은 그것이다.

> 부버에게는 '나'가 '너'라고 부를 때 '너'는 이 부름을 통해, 나를 '너'라고 부르는 '나'로서 이미 이해되고 있다. 그러므로 '나'에 의한 '너'라는 부름은 곧 '나'에게는 상보성, 평등성 혹은 공평성의 창설이 된다. 거기서부터 '나'를 '나'로서 이해하는 것, '나'의 전면적인 주제화의 가능성이 도출되고 '나' 혹은 '자아' 일반이라는 관념이 이 관계로부터 단숨에 도출되기에 이른다.[180]

레비나스에게 주체와 타자의 관계는 상호적이지도 평등하지도 공평하지도 않다. 주체와 타자는 무엇보다도 먼저 '너'로부터 '나'에 대한 부름으로서 시작되기 때문이다. 그것 이외의 시작 방법은 없다. 내 앞에 서는 절대적으로 외부적인 것이 먼저 나를 향해서 말을 건다. 나는 그것에 응답해야 한다. "나는 여기에 있습니다" 하고 대답한 자가 세계에 나타났을 때 주체는 존재하기 시작한다. 주체는 그때마다 늘 타자에 뒤처져 등장한다. 그때마다 늘 타자에 뒤처져 등장하는 것이 주체의 주체성을 기초 짓는다. '뒤처짐' 없이는 타자도 주체도 의미를 갖지 않는다.

우리의 분석에서 타자는 내가 다른 인간에게 말을 겖으로써 기원적으로 존재하는 것이 아니다. 타자는 타자에 대한 나의 응답 책임 안에 존재한다. 기원을 봤을 때 이미 윤리적인 관계다. 이 응답 책임은 다른 인간이 자기 얼굴을 갖고 말을 거는 것으로 환기된다.[181]

나는 타자에 대해서 유책인데, 타자는 나에 대해서 유책이 아니다. 여기에는 상호성이 없다.

여기에는 부버의 '나' 그리고 '너'와 달리 시원의 평등성은 없다. (…) 있는 것은 윤리적 불평등성, 타자에의 종속, 기원적인 봉사다.[182]

레비나스와 부버의 차이와 관련해, 레비나스의 주장은 대략 이러한 이야기다. 우리는 그 이야기의 옳고 그름에 관해 논할 여유가 없다. 다음이 『시간과 타자』 마지막 구절이다.

사랑에 있어서 커뮤니케이션의 실패로 다뤄지는 것이야말로 관계가 성립하고 있다는 것이다. 타자가 부재하다는 것이야말로 외부적인 것으로서 타자가 현전하고 있다는 것이다.

플라톤의 세계인 코스모스에 영혼의 세계가 대치된다. 거기서는 에로스 문제가 젠더 논리에 환원되지 않으며 내가 동일자로, 절대적 타자가 외부적인 것으로 바뀐다.[183]

레비나스는 마지막으로 플라톤의 세계에 대치하는 것으로서 '영혼의 세계'—타자가 유책자로서의 주체를 구축하는 윤리적 세계—를 암시하고 보여줬다. 그 사유 경로를 상술하려면 앞으로 얼마큼의 철학적 여정을 밟아나가야 할까. 1947년 시점에서 이 말로 강연을 끝맺었을 때 레비나스는 어디까지 예측하고 있었을까.

맺음말

마지막까지 읽어주셔서 감사합니다. 독자 여러분의 인내심에 진심으로 감사와 경의를 표하고 싶습니다.

본래라면 여기에 '결론'이라는 장을 설정하여 지금까지 길게 써온 내용을 한눈에 내려다볼 수 있도록 정리해서 독자가 '아, 그렇군, 우리는 그런 이야기를 읽어왔던 거구나!' 하는 마음이 들도록 하는 것이 맞는데요. 아쉽게도 저에게는 그런 일을 할 여력이 없습니다. 지금 저에게 가능한 것은 개인적인 감상을 쓰는 정도입니다.

이 '맺음말'을 쓰는 것은 초교 교정지를 출판사에 보낸 뒤입니다.

6년 동안 연재해온 원고를 단숨에 통독했기에 '레비나스 시간론'의 대략적인 흐름은 알 수 있습니다. 그럼에도 여전히 감당이 되지 않는 개념 몇 가지가 남았습니다. 하나는 '위상전환'이고 또 하나는 '풍요로움'입니다. 이 두 가지 개념에 관해서만큼은 마지막까지 해상도 높은 '개념상'을 저 자신 안에 구축할 수가 없었습니다.

저의 레비나스 독해는 여하간 줄기차게 읽고 줄기차게 번역하는 일종의 '사경寫經'과 비슷한 작업입니다. 의미는 몰라도 어쨌든 일본어로 바꾸어보는 거죠. 그것을 오랜 시간에 걸쳐 반복하다 보니 레비나스 사상을 일의적인 개념으로서 파악은 할 수 없습니다만 윤곽이 뿌연, 일종의 성운 상태로 있는 '무언가'가 손끝에 닿는 일은 있습니다.

그것은 모국어 습득 프로세스와 아주 비슷합니다. 의미를 모르는 말이라도 수없이 반복해서 듣다 보면 어느 날 문득 자신이 그 말을 올바르게 사용하고 있다는 사실을 깨닫게 되죠.

그런 일을 반복해서 우리는 모국어 사용자가 되는데요, 레비나스의 경우도 똑같이 '레비나스어'를 모국어로 습득하는 것처럼 읽을 수밖에 없는 게 아닐까 저는 생각하고 있습니다. 아이는 부모가 하는 말을 하나하나 '자신이 이해할 수 있는 말'로 바꾸면서 모국어를 습득하는 것이 아닙니다. 애당초 아이가 언어를 배우기 시작하는 시점에 '자신이 이해할 수 있는 말'의 재고는 제로이므로 '바꾸어 말하기' 같은 것이 가능할 리 없습니다. 그럼에도 어느샌가 아이들은 모국어 사용자가 되고, 모국어를 사용해 '신조어'를 만들어내거나 '전대미문'의 표현을 시도할 수 있게 됩니다.

레비나스에 관해서도 이와 똑같은 일이 일어나는 게 아닌가 생각합니다. 지금까지 저는 40년 가까이 레비나스를 읽고 번역하고 설명해왔습니다. 그러므로 레비나스 사상을 이해하는 데 필수적인 '있다'(일리야)도 '얼굴'도 '타자'도 저의 어휘 꾸러미에는 '레비나스어'로 등록되어 있습니다.

그것은 일본어에서 사용하는 그러한 말들과는 꽤 감촉과 결이 다른 것인데요. 저는 그런 말을 어떤 문맥에 어떤 식으로 사용하면 좋을지 대체로 알고 있어서 전혀 다른 주제에 관해서도 예컨대 문학과 영화를 논할 때도 '레비나스어'를 사용할 수 있습니다.

그런데 '위상전환'과 '풍요로움'에 관해서는 끝끝내 그것을 '습득'할 수 없었습니다. 읽어보면 아실 텐데요. 일단 의미에 대한 설명은 했습니다. 그런데 그것은 '제 자신이 대략 알고 있는 것'을 성심을 다해 언어화하려 한 것이 아닙니다. '개념'으로서는 그럴듯하게 사용은 했습니다만 그것에 관한 '실감'이 빈약합니다(아니, 거의 없습니다). 그것이 이 두 개념에 관해서는 '해상도 높은 개념상을 구축할 수 없었다'라는 것의 의미입니다.

그런데 '위상전환'과 '풍요로움'은 레비나스 시간론의 핵심이 되는 '개념'입니다. 이에 관해서 저는 '아하, 이것은 그걸 말하는 거구나!' 하고 무릎을 치는 실감을 결국 가질 수 없었습니다. 독자에게 제대로 설명할 수가 없었습니다. 그 일에 관해서는 이 자리를 빌려 깊은 사과 말씀 드리고 싶습니다.

그런데 정작 저자 본인이 잘 이해할 수 없는 채로 쓴 것의 본뜻을 독자가 '이해'하는 일이 있습니다. 그러므로 (실은 의미를 잘 모르고 쓴) 저의 설명을 읽고 '아, 그건 이걸 말하는 거지' 하며 무릎을 치는 독자가 나올지도 모를 일입니다. 그런 독해의 '열림'은 어떤 텍스트에 관해서도 있을 수 있습니다. 그 기적적인 독해 가능성을 믿고 싶습니다.

제가 독자 여러분에게 기대하는 것은 그런 '독해 가능성의 확장'일지 모르겠습니다. 이 책의 독자 중에서 레비나스가 여기에 쓴 이해하기 어려운 것 가운데 몇 가지에 관해서 자신의 말로 그것을 해석하는 것이 자신에게 맡겨진 미션일지 모르겠다고 생각하는 사람이 나올지도 모를 일입니다. 만약 그런 독자가 한 명이라도 나온다면 저와 같은 '레비나스 전도사'로서는 이 책을 쓴 보람이 있게 되는 거죠.

마지막으로 이런 정리되지 않은 원고를 6년에 걸쳐 연재하도록 해주고 단행본 간행까지 허락해준 신쿄新教출판사 고바야시 노조미 사장의 아량에 진심으로 감사의 말씀 드리고 싶습니다. 고맙습니다.

우치다 다쓰루

약호

미주에 언급된 레비나스 저작의 약호는 다음과 같다(한국어 번역본이 있는 경우 팔호 안에 추가했다).

AQ: *Autrement qu'être ou au-delà de l'essence*, Marinus Nijihoff, 1974；『存在の彼方へ』, 合田正人訳, 講談社学術文庫, 1999. (『존재와 다르게: 본질의 저편』, 김연숙 옮김, 인간사랑, 2010.)

AV: *Au-delà du verset*, Minuit, 1982；『聖句の彼方』, 合田正人訳, 法政大学出版局, 2014.

DE: *De l'évasion*, Fata Morgana, 1982；「逃走について」, 「超越·外傷·神曲」, 内田樹·合田正人訳, 国文社, 1986.

DI: *De Dieu qui vient à l'idée*, J. Vrin, 1982；『観念に到来する神について』, 内田樹, 文社, 2017.

DL: *Difficile Liberté*, Albin Michel, 1963；『困難な自由』, 内田樹訳, 国文社, 2008.

EE: *De l'existence à l'existant*, Vrin, 1978；『実存から実存者へ』, 西谷修訳, ちくま学芸文庫, 2005.

EI: *Éthique et infini*, Fayard, 1982；『倫理と無限——フィリップ·ネモとの対話』, 西山雄二訳, ちくま学芸文庫, 2010. (『윤리와 무한: 필립 네모와의 대화』, 김동규 옮김, 도서출판 100, 2020.)

EL: *Emmanuel Lévinas*, Acte Sud, 1996；『暴力と聖性——レヴィナス は語る』, 内田樹, 国文社, 1997. (『레비나스와의 대화: 에세이와 대담』, 김영걸 옮김, 두 번째테제, 2022.)

HH: *En découvrant l'existence avec Husserl et Heigegger*, Vrin, 1974；『フッサールとハイデガー』, 丸山静訳, 現象学文庫, 2000.

HS: *Hors sujet*, Fata Morgana, 1987；『外の主体』, 合田正人訳, みすず書房, 1997.

QLT: *Quatre lectures talmudiques*, Les Éditions de Minuit, 1968；『タルムード四

450

講話』, 内田樹訳, 人文書院, 2015.

SM: *Sur Maurice Blanchot*, Fata Morgana, 1975；『モーリス・ブランショ』, 内田樹訳, 国文社, 2015.

TA: *Le temps et l'autre*, PUF, 1983；『時間と他者』, 原田佳彦訳, 法政大学出版局, 1986. (『시간과 타자』, 강영안 옮김, 문예출판사, 1996.)

TI: *Totalité et Infini*, Martinus Nijihoff, 1971；『全体性と無限』, 合田正人訳, 国文社, 一九八九年/熊野純彦訳, 岩波文庫, 2005/藤岡敏博訳, 講談社文庫, 2020. (『전체성과 무한: 외재성에 대한 에세이』, 김도형·문성원·손영창 옮김, 그린비, 2018.)

주

들어가며

1. TA, 17쪽.

2. TA, 17쪽.

3. TA, 18~19쪽.

4. TA, 19쪽.

5. TA, 19쪽.

6. 『ユダヤ教　過去と未来』, 内田樹訳, ヨルダン社, 1998, 111쪽.

예비적 고찰

1. DL, 227~228쪽.

2. フッサール, 『デカルト的省察』, 船橋弘訳, 「世界の名著51」, 中央公論社, 1970, 195쪽.

3. 같은 책, 200쪽.

4. 같은 책, 200쪽.

5. EL, 76쪽.

6. EL, 77쪽.

7. フッサール, 『デカルト的省察』, 353쪽.

8. 같은 책, 297쪽.

9. 같은 책, 276쪽.

10. EL, 79쪽.

11. 「욥기」 6:24(聖書新改, 日本聖書刊行, 1985).

12. 「욥기」 10:3.

13. 「욥기」 13:1~3.

14. 「욥기」 23:3~4.

15. 「욥기」 38:1~4.

16. 「욥기」 38:16~18.

17. 「욥기」 42:3.

18. 「욥기」 42:7.

19. 「욥기」 4:7~8.

20. 「욥기」 5:17~18.

21. 「욥기」 32:17.

22. 「욥기」 33:3.

23. 「욥기」 33:12~14.

24. 「욥기」 37:24.

25. 「욥기」 35:14.

26. 「욥기」 36:2.

27. 「욥기」 37:14.

28. QLT, 182쪽.

29. QLT, 181쪽.

30. DL, 190쪽.

31. DL, 190쪽.

32. DL, 91쪽.

33. DL, 37쪽.

34. 「창세기」 12:1.

35. QLT, 82쪽.

36. QLT, 82쪽.

37. 「출애굽기」 3:2~4.

38. DL, 22쪽.

39. QLT, 75쪽.

40. SM, 13쪽.

41. TI, 328쪽.

42. TI, 328쪽.

43. SM, 18~19쪽.

44. QLT, 91쪽.

1강 읽기

1. QLT, 20쪽.

2. QLT, 13~14쪽.

3. TA, 21쪽.

4. TA, 21쪽.

5. TA, 21쪽.

6. ライプニッツ, 『形而上学叙説』, 「世界の名著25」, 清水富雄他訳, 中央公論社, 1969, 417쪽.

7. プラトン, 『パイドン』, 「世界の名著6」, 池田美恵訳, 1966, 559쪽.

8. TA, 21쪽.

9. TA, 22쪽.

10. TA, 22쪽.

11. TA, 22쪽.

12. TA, 23쪽.

13. TA, 24쪽.

14. 原佑, 「ハイデガ_への対応」, 「世界の名著62　ハイデガ_」, 中央公論社, 1971, 30쪽.

15. マルチン・ハイデガ_, 『存在と時間』, 原佑・渡辺二郎訳, 앞의 책, 69쪽.

16. 같은 책, 31쪽.

17. 같은 책, 31쪽.

18. 같은 책, 33쪽.

19. TA, 24쪽.

20. TA, 24쪽.

21. EL, 78쪽.

22. EL, 87쪽.

23. サロモン・マルカ, 『評伝レヴィナス　生と痕跡』, 斎藤慶典他訳, 慶應義塾大学出版会, 2016, 72쪽.

24. EL, 78쪽.

25. ヴィクトル・ファリアス, 『ハイデガーとナチズム』, 山本尤訳, 名古屋大学出版会, 1990, 136쪽.

26. EL, 87쪽.

27. マルカ, 『評伝レヴィナス 生と痕跡』, 214쪽.

28. EL, 91쪽.

29. EE, 19쪽.

30. マルカ, 『評伝レヴィナス 生と痕跡』, 203쪽.

31. TA, 24쪽.

32. TA, 24쪽.

33. ハイデガー, 『存在と時間』, 251쪽.

34. 같은 책, 252쪽.

35. TA, 25쪽.

36. TA, 24쪽.

37. ファリアス, 『ハイデガーとナチズム』, 133쪽.

38. ハイデガー, 「ドイツ大学の自己主張」, 같은 책, 133쪽.

39. 같은 책, 133쪽.

40. TA, 25~26쪽.

41. TA, 26쪽.

42. TA, 26쪽.

43. EI, 48쪽.

44. EI, 48쪽.

45. TA, 27쪽.

46. TA, 27쪽.

47. DE, 69쪽.

48. EE, 10~11쪽.

49. EE, 11쪽.

50. DE, 85쪽.

51. DE, 85쪽.

52. DE, 87쪽.

53. DE, 90쪽.

54. DE, 91쪽.

55. DE, 73쪽.

56. ハイデガー, 『存在と時間』, 400쪽.

57. 같은 책, 400쪽.

58. 같은 책, 401쪽.

59. 같은 책, 403쪽.

60. 같은 책, 410쪽.

61. TA, 29쪽.

62. SM, 13쪽.

63. TA, 29~30쪽.

64. エドガー・アラン・ポウ, 『ヴァルドマアル氏の病症の真相』, 小泉一郎訳, 『ポウ小説全集四』, 創元推理文庫, 1987, 236쪽.

65. TA, 31쪽.

66. TA, 31쪽.

67. TA, 31쪽.

68. TA, 31쪽.

69. TA, 31쪽.

70. TA, 17쪽.

71. SM, 16~17쪽.

72. Maurice Blanchot, *Entretien infini*, Gallimard, 1968, 581~582쪽.

73. TA, 31쪽.

74. G・W・F・ヘーゲル, 『精神現象学』, 長谷川宏訳, 作品社, 1998, 11쪽.

75. EE, 77쪽.

76. HH, 188쪽.

77. EE, 74~76쪽.

78. HH, 188쪽.

79. TA, 31쪽.

80. TA, 32쪽.

81. TA, 32쪽.

82. TA, 32쪽.

83. TA, 32쪽.

84. TA, 32쪽.

85. TA, 32쪽.

86. TA, 32쪽.

87. TA, 33쪽.

88. TA, 33쪽.

89. TA, 33쪽.

90. TA, 33쪽.

91. TA, 34쪽.

92. TA, 34쪽.

93. TA, 23쪽.

94. TA, 35쪽.

95. TA, 21쪽.

96. TA, 35쪽.

97. TA, 36쪽.

98. TA, 36쪽.

99. TA, 36쪽.

100. TA, 36쪽.

101. TA, 37쪽.

102. TA, 37쪽.

103. TA, 37쪽.

104. TA, 37쪽.

105. TA, 38쪽.

106. TA, 38쪽.

107. TA, 38쪽.

2강 읽기

1. TA, 39쪽.

2. ハイデガ—, 『存在と時間』, 393~394쪽.

3. 같은 책, 395쪽.

4. 같은 책, 401쪽.

5. 같은 책, 427쪽.

6. 같은 책, 428쪽.

7. 같은 책, 422쪽.

8. TA, 39쪽.

9. QLT, 12쪽.

10. QLT, 20쪽.

11. AV, 136쪽.

12. TA, 40쪽.

13. TA, 40쪽.

14. TA, 41쪽.

15. TA, 41~42쪽.

16. TA, 42쪽.

17. TA, 42~43쪽.

18. Albert Camus, "Le Mythe de Sisyphe", in *Éssais*, Gallimard, 1965, 99쪽.

19. TA, 43쪽.

20. 「창세기」 27:40.

21. TA, 43~44쪽.

22. TA, 44쪽.

23. TA, 45쪽.

24. TA, 45쪽.

25. ハイデガ—, 『存在と時間』, 157쪽.

26. 같은 책, 157쪽.

27. 같은 책, 158쪽.

28. TA, 45쪽.

29. TA, 45쪽.

30. TA, 45~46쪽.

31. TA, 46쪽.

32. TA, 46쪽.

33. TA, 46쪽.

34. TA, 46쪽.

35. TA, 47쪽.

36. TA, 48쪽.

37. TA, 48쪽.

38. TA, 48쪽.

39. TA, 48쪽.

40. TA, 49쪽.

41. SM, 13쪽.

42. TA, 49쪽.

3강 읽기

1. TA, 51쪽.

2. TA, 51쪽.

3. TA, 51~52쪽.

4. TA, 53쪽.

5. TA, 53쪽.

6. TA, 53쪽.

7. TA, 55쪽.

8. TA, 55~56쪽.

9. ハイデガー, 『存在と時間』, 323~324쪽.

10. TA, 56쪽.

11. TA, 56쪽.

12. TA, 56쪽.

13. TA, 57쪽.

14. TA, 57쪽.

15. TA, 57쪽.

16. TA, 57~58쪽.

17. TA, 59쪽.

18. TA, 59쪽.

19. ハイデガ―,『存在と時間』, 401쪽.

20. 같은 책, 403쪽.

21. 같은 책, 410쪽.

22. TA, 60쪽.

23. TA, 61쪽.

24. TA, 61쪽.

25. ロベ―ル・アロン他,『ユダヤ教　過去と未来』, 内田樹訳, ヨルダン社, 1998, 14
    쪽.

26. TA, 61쪽.

27. TA, 61쪽.

28. TA, 62쪽.

29. ハイデガ―,『存在と時間』, 264쪽.

30. 같은 책, 265쪽.

31. 같은 책, 265쪽.

32. TA, 62쪽.

33. ハイデガ―,『存在と時間』, 267쪽.

34. TA, 63쪽.

35. ハイデガ―,『存在と時間』, 228쪽.

36. 같은 책, 231쪽.

37. フッサ―ル,『デカルト的省察』, 276쪽.

38. TA, 63쪽.

39. TA, 64쪽.

40. TA, 64쪽.

41. TA, 64쪽.

42. TA, 65쪽.

43. TA, 65쪽.

44. TA, 65쪽.

45. TA, 66쪽.

46. TA, 66쪽.

47. アレクサンドル・コジェーヴ, 『ヘーゲル読解入門 「精神現象学」を読む』, 上妻精
ほか訳, 国文社, 1987, 16쪽.

48. 같은 책, 16쪽.

49. 같은 책, 17쪽.

50. 같은 책, 18쪽.

51. 같은 책, 26쪽.

52. TA, 67쪽.

53. TA, 64쪽.

54. TA, 68쪽.

55. TA, 68쪽.

56. TA, 68쪽.

57. アンリ・ベルクソン, 『時間と自由』, 中村文郎訳, 岩波文庫, 2001, 9쪽.

58. 같은 책, 87쪽.

59. 같은 책, 276쪽.

60. 같은 책, 276쪽.

61. TA, 68~69쪽.

4강 읽기

1. TA, 71쪽.

2. TA, 72쪽.

3. TA, 72쪽.

4. TA, 72쪽.

5. DI, 265쪽.

6. DL, 203쪽.

7. DL, 202쪽.

8. TA, 73쪽.

9. TA, 73쪽.

10. TA, 73쪽.

11. TA, 62쪽.

12. TA, 73쪽.

13. TA, 73~74쪽.

14. TA, 74쪽.

15. TA, 74쪽.

16. TA, 74~75쪽.

17. TA, 75쪽.

18. TA, 75쪽.

19. EL, 114쪽.

20. 「욥기」 6:34.

21. 「출애굽기」 3:1~4.

22. Salomon Malka, Lévinas, sa vie et la trace, Albin Michel, 2002, 99쪽(サロモン ・マルカ, 『評 レヴィナス 生と痕跡』藤慶典他 , 慶 義塾大 出版 , 2016).

23. EL, 89쪽.

24. Camus, "L'homme révolté", Éssais, 550쪽.

25. フッサ―ル, 『内的時間意識の現象学』, 谷徹訳, 筑摩書房, 2016, 109쪽.

26. 같은 책, 110쪽.

27. 같은 책, 113쪽.

28. TA, 75쪽.

29. TA, 68~69쪽.

30. TA, 71쪽.

31. 「출애굽기」 22: 21~23.

32. 「신명기」 10:12~18.

33. TA, 75쪽.

34. TA, 75~76쪽.

35. エミール・デュルケーム, 『道徳教育論』, 講談社学術文庫, 麻生誠他訳, 2010, 125쪽.

36. 같은 책, 126쪽.

37. 같은 책, 127쪽.

38. TI, 28쪽.

39. EL, 137쪽.

40. EL, 127~128쪽.

41. TA, 75~76쪽.

42. EL, 109~110쪽.

43. EL, 110쪽.

44. EL, 110쪽.

45. EL, 110쪽.

46. EL, 110쪽.

47. EL, 111쪽.

48. EL, 111쪽.

49. EL, 111쪽.

50. EL, 143~144쪽.

51. EL, 143쪽.

52. EL, 112~113쪽.

53. TA, 77쪽.

54. TA, 77쪽.

55. プラトン, 「饗宴」鈴木照雄訳, 『プラトンⅠ』, 中央公論社, 1966, 132쪽.

56. TA, 78쪽.

57. 井上忠, 『パルメニデス』, 断片八, 青土社, 2004, 36쪽.

58. 같은 책, 39쪽.

59. TA, 78쪽.

60. TA, 78~79쪽.

61. TA, 79쪽.

62. TA, 79쪽.

63. DE, 68~69쪽.

64. DE, 69쪽.

65. DE, 70쪽.

66. DE, 70쪽.

67. DE, 71쪽.

68. DE, 73쪽.

69. TA, 79~80쪽.

70. TA, 80쪽.

71. コジェ＿ヴ, 『ヘ＿ゲル読解入門 「精神現象学」を読む』, 16쪽.

72. 같은 책, 26쪽.

73. 같은 책, 18쪽.

74. 같은 책, 30쪽.

75. 같은 책, 32쪽.

76. 같은 책, 34쪽.

77. 같은 책, 42쪽.

78. Simone de Beauvoir, *Le Deuxième sexe I*, Gallimard, 1949, 285쪽.

79. 같은 책, 34쪽.

80. Jean-Paul Sartre, "Simone de Beauvoir interroge Jean-Paul Sartre", in *Situation X*, Gallimard, 1976, 127쪽.

81. DL, 253~281쪽.

82. DL, 255쪽.

83. ユリウス・グッドマン, 『ユダヤ哲学』, 合田正人訳, みすず書房, 2000, 368쪽.

84. DL, 253쪽.

85. DL, 173쪽.

86. DL, 256쪽.

87. フランツ・ロ＿ゼンツヴァイク, 『救済の星』, 「訳者あとがき」, 村岡晋一他訳, みすず書房, 2009, 678쪽.

88. DL, 201쪽.

89. DL, 258쪽.

90. DL, 258쪽.

91. AV, 136쪽.

92. DL, 262쪽.

93. ローゼンツヴァイク, 『救済の星』, 16~17쪽.

94. DL, 262쪽.

95. ローゼンツヴァイク, 『救済の星』, 5쪽.

96. 같은 책, 5쪽.

97. TA, 56쪽.

98. DL, 263쪽.

99. ローゼンツヴァイク, 『救済の星』, 16쪽.

100. DL, 263쪽.

101. DL, 264쪽.

102. DL, 264쪽.

103. DL, 264~265쪽.

104. ローゼンツヴァイク, 『救済の星』, 245쪽.

105. 같은 책, 245쪽.

106. 같은 책, 245쪽.

107. 같은 책, 247쪽.

108. 같은 책, 248쪽.

109. 같은 책, 248쪽.

110. 같은 책, 249쪽.

111. 같은 책, 249쪽.

112. 같은 책, 266쪽.

113. 같은 책, 266쪽.

114. 「창세기」, 3:9.

115. 「창세기」, 3:10.

116. 「창세기」, 22:1.

117. ローゼンツヴァイク, 『救済の星』, 267쪽.

118. 같은 책, 227~228쪽.

119. DL, 266쪽.

120. 「신명기」 6:4~5.

121. ロ—ゼンツヴァイク, 『救済の星』, 269쪽.

122. DL, 266쪽.

123. TA, 78쪽.

124. DL, 267쪽.

125. DL, 202~203쪽.

126. DL, 207쪽.

127. DL, 271쪽.

128. TA, 79쪽.

129. TA, 79~80쪽.

130. TA, 80쪽.

131. TA, 80쪽.

132. G・W・F・ヘーゲル, 『精神現象学』, 長谷川宏訳, 作品社, 1998, 127쪽.

133. 같은 책, 132쪽.

134. TI, 22쪽.

135. RI, 23쪽.

136. TA, 81쪽.

137. TA, 81쪽.

138. TA, 81쪽.

139. TA, 81쪽.

140. ロ—ゼンツヴァイク, 『救済の星』, 266쪽.

141. TA, 81~82쪽.

142. TA, 82쪽.

143. TA, 82쪽.

144. TA, 82쪽.

145. TA, 82~83쪽.

146. EI, 19쪽.

147. TA, 83쪽.

148. QLT, 167쪽.

149. TA, 83쪽.

150. TA, 83쪽.

151. TA, 83~84쪽.

152. TA, 85쪽.

153. TA, 66쪽.

154. TA, 85쪽.

155. TA, 85쪽.

156. TA, 85쪽.

157. TA, 85~86쪽.

158. TA, 86쪽.

159. TA, 86쪽.

160. TA, 86쪽.

161. TA, 86쪽.

162. TA, 86쪽.

163. TA, 81쪽.

164. TA, 86쪽.

165. TA, 87쪽.

166. TA, 87쪽.

167. TA, 87쪽.

168. TA, 87~88쪽.

169. TA, 88쪽.

170. 井上忠, 『パルメニデス』, 43~44쪽.

171. プラトン, 「饗宴」, 鈴木照雄夫訳, 『世界の名著6』, 中央公論社, 1966, 167쪽.

172. 같은 책, 168쪽.

173. TA, 88~89쪽.

174. TA, 89쪽.

175. TA, 89쪽.

176. マルティン・ブーバー, 『我と汝・対話』, 植田重雄訳, 岩波文庫, 1979, 9쪽.

177. 같은 책, 26쪽.

178. 같은 책, 26쪽.

179. 같은 책, 143쪽.

180. HS, 64쪽.

181. HS, 64쪽.

182. HS, 65쪽.

183. TA, 89쪽.

옮긴이의 말: 오래된 악보를 연주하는 생명의 시간

존경하는 우치다 다쓰루 선생님의 평생 과업 중 하나인 '레비나스 사상 전도서' 제3부에 해당하는 이 책을 읽고, 음미하고, 번역하면서 두 가지 심상이 떠올랐다. 하나는 고전을 독해하는 방식에 대한 심상으로, 거기서 나는 중요한 힌트를 얻게 되었다. 또 하나는 오랫동안 제대로 삼키지 못했던 과거의 어떤 기억이다.

우치다 선생님이 레비나스 철학을 전하는 일은 고대 유적에 남겨진 악보 한 장을 보고 그 음악을 연주하려는 연주자에 비유할 수 있을 것이다. 당연한 말이지만 연주자는 그 고대 음악을 악보대로 연주하기 위해, 필요한 '악기'를 손수 만들어야 한다. 때에 따라서는 원곡이 만들어진 무렵엔 존재하지 않았던 '재료'와 당시 아무도 몰랐던 '공법'으로 만들어진 악기일 가능성이 크다. 게다가 연주법 또한 고대에는 존재하지 않은 방법일 확률이 높다.

사정이 이러하다 보니 연주자의 삶이 빚어내는 고유한 음감과 리듬감, 질주감 덕분에 그 악기에서는 그 누구도 재현할 수 없는 '음조'가 나올 수밖에 없는 노릇이다. 그럼에도 매번 연주자가 자신의 실존을 걸고 연주하는 한, 그것은 '동일한 작품'(사상)의 새로운 '상'을 청중에게 선사할 것이다. 실제로 커버cover version를 하는 모든 음악가는 그렇게 하고 있다. 그리고 우리는 '이 곡에 이런 해석이 있을 줄은 생각도 못 했다'며 놀라게 된다. 기교에만 의존해 정형적인 해석을 반복하는 연주자보다 창의적 퍼포먼스를 보여주는 연주자를 더 높게 평가하는 이유다.

나는 우치다 선생님의 레비나스 시간론 독해를 통해, 해석에서 가장 중요한 것은 '옳은 것'이 아님을 제대로 배웠다. 해석에서 중요한 부분은 '일의적인 것', 그러니까 이론의 여지 없이 결정적인 것이 아니다. 그보다는 풍요로운 것, 생성적인 것에 주목해야 한다.

어떤 해석이 있음으로써 다른 해석이 몇 가지 나왔을 경우, 먼젓번 해석이 '풍요로운 해석'이었다는 것은 사후적으로 알게 된다. '반론'도 좋고 '보충'도 좋고 '변주'도 좋고, 경우에 따라서는 '모방'도 좋다. 어떤 해석이 이루어짐으로 말미암아 이를 계기로 창출된 해석이 많으면 많을수록, 먼젓번 해석은 사후에 '풍요로운 해석'으로 당당하게 자리를 잡는다.

하여 우치다 선생님의 '레비나스' 해석이 옳은지 그른지 판별하는 기준은 어디까지나 '수행적'인 것이다. 우치다 선생님의 레비나스론을 접하고 레비나스 사상을 직접 읽어보리라 마음먹게 된 사람 혹은 '내 언어로 레비나스를 논하고 싶다'고 생각하는 사람이 있다면, 그것만으로 우치다 선생님의 임무가 절반은 달성되었다고 봐도 좋을 것이다. '해석'이란 사람들을 거듭 해석의 '심연'으로 이끌기 위해 존재하기 때문이다.

물론 우치다 선생님과 번역자인 나의 '텍스트 해석' 방법은 오리지

널이 아니다. 그것은 텍스트를 해석하는 방법에 관한 레비나스 사고의 변주곡이다. 이 책에도 인용되어 있지만 레비나스는 다음과 같은 말을 남긴 바 있다.

간청은 개인으로부터 발한다. 눈을 크게 뜨고 귀를 쫑긋 세우고 해석 해야 할 구절을 포함한 에크리튀르 전체에 귀를 기울임과 동시에 실제 삶—도시, 거리, 다른 사람들—에 똑같을 만큼의 주의를 기울이는 개인 으로부터 간청은 그 대체 불가능성을 통해서 그때마다 대체 불가능한 의미를 기호로부터 벗겨낼 수 있는 개인에게서 발한다.

스승인 우치다 다쓰루 선생님이 독해한 레비나스 시간론은 나 같은 범인이 결코 도달할 수 없는 깊이와 두께를 동반한 통찰을 우리에게 보 여준다. 이 책에 등장하는 말들에는 우치다 다쓰루의 숨결과 호흡이 살 아 있고, 그의 손때가 더덕더덕 붙어 있다. 그리하여 어떤 무색무취의 (무색무취로 보이는) 철학 용어라도 그가 사용하면 독특한 온기와 색채 를 띠게 된다. 난해하고 각진 철학적 아이디어를, '레비나스'를 한 번도 접해본 적 없는 사람마저 읽을 수 있는 것으로, 약효가 있는 것으로 만 드는 일은 우치다 다쓰루 같은 독특한 인문학자의 역할이다. 그는 마치 신과 인간 사이를 가교하는 헤르메스와도 같다.

하지만 거기에 안주해서는 안 됨을 레비나스와 우치다 선생님은 다 양한 어휘 꾸러미와 다채로운 비유, 정치한 논리를 동원해서 우리에게 말해주고 있다. 역설적이게도 '사상'은 고유한 삶을 살아내고 있는 개인의 말로 논해질 때에야 비로소 부활할 수 있기 때문이다.

레비나스 텍스트를 내가 살아온 삶과 시간에 기초해 독해하는 것이 중요함을 깨달은 순간, 해묵은 기억 하나가 소환되었다. 우리 집 둘째인 경령이가 유치원을 다닐 무렵의 일이다. 아이의 외할머니가 오랜만에 우리 집을 방문하기로 한 날, 아침밥을 먹으면서 대화를 나눴다.

"오늘 외할머니가 우리 집에 놀러 오신대."

"와! 언제쯤 오시는데?"

"음…… 그러니까 경령이가 점심 먹고 나서 조금만 있다가, 그때 오실 거야."

"아, 진짜? 음, 그러면 아빠, 지금부터 점심 먹자!"

스스로 생각해도 나무랄 데 없는 아이디어가 떠오른 것처럼 당장 점심을 먹을 기세로 바삐 움직이던 아이의 모습이 지금도 눈에 선하다.

외할머니가 계신 소호(울산광역시 울주군 소재)에서 우리 집이 있는 부산까지 버스로 한 시간 40분쯤 걸린다든지, 지금은 오전 8시라든지, 외할머니가 도착하는 때는 오후 1시라든지 하는 사실은 아이에게 통하지 않았다. 아이의 시간은 아직 숫자라는 사회문화적 도구를 통해 구조화되어 있지 않았다. 그러니까 아이는, 시간 감각을 내면화한 사회문화적 사이보그가 아니었다.

아이는 아침마다 유치원 버스를 기다릴 때에도 번번이 묻곤 했다.

"아직이야?"

"이제 5분 뒤에."

이렇게 대답해도 이해하지 못하겠다는 표정으로 다시 물었다.

"뭐야, 그게?"

나는 어쩔 수 없이 모호하게 대답했다.

"곧 올 거야!"

그러면 아이는 1분쯤 뒤에 조금 전과 똑같은 어투로 또다시 물었다.

"버스 아직이야?"

아이에게 시간이란 외할머니를 기다리는 두근거림이었고, 버스가 오지 않는 지루함이었다. 지금 이 순간으로부터 1분 뒤, 그다음에 2분 뒤, 나아가 1년 뒤, 1만 년 뒤, 1억 년 뒤가 있다. 그런 식으로 계속 언제까지라도 뻗어나가는 시간을 아이는 생각할 수 없었을 것이다.

과거로부터 미래의 언제까지고 계속되는 시간의 흐름. 이런 관점에서 시간은 결코 아이가 태어날 때부터 가진 생득적 관념이 아니다. 다양한 언어, 다양한 개념과 함께 문화로서 습득해나가는 시점視點 중 하나다. 아이는 시간이라는 도구로 매개되지 않은 삶에서 시간이라는 도구로 매개된 삶으로 점차 옮겨 가며, 이윽고 시간이라는 사회문화적 도구를 가진 사회문화적 사이보그로 거듭날 것이다. 이렇듯 여태껏 가능하지 않았던 것이 가능하게 되는 것은 배움의 큰 기쁨이다. 아이들은 언제나 배움의 소용돌이 속에서 하루하루 새로운 것이 가능하게 되는 기쁨에 눈을 반짝인다.

그런데 우치다 선생님의 이 책을 읽고, 음미하고, 번역하다 보니 나의 이런 생각이 단견이었음을 느끼게 되었다. 아이들이 무언가 아직 할 수 없다는 것이 때로는 아주 고귀한 일임을 사후적으로 자각하게 됐다

옮긴이의 말

고 할까.

유치원을 다니던 경령이는 시계를 볼 수 없었다. 그래서 지금이 몇 시인지 신경 쓸 일도 없을뿐더러 미래의 예정에 관해 마음 졸일 필요도 없었을 것이다. 아이는 자신의 '감각'으로부터 떨어진 시간의 흐름을 아직 상상할 수 없었다. 지금 돌이켜보니, 아이에게 그건 아주 기분 좋은 감각이었을지도 모르겠단 생각이 든다. 시간이 언제나 내가 사는 순간과 밀착하고 있다는 감각. 과연 그게 정확히 어떤 감각일지, 지금의 나로서는 거의 헤아릴 수조차 없다.

분 단위로 새겨지는 해상도 높은 시간을 읽어내는 것은 근대인에게 필수적이다. 오늘날 초등학교에 입학하면 곧바로 시계 보는 방법부터 학습한다. 그런데 태양의 움직임이나 체내시계와 달리 인공시계의 움직임은 늘 속도가 일정하다. 내 삶과 관계없이 언제나 똑같은 속도로 진행하는 시간, 시계가 표상하는 바로 그 시간의 관념은 따지고 보면 꽤나 부자연스럽다. 그래서 산업혁명 당시 노동자들은 이 같은 고정화된 시간의 리듬에 저항했고, 각지 공장에서 시계가 파괴되는 사건도 일어났다.

물론 시계를 정확히 읽고 시간에 맞춰 움직이는 것은 현대사회에서 중요하다. 그런데 진정으로 풍요로운 시간은 내 바깥에 흐르는 시간이 아니라 나 스스로 만들어내는 시간이다. 내가 없어져도 시계는 계속 움직인다. 반면에 내가 없어져버리면 움직이지 않게 되는 시간도 있다. 이 책은 나에게 속삭인다. "누구도 대체할 수 없는 당신 자신만의 시간을 앞으로도 소중히 키워나가길 바라네……." 이런 나의 간청에 기초하여 이 책의 독해가 앞으로 '시간'의 흐름 속에 어떻게 바뀔지 지금으로서는 아무것도 말할 수 없다.

모차르트가 작곡할 때 그의 머릿속에는 곡이 이미 완성된 형태로 존재했다고 한다(그래서 그의 악보에는 단 한 군데도 다시 고친 부분이 없다). 갑자기 어떤 곡이 모차르트의 뇌리에 찾아온다. 그 곡은 아마도 완전한 형태로 단숨에 뇌에 도래할 것이다. 마지막 악장의 마지막 음까지 모두 모차르트의 머릿속에 존재할 테고, 모차르트 본인도 그 점을 확신하고 있을 것이다. 그럼에도 전곡을 기보記譜하기 위해서는 그 나름의 '시간'이 필요하다. '자, 그러면……' 하고 기보 작업에 열중하고 있는 모차르트를 향해 누군가 '중간은 건너뛰고 마지막 악장의 마지막 소절만 들려달라'고 부탁한다면, 아마 모차르트는 그 주문에 응할 수 없을 것이다. 모차르트에게 '단숨에 도래한' 그것은 둥글게 만 종이에 쓰인 문장과도 같기 때문이다. 종이가 문자와 함께 일거에 주어진다 한들 거기에 무엇이 쓰여 있는지를 보기 위해서는 종이를 펼칠 만큼의 시간이 필요하다. 누군가 '그 종이 마지막에 무엇이 쓰여 있는지 가르쳐달라'고 해도 종이를 완전히 펼치지 않는 이상, 그런 요구에는 응할 수 없는 것이다.

우리는 시간 속에서, 시간을 통해서만 문제와 수수께끼에 지성적으로 대처할 수 있다. '시간 속에서'라 함은, 바꿔 말해 문제를 풀고 있는 사람이 그때마다 다른 존재가 된다는 것을 의미한다. '시간 속에 있는 주체'란 '그때마다 다른 존재로 계속 변하는 주체'라는 의미다. 실제로

옮긴이의 말

나는 지금 이런 문장을 쓰고 있지만, 나 자신이 이 문장을 쓰게 될 줄은 하루 전만 해도 전혀 예측하지 못했다(모차르트 이야기를 어느 책에서 읽고 이런 글감이 문득 떠올랐다).

요컨대 지성이 하는 일에는 시간이 걸린다. 시간이 걸린다는 것은 변하지 않는 '자기동일성'을 유지한 채로는 지성의 일을 할 수 없다는 의미다. 내가 무언가를 안다는 것은 내가 지성적으로는 '모를 때의 나'와는 다른 사람이 됨으로써 가능하다. 이때 조금 다른 사람이 됨으로써 도달할 수 있는 지적 경위라는 것이 있고, 크게 다른 사람이 되지 않으면 도달할 수 없는 경위도 있다. 레비나스 사상의 많은 부분은 후자에 해당한다. 레비나스는 '시간과 타자' 강연의 목적에 관해 다음과 같이 썼다.

이 강연의 목적은 시간이란 고립한 단독의 주체와 관련된 일이 아니라 주체와 타자의 관계 그 자체라는 것을 증명하는 데 있다.

"시간이란 고립한 단독의 주체와 관련된 일이 아니라 주체와 타자의 관계 그 자체"라는 구절을 내 방식대로 독해하자면 '타자란 내가 잘 모르는 존재'라는 의미다. 이에 대해 '그런 이야기라면 누구나 이미 알고 있는 평범한 사실 아닌가?' 싶을 수도 있다. 그러나 이것을 과연 '누구나 알고 있는 평범한 사실'이라고 단언할 수 있을까. '타자란 내가 이해도 공감도 할 수 없는 절대적으로 외부적인 것'이라는 레비나스의 말을 인용해 그것으로 타자에 대한 정의는 이미 끝났다고 생각한다면, 이렇게 반문할 수 있을 것이다. '정의를 끝마칠 수 있다'는 생각 자체가 이미 '타자'의 정의를 거스르는 것이 아닌가.

'타자? 아, 그 녀석은 전혀 모르겠단 말이야'라고 말하는 것도 이미 일종의 '이해'다. 만약 타자를 '절대적으로 모르는 존재'라고 한다면 그 때의 '알 수 없음'은 '왜 알 수 없는지 모르겠다' '어떤 방식으로 알 수 없는지 모르겠다' '알 수 있는지 없는지 모르겠다' 같은 식으로 한 차수 높은 '알 수 없음'이어야 할 것이다. 절대적으로 이해하기 어렵다는 것 은 바로 그 사실로 인해 역설적으로 시간 속에서 혹여 이해 가능할지도 모른다. 그렇게 '타자'를 대하는 것이 레비나스의 '타자론'에 걸맞지 않 을까.

자신의 지적 가능성을 '과소평가'하는 것은 '과대평가'하는 것과 마 찬가지로 유해하다. '지금의 내가 아닌 나'가 되었을 때, 타자는 지금의 나에게 보이는 것과는 다른 모양새를 보여줄지 모른다(아마도 보여줄 것이다). 물론 그 모양새가 어떤 것일지 지금의 나는 권리상 말할 수 없 다. 그런데 지금 내가 이해할 수 없는 무엇을 미래에도 영원히 이해할 수 없다고 단언하는 것은 이미 미래의 나에 관한 어떤 예단을 포함하고 있다. '미래의 나'에 관해서 '~을 할 수 없다'고 단언하는 일이야말로 나 자신 안의 '타자성'에 대한 능욕이 아니고 무엇이겠는가. 나 자신의 미지성未知性(나 자신이 앞으로 어떻게 될지 모른다는 것)에 경의를 갖지 못하는 사람이 타자의 미지성에 대해 과연 절도 있는 접근을 할 수 있 을까?

여하간 레비나스는 '시간이란 나와 타자의 관계 그 자체'라고 썼다.

시간 속에서 나는 계속 나 자신이 아니게 되고, 그와 더불어 타자도 다른 모습으로 바뀌어간다. 나는 타자와 언젠가 만날 수도, 혹은 영영 못 만날 수도 있다. 나는 타자를 만난 적이 있는지 모르겠지만 지금은 그것을 생각해낼 수 없다. '시간'이란 단적으로 말하자면 이 과거와 미래에 펼쳐지는 '미결정성'을 의미한다. 그리고 나의 현재의 무능이 그대로 한없는 가능성으로 바뀔 개방성을 의미한다.

내가 레비나스라는 타자성을 말하는 범위와 깊이 그리고 결은 여기까지라는 한계를 분명히 갖고 있다. 하지만 현재 나의 무능이 가능성으로 바뀔지, 아니면 더 깊은 무능의 늪으로 빠질지는 시간 속에서만 알 수 있는 일이다.

박동섭

우치다 다쓰루의 레비나스 시간론

주체와 타자 사이에서 흐르는 시간에 관하여

1판 1쇄 인쇄 2023년 8월 21일

1판 1쇄 발행 2023년 8월 30일

지은이 우치다 다쓰루 | 옮긴이 박동섭

편집 | 김지하, 김유경 | 책임편집 김지하 | 편집부 김현지 | 표지 디자인 박대성

펴낸이 임병삼 | 펴낸곳 갈라파고스

등록 2002년 10월 29일 제2003-000147호

주소 03938 서울시 마포구 월드컵로 196 대명비첸시티오피스텔 801호

전화 02-3142-3797 | 전송 02-3142-2408

전자우편 books.galapagos@gmail.com

ISBN 979-11-87038-99-3 (93160)

갈라파고스 자연과 인간, 인간과 인간의 공존을 희망하며, 함께 읽으면 좋은 책들을 만듭니다.